I0423549

Sarayaku. La derrota del jabalí

Fernando Villavicencio V.

INTERAMERICAN INSTITUTE FOR DEMOCRACY
FONDO EDITORIAL

Sarayaku. La derrota del jabalí

ISBN: 978-1505441093

Primera Edición, Octubre 2014
nanki2010@gmail.com

Alexandria Library Publishing House
MIAMI
www.alexlib.com

Dedicatoria

A Verónica, autora material e intelectual de la condena que me mantiene libre. Que supo transformar la ausencia, el dolor, el miedo y la persecución, en amor y ternura para nuestros hijos. A Amanda, Tamia, Antonella, José Emiliano y Martín, más libres que nunca.

A mi familia, convertida en red de abrazos solidarios, una verdadera fortaleza frente al atropello oficial. A mi madre, hermanos/as, tíos/as, primos/as, sobrinos/as, amigos/as. Al periodismo libre. A los abogados de las causas justas (ad honorem): Julio Sarango, Ramiro Román, Ramiro García, Raúl Moscoso, Milton Castillo. A Mauricio Alarcón, César Ricaurte, Pamela Sevilla e Ignacio Boulín, pilares en la defensa internacional. A Karen Hollihan, María Fernanda Egas, Emilio Palacio, Esteban Saltos: un pedacito de Patria para endulzar el exilio.

Escribir es la victoria.

Homenaje

Hugo Medina, un ser de proezas, no consta en la dedicatoria de este libro. No, él es parte de esta historia. "Puka Jaguar", el mestizo casado con una kichwa de Sarayaku, amasó cuatro hijos. En verdad cinco, porque a Jhonsú la creó dos veces: la una con la greda de su Maritza que se volvió mazorca eterna, y la otra cuando la salvó de morir en el accidente aéreo el 1 de octubre de 2014 en Sarayaku. Pero él, acostumbrado a ofrecerse a los demás, también fue la luz que señaló el camino para burlar el asedio policíaco al Pueblo del Mediodía.

Contenido

Presentación

Una vida en la disidencia

Fernando Villavicencio Valencia es el reflejo de una trayectoria de vida ubicada en la disidencia. En las últimas décadas del devenir histórico-político del Ecuador, ha cuestionado y sigue cuestionando lo irreconciliable del discurso y la praxis política y lo vertical del poder en su afán inexorable por crear en el imaginario colectivo un determinado e inamovible mundo. Su lucha es el síntoma en el mundo establecido: lo que permite vislumbrar la grieta.

La inconformidad y la transgresión impregnan el lugar que ha elegido ocupar en el mundo, un lugar que abre la posibilidad de vislumbrar otro modo de organizarlo. Irremediablemente esa posición alterna e irreverente será irrumpida por la unilateralidad y la violencia que ejerce el poder imperante sobre los elementos que perturban el orden establecido a empellones. Este periodista y activista político encontró en esas grietas -incongruencias- una posibilidad de invocar un cambio de trayectoria, la de él y la de su país.

Fernando Villavicencio podría constituirse como parte de un sujeto político que, al haberse construido desde la negación del Otro -Gobierno-; se sitúa en el lugar donde reside la posibilidad de interpelar al poder dominante: sospecha y cuestiona los dispositivos ocultos dentro de las políticas que despliegan los Gobiernos extractivistas, en el marco del desarrollo, el bienestar y el progreso. El visibilizar las contradicciones inherentes a estos procesos es un arma que atenta contra la estabilidad del poder que actúa de forma rígida y absolutista: se lo persigue, acosa y castiga.

La lucha de Fernando aborda estas contradicciones y las devela a través de denuncias e investigaciones fundamentadas, cuyo resultado se enmarca generalmente en la preeminencia de intereses privados que utilizan el aparataje gubernamental para solventarlos. Sus denuncias se efectúan habitualmente en el terreno de los contratos petroleros. Una de sus principales investigaciones fue el caso del contrato petrolero del campo Palo Azul, operado por Petrobras, donde dio luces sobre los perjuicios generados al Estado. Ha puesto de manifiesto, a la par, la participación de Pedro Delgado, el primo del presidente Rafael Correa, en el feriado bancario de 1999.

Las anomalías ocultas en la relación del Gobierno ecuatoriano con la empresa estatal venezolana PDVSA es una constante en las investigaciones que ha difundido Villavicencio. Además ha puesto en el debate público irregularidades en el sector eléctrico, como las fallas en la construcción de uno de los proyectos estrellas del Gobierno, el hidroeléctrico Coca Codo Sinclair.

Este periodista fue uno de los primeros actores que reveló la astucia que involucraba la Iniciativa Yasuní ITT: hizo público que el denominado "Plan B" para el desarrollo de los campos petroleros prosperaba sin interrupción. Así encendió las alarmas respecto de que la campaña internacional del Gobierno, en la que establecía que sus políticas comulgaban

Fernando Villavicencio V.

con los preceptos de conservación medioambiental y de pueblos en aislamiento voluntario, había sido una estratagema gubernamental.

La revelación de los entramados de corrupción presentes en la relación que el Gobierno mantiene con Petrochina -ampliamente expuesta en su anterior libro *Ecuador made in China*-, la preventa de petróleo, el endeudamiento por parte del Estado con el Gobierno de China y el oculto proceso de intermediación que involucra, es seguramente una de las denuncias que mayor conmoción ha generado en el Gobierno y en la opinión pública.

En su vida, en sus relatos y en su denuncia se plasma un mundo atravesado fatalmente por la disputa por la legitimidad de los discursos entendidos como el ejercicio del poder y constructor de sujetos: dominación y hegemonía. Es posible comprender, desde su particular modo de reproducir su existencia, quién detenta la palabra, interpreta la realidad y construye sujetos, instituciones y saberes, y cuál es el sujeto histórico que sugiere cambio, de construcción y disidencia. ¿Qué es lo legítimo, quién lo legitima, cómo se cosen los sujetos en aquel discurso desde el que construyen? ¿Cómo los discursos cooptan a los sujetos y a los discursos no dominantes?; todo aquello deviene en una parte más del engranaje. ¿Qué mecanismos se utiliza para que la gente crea en aquello que cuenta como realidad y *deber ser*? ¿Quién cuestiona el *statu quo* y cómo? Estas son preguntas que pueden ser respondidas desde los relatos de la tarea investigativa de Fernando y la ideología que los atraviesa.

El leer a Fernando Villavicencio permite entender dónde se concretan las contradicciones del sistema: la inequidad, la persecución, la totalitarización y homogenización del hombre en ciudadano, la negación de lo particular dentro del universo simbólico del capitalismo, la democracia y el desarrollo.

La existencia de Fernando constituye un otro que se niega a aprehender el mundo como ha sido construido; desde un poder hegemónico y vertical al servicio del capital y de intereses privados.

En su existencia se encarna la lucha de una otredad que rechaza ser sometido. Desde su posición divergente hace viable la posibilidad de advertir nuevas realidades, nuevas historias y trayectos: nuevos relatos. Es parte de aquellos que van describiendo el territorio de la "revolución". Desde un posicionamiento que interpela al poder hegemónico: lo cuestiona y lo desestabiliza. De ahí el por qué de las persecuciones en su contra.

Es en el Gobierno de Rafael Correa cuando se dicta una orden de prisión en contra de Villavicencio; se lo sentencia por el delito de acusaciones *maliciosas y temerarias* al presidente en relación a los hechos del 30S. Su hogar es allanado con procedimientos ilegales, por lo que la Corte Interamericana de Derechos Humanos le otorga medidas cautelares que, hasta el momento no han sido acatadas. Como corren los tiempos, Fernando, por las justificadas y bien fundamentadas denuncias de corrupción –tarea en la que coincidimos-, se ha convertido, una vez más, en un perseguido político; se encuentra en el exilio. Es desde allí desde donde sigue escribiendo, narrando, denunciando y gestando posibilidades de existencia distintas. Su exilio: un punto de inflexión de imprevisibles consecuencias, desde donde se sigue transformando y desde donde escribe este, su último libro.

Andrés Páez Benalcázar
Octubre, 2014

"Y me llamarán el escrutador, el más apto para ser odiado"

Entre los escritores y políticos a quienes admira Fernando Villavicencio, está el salvadoreño Roque Dalton: activista de la alegría, poeta de la economía. Lo considera un compañero de ruta, aunque a Dalton una bala zurda disparada por zurdos, le adelantó el calendario. Y debe ser porque esa ruta que refiere Fernando, es ancha de traiciones y sinsentidos, al menos para quienes anduvieron los caminos de la izquierda. La vida y pasión de Roque Dalton son cátedras de disidencia y herejía, aunque ciertamente su asesinato represente una explosión de estupidez ideológica.

"Y me llamarán el escrutador. El más apto para ser odiado", confesaba Dalton, hasta que encontró la pólvora del odio: odio de quienes odiaba y hasta de algunos a quienes amaba. El odio es un trofeo muy difícil de ganar. El odio político como una condición soberana del contrapoder, solo se alcanza con la firmeza de las convicciones, bañada en el agua bendita de la pasión.

El poeta Roque Dalton fue fusilado el 10 de mayo de 1975, acusado de ser agente de la CIA, trotskista y enemigo de la revolución. De sus huesos nadie sabe el paradero, pero sí, del destino de quienes a tiros publicaron su muerte, sus compañeros guerrilleros del Ejército Revolucionario del Pueblo ERP: Joaquín Villalobos, quien acabó de asesor de los expresidentes Álvaro Uribe y Felipe Calderón; y Jorge Meléndez, nombrado el año 2011 como director de Protección Civil del Gobierno "socialista" de Mauricio Funes, del Frente Farabundo Martí (FMLN). Uno de los testimonios es del mismo Joaquín Villalobos, quien en una entrevista en 1993 para el periódico mexicano Excélsior, dijo que el asesinato del poeta Dalton «fue un tremendo error». Sí, un error.

La muerte de Roque Dalton, o mejor dicho la forma como acabaron con su vida, es una alerta, para identificar a quienes en los supuestos nombres de la libertad, de la justicia, y la revolución, son capaces de aplastar el gatillo con la izquierda, en contra de sus propios compañeros, para ocultar sus desvaríos y sus traiciones. Quienes al igual que ayer hicieron con Dalton, hoy siguen criminalizando a los disidentes, llamándolos: agentes de la CIA al servicio de la derecha internacional, enemigos de la revolución. La situación de Fernando Villavicencio, como la de miles de latinoamericanos odiados y perseguidos por disentir con sus otrora aliados -ahora apoltronados en el poder- expresa la vigencia extrema de la sinrazón, liderada por engendros políticos. Por ello, Fernando pide a quienes vayan tras los huesos del poeta salvadoreño, sea en los llanos, en los andes, o en las grandes plazas latinoamericanas, cuidarse de quienes disparan por la izquierda, en nombre del "socialismo del siglo 21". La certeza que nos queda es que los Villalobos postmodernos, pronto encontrarán su destino, muy lejos de los versos, de los huesos, del polvo enamorado de Roque Dalton.

Fernando Villavicencio V.

Por qué escribimos

Uno hace versos y ama
la extraña risa de los niños,
el subsuelo del hombre
que en las ciudades ácidas disfraza su leyenda,
la instauración de la alegría
que profetiza el humo de las fábricas.

Uno tiene en las manos un pequeño país,
horribles fechas,
muertos como cuchillos exigentes,

obispos venenosos,
inmensos jóvenes de pie
sin más edad que la esperanza,
rebeldes panaderas con más poder que un lirio,
sastres como la vida,
páginas, novias,
esporádico pan , hijos enfermos,
abogados traidores
nietos de la sentencia y lo que fueron,
bodas desperdiciadas de impotente varón,
madre, pupilas, puentes,
rotas fotografías y programas.

Uno se va a morir,
mañana,
un año,
un mes sin pétalos dormidos;
disperso va a quedar bajo la tierra
y vendrán nuevos hombres
pidiendo panoramas.

Preguntarán qué fuimos,
quienes con llamas puras les antecedieron,
a quienes maldecir con el recuerdo.

Bien.
Eso hacemos:
custodiamos para ellos el tiempo que nos toca.

Roque Dalton

Allanados y perseguidos

Galo Gálvez

Hemos encontrado cosas terribles, lo tenemos todo filmado, nos han estado hac120
keando hace meses, estuvimos ahí con personal de la Presidencia

Rafael Correa, 27 de diciembre de 2013

Esta empresa mafiosa y corrupta (Chevron) en octubre de 2012 hackeó mis mails, los del presidente Rafael Correa y del procurador Diego García, y los presentó en una corte de Estados Unidos para tratar de demostrar que, supuestamente, yo manipulaba la justicia.

Alexis Mera, enero de 2014

Allanamiento al domicilio de Fernando Villavicencio, 26 de diciembre de 2013.

Acusados de espiar...

Acto Urgente

En medio de un largo asueto de fin de año decretado por el Gobierno, la tranquilidad de la familia Villavicencio-Saráuz fue sorprendida por un rayo al anochecer, que transformó el sueño navideño en una pesadilla. La noche del 26 de diciembre de 2013, con la excusa de un *Acto Urgente* —demandado por Rafael Correa y Alexis Mera, y autorizado por el Fiscal Galo Chiriboga y el Juez Jorge Blum—, fuerzas policiales invadieron el domicilio del periodista, y el despacho del legislador Cléver Jiménez, en la Asamblea Nacional.

¿Qué es lo que buscaban los pesquisas y demás invasores en la casa de un periodista de investigación, asesor parlamentario y crítico del Gobierno? Durante tres horas en las que lo alteraron todo, requisaron cuanto equipo electrónico y documento les pudiera probar una supuesta interferencia (*hackeo*) de correos electrónicos, actividad de la que Fernando, junto al asambleísta Cléver Jiménez, fueron acusados[1] semanas atrás por Correa, Glas y el intocable asesor jurídico de Carondelet.

Dos computadoras *Mac*: una fija y otra portátil (Elektra[2]), tabletas, celulares, decenas de documentos impresos de contratación pública, todo aquello que tuviese huella oficial, era incautado y retirado del lugar en fundas abiertas. Solo los libros de Pablo Neruda, César Vallejo, Mario Vargas Llosa, Federico García Lorca, Leonardo Padura, se salvaron de la inteligencia pericial.

Simultáneamente, otro pelotón policial invadía el despacho del legislador Jiménez, el operativo se cumplió de la misma manera: se recogieron computadoras y documentos impresos. Lo propio sucedió con su domicilio horas más tarde. Ciertamente, las fuerzas del orden cumplieron a cabalidad un extenuante trabajo en plena vacancia legislativa y navideña.

Esta no era la primera vez que Fernando se enfrentaba a una acción violenta. A inicios de 2008, días después de que recibiera información reservada de parte del excomandante de la Marina, Homero Arellano, sobre el espionaje que se realizaba a los asambleístas en Montecristi, fue secuestrado mientras ingresaba a su domicilio. Dos personas armadas con ametralladoras lo condujeron en su vehículo hasta una zona despoblada en el sur de la ciudad de Quito, se llevaron el auto y su portafolios con varios documentos, lo dejaron abandonado a la una de la mañana. Inmediatamente puso la denuncia en la Fiscalía, pero hasta agosto de 2014, jamás recibió una llamada, menos aún fue citado a rendir su declaración.

Invasión

Cerca de las 23 horas, cuando los ojos de la ciudad se cerraban y Fernando descansaba con su esposa y sus hijos -José Emiliano de seis años y Martín de un año y medio-, un pelotón de la policía de élite -Grupo de Intervención y Rescate- GIR-, similar al *Special Weapons Attack Team* -SWAT-, encapuchados, armados con ametralladoras y fusiles, junto a una decena de funcionarios fiscales, agentes de inteligencia y un camarógrafo de la presidencia de la República, al mando del Fiscal José Luis Jaramillo, irrumpen violentamente en el departamento 18 del conjunto habitacional El Porvenir, al norte de Quito.

Los despierta un sonido hípico que sube por las escaleras. El tropel va creciendo a medida que se acerca al cuarto piso. En un primer momento, Fernando imaginó que se trataba de un asalto común, con delincuentes comunes, pero de pronto, el golpe metálico en la puerta de madera acompañado del lenguaje estropeado que usan los invasores, aclaró que, indudablemente, se trataba de una operación más del correísmo.

El grito de: <<abran, somos de la Fiscalía>>, llegó junto a varias caricias del GIR sobre la puerta. La súplica: <<por favor esperen; estamos desnudos>>, no causa efecto alguno, un golpe más y la puerta se desplomaría; con el pantalón a medio alzar, Fernando corre hacia la entrada para evitarlo, mueve la cerradura: un huracán arremete sobre su existencia. Personajes adornados con fusiles que apuntan y cámaras que disparan, avanzan entre gritos entrenados para silenciar: trece pares de ojos tras los pasamontañas, son los excompañeros de Froilán Jiménez, asesinado el 30S, que toman posesión del teatro de operaciones.

Martín gatea al filo de la cama buscando a su madre en medio del llanto. En la puerta del dormitorio, uno de los gendarmes firmemente prevenido ante cualquier movimiento hostil del enemigo, con su fusil columpiándose en el hombro y las botas sembradas al piso, aplasta un patito de plástico con el que Martín suele jugar en la bañera.

Verónica, la esposa de Fernando, en salida de cama, abre las ventanas y pide auxilio a los/as vecinos/as, quienes actúan de inmediato: dan aviso a familiares y amigos/as y reportan aquella agresión a través de las redes sociales. La respuesta fue masiva, en pocos minutos la noticia se regó a todo nivel.

La cama todavía guardaba el calor del pan que, media hora antes, habían amasado Fernando y Verónica. Sobre las sábanas, sintiendo el sabor a levadura, los criminalistas, con guantes ortopédicos, ocultan sus zafias manos mientras acomodan las evidencias de la conspiración.

En instantes, el dormitorio se convierte en un escenario parecido a Nueva Orleans luego del ciclón Katrina: documentos sobre la cama; ropa vistiendo el piso, almohadas destripadas; pantalones con los bolsillos asaltados por algún necesitado; y, un poco más allá, bajo el zapato *Nike* (*made in* China) de un agente fiscal, el libro *El hombre que amaba a los perros*, de Leonardo Padura.

Los agentes fiscales portan teléfonos celulares con los que graban los acontecimientos al son de los destrozos que cometen a su paso, lo disfrutan. El personal que cumple la función operativa de identificación del área, supera las veinte personas. Entre ellas resalta el cuerpo enjuto de Rodrigo Sandoval, camarógrafo de la presidencia, a quien Fernando conoce desde hace años, cuando trabajaba para la *prensa corrupta*. Con sus pies en casa ajena, armado de la cámara enviada por Rafael, el camarógrafo, dispara sin descanso: va perforando la intimidad del hogar, hace méritos para ganarse el salario oficial mientras evita reconocer su vileza en el otro: en la mirada de Fernando.

Al día siguiente, gracias a la cabalidad del trabajo de Sandoval, Rafael se regocijará de su hazaña: asegurando que lo tenía todo filmado. Tres días después, en horario triple A, al célebre estilo goebbeliano[3], la SECOM[4] difundió en cadena nacional de televisión, el *blando allanamiento*.

Entre el personal civil de invasores se encuentran tres mujeres. Una de ellas, secretaria del Fiscal, mientras mordisquea chicle sin estilo, lee a los/as allanados/as un fragmento de la orden judicial *Acto Urgente*, copia de la cual se niegan rotundamente a entregar a Fernando. En el documento no existe ninguna motivación o razón para el operativo, se lee solo la orden de allanar el departamento 42 del conjunto Porvenir, no el número 18, al que irrumpieron. Pero, ese *error* no significa ningún obstáculo para que los atrabiliarios funcionarios cumplan su objetivo.

Al llegar al condominio, el Fiscal Jaramillo notifica al guardia de seguridad que cuenta con una orden para allanar el departamento 42, en el bloque 3, pide que lo conduzcan allá. Una vez en el sitio, una sorpresa: el inmueble está vacío. Inmediatamente el Fiscal se comunica con Martín Navarrete, su compañero de trabajo -quien sospechosamente se había mudado meses atrás al condominio, quien le precisa que la familia Villavicencio vive en el departamento 18, cuarto piso, bloque 1, ningún detalle puede impedir la consumación del *Acto Urgente*. Luego del chasco del 42, los invasores emprenden el rumbo hacia el departamento 18, con la esperanza de correr mejor suerte. Sí que la tuvieron.

La otra mujer, aunque vestida de civil, demuestra ser policía, su imagen: una vitrina de excesos. La ausencia del uniforme no alcanza para esconder la tosquedad de su proceder; lleva el cabello recogido por una liga de esas que sujetan billetes trajinados; la cremallera del pantalón a medio alzar deja ver el color de su prenda interior. Se mueve como elefante en vidriería. Verónica le pinta sus límites, desde los estéticos hasta los de género. Le enseña lo que la hosquedad de su presencia, podía provocar en una madre herida.

Una tercera mujer entra y sale del departamento, su maquillaje delata el castigo de los años. Sube y baja con recados al personal apostado en las afueras del condominio. Llega hasta la terraza a mover cilindros de gas, busca algo con desesperación, incluso escarba en el cesto de basura de la cocina, remueve sus entrañas como si una joya se le hubiese perdido.

Los espías de Rafael y Alexis

Tres personajes congelados por el silencio se colocan en la entrada del departamento. Inconfundibles amigos de lo ajeno, especialmente de secretos. Sus ojos los delatan como subalternos de Romero y Vallejo[5], enviados por expresa disposición de Rafael y Alexis. Ostentan trajes de algún *film* de espías del siglo pasado. Al menos uno de ellos, envuelto en un gabán azul; su barba parece una sementera de trigo castigada por los pájaros. No deja de teclear su *iphone* y, de vez en cuando, abre la boca para cruzar códigos con sus colegas o introducirse un *clip* entre los dientes.

Del otro agente, lo que más se destaca en su árido rostro son sus labios de *gillette* que hieren hasta las palabras cuando reporta por celular a su cuartel general sobre el desarrollo del operativo. Las dos tallas demás de su leva color *beige* permiten intuir que fue comprada en promoción. El hombre tiene un objetivo específico: espera atento la entrega del trofeo: la portátil Elektra. Después, como se apreciará en varias fotografías captadas por los/as vecinos/as, el tipo de leva *beige* lleva en su mano derecha la *laptop* cargada de enciclopedias de corrupción.

Un tercer enviado, con la apariencia de un mastín criollo, permanece de guardia en la puerta principal casi todo el tiempo del operativo. La extensión de su barriga impide divisar la hebilla del cinturón. Varias veces Fernando lo enfrentó con la mirada casi soldada, luego, con sarcasmo, le increpa si desea que le entregue un *back up* con las travesuras de sus jefes. Para zafarse de la mirada, deja escapar una risita que permite descubrir el ocre de su dentadura.

Mientras Fernando intenta consolar a su pequeño Martín, arrullándolo en sus brazos, Verónica se resiste a los asaltantes, en particular a las hoscas mujeres, a quienes enfrenta físicamente. Lo mismo hace con los demás, impidiéndoles que le dejen sus huellas encima. Ella está dispuesta a todo.

Soy cristiano, solo obedezco órdenes

Al inicio de la jornada de allanamiento, el grupo de asalto actúa con aire de superioridad, arrogancia y desprecio en la morada que acaba de invadir. Después de forcejear con varios de los intrusos, Fernando logra sacar a Martín hasta las gradas del departamento y, en medio de gritos y golpes, lo entrega al cuidado de una vecina. Como es natural, el niño, lleno de angustia, no deja de llorar.

Alrededor de la media noche llega Gloria, la madre de Fernando, e intenta ingresar al departamento, pero es ultrajada por agentes del GIR, quienes la lanzan contra el pasamano -lo que le generará hematomas en su brazo-. Una de las vecinas solidarias: Lupita, es tratada de igual forma por los policías, quienes la sacan a empellones del edificio.

Aleczandra, hermana de un millón de hermanos y además de Fernando, vuela al escenario donde los fariseos -como llama ella a quienes golpean las dos mejillas y se apropian de los bienes del prójimo- se encuentran crucificando la libertad de su familia. Llega armada de misiles y ojivas nucleares: con salmos y versículos enfrenta a los enmascarados, les habla de la verdad, de la paz, de la dignidad, esos valores por los que murió Jesús. <<Quítense las máscaras ¿Qué ocultan? ¿De qué tienen miedo? Dejen que les veamos el rostro cuando agreden a mis sobrinos>>, les dice a los miembros del GIR mirándoles a los ojos, que es lo único que permite avizorar rastros de humanidad dentro del negro camuflaje.

Ninguno de ellos es capaz de sostener la mirada, agachan la cabeza y se dan la vuelta; alguno de ellos atina a decir: <<Yo también soy cristiano. Solo cumplo órdenes>>. Aleczandra le contesta que un buen cristiano no cumple órdenes contra la vida. En ese momento se termina el diálogo. El encapuchado cristiano, continúa con su trabajo para llevar a sus hijos el pan de cada día.

Es ya la una de la madrugada de aquel día, llega el defensor de los *Diez de Luluncoto*, Ramiro García, se pone al frente de la defensa de Fernando. Exige ingresar al departamento, pero el personal del GIR y Jaramillo se lo impiden. Ramiro conoce muy bien al Fiscal. Desde las gradas del edificio, el apreciado abogado recita los artículos de la ley que garantizan los derechos a contar con un defensor, pero eso para Jaramillo, no es más que un libro ardiendo en la chimenea.

La situación de pánico que se vive al interior se refleja también en las afueras del condominio, donde se encuentran más de una decena de vehículos gubernamentales, sin placas, personas de civil que controlan a todos los vecinos que, con gran alarma, se mantienen en las inmediaciones u observaban por las ventanas de sus casas. Para el vecindario, que ignoraba por completo lo que sucede, la situación también es de tensión, pues no pocos intuyen que ese grupo de asalto podría también intervenir en sus moradas.

El allanamiento continúa, con cada paso que dan y cada cosa que remueven, cada acto violento de los/as invasores/ as, es recibido con la burla e ironía de la pareja allanada: los/ as intrusos/ as descubren un CD sobre el que se lee *Putumayo*. <<¡Bingo!>>, dice una de las agentes fiscales dirigiéndose a Jaramillo. Fernando vira su mirada al Fiscal y, entre risas le dice: <<sí, es un CD

de *Putumayo Records*, la fábrica que provee armas al frente 48 de las FARC>>. Ante semejante información, el exgerente del camal municipal enrumba su mirada a la baldosa; los/as fisgones/as parpadean de vergüenza y reconocen su erudición.

José Emiliano, con su mirada de apenas seis años, tiene que presenciar esa noche cómo agreden su hogar y ofenden a su padre y a su madre; siente el interminable llanto de su hermano menor y escucha la estampida de su manada de dinosaurios navideños. Cuando los/as invasores/as arremeten, José dormía en su cuarto, se mantuvo así, aparentemente extraño a los sucesos, hasta que lo obligaron a levantarse para inspeccionar su cama. Al día siguiente cuenta que, cuando vio entre las cobijas a los *hombres de negro*, portando fusiles, con unos enormes ojos que se les salían por el pasamontañas, se asustó tanto que se hizo el dormido.

A las dos de la madrugada, los intrusos levantan a José Emiliano, quieren revisar su cama. Fernando y Verónica les exigen respetar su sueño: sacan el código de menores, la Constitución, la declaración universal de Derechos Humanos, pero es como pedir hostias a Alcapone. Al levantarlo, se lo siente despierto pero con sus ojos cerrados, tan cerrados que parecían cosidos por el miedo. Lo llevan al cuarto que ya fue violentado y lo colocan sobre la cama completamente desordenada.

Con ayuda de su esposa, Fernando retira los cajones revueltos y acomoda su manada de dinosaurios que había sido disuelta por los gendarmes. José Emiliano vuelve a acostarse con sus ojos de seis años o, mejor dicho, con el miedo que esa noche lo convirtió en adulto. Desde entonces, cuando escucha un golpe en la puerta, por instinto cierra los ojos y busca a sus dinosaurios.

En ese momento, el Fiscal Jaramillo recibe una llamada al celular, entre risitas cortadas dice: <<ya acabo un trabajito y salgo para allá... chao, mi amor>> Horas después, luego de entregar la Elektra y otros trofeos a sus jefes, Jaramillo habrá regresado a su casa a acariciar a sus hijos, con las mismas manos que pintó una noche de terror a los niños del periodista.

Encontraron *cosas terribles*

En la acción violenta no se firma acta alguna de los documentos y bienes que se sustraen; las supuestas evidencias son sacadas en fundas abiertas como consta en las tomas de televisión de NTN 24, canal que esa noche es convocado por amigos periodistas que no paran de denunciar el hecho a través de *Twitter* y otras redes sociales. Jean Paul Bardellini, comunicador de ese medio, es protagonista clave para impedir que esa noche y madrugada, las fuerzas de la revolución, perpetúen mayores atropellos. Sí, porque el objetivo explícito del Fiscal era detener a Fernando, pero ante la presencia de NTN 24 y la agitación en las redes sociales, los invasores cambiaron de decisión. Además, las tomas que se exhibirán al día siguiente, pondrán al descubierto la torpeza y el abuso de los procedimientos que cometen: sacan del domicilio las *evidencias* en fundas abiertas, violando la cadena de custodia. Pocas horas después, esas *pruebas* serán presentadas en cadena de televisión dispuesta por el Gobierno, pero esas mismas *evidencias* estarán misteriosamente embaladas, perfectamente selladas sobre un embaldosado distinto al de la casa allanada.

A pocas horas de la incursión, el 27 de diciembre, Rafael comunica al país los resultados de su revolucionaria hazaña: <<hemos encontrado cosas terribles, lo tenemos todo filmado, nos han estado 'hackeando' hace meses, estuvimos ahí con personal de la presidencia>>, dice sin ruborizarse, expone así de manera pública, formas muy ortodoxas de invadir *la vida de los otros*[6].

Alexis sigue el ritmo de Rafael con la misma solvencia ética; siembra de cinismo la gramática, se anota un punto en el cuadro global del autoritarismo, en su canal incautado, Gamatv, describe con detalles lo sucedido en los allanamientos:

> Yo no sé cómo resulte la investigación, pero como yo soy parte, soy víctima; mandé a mis abogados y mis abogados tomaron una foto; que es lo más sencillo del mundo. Aquí están todos los mails que mandó Jiménez. Usted sabe que ahora es fácil entrar con la Policía tomar una foto y retirarse. No hemos tocado nada, no he-

mos influido en la investigación, pero ahora ya sabemos que aquí está la información, asegura.

Lo de *abogados tomando fotos* suena a broma, si no fuera porque el tamaño lo delata, diría que un par de esos ojos ocultos tras las máscaras del GIR, podían ser los ojos del intocable.

Piso del domicilio allanado.

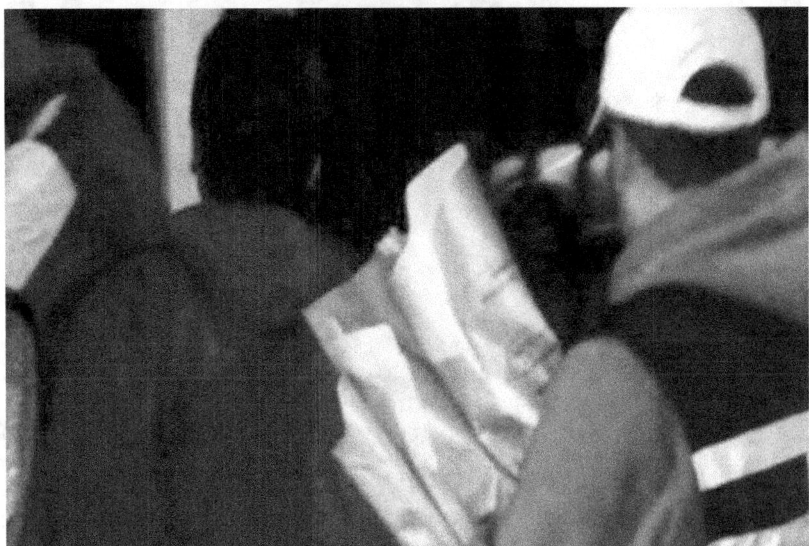

Agentes fiscales salen del departamento con las evidencias en fundas abiertas: tomas NTN24.

Captura de pantalla. En cadena de TV, la Secom difunde tomas del allanamiento. Presenta evidencias en fundas selladas, en un piso distinto al departamento allanado.

Uno de los agentes de la Presidencia lleva la computadora portátil de Fernando Villavicencio.

Pero, ¿qué era lo terrible que encontraron Rafael y Alexis en la *laptop* de Fernando y en el despacho del asambleísta Jiménez; y, de ser así de terrible, por qué no lo han revelado hasta la fecha? Una vez pasada la efervescencia mediática, al revisar con detenimiento el corazón de la Elektra, se encontraron con una galería de evidencias, en las cuales muchos funcionarios están retratados. En esas condiciones, exponer al ojo humano semejante enciclopedia de corrupción, era como pegarse un tiro en el pie.

Con la torre de Babel ante sus ojos y sin poder encontrar huellas del supuesto *hackeo,* enfocaron los reflectores hacia la compañía Chevron, acusando a la multinacional de haber pinchado los mails del Gobierno y entregado esa información al legislador y al periodista Villavicencio. En menos de 72 horas, dejaron de ser los Assange y Snowden criollos, para convertirse en simples depositarios de documentos supuestamente reservados.

En declaraciones públicas, Correa aseguró que Jiménez no estaba a la altura de un *hacker,* pues ni siquiera podía prender una computadora. Así, la sutileza verbal del mandatario volvía a inundar de incoherencia la realidad. La información sobre el caso Chevron revelada por Jiménez y Villavicencio, era la misma que fue presentada en el juicio Rico en Nueva York, eso lo sabían en Carondelet, así como estaban convencidos de que la misma había sido *hackeada* por Chevron y entregada a una tercera persona (Margaret Petito), para que lo introdujera al proceso. Las palabras del intocable, no hacen sino confirmar lo dicho: *Inventan a un 'tercero',* que *recibe* el mensaje ilegal, *de una fuente ignota,* y pretenden que lo incorporen en el caso del juicio de fraude que tienen ellos contra estos señores de la Amazonía, con un informe *jurídico* de un *tercero imparcial,* que ni se atreve a presentarlo, ya que tiene dudas si el mensaje es confidencial, bajo las reglas americanas de confidencialidad abogado-cliente.

Fiscal con experiencia en faenar

El ejecutor material del operativo, José Luis Jaramillo, es un Fiscal especialista en invasiones a altas horas de la noche, particularmente a personas que no comulgan con el credo revolucionario de su líder. Parte de su *expertise* lo aplicó en el caso conocido como *Los diez de Luluncoto* y en la persecución a los 12 adolescentes, estudiantes del Colegio Central Técnico, acusados por el gobierno de rebelión, al haber realizado una protesta callejera.

Los Diez de Luluncoto, estudiantes en su mayoría, eran activistas por la defensa del agua y, esa noche, se preparaban para participar al día siguiente en una marcha nacional, convocada por la Confederación de Nacionalidades Indígenas del Ecuador -CONAIE-. Entre las pruebas y armas letales encontradas en su poder, con las que atentarían contra el *proyecto socialista*, estaban unas camisetas del Che, iguales a las que usa Rafael cuando requiere de un baño izquierdista. Con esas evidencias *terribles* y otras deleznables pruebas moldeadas por Jaramillo, los sentenciaron a un año de prisión.

La conducta de Jaramillo no sorprende a nadie que conoce su trayectoria; su conocimiento y respeto a los derechos humanos proviene de esa escuela adusta en la cual parece haber sido formado, pues, antes de llegar a la Fiscalía, ocupó el cargo de gerente de la Empresa Municipal de Rastro[7] (matadero de animales). Con seguridad, en esas aulas, entre mugidos y ríos de sangre, debió haber aprendido la indiferencia ante el dolor, cualidad de la que hacía gala aquella noche, frente a los hijos de Fernando y Verónica.

Tan ilustrado se presenta el currículo penalista de Jaramillo, que luego de su preparación en las tiernas terapias del sacrificio de animales, ya estuvo listo para un meritorio ascenso a la Fiscalía, a liderar los allanamientos revolucionarios. El sacrificado aporte a la causa del socialismo, no podía quedar impago, es así que en mayo de 2014, el Consejo Nacional de la Judicatura CNJ, luego de un estricto concurso de merecimientos y oposición, lo premió concediéndole la notaría 74 de la ciudad de Quito.

Pero, ¿qué quiebre ocurrió en el destino de allanador y perseguidor del delito, para hacerlo mutar súbitamente en notario? Un informe de responsabilidad penal, suscrito por Jaime Riquetti Ochoa, director de coactivas de la Contraloría del Estado, aclararía la repentina decisión de Jaramillo de salir de la Fiscalía. Resulta que, el inmaculado servidor de los allanamientos, está acusado de peculado.

Para intentar salir del laberinto, en el más fino silencio, su amigo Gustavo Benítez Álvarez, Fiscal de Pichincha (acusador del

30S), quiso ayudarlo solicitando la desestimación del caso ante el Juez de Garantías Penales, Luis Labre. Sin embargo, en julio de 2014, el Juez negó el pedido de archivo y pidió que el expediente vuelva a la Fiscalía para nuevas investigaciones. A Jaramillo y Benítez los ata un sendero común: juntos ingresaron a la Fiscalía, y desde entonces han sido los acusadores de los principales disidentes del gobierno revolucionario.

Cuando el Rey quedó desnudo

La reacción a nivel nacional e internacional en los medios de información, ante el allanamiento, fue formidable. Aunque días después la respuesta mediática subió de tono e implicaciones, cuando Rafael montó en cólera por una caricatura de Xavier Bonilla (Bonil) publicada en diario El Universo, en la cual se recreaba el urgente allanamiento navideño. En su espacio semanal de venganzas (enlace sabatino), el mandatario dedicó al afamado caricaturista una retahíla lírica de hondos adjetivos: *sinvergüenza, sicario de tinta, enfermo, ignorante, odiador, cobarde disfrazado de caricaturista,* entre los más destacados y publicables calificativos. Pero, si esos adornos se ganó Bonil como ser humano, su viñeta del 28 de diciembre, también se llevó algunos laureles: *infamia, mentira, calumnia y cobardía*, pronunció en tono mayor, al tiempo de desafiarle a la arena electoral: <<Si es valiente, póngase de candidato, póngase de analista político, no saca medio voto. Se disfraza bajo un tintero para desfogar su odio. Gracias a Dios ya tenemos quien nos defienda... Gracias a nuestra nueva Ley de Comunicación se les acabó la fiesta>>, señaló.

Y, en efecto, las gracias no fueron en vano; la flamante Ley de Comunicación con sus instituciones empezó a ser útil a los antojos del gobernante. La Superintendencia de Comunicación, en una acción sin precedentes en los anales del periodismo, obligó a Bonil a corregir la caricatura y al periódico a pagar una multa. Según la Supercom, la caricatura de Bonil <<deslegitima la acción de la autoridad y apoya a la agitación social>>. La decisión fue cuestionada a nivel mundial por los más importantes medios y por las instancias internacionales de defensa del periodismo y la libertad de expresión.

Bonil

Policía y Fiscalía allanan domicilio de Fernando Villavicencio y se llevan documentación de denuncias de corrupción

La (SIP) condenó las sanciones, señalando que las mismas ponen de manifiesto la intolerancia. <<Esta es la demostración de que se acabó la libertad de expresión en Ecuador. Si alguien quiere ser más exacto, todavía existe un tipo de libertad de expresión bajo el régimen del presidente Rafael Correa: únicamente la libertad que él autorice>>, dijo el presidente de la Comisión de Libertad de Prensa e Información de la SIP, Claudio Paolillo.

La crítica a todo nivel no escatimó palabras para censurar al censurador. En el plano nacional, el sociólogo Napoleón Saltos escribió:

> La caricatura maldecida de Bonil sobre el desalojo violento del apartamento de Fernando Villavicencio, quizás no es la mejor del autor. En su trayectoria ha tenido momentos de alta lucidez en la crítica a los diversos representantes, signos de poder. Lo nuevo es

la doble caricatura: la de Bonil y la del poder en su palacete sabatino, la reacción y el reajuste de la realidad al dibujo, para seguir un juego de espejos al infinito: Bonil caricaturiza la violencia del poder, el poder actúa violentamente contra Bonil, se desata una cadena de nuevas caricaturas gráficas y escritas sobre la violencia del poder, el poder tiene que subir su violencia, hasta...

Hacerse el idiota o serlo

La grosería e insolencia se delatan solas. La exigencia de corregir una caricatura, como borrar las metáforas de un poema, ciertamente resultan una infeliz forma de disparar al pianista en pleno concierto. Como señala Enrique Jardiel Poncela: <<hay dos sistemas de conseguir la felicidad: uno, hacerse el idiota, el otro, serlo>>.

La capacidad de reírse de uno mismo mide la dimensión del alma. Los/as más adustos/as están en los séquitos de los dictadorzuelos, creen en el poder del adulo. <<El humor es posible si nos descentralizamos, si somos capaces de abandonar por un mo

RECTIFICACIÓN De Miércoles, 5 de febrero

Policía y Fiscalía allanan domicilio de Villavicencio e incautan sus tablets, computadoras, celulares.

Cómo no recordar a Freud, en los temas del humor, cuando decía que detrás de toda broma hay siempre una verdad. Una caricatura, sobre todo política, es lograda, cuando capta algún aspecto de la realidad por un camino que rompe la lógica y la formalidad. Según Wild,[8] <<el humor deja fuera de acción un acervo cultural de la humanidad: la capacidad de controlarse>>. Tres condiciones: tiempo, veracidad, decisión.

La caricatura política es una instantánea crítica que muestra el lado no-visible del poder o, más bien, el lado que el poder trata de ocultar y que todos/as o muchos/as lo ven, pero no quieren decirlo, hasta que la voz del niño se une a la mirada de todos/muchos: *El rey está desnudo*. La risa surge en el punto de choque entre la flexibilidad y novedad de la vida y la rigidez y repetición del poder.

Según Marvin Minsky, un precursor de la inteligencia artificial, el humor se desarrolló en el ser humano para señalizar los errores lógicos, lo que impediría seguir una línea equivocada de pensamiento.[9] Pero para ello se requiere cultivar el sentido del humor, mirar desde arriba, por encima de los propios límites, ser capaces de crear y no únicamente de la copia y la imitación.

El humor y la risa es un hecho clave de la comunicación. No hay nadie más necesitado de humor que los/as adustos/ as y amargados/as por el poder. Es una obra de caridad entregarles periódicamente un poco de humor. Esperemos que Bonil afile su lápiz y que en alguna sabatina escuchemos algún chiste del poder sobre su propia realidad. Entonces nos reiremos juntos y creeremos que en realidad ha empezado la revolución ciudadana. A menos que siga la caricatura infinita.

Chevron: la fachada de las culpas

En agosto de 2013, a raíz de una noticia publicada en diario El Universo y PlanV, sobre un pedido de información al Procurador Diego García, realizado por el legislador Jiménez, frente a un presunto conflicto de intereses entre la firma de abogados Foley Hoag y Chevron, la urticaria infectó Carondelet. Alertas, acusaciones, comentarios y mensajes de variado tipo empezaron a regarse entre los altos funcionarios del gobierno. Expresiones, como: <<de nuevo este tipo nos está robando información, o estos hijos de puta han *hackeado* mi mail>>, ponían en evidencia el nerviosismo que había generado la carta del asambleísta Jiménez.

Inmediatamente, desde el mando supremo se ordenó a la unidad de inteligencia del gobierno tomar cartas en el asunto en contra de Jiménez y Villavicencio. <<Ya nos ponemos a trabajar con Pablo, jefe>>, se aseguró desde la SENAIN. ¿Cuál era el trabajito, acaso descubrir si el legislador y el periodista eran los Assange y Snowden ecuatorianos?

No, ellos estaban plenamente conscientes de que el *hackeo* u otra forma de acceso a esa información, era obra de otros. Alexis no dudaba en comentarlo al más alto nivel. En noviembre de 2013, más de un mes antes de los allanamientos, sentenció que la responsable <<debe ser Chevron, porque es de la misma fuente>>.

Aunque el espionaje es común en estos tiempos, antes que dedicarse a cazar fantasmas (*hackers*) desde el Cuartel General, primero debieron identificar, quiénes en su círculo del poder pudieron filtrar esa información: ministros/as, subsecretarios/as, secretarios/as, toda la cadena de receptores/as de los correos y demás información considerada sensible. Como lo han señalado Jiménez y Villavicencio, ellos fueron receptores de centenares de documentos escritos, archivos digitales, de una variedad de fuentes, conocidas y desconocidas. <<Cuídate de quien duerme contigo y de tus aduladores>>, suele decirse.

No era la primera vez, ni el caso Chevron era el único motivo, por el que Fernando y Cléver habían solicitado información al sector oficial. Una variedad de temas eran objeto de análisis e investigación en el despacho del legislador Jiménez, quien se había convertido en una de las pocas voces valientes e interesadas en transparentar los grandes negocios públicos. Como parte del equipo de investigación, Fernando tuvo acceso a información privilegiada de procesos de contratación que en su mayoría se realizaban fuera de los parámetros legales y éticos. La acción fiscalizadora del asambleísta y el propio trabajo de investigación periodística desarrollado en casi tres décadas por Villavicencio, fueron posicionándoles como una especie de contraloría social a la que llegaban centenares de denuncias, unas directas, otras reservadas, algunas de fuentes conocidas, otras ignotas, documentos públicos, copias de correos electrónicos, etc. El primer paso era la verificación de la información, por esta razón se dirigían oficios a los funcionarios públicos alertando sobre presuntos actos de corrupción, o en otros casos solicitando la confirmación de determinados documentos. Como ejemplo se destacan algunos casos importantes[10], como el cambio de sentencia en el tema Holcim, seguros y reaseguros, Petrochina, compra de avión presidencial, embargo de aviones, buques y cuentas por fallo de Chevron, alquiler de torres de perforación, proyecto Monteverde, Ivanhoe, Duzac, Coca Codo Sinclair, caso de narcotráfico Resurgir, y más de 300 casos investigados.

Una de las inquietudes que se pretendía esclarecer, con el pedido de información, en el caso Chevron, era si en realidad Foley Hoag, que asesora al Gobierno en varias demandas internacionales, también trabajó para la petrolera; además de saber si Paúl Reichler, vinculado al referido bufete, habría recomendado suspender la demanda contra Colombia por fumigaciones con glifosato, como lo afirmaba el procurador Diego García. Fue tal el susto y nerviosismo de algunos funcionarios del Gobierno y del Procurador que se contradecían en sus declaraciones. Hasta los boletines de prensa que salían de la Procuraduría, destilaban incoherencias. Primero aseguraban que Jiménez mentía, que no existía ninguna relación entre Foley Hoag y la compañía Chevron, pero a renglón seguido confirmaban que el bufete sí trabajó para una subsidiaria de la multinacional en Birmania (Myamar) hasta el año 2009, igual precisión hizo el propio bufete Foley Hoag[11]. Pero, si Foley Hoag asesoró a Chevron hasta el 2009, entonces sí existió un conflicto de intereses, pues la relación laboral de Foley Hoag y Paúl Reichler con el Estado ecuatoriano, en casos como: Oxy, Chevron, El Universo, Murphy III, en la demanda por fumigaciones contra Colombia, Zamora Gold Corporation, Merck Sharp & Dohme, entre otros, provienen desde el año 2007.

Para ser exactos, quien le alertó al Procurador sobre la relación entre Foley Hoag y Chevron, antes de Jiménez, con su carta, y Villavicencio con su nota en PlanV, fue Alexis, cuando le escribió a García que tenía un informe:

> (…) de una fuente ignota, que habría su firma patrocinado a Chevron....eso explicaría alguna cosa (...) Este tema lo sabemos hace tiempo. Yo recibí información sobre un supuesto conflicto de intereses, como dice Jiménez. Y el conflicto consistía que la firma de Reichler había asesorado en Myamar a Chevron en manejo de relaciones laborales, hace varios años. Dijeron que el tema estaba cerrado y no lo volverían a hacer, señala la nota. ¿Qué tiene de reservada esa información, acaso en ella se habla de relaciones íntimas de los funcionarios, o se trataba de documentos bajo sigilo? No, en ella se abordan temas de interés nacional que no pueden ni deben quedar en la oscuridad. Lo que en realidad temían es que el país se entere de los procedimientos nada transparentes con los que estaban actuando desde los más altos niveles del poder, en asuntos que involucran miles de millones de dólares.

Tan reservados eran los documentos y correos electrónicos invocados por Rafael y Alexis, que a más de la distribución libre que hacía la señora Margaret Petito en los Estados Unidos, la propia compañía Chevron accedió a correos electrónicos de los demandantes, abogados y otros, a través de una orden judicial emitida por el Juez Kaplan, dentro del juicio Rico. Así lo reportó el diario británico *The Guardian*[12] el 16 de julio de 2013, bajo el título: *Chevron obtuvo acceso a las cuentas de email de activistas ambientalistas*, donde se menciona que la multinacional tuvo acceso a más de 100 cuentas de correo electrónico.

El amplio conocimiento y circulación de la supuesta información reservada, fue destacado entre los principales funcionarios del régimen, señalando que dentro del juicio Rico ya se han dado un importante número de órdenes de revelación de información, que incluían correos electrónicos, anotaciones del diario o agendas, videos sin editar, memos, declaraciones y toda la información que estaba en poder del equipo de abogados de los demandantes de Lago Agrio en los Estados Unidos. Los pedidos de revelación de información han sido utilizados por todas las partes involucradas en el pleito en reiteradas ocasiones. La orden del Juez pretende obtener la identidad (incluyendo IP) de los usuarios de las cuentas de correo electrónico. No el contenido de los correos, que ya los tienen porque los propios abogados de los demandantes tuvieron que entregarlos frente a ordenes judiciales previas, se comentó en la calle García Moreno.

Las recomendaciones originadas en la Procuraduría del Estado, respecto a este tema, eran las de inhibirse de intervenir, pues el Juez Kaplan podría entender que el Estado ecuatoriano, como tal, se estaría sometiendo a su jurisdicción y podría vincularlo al proceso, reeditando lo acontecido con la AGD, cuando demandó a los hermanos Isaías en Florida y fue contrademandada.

Todo parece indicar que el acceso a información *reservada* era de ambas vías, y al más alto nivel. Si consideramos como verídicas las acusaciones de Alexis, de que Chevron accedió a información del gobierno de Ecuador, también desde el lado oficial se habría obtenido documentos a través de vías no muy convencionales. Eso se podría colegir cuando se lee un comunicado en el cual el hombre fuerte de Carondelet dice contar con información interna de la transnacional: La primera es un memo interno de Chevron. La segunda es una grabación que está en mi poder, de una fuente ignota. El audio es una supuesta conversación telefónica entre uno de los abogados de Chevron, Andrés Rivero, y Nicolás Zambrano[13], el exjuez de la Corte de Lago Agrio que emitió la sentencia en contra de la transnacional, obligándola a pagar al Frente de Defensa de la Amazonía, la suma de 19 mil millones de dólares.

El memo [14] interno es un informe titulado *CONFIDENTIAL - SUBJECT TO PROTECTIVE ORDER CVX-RICO*, de octubre de

2010, dirigido a Bill Irwin (Chevron), en el cual se informa sobre los resultados de una reunión realizada por representantes de la multinacional con el Secretario de Estado Adjunto para Asuntos del Hemisferio Occidental, Arturo Valenzuela, en la cual se abordó la posibilidad de buscar un acuerdo con el Gobierno de Ecuador, frente a la demanda por contaminación en la Amazonía ecuatoriana.

La grabación obtenida de *fuente ignota,* inmediatamente vio la luz a través del medio oficialista El Telégrafo, que en un reportaje de portada, titulado *Tres agentes de Kroll trabajan en Quito al servicio de Chevron*[15], se menciona que el abogado Rivero *habría efectuado llamadas intimidatorias a Zambrano bajo el pretexto de conversar y ofrecerle beneficios*. En la web http://www.texacotoxico.org/chevron consta que en un conjunto de grabaciones y documentos que están en poder de los demandantes y que será exhibido de manera paulatina, se señala que Rivero, a través de una llamada telefónica realizada a Zambrano, lo intimidó diciendo: <<Usted necesita hablar conmigo (…) estoy en Manta, puedo estar en su casa, sé que usted está acompañado en su casa>>. Esta era parte de la información calificada de *reservada,* que se encontraba en manos de Jiménez y Villavicencio, y fue la razón, la sinrazón, para el brutal allanamiento.

Hablando en oro, Alexis y Rafael sabían que los documentos relativos al conflicto de intereses de la firma de abogados Foley Hoag con Chevron, y otros informes con los cuales presuntamente la multinacional podría probar dentro del Juicio Rico[16], la intervención de funcionarios del Gobierno ecuatoriano a favor de los demandantes de Lago Agrio, fueron obtenidos por Chevron desde el año 2012, e incluso los mismos documentos fueron presentados al juez Lewis Kaplan en Nueva York, y a varios periodistas en los Estados Unidos. Una comunicación de 29 de octubre de 2013, originada en Washington confirmaría lo dicho:

La corte no encontró nada que diera visos de fraude en los documentos obtenidos de manera ilegal por Chevron. Así también ya tenemos la comprobación que la ONG de Petito[17], quien entregó los documentos y que el año anterior envió carta pidiendo que se nos quite las preferencias ya no se encuentra operando legalmente. Un excelente ejemplo para exponer las prácticas mafiosas de esta gente. A primera hora entregaremos a varios periodistas acá la información para denunciar estos abusos.

Tan claro como eso, la peligrosidad de la información en manos de Jiménez y Villavicencio era tal, que el propio gobierno la entregó a periodistas extranjeros para que la divulguen.

En resumen, la noche del 26 de diciembre, Rafael y Alexis, alinearon su tropel de terror, en medio de un extenso feriado dispuesto por ellos, conscientes de que los hijos pequeños estaban junto a Fernando y Verónica; al filo de la media noche cuando los ojos del país se cerraban; en plena fiesta de abrazos y reconciliación; cuando los periodistas descansaban; así, con ese telón de fondo invadieron la casa con objetivos precisos: descargar ráfagas de miedo y temor, querían pintar en el umbral del periodismo una advertencia. Pero, esencialmente, deseaban conocer con sus propios ojos, el volumen y la peligrosidad de la despensa informativa de Fernando Villavicencio, además de descubrir quiénes eran los proveedores de esa información. El 27 de diciembre supieron una parte de esos secretos, entonces tenían que silenciarlo de cualquier forma, la más fácil, cercana y cubierta en celofán de legitimidad, era remover el juicio del 30S y afilar el cuchillo judicial contra el libro *Ecuador Made in China*[18], una auténtica muralla de corrupción petrolera.

Negocios con China quitan el sueño

En agosto de 2013, Fernando remitió una carta a Rafael, acompañando cerca de 400 fojas de documentos relacionados con actos de corrupción en la comercialización de petróleo con China. La comunicación tenía un sentido clave, alertar al Presidente respecto al rol de Enrique Cadena Marín, el personaje que manejaba los hilos de la intermediación con el crudo ecuatoriano, considerando que, según fuentes confiables, el primer mandatario desconocía la participación del *zar petrolero* en el gigante negocio.

Meses antes había empezado a circular en redes sociales un video denominado *La ruta G*, donde se explicaba documentadamente el *modus operandi* de la intermediación petrolera. Pero, sin duda, fue el libro *Ecuador Made in China*, presentado en marzo de 2013 en Washington, lo que amplificó el tema a nivel internacional, y develó uno de los casos de corrupción más grandes de la revolución ciudadana.

El tema empezó a despertar interés a nivel internacional. La agencia de noticias Reuters encontró en las alianzas estratégicas entre Ecuador y China una potencial posibilidad de investigación. Joshua Schneyer y Nicolás Medina Mora accedieron a información confidencial concerniente a las cláusulas y condiciones de los contratos a través de las varias denuncias que se hicieron públicas tanto en medios de comunicación como en las páginas de *Ecuador Made in China*, todas sustentadas con pruebas fehacientes y la mayoría expuestas por Villavicencio.

Para completar su reportaje y conocer el criterio del gobierno ecuatoriano, se sabe que Reuters envió a la Presidencia en octubre de 2013, un formulario con 23 preguntas, relativas a la intermediación del crudo ecuatoriano y a la participación del *zar petrolero* Enrique Cadena Marín.

A partir de la intervención de Reuters, se generó una nueva preocupación y amenazas en el cuartel general. Los comentarios al más alto nivel eran que las preguntas remitidas por la prestigiosa agencia internacional, habrían sido elaboradas por Jiménez y Villavicencio. Imagínense, tamaño poder el de los dos denostados personajes, un asambleísta acusado por Rafael, de ser incapaz de prender una computadora, y un periodista, expuesto como *seudo analista*, convertidos en asesores de una de las más serias y respetables agencias de noticias del mundo.

Finalmente, en noviembre de 2013, Reuters publicó su investigación bajo los títulos: *Cómo China tomó el control del petróleo de Ecuador, El juego de poder de China en las narices de EEUU.*

De la información que reposa en organizaciones internacionales de derechos humanos, como parte de la defensa de Villavicencio y Jiménez, se presume que el Presidente desconocía de los negocios de intermediación con el petróleo adjudicado a Petrochina; en particular, ignoraba sobre la participación de Enrique Cadena Marín. De acuerdo con esa información, Correa consulta a los mandos más cercanos, "¿quién es este tipo (Cadena)?" La primera respuesta en recibir pocas horas después fue la del Vicepresidente Jorge Glas, el cual descuidando mínimamente las formalidades, sin dedicar un espacio básico de tiempo para investigar un caso tan complejo y difícil, respondió que se debe enjuiciar al autor de las denuncias, a Villavicencio.

Se aprecia además que Glas conocía bien a Cadena, al menos de sus andanzas por el sector de telecomunicaciones. En el documento se lee:

> Cadena es un pillo, estaba detrás de robos en Alegro, nunca pudimos llegar hasta él, no aparecía en nada, (...) de la información que me han dado no es contratista del estado en nada, no aparece, por estas denuncias se consultó a Petrochina y negaron relación con él. Con el contralor revisaremos esas transferencias, cuando regrese me entregará toda la información. Con este video Villavicencio tendrá que responder a la justicia, de hecho el informe de Contraloría al que hace referencia fue aclarado y desvanecido (...) Hay que emprender las acciones legales contra este tipo (Villavicencio) de inmediato.

Conociendo semejante hoja de vida de Cadena, realmente es sorprendente que, tanto Rafael Correa como Jorge Glas, hayan dado credibilidad al *mafioso*, antes que disponer una investigación exhaustiva de las denuncias de Villavicencio y Jiménez, así como de los informes de Contraloría, y de la impresionante investigación realizada por la agencia Reuters, a la que se negaron a responder, como se señala en el reportaje.

El mismo día de la respuesta de Glas, de forma sincronizada, llegó la del Gerente de Petroecuador, Marco Calvopiña, en la cual informaba que su empresa ya había aclarado a la Contraloría General los supuestos perjuicios al Estado, mencionados en el examen especial sobre los contratos con Petrochina:

> Existen errores conceptuales básicos de los auditores, por lo que estamos organizando un seminario sobre comercio y transporte internacional de hidrocarburos, con una empresa de prestigio internacional, dirigido a funcionarios de la Contraloría y otras instituciones públicas. Las 'denuncias' son versiones distorsionadas de prácticas comunes de la industria, como la venta FOB con libre destino que consta en nuestros contratos. Revisados los registros de Comercio Internacional de PEC, aparece el nombre de Enrique Cadena Marín en calidad de representante legal de la empresa Naparina Corp., y esta como representante de la empresa Projector, del 21 de julio de 1999 al 26 de abril de 2002. Projector salió de los registros de PEC el 5 noviembre de 2008 por incumplir un contrato de abastecimiento de diesel.
>
> Petrochina, en respuesta a requerimiento de PEC sobre algún nexo de esa empresa con Enrique Cadena, mediante fax de 28 febrero de 2013 afirma "The news published by certain Ecuadorian press is Against the facts and PCI knew nothing about the persons mentioned in the news".

En diciembre de 2013, pocos días antes de allanar el domicilio de Villavicencio, se cumplió la orden de Glas. Marco Calvopiña presentó a la Fiscalía una denuncia penal contra el autor del libro *Ecuador Made in China*, para lo cual se contrató al bufete de abogados Vizueta & Asociados, por la suma de medio millón de dólares.

La insólita modificación del informe de Contraloría fue confirmada públicamente por el propio vicepresidente en el enlace sabatino de noviembre de 2013, donde citó un oficio del Contralor Subrogante, de fecha 23 de octubre de 2013, según el cual la Contraloría habría aprobado un alcance al informe de marzo de 2013. Como cualquier estudiante de derecho sabe, no se puede cambiar un informe definitivo de la Contraloría, eso es algo elemental en un Estado de Derecho. Lo que expresa el asombroso cambio es un nuevo atropello a la Constitución y a la Ley Orgánica de la Contraloría, orientado a dejar en la impunidad otro caso de corrupción del actual gobierno, y proteger a Enrique Cadena Marín y altos funcionarios del régimen.

Glas pide investigación penal contra Jiménez

En el enlace ciudadano de 9 de noviembre de 2013, el vicepresidente Jorge Glas pidió al fiscal Galo Chiriboga que inicie una investigación penal en contra del asambleísta Cléver Jiménez, por asegurar que cuenta con información proveniente de un correo electrónico del mandatario Rafael Correa sobre el caso Chevron. En la sabatina, conducida por Glas, se presentó un video en el que se exhibía una nota de prensa publicada por Ecuadorinmediato en la que supuestamente Jiménez anuncia ba que registraría en una notaría comunicaciones *privadas* del presidente, para que se hicieran públicas si al asambleísta le sucedía algo. En la alocución, Glas también confirmó que esos correos serían los mismos que la transnacional Chevron quiso ingresar en un juicio en Estados Unidos en contra de los demandantes de Lago Agrio. Entonces, si en noviembre de 2013 -un mes antes del allanamiento- Glas sabía que esos correos fueron "hackeados" por Chevron, y si Alexis manejaba certezas de que la multinacional fue quien *hackeo* las cuentas de la presidencia, ¿por qué allanaron los domicilios, acusando a Jiménez y Villavicencio de *hackeo*? Al parecer el objetivo principal de los allanamientos era obtener información del negociado petrolero.

Glas además anunció que demandará a Jiménez por supuestas injurias difundidas en las redes sociales sobre un informe de la Contraloría respecto al comercio de crudo con Petrochina. "Yo sí te voy a denunciar por calumnias. (...) Dicen los abogados que a confesión de parte, relevo de pruebas, así que yo pido al fiscal general que por acción pública inicie el proceso penal en contra de Cléver Jiménez", dijo Glas Espinel. Horas después de semejante orden, Chiriboga notificó al legislador que había iniciado la indagación previa en su contra.

Cadena se suma a la persecución

Simultáneamente a las pesquisas encomendadas desde el Cuartel General de la calle García Moreno, debido a las revelaciones contenidas en libro *Ecuador Made in China*, el *zar* Enrique Cadena Marín, iniciaba el acecho en contra de Fernando Villavicencio, a través del agente internacional Sam Anson de la compañía Kroll, el mismo espía que en enero de 2013 hizo trabajos para Chevron en Ecuador. La información fue confirmada por un investigador ecuatoriano quien recibió una oferta de Anson para perseguir a Villavicencio.

La acción persecutoria de Cadena Marín, se presenta luego de la difusión en medios digitales y en redes sociales, del vídeo: *RUTA G, la ruta de la corrupción e intermediación petrolera*, y de la presentación en Washington del libro *Ecuador Made in China*, en el cual se pone en evidencia documentadamente, cómo Cadena y sus empresas vinculadas: Naparina Corp., Denarii, Breiton Capital, Pegaso, entre otras, reciben millonarias transferencias económicas de parte de las petroleras Taurus Petroleum y Ursa Shipping (Gunvor), dinero proveniente de la reventa del crudo ecuatoriano adjudicado a Petrochina.

Los primeros días de agosto de 2013, los representantes del proveedor de hosting, *Rackspace*, contratado para la difusión de ese y otros vídeos, fueron presionados a romper las normas de privacidad e interrogados en Texas-EEUU, curiosamente en las oficinas de la empresa Naparina Corp., propiedad de Enrique Cadena, la misma compañía que figura como la principal beneficiaria de millonarios depósitos bancarios, realizados por Taurus Petroleum y Ursa Shipping.

En Ecuador, Anson se comunicó con una persona que ofrece servicios de investigación y espionaje, a la cual le planteó hacer el seguimiento a Villavicencio, por encargo de Cadena. Desde mayo de 2013 el correo electrónico del periodista fue atacado, utilizando el mecanismo de *phishing*.

El autor del libro ha revelado que Enrique Cadena súbitamente se convirtió en multimillonario durante el gobierno de Rafael, gracias a la ilegal intermediación del petróleo ecuatoriano, adjudicado a Petrochina, que en lugar de llevarlo a sus refi nerías como dispone el convenio de Alianza Estratégica firmado con Petroecuador, es revendido por Taurus, Ursa y Gunvor, a las refinerías de EEUU, en particular a la planta de Chevron Products en California. Este proceso de intermediación le genera al Ecuador pérdidas económicas de entre 2 dólares por barril, recursos que alimentan la red de corrupción liderada por Cadena. Al momento Petrochina maneja como pago de créditos o preventas, más del 80% del saldo exportable de crudo nacional, unos 240 mil barriles diarios, aproximadamente.

Sam Anson y los espías de Kroll, contratados por Enrique Cadena, trabajan para grandes multinacionales como Chevron-Texaco, para mafias poderosas, personajes obscuros como Larry Flint y gobiernos extremistas. Las tarifas mínimas bordean el medio millón de dólares, para encargos como éste, lo cual ratifica el sitial de nuevo rico que ostenta Enrique Cadena Marín, en Miami-Florida y Samborondón, donde hace gala de lujos y placeres.

Los altos funcionarios del Gobierno estaban plenamente informados de las actividades fraudulentas de Enrique Cadena; tanto así que el gerente del Banco Central, en octubre de 2013, informó que un Juez había declarado improcedente el juicio seguido por la institución en contra de Cadena Marín, por una deuda impaga de 1.2 millones de dólares que mantenía desde el año 2004 con el Filanbanco, entidad bajo control del Estado. Con esta palmadita de la justicia correísta, el *mafioso,* como lo trata Glas a Cadena Marín, quedaba libre de culpas y con su millón doscientos mil dólares bien protegidos en Miami.

La cercanía de personajes del Gobierno con el *zar petrolero* se puede verificar también en la carta enviada por el legislador Cléver Jiménez, al Contralor Carlos Pólit, en la cual se revela que el Vicepresidente Jorge Glas, ejercía presión al organismo de control para que se modifiquen las conclusiones del examen especial a los contratos con Petrochina, en el cual se determina la ilegal intermediación con el crudo a través de Taurus y los millonarios perjuicios económicos por premios y diferenciales inferiores a los del mercado.

Otras evidencias expuestas por el legislador amazónico, revelaban una estrecha relación de Cadena Marín, con el expresidente de la CFN, Camilo Samán, con el legislador de PAIS, Juan Carlos Cassinelli y su asesora Marcia Montalvo León, representante de la empresa Decorplan (Cadena), de la cual salieron recursos para pagar deudas de Samán el año 2007, antes de su posesión como Gobernador de la provincia del Guayas, dependencia donde entró a laborar Marcia Montalvo, en calidad de Comisaria, antes de pasar a la Asamblea Nacional.

Bestiario

Es común escuchar a algún gobernante totalitario, devenido en *benefactor*[20], invocar la Constitución y la Ley, antes y después de cada comida. Por lo general, la garganta de los dictadores es la que mejor entona la *normativa*. El allanamiento al hogar de Villavicencio y la persecución política, judicial y policiaca en su contra, encajan plenamente con un bestiario político, de quienes tuvieron el cinismo de poner una etiqueta de yogurt a un frasco de veneno. Así es como llaman *revolución* a la corrupción, de la misma forma como llaman *proceso judicial* a la persecución política. Solo para ilustrar el desafuero cometido en los allanamientos, desandaremos por algunos códigos y leyes.

Respecto a la excusa del *Acto Urgente* utilizado para in vadir los domicilios y la Asamblea, se debe recordar que este se justifica, salvo situaciones de delito flagrante, en los que por su naturaleza es menester poner en resguardo los elementos del delito cometido, en los actos y diligencias de la administración pública. ¿Cuál era el supuesto delito flagrante, acaso el *hackeo* de correos electrónicos del presidente, cuáles eran la pruebas que tenían? Ninguna, como lo verificaron la misma noche del allanamiento y lo reconfirmaron públicamente al señalar que *Jiménez ni siquiera podía prender una computadora*, y que los mails encontrados en su poder habían sido hackeados por Chevron. Como ya se ha destacado, eso ellos lo sabían desde el año 2012.

El *justificativo* para el *Acto Urgente* fue el supuesto *hackeo*, pero a siete meses del allanamiento, el 7 de julio de 2014, Alexis dispone recién el inicio de la indagación previa, pero no por el delito que motivó el allanamiento, sino por un presunto delito de acción pública, considerando que el legislador Cléver Jiménez, habría revelado en varios medios de comunicación, tener en su poder información privada del presidente y otros funcionarios del Gobierno.

Rafael y Alexis, y en igual sentido, jueces y fiscales, ignoraron lo que establece la normativa, sobre otros hechos no urgentes, los que deben realizarse durante horarios laborales. Más aún, deben efectuarse con el mínimo de afectación de derechos. Bajo cualquier circunstancia, incluso habiendo indicios certeros de culpabilidad de los padres, los derechos de los niños y de las madres con niños de pecho, deben ser respetados con celo por el Estado. En la incursión al domicilio de Villavicencio, el Gobierno y sus instituciones de represión actuaron con bestialidad, vulnerando todos los derechos de sus hijos menores. En cualquier acto gubernamental, diligencia judicial, o de cualquier tipo, los niños, las madres con niños menores, deben recibir asistencia humanitaria preferente y especializada, respetándose ante cualquier circunstancia, el principio de interés superior de esas personas vulnerables y sus derechos prevalecerán sobre los de las demás personas.

Tanto las expresiones de Rafael, como las revelaciones de Alexis, donde expresamente admiten que no solo conocen el contenido de las investigaciones, sino que además tienen en su propiedad los bienes incautados en el ilegal y violento allanamiento, constituyen un autoretrato del delito. Una cosa es ver, observar o leer, fotos, documentos, cartas que solo pueden ser mantenidas en el expediente, en poder de la Fiscalía; y, otra muy distinta, que las partes tengan esos bienes. El primer caso, significa conocer los objetos o documentos que pudieran ser relevantes para una investigación y, el segundo, es llevárselos.

Lo primero es necesario para preparar una acusación o defensa eficaces, pero lo segundo viola garantías constitucionales y de Derechos Humanos, contenidos en la Carta de Montecristi. Además vulnera lo establecido en el artículo 215 del Código de Procedimiento Penal (CPP), relativo a la indagación previa, el cual manifiesta que las investigaciones que se realicen durante la indagación previa, serán reservadas respecto del conocimiento del público.

Las acciones de Rafael y Alexis, constituyen además un evidente atropello de los principios contemplados en el artículo 226 de la Constitución, el cual establece que: <<Los servidores públicos y las personas que actúen en virtud de una potestad estatal ejercerán solamente las competencias y facultades que les sean atribuidas en la Constitución y la ley>>.

Entonces, ellos se extralimitaron al enviar personal a su servicio, a incursionar ilegalmente al domicilio de Villavicencio, a filmar y tomar fotografías durante la diligencia. Rafael y Alexis, como supuestos afectados o acusadores solo tenían derecho de acceder a las actuaciones de la Fiscalía, no a intervenir en el allanamiento peor aún a apropiarse de bienes ajenos, como lo hicieron. Al mandar a filmar, fotografiar y al tomar el control de la laptop de Villavicencio, ellos ordenaron que personas ajenas, tomaran decisiones de realizar fotos o tomas, lo cual la ley faculta exclusivamente a la Fiscalía.

Por estas razones es que a ningún acusado ni abogado, se le permiten obtener copias de los expedientes de las indagaciones previas. Solo están facultados a revisar los expedientes. Al ocurrir las violaciones citadas, todo lo actuado es nulo, como establece el artículo 80 del Código de Procedimiento Penal, que dice:

> "Toda acción preprocesal o procesal que vulnere las garantías constitucionales carecerá de eficacia probatoria". En referencia a lo citado, el artículo 201 del Código Penal, señala: "El que teniendo noticia, por razón de su estado u oficio, empleo, profesión o arte, de un secreto cuya divulgación puede causar daño, lo revelare sin causa justa, será reprimido con prisión de seis meses a tres años y

multa de ocho a setenta y siete dólares de los Estados Unidos de Norte América".

En la misma dirección sanciona el artículo 282 del Código Penal: <<Todo funcionario público que, sin orden legal del superior competente, descubra o revele, algún secreto de los que le están confiados por razón de su destino, o exhiba algún documento que deba estar reservado, será reprimido con uno a cinco años de prisión>>. Esto es aplicable al Fiscal Jaramillo quien permitió a los *abogados y agentes* de Alexis que fotografíen los documentos, mails y presuntamente hasta hayan hecho un backup de las computadoras de Villavicencio. Es más el propio intocable exhibió copia de esos documentos en su canal incautado Gamatv, ademas de señalar en rueda de prensa que en su celular tenía miles de documentos obtenidos en los allanamientos. Otro autoretrato del delito.

Para dar mayor luz a los delitos incurridos por Rafael y Alexis, el artículo 547 del Código Penal señala: <<Son reos de hurto los que, sin violencias ni amenazas contra las personas, ni fuerza en las cosas, sustrajeren fraudulentamente uno cosa ajena, con ánimo de apropiarse>>.

Este texto podría aplicarse tranquilamente a los/as acusadores/as y sus agentes que fotografiaron bienes intelectuales (*e-mails* y correos), que ellos podían solamente conocer una vez incluidos en el expediente. No podían ellos estar en la oficina o en los domicilios de los allanados y tomar propiedad (intelectual o material) alguna. Esa atribución solamente tienen las autoridades competentes, bajo una orden judicial. Al respecto el artículo 213 del Código Penal, señala: <<Cualquier otro acto arbitrario y atentatorio contra las libertades y derechos garantizados por la Constitución, ordenado o ejecutado por un empleado u oficial público, por un depositario o agente de la autoridad o de la fuerza pública, será reprimido con prisión de tres a seis meses>>.

Rafael y Alexis enviaron a subalternos/as o abogados/ as y agentes a tomar fotografías y apropiarse ilegítimamente de bienes materiales e intelectuales de Fernando Villavicencio y Cléver Jiménez[21].

El impacto psicológico, moral y emocional de la familia Villavicencio-Saráuz en general, y el de sus hijos menores de edad, en particular, rebasa cualquier límite razonable de lo que legalmente una familia deba aceptar como legítimo. La brutal incursión armada ha destruido de manera irreparable la ilusión que la Navidad cultivaba en los dos pequeños niños, especialmente en José Emiliano, quién jamás olvidará que a la noche siguiente a la que él recibió los regalos del *Niño Dios* o de *Papa Noel*, unos encapuchados enviados por Rafael y Alexis, sometieron a su familia, empujaron alevosamente a su madre, forcejearon con su padre, y destruyeron su manada de dinosaurios que en la noche navideña le habían regalado.

Este acto de terrorismo de Estado, disfrazado de diligencia judicial, usurpó las ilusiones de los hijos, les robó tal vez para siempre la idea de una noche de paz y amor. El daño moral de esa noche de terror, es incuantificable.

La senda de la persecución

La madruga del 27 de diciembre, una vez que desocuparon el hogar, Fernando y Verónica zurcen un abrazo de reencuentro. En él ingresa José Emiliano, Martín, Gloria, Aleczandra, Galo, Lupita, Germán y todos los/as vecinos/as dolidos/as de impotencia ante la brutalidad que habían grabado esa noche en su memoria. Una señora del bloque contiguo trae palo santo para limpiar de malos espíritus la casa. José Emiliano no suelta a sus dinosaurios y Martín abraza su patito de plástico. Toman una maleta con algunas prendas de vestir y salen para completar el sueño en otro lado, o descubrir si lo ocurrido fue una parte de otra pesadilla que les tocará vivir. Desde entonces, Fernando no ha regresado a su hogar, lleva su vida de un lugar a otro, con una maleta en mano y una sentencia de la Corte de Justicia, que le condena a 18 meses de prisión, al pago de 140 mil dólares, y a ofrecer disculpas públicas a Rafael, por el delito de haber pedido que se investigue quién ordenó la incursión armada al Hospital de la Policía, el 30 de septiembre de 2010, donde murieron 5 personas, entre civiles, militares y policías.

Aquí empieza la otra parte de esta historia: la persecución feroz de todo un aparato estatal, controlado por adoradores del *Che* Guevara, a uno de sus propios compañeros de militancia y a su familia. Sí, aunque duela creerlo, en el engranaje de ese Estado, al que antes combatieron desde las aulas universitarias, organizaciones sociales y movimientos políticos, hoy se anidan sus más cercanos compañeros/as, con quienes multiplicó panes, alzó banderas, estrenó sus amores revolucionarios. Ahí estaban ellas y ellos, con sus jueces y policías, con sus medios y adjetivos, persiguiéndolo; extraviados, como si alguna enfermedad hubiera borrado de la memoria, el lado multicolor de la solidaridad, de la ternura y la razón.

A Washington en busca de Cautelares

Aunque los abrazos son comunes en un aeropuerto, los de Fernando y Verónica demuestran que el mundo se va a acabar ese día; su mundo empezaría a desarmarse: la distancia entre ellos había devenido inexorable. Son las 20H00 del 12 de enero de 2014 en la más triste terminal aérea de la galaxia: Tababela. Lorena, la hermana de Fernando, se une a la despedida. Intentan contener las lágrimas, pero estas se desbordan: <<lloremos hasta mojar el piso>>, dice Fernando dibujando una sonrisa. El rostro de Verónica entra en sus manos, mientras con su dedo derecho retira una gota de su mejilla, la besa mordiéndola, y le recuerda que en el amor siempre hay boleto de regreso. <<Abrígale a mi Martín>>, son sus últimas palabras antes de enrumbarse a la fila de migración.

Los temores están presentes, aunque a esa fecha Fernando no tiene prohibición de salida del país, cualquier novedad se inventarían los correístas para impedir que viaje a Washington. Ya lo habían hecho antes con otros dirigentes sociales y periodistas a través de una simple orden telefónica.

Con la chompa ploma de lana bajo el brazo, la correa en su mano derecha y el pasaporte en la izquierda, pasa a la ventanilla de revisión. Todos los/as empleados/as mantienen su mirada fija en él; su rostro no es desconocido para nadie, pues había estado sobreexpuesto en los medios los días posteriores al allanamiento. <<¿Cuál es su destino, señor Villavicencio?>>, pregunta la señorita de migración. <<Washington. Voy a ver cómo cae la nieve>>, responde. Lo mira, activa el teclado de su ordenador, golpea el sello de salida en una de las páginas del pasaporte y se lo entrega diciendo: <<que tenga un buen viaje>>.

La azafata, ya entrada en años, da la última instrucción, la más condenada por los pasajeros: <<en caso de despresurización, las máscaras de oxígeno caerán, el chaleco salvavidas está por ahí, este avión tiene cuatro puertas de escape>>. Luego de semejante anuncio, los rostros de los viajeros demuestran estar preparados para cualquier desenlace. Toma el celular y marca a Verónica para anunciarle que estaba ya en manos del piloto, vuelve a recordarle su amor y cuelga.

La primera escala es en Nueva York, donde se reencuentra con sus hermanos que estaban de visita familiar. Se da un tiempo para explicarles que también hay mendigos de libertad por los tejados. Ellos: Marcelo y Germán, traían de regalo una portátil *MacBook Air*, en reemplazo de la que se sustrajeron Alexis y Rafael en el allanamiento navideño. Dan un recorrido breve por el Hudson, de pronto aterriza en su mente *Poeta en Nueva York*, de Federico García Lorca, tantas veces guitarreado con su compañero de facultad Marco Poveda:

<<Yo denuncio la conjura
de estas desiertas oficinas
que no radian las agonías,
que borran los programas de la selva>>.

Al día siguiente se encuentra con sus amigos de objetivos: Mauricio Alarcón y César Ricaurte, de Fundamedios. Lleva consigo varios documentos en mano, que cuentan como evidencias de la carencia de libertad en Ecuador para compartirlos en las reuniones con las organizaciones de derechos humanos. En la primera reunión, realizada en *Human Rights Foundation*, Fernando no puede contener las lágrimas cuando describe el allanamiento de diciembre, en particular al referirse a sus hijos. Los/as funcionarios/as, sorprendidos/as, dolorosamente sorprendidos/as, escuchan los testimonios, no solo de Fernando, sino las experiencias compartidas por Fundamedios, sobre la situación de los derechos humanos y la libertad de expresión en Ecuador. Compromisos, pronunciamientos y acciones quedan sellados en las agendas, eso empieza a tranquilizarlo y devolverle un poco de esperanza.

La nieve los empuja de la vía pública. Nueva York vestida de blanco, invita a tomar café en cada esquina. Los locales más frecuentes que se reproducen como por error, son los *Starbuscks*, ahí se protegen, mientras cruzan criterios y preparan la salida en tren a Washington, el punto de llegada: el objetivo.

Durante el viaje, la noticia que circulaba en redes sociales, era la agilidad con la cual la Corte de Justicia había llamado a audiencia para el 14 de enero en el caso 30S, un proceso judicial que estuvo dormido desde mediados del año anterior. Fernando no cuenta con la mínima expectativa de que los magistrados puestos por Rafael, fueran a rebelarse contra el benefactor. Está plenamente consciente que la sentencia condenatoria sería ratificada, pues un fallo absolutorio era tan improbable y extraño como creer que nazcan rosas en un albañal.

El letrero de la CIDH (OEA) en Washington, señala que han llegado al lugar buscado. Se anuncian en información, tienen una cita con Catalina Botero, la Relatora para la libertad de expresión. <<Ella está por llegar>>, dice el guardia, entonces deciden pasar al lado, a *Juan Valdez* a tomar otro café. Apenas salen, entre copos de nieve, aparece Catalina con su sonrisa, envuelta en un gorro negro, bufanda y abrigo oscuro. Saluda emocionada con Mauricio y César, a quienes ya conocía, y mira a un lado, se sorprende y lanza un abrazo... <<¡Fernando Villavicencio! qué alegría verte, no sabes cuánto hemos pensado en ti>>. El rostro de Fernando es como el de un niño que había encontrado a su madre. Luego comentará que la sensación que le dejaba Catalina, era la de una mujer construida con pedacitos de derechos humanos latinoamericanos. Un ser de una dulzura parecida al árbol de sándalo, aquel que perfuma hasta el hacha que lo hiere.

Su presencia en los Estados Unidos, mereció una significativa cobertura e interés tanto de los medios de comunicación, como de organizaciones de la sociedad civil, gubernamentales, del propio Departamento de Estado, del Senado y del Congreso de ese país. Importantes medios como CNN, El País, Miami Herald, y decenas de periódicos, canales de televisión, estaciones de radio de EEUU empezaron a amplificar e interesarse no solo por la brutalidad del allanamiento, sino también por la persecución a la disidencia, la violación a los derechos humanos, el autoritarismo y la rampante corrupción del gobierno de la revolución ciudadana.

La estadía en Washington en pleno invierno, habría sido más fría de no contar con un gran amigo: Ezequiel Vázquez, argentino, apasionado con las grandes causas continentales, en particular con las venezolanas, la tierra de su amada compañera. A Ezequiel, Fernando lo conoció en sus búsquedas periodísticas, desenterrando corruptelas en los negocios con Petrochina, en las andanzas de Pedro Delgado, entre otros temas que los juntaron. En una visita anterior compartieron la presentación del libro *Ecuador Made in China*, y una foto con el fondo de la Casa Blanca, la cual luego de circular en las redes sociales, pasó al archivo de la Secretaría de Inteligencia (SENAIN), como una prueba del complot de la derecha internacional contra el *socialismo del siglo 21*.

En una amplia reunión con Catalina en la que Fernando le explica la situación puntual de la sentencia por la querella presentada por Rafael y los detalles del allanamiento, a todos les queda claro, en especial a Mauricio: se debían concentrar los mejores esfuerzos y energías en presentar a la Comisión, un documento sólido y jurídicamente impecable, solicitando las medidas cautelares. En esa tarea se empeña con pasión el equipo de Fundamedios.

Mientras Fernando exhibe las fotos del allanamiento y describe los detalles de la incursión armada a su domicilio, Emilio Álvarez, Secretario Ejecutivo de la CIDH, no para de anotar. Pensaban que la reunión sería corta, pero el interés explícito del mexicano que dirige la Comisión, hizo que se extendiera por casi hora y media. Al final, cuando se despiden, Emilio toma del brazo a Fernando y le cuenta que cuando él era niño, un piquete policial incursionó violentamente en la casa de su padre, que igual era periodista, y tuvo que vivir esos atropellos, *por ello estoy aquí*, le dice, dándole un abrazo.

Entre Washington y Quito, el equipo de profesionales de Fundamedios da forma al petitorio de cautelares. Entre tanto, Fernando cumple una importante agenda de medios: se encuentra con Fernando del Rincón en CNN; concede una entrevista amplia en El País de España, la cual provoca colerín al régimen y pone a trabajar al ex electricista Miguel Calahorrano, Embajador en España. Las reuniones en el Senado superan las expectativas. El interés tanto de sectores republicanos como demócratas era sincero y se expresa en compromisos directos. De forma inmediata, del despacho de uno de los Senadores, sale una nota a la Embajada de Ecuador en Washington. Esta singular solidaridad, se expresará más tarde, en abril de 2014, cuando frente a la negativa de Rafael de acatar las Cautelares de la CIDH, un grupo de ocho senadores, de los más influyentes, le harán llegar una durísima carta al gobierno ecuatoriano.

Para el 30 de enero, todo está listo. El petitorio de medidas cautelares es ingresado a la CDIH y desde entonces se esperará el pronunciamiento. Mauricio y César regresan a Ecuador, entre tanto, Fernando decide quedarse en EEUU hasta obtener un resultado de la Comisión. En ese lapso, en Washington, recibe el apoyo de múltiples instituciones, organizaciones y personalidades del periodismo y la política; además del ofrecimiento de Iván Yakub, abogado argentino experto en trámites migratorios, para gestionar gratuitamente el asilo político. Iván es esposo de la ecuatoriana Karina Chamba, quien fue representante del Ecuador ante el BID a inicios de gobierno de Rafael, hasta que habría recibido una llamada de una empleada de la presidencia, anunciándola que debía compartir un porcentaje de su sueldo.

El frío de Washington se queda atrás por unas semanas. Los primeros días de febrero Fernando recibe una invitación para viajar a Miami - Florida, un espacio más cálido y familiar, aunque más expuesto a la acidez del correísmo.

El acercamiento de @lolacienfuegos

El 19 de febrero de 2014, el periódico británico The Guardian, publica una investigación titulada: *Ecuador pursued China oil deal while pledging to protect Yasuni, papers show*[22] en la cual se revela que el gobierno de Correa negoció con empresas chinas la explotación del bloque ITT, mientras impulsaba la iniciativa ambientalista para dejar el crudo bajo tierra. El reportaje se sustenta en varios documentos oficiales, en particular un *power point*, en el cual se incluye una cláusula de último momento, que expresa el compromiso gubernamental para la entrega del referido bloque petrolero a las compañías Petrochina y Andes Petroleum.

El principal de la Secom, Fernando Alvarado, ardió en fiebre y disparó un tuit a la altura de su prosapia poética, acusando a @ fevillavicencio de ser el facilitador de esos documentos al periodista David Hill, del diario londinense. La acusación llegó incluso al lindero de lo temerario, señaló a Villavicencio de haber alterado el documento. Conclusiones tan ligeras solo pudieron surgir de alguien asustado. En pocos minutos, máximo a tres horas de publicado el reportaje, el Secretario de Comunicación ya tenía los resultados de un supuesto peritaje informático. Su única evidencia era el registro de un cambio hecho al documento en una computadora de un tal Andrés Villavicencio.

El gobierno levantó polvareda en todos los medios bajo su control, acusando a Villavicencio de haber facilitado información alterada al diario inglés. La protesta llegó incluso al plano diplomático; el Embajador en Inglaterra, Juan Falconí, envió un reclamo al periódico pidiendo que se suspenda la difusión, lo propio hizo la Cancillería. En otro tuit Alvarado anunció que The Guardian había removido el documento: <<Se le cae la mentira en @guardian al #vendepatria @fevillavicencio tuvieron que remover el docu-

mento trucado andes.info.ec/es/ noticias/gu>>, señaló, desde su cuenta @MashiSurfer

El autor de la investigación David Hill se comunicó con Villavicencio para expresarle su preocupación por la campaña generada en Ecuador. Fernando le solicitó que en honor a la verdad el periódico debe aclarar que él no le entregó esa información, aunque en efecto el documento y la nota periodística difundida por The Guardian, son veraces. Además de que esa información ya fue difundida en noviembre de 2013 por la agencia Reuters en el reportaje sobre los negocios petroleros de China en Ecuador. David Hill hizo la aclaración pública días despúes. La investigación publicada en el portal de The Guardian se mantuvo intacta, el cuestionado documento fue bajado por una semana sujeto a investigación, luego de lo cual nuevamente fue colocado, tras verificarse que se trataba de información auténtica.

Lo trucado del documento según Alvarado era un subrayado en la clásula de último momento, que según él era una tachadura, que negaba las negociaciones con China para la explotación del ITT. Tal era el cinismo de Alvarado que se atrevió a decirlo, seis meses después de que el Presidente de la República, anunciara la decisión de explotar el ITT y el Bloque 31 en el Parque Nacional Yasuní, un proyecto atado a la construcción de la Refinería del Pacífico, con financiamiento chino.

Villavicencio respondió a Alvarado a través de su cuenta @fevillavicencio, que la palabra *pillo* es la única que escribe bien. Sorpresivamente, recibió un mensaje interno de @lolacienfuegos: el seso virtual del gobierno. Y ciertamente fue una sorpresa, porque Lola en varias ocasiones enfrentó duramente en redes sociales a Villavicencio, en particular por el tema del comercio de petróleo con China. Pero, esta vez y por interno la situación fue distinta: <<Hola :) ...espero te encuentres bien. Yo no soy tu tocayo como lo pregonas. Tampoco tengo ninguna bronca contigo :)>>. De entrada, un gesto de serenidad y la aclaración de que no era Fernando Alvarado. Luego de sopesar algunos minutos, vino la respuesta: <<Qué bueno al menos intentas dar la cara, y xq aclaras lo del

tocayo antes de temerario tweet en mi contra?>> Villavicencio se refiere al tuit de Alvarado que horas antes empezó a inundar las redes sociales, en el cual se refiere a él como <<pillo vende patria>>. La respuesta de Lola dejó más vago el tema: <<porque eres tú quien lo ha dicho...sobre lo otro, no existe ningún tuit en tu contra que no pretenda establecer una verdad>>. Para Fernando Villavicencio no había dudas de que el acercamiento de Lola estaba directamente relacionado con la publicación en *The Guardian* de documentos oficiales que podían comprometer la imagen del Gobierno a nivel internacional. Obviamente el régimen sabía que la información incautada en la computadora de Villavicencio, él tenía una copia a buen recaudo, como lo había anunciado tanto en CNN, El País y otros medios de comunicación.

¿Había preocupación en algún sector del gobierno de que los documentos que manejaba Fernando vean la luz? Una parte del diálogo sostenido con el *troll* @lolacienfuegos, podría responder esa interrogante:

> **L:** <<Lo que siempre me ha sorprendido es que ahora le hagas el juego a quienes supuestamente combatiste ideológicamente>>. **F:** <<lo que me ha sorprendido es que quienes fueron mis compañeros de izquierda me persigan por pensar distinto. Mi ideología está intacta>>.
>
> **L:** <<Tu ideología no puede estar intacta si permites que y aúpas que esa derecha te use como su vocero e instrumento>>. **L:** <<Tus intereses personales te hicieron caer...pero eso incluso es "normal"...lo que no puedes es darte golpes de pecho>>. **F:** <<Nada justifica la persecución en mi contra, lo que hacen con mi familia, la indefensión a la que me condenan?>> **L:** <<Nada justifica que tu seas el perseguidor usado por la derecha que alguna vez se suponía que la combatías>>. **L:** <<me refiero a toda esa hipocresía... tú lo sabes. Hipocresía que por supuesto está también en ciertos miembros del gobierno>>.
>
> **F:** <<Cuál derecha, en el IMPERIO estudian los hijos de la cúpula de PAIS, Patiño festeja cumpleaños de esposa en N York>>.

L: <<qué ridículo ese pensar que un país y su gente califica como "IMPERIO"...que ridículo pensar que no puedes estudiar, vestirte, comprar>>.

L: <<vamos...deja esas muletillas pendejas>>.

F: <<me estás acusado de servir a la derecha, por estar refugiado en EEUU? a dónde querías que vaya a Cuba>>? **L:** <<el IMPERIO lo constituye el sistema aupado por unos pocos...incluso en contra de su propia gente...forjador de guerras, de intrigas>>.

L: <<En ningún momento te he acusado de servir a la derecha por estar en USA...da igual donde te refugies>>.

F: <<ese discurso ya me sé de memoria>>.

F: <<No he perjudicado a nadie y Alvarado me acusa de pillo, Rafael de llevarme 400 millones de dólares, eso es temerario>>, **L:** <<que Panchana fue a comprar a Miami, que Patiño celebró cumple de esposa en NY...BULLSHIT....te usan Fernando>>. **F:** <<Mira si hubiese querido hacerles daño en los medios acá, lo hubiese hecho, tengo tanta información que ni te imaginas>> **L:** <<Que la Lola usa el mismo IP de Alvarado...que Bananaleaks .... BULLSHIT Fernando, te usan>>.

F: <<Eso tampoco me importa, jamás me encierro en esos debates, ni pendejadas... negocios, corrupción, de eso podemos hablar>>.

L: <<Que Enrique cadena y bla bla bla....BULLSHIT Fernando, te usan...yo soy amiga de Cynthia Védoba su esposa>>.

L: <<Todo ese tipo de info, para la cual sirves de correo...y que A MI pretendes negar que lo eres, es lo que te ha hecho caer tan bajo>>.

F: <<dime entonces para quién trabajo a quién sirvo de correo, presiento que quieres ayudarme a enderezar mi camino>>. **L:** <<Has caído en el periodismo chantajista que sirvió muchos años para poder conseguir prebendas...>>.

F: <<Pues ciertamente he conseguido prebendas, perseguido, chiro, criminalizado, que mal negocio>>

L: <<Las has buscado...pensando que tumbando este gobierno, en el nuevo tendrías la oportunidad de "cuadrarte" otra vez>>.

F: <<Mala lectura, cuadrarme otra vez, siempre fui redondo, jamás estuve cuadrado, mira mis cifras y no se equivoquen>>. L:

<<"cuadrarse " no significa necesariamente hacer fortuna... también significa tener tranquilidad de un sueldo en el aparato del poder>>.
F: <<voy a tomar café gringo cubano, de clase media empobrecida, ya vuelvo....
L: con Emilio? ;)>>.
F: <<No, con Leonardo Padura>>
F: <<El escenario nos hace cambiar, verdad? sin público hasta puedes conversar sin ofender>> L: <<ese es el punto ;)>>

En el largo cruce de mensajes, Lola insistió en conocer si Jiménez y Villavicencio tenían videos o fotos "comprometedoras" relacionadas con el Vicepresidente Jorge Glas. "Aunque los tenga no lo revelaría, así no es la política", respondió Fernando.

Regreso con Cautelares

Entre Washington, Miami y Bogotá, Fernando permanece hasta el 22 de marzo de 2014, cuando tuvo la certeza de que la CIDH otorgaría las cautelares. Él tendrá que llevar ese encargo a Ecuador para intentar sensibilizar al régimen y evitar el encarcelamiento de sus compañeros. Fernando regresa, pese al pedido de sus compatriotas de que no lo hiciera, de que esperara el asilo político que saldría con seguridad, qué Rafael no acataría el pronunciamiento de la CIDH. No, él comunica a su esposa y a su familia la decisión. Verónica, aunque no comparte la decisión, admira su valentía y tenacidad, le dice: <<cuenta conmigo>>.

Fernando regresa a su país, hace escala en Colombia, y de ahí pasa por tierra a Quito mientras saluda a los policías. Ya en la capital descansa unos días en los brazos de sus hijos, de la familia, de los amigos. Luego, toma nuevamente su maleta y se orienta hacia el mágico verde amazónico, allá donde las mazorcas flotan en el río, anunciando un tiempo de libertad. Luego de cuatro horas en el Bobonaza, la canoa se silencia en la orilla de los sueños, la morada de doña Corina Montalvo, la madre de los guerreros de Sarayaku.

Notas

1 En varias comunicaciones públicas entre agosto y diciembre de 2013, se hace referencia a que Cléver Jiménez tendrían acceso a información privilegiada de la Presidencia sobre el caso Chevron, lo propio se dice de un reportaje de Fernando Villavicencio, publicado en www.planv. com.ec, bajo el título "El expediente Chevron".

2 Elektra: laptop Mac Book Pro, con más de 10 mil documentos en su mayoría relacionados con investigaciones sobre corrupción oficial.

3 Joseph Goebbels: ministro de propaganda nazi. Algunos principios goebbelianos:
Principio de la transposición. Cargar sobre el adversario los propios errores o defectos, respondiendo el ataque con el ataque. Si no puedes negar las malas noticias, inventa otras que las distraigan.
Principio de la exageración y desfiguración. Convertir cualquier anécdota, por pequeña que sea, en amenaza grave.
Principio de orquestación. La propaganda debe limitarse a un número pequeño de ideas y repetirlas incansablemente, presentadas una y otra vez desde diferentes perspectivas pero siempre convergiendo sobre el mismo concepto. Sin fisuras ni dudas. De aquí viene también la famosa frase: Si una mentira se repite suficientemente, acaba por convertirse en verdad.
Principio de renovación. Hay que emitir constantemente informaciones y argumentos nuevos a un ritmo tal que cuando el adversario responda el público está ya interesado en otra cosa. Las respuestas del adversario nunca han de poder contrarrestar el nivel creciente de acusaciones.
Principio de la silenciación. Acallar sobre las cuestiones sobre las que no se tienen argumentos y disimular las noticias que favorecen el adversario, también contraprogramando con la ayuda de medios de comunicación afines.

4 SECOM: Secretaría Nacional de Comunicación, dirigida por Fernando Alvarado Espinel.

5 Pablo Romero Quezada, fue Secretario Nacional de Inteligencia SENAIN hasta el primer trimestre de 2014, luego fue reemplazado por Rommy Vallejo, quien venía de desempeñarse como asesor de seguridad de Rafael.

6 La vida de los otros, es un largometraje alemán del año 2006. La película transcurre en el Berlín este durante los últimos años de existencia de la RDA y muestra el control ejercido por la policía secreta (Stasi) sobre los círculos intelectuales. Está protagonizada por Ulrich Mühe, Sebastian Koch, Martina Gedeck y Ulrich Tukur. Fue estrenada en Alemania el 23 de marzo de 2006. Fue galardonada con siete premios Deutscher Filmpreis (Premios del cine alemán) y más de cincuenta premios internacionales, entre los que des-

tacan el Óscar a la mejor película de habla no inglesa en 2007, el BAFTA a la mejor película de habla no inglesa, el César a la mejor película extranjera o los Premios del Cine Europeo a la mejor película y al mejor actor. (Wikipedia).

7 Durante la administración del alcalde de Quito, Augusto Barrera, José Luis Jaramillo, fue gerente de la Empresa de Rastro, a cargo de los camales municipales, donde se faena.

8 PAPALEO Cristina, La risa y el sentido de la vida en http://www.nueva-acropolis.es/filosofia/humor/sentido-vida.htm

9 Idem

10 a) Carta remitida a Rafael Correa adjuntando una grabación en la cual un presunto abogado de los trabajadores de la cementera Holcim señalaba que uno de los asesores de Patricio Pazmiño, Presidente de la Corte Constitucional, habría solicitado dinero para modificar una sentencia. Jamás hubo respuesta del gobierno, sin embargo, la sentencia fue modificada a favor de la compañía extranjera, reduciendo el monto de indemnización a los trabajadores de U$ 90 a U$ 47 millones; b) En julio de 2013, se remitió un oficio a Rafael Correa adjuntando correos electrónicos, en los cuales se advertía de escandalosos tráficos de influencias en la contratación de seguros y reaseguros del sector púbico, para beneficiar a uno de los brockers dirigidos por Fernando Mantilla. Uno de los correos enviados por Jiménez a Carondelet, presuntamente de Mantilla, dice. "Richi este correo manda PS, hay que ponerse pilas, ya hablé con VA para que le ponga otra vez al orden a Guzmán y le comente que hay intereses de Serrano en este tema, avísale a JM y PR para que tengan cuidado , VA se va a mover , hazme una cita para lunes con Esteban Albornoz hay compromisos de el con nosotros que se deben cumplir ellos se comprometieron a subir de 6.9 a 10.0 mlls la base y a que nos enviaban las bases para la revisión nuestra y de la ceden. Yo sabia que DS (Diego Sánchez) no se iba a quedar quieto es como una serpiente siempre intentara morder la mano que le alimenta, detrás de ellos está Gay Carpenter y están los Hispana también que ya me enteré que han tenido reuniones por estas cuentas. Ya hablé con Cesar Regalado por la CNT y voy a reunirme con Rodrigo Lépez el lunes para desayunar, ellos van apoyar son incondicionales con VA". Alexis respondió al legislador informando que ha iniciado la investigación. En este caso, ni el asesor jurídico, menos aún Rafael, pidieron allanamientos o pusieron el grito en el cielo, por haber revelado correos electrónicos. Por el contrario, esa información sirvió para que semanas después el propio Rafael, dispusiera la remoción de las autoridades de la Corporación Financiera Nacional CFN, encabezada por su amigo Camilo Samán, y, de los mandos de las aseguradoras Sucre y Rocafuerte. Aquí, los documentos de Jiménez y Villavicencio cayeron como "manda-

dos de Dios" para beneficiar a la competencia, encabezada por Diego Sánchez (Global - SETEC). Una típica disputa por el control de negocios. Luego del escándalo mediático, se terminaron súbitamente todos los contratos con Mantilla, su empresa Confidential y los brokers internacionales relacionados, y por arte de magia, los reaseguros pasaron a la empresa Global. En febrero de 2014 en las redes sociales circuló una fotografía en la cual posaban José Serrano, Carlos Pólit y Diego Sánchez, en un lujoso restaurant de la ciudad de Guayaquil. Lo extraño no era la amena degustación, sino el hecho de que en octubre de 2013, Cléver Jiménez envió el oficio 195 CJ-AN, a Rafael Correa, Alexis Mera y al Contralor, pidiendo una investigación por la misteriosa migración de los reaseguros, del grupo de empresas controladas por Mantilla, a las empresas relacionadas con el señor Sánchez, quien figuraba como asesor de José Serrano. Por este mismo tema, en octubre de 2013, Fernando y Cléver, recibieron la visita en sus oficinas de la Asamblea, del candidato a concejal Antonio Ricaurte (Movimiento Vive), quien gastó mucho tiempo en destacar la labor empresarial de Diego Sánchez en el mundo de los seguros, además de expresar su preocupación por las investigaciones que llevaban adelante desde la legislatura. Ricaurte estaba plenamente informado de las relaciones de todo el grupo que manejaba los contratos de reaseguros públicos. Un año atrás, luego de enterarse de una carta enviada por Cléver Jiménez al ministro José Serrano pidiéndole información sobre las relaciones de Alejandra Rivas con el Ministerio del Interior, Ricaurte se comunicó a través de un amigo para pedirle a Fernando que no investigue ese caso. Alejandra Rivas aparecía vinculada con algunos contratos de torres de perforación en Petroecuador.

11 Tengo el gusto de informarte que Foley Hoag, como manifestación de su dedicación completa a la Republica del Ecuador y su distinguido Gobierno, ha tomado la decisión de terminar toda relación con la empresa Chevron y sus afiliados, y ha informado a Chevron de esta decisión. Por 10tanto, de ahora en adelante no hay ni habrá relación ninguna entre Foley Hoag y Chevron o sus afiliados. Entendemos muy bien las preocupaciones de la Procuraduría General del Estado, expresadas tan elocuentemente en tu correo electrónico del 19 de junio. Foley Hoag, por sus compromisos -- profesionales, morales, éticos y políticos -- con el Gobierno del Ecuador y la Procuraduría General del Estado, ha terminado definitivamente su relación con Chevron para evitar la apariencia de cualquier conflicto, y evitar la posibilidad de un eventual beneficio por parte de Chevron que pueda ir en detrimento de los intereses del Ecuador. Quisiera asegurarte, con relación al trabajo realizado por Foley Hoag antes de esta fecha, que la asesoría general sobre los derechos humanos proveída por Foley Hoag a Chevron nunca fue utilizado por parte de Chevron para responder a cuestionamientos relacionados a las conductas pasadas 0 presentes en relación al Ecuador. Personalmente, he hecho una

revisión de todo este trabajo, y su uso por parte de Chevron, y estoy convencido que per la naturaleza del trabajo, y el uso por Chevron, no fue utilizado, ni fue capaz de utilizarse, de manera negativa u adversa para el Ecuador. No me queda nada más salvo decirte: HASTA LA VICTORIA SIEMPRE !! Un abrazo, Paul.

12 "Chevron obtuvo acceso a las cuentas de email de activistas ambientalistas" http://www.guardian.co.uk/environment/southern-crossroads. La gigante petrolera Chevron obtuvo acceso a "más de 100 cuentas de email de activistas ambientalistas, periodistas, y abogados" involucrados en la disputa legal por los daños "causados por la extracción petrolera" en el Ecuador, informó Electronic Frontier Foundation (EFF). [...] Esta organización, junto con Earth Rights International (ERI), se oponen a la decisión de un tribunal de Nueva York. [...] En lugar de pagar el fallo de 17 mil millones de dólares por arrojar desperdicios tóxicos en la Amazonía, Chevron demandó a más de 50 personas involucradas en la demanda ecuatoriana aduciendo que son parte de una conspiración para estafar a la gigante petrolera. [...] EFF y ERI advirtieron que las órdenes de comparecencia pueden tener un efecto intimidatorio en las personas que se expresan legal y legítimamente en contra de las actividades de esa compañía en el Ecuador y en el resto del mundo. [...] ERI también ha generado preocupación porque el Juez que preside el caso, Lewis Kaplan, que ha sido "acusado de prejuicio en contra de los ecuatorianos y sus abogados" expuso argumentos de gran alcance y alarmantes en este caso: [...] Según el Juez Kaplan, ninguno de los usuarios podrían beneficiarse del amparo de la Primera Enmienda [Constitución de EE.UU.] por "no haber demostrado que son ciudadanos estadounidenses". [...] Es decir, el Juez ha hecho la suposición que los usuarios de esas cuentas *no* son ciudadanos estadounidenses. [...] Esa estrategia agresiva de Chevron ha hecho maravillas, ha puesto a sus oponentes a la defensiva y ha convencido a mucha gente que la demanda en Ecuador ha sido una farsa. [...] Sam Singer, estratega de crisis, envió a Chevron en 2009 un memo de cuatro páginas delineando los pasos que la compañía debía tomar para cambiar la percepción pública de la demanda en Ecuador. [...] Recomendó debía presentar al sistema judicial del Ecuador como corrupto, donde jueces y demandantes coludieron. Recomendó que subrayar la inclinación izquierdista del presidente Rafael Correa sería también muy útil..

13 Transcripción de la presunta grabación entre Andrés Rivero y Nicolás Zambrano; "Aló? Usted me está escuchando?- Pero bien lejos le escucho- ya, ya, un momento un momento ... mira como le digo, yo soy Andrés Rivero y Alberto Guerra le ha mencionado mi nombre y le ha dado una tarjeta de presentación mía y también unos artículos sobre mi, es indicado que hablemos pero no por teléfono- ya pero usted quién es pues? Andrés Rivero Abogado

de Chevron- mmm ya- mira como le digo, Guerra está con nosotros en Estados Unidos ya me ha contado la verdad de la situación, yo se que usted ha tenido relación con los demandantes- ya que es lo que desea usted?- hablar con usted y lo que sugiero es en persona- mmm y donde será?- bueno mira estoy precisamente en Manta puedo estar en su casa, **se que esta acompañado en *casa*, pero puedo estar en su casa en cinco minutos,** o igual el hotel que me diga usted o el restaurant ejecutivo, como diga usted pero la verdad es que **usted necesita hablar conmigo-** bueno yo no lo conozco en realidad no se quién es que .... Si el doctor Guerra le ha dicho algo entonces bueno yo tendría que verificar todo eso para tomar contacto con usted- ya chévere la semana entrante hay noticias importantes en el caso todo el mundo en este caso se va a estar protegiendo la semana que viene, mira- bueno yo cualquier cosa tendría que verificar porque no sé con quien estoy hablando, en todo caso cualquier cosa tímbreme después- déjame explicar yo tengo conmigo, tengo credenciales, tengo las pruebas que **soy el abogado de Chevron,** tengo la autoridad para hablar con usted, **a usted le conviene** yo estoy aquí estoy dispuesto a hablar, pero es ahora, porque la semana que viene cambia completamente el escenario y si me permite el momento mire, yo sé muy bien- mire ve espéreme un ratito yo voy a coger y voy a verificar todo esto y llame después de que será, 20 minutos media hora?- yo le llamo en ese tiempo entonces- hasta luego- pase bien.

15 http://www.telegrafo.com.ec/noticias/informacion-general/item/tres-agentes-de-kroll-trabajan-en-quito-al-servicio-de-chevron.html

16 Proceso judicial que la multinacional Chevron-Texaco formuló en EEUU a los demandantes ecuatorianos, acusándolos de haber obtenido la sentencia en la Corte de Lago Agrio, a través de procedimientos fraudulentos. Ley Rico, es aquella ley federal contra la extorsión criminal y las organizaciones corruptas (Racketeer Influenced and Corrupt Organizations Act), fue aprobada en 1970 por el Congreso de Estados Unidos.

17 Margaret Petito, fue quien facilitó información supuestamente reservada (emails) de funcionarios del gobierno de Ecuador, sobre los procesos judiciales que mantiene la transnacional Chevron-Texaco en contra del Estado.

18 Libro publicado en enero de 2013, donde se desnuda la corrupción en el comercio de petróleo con China, y el rol de los intermediarios que perjudican al Estado en más de 2 dólares por cada barril de petróleo. Simultáneamente a los allanamientos, en diciembre de 2013, el gobierno contrató al bufete de abogados Vizueta & Aociados, por una cifra cercana a los 500 mil dólares, para enjuiciar al autor del referido libro.

19 Ursa Shipping es subsidiaria de Gunvor, la multinacional relacionada a Vladimir Putin, que carga el crudo de Petrochina y Unipec (Sinopec).

20 Benefactor: denominación con la que se hacía llamar el dictador dominicano, Rafael Leonidas Trujillo (La fiesta del chivo)

21 También violenta el derecho a la inviolabilidad y al secreto de la correspondencia física y virtual, la cual no podrá ser retenida, abierta ni examinada, excepto en los casos previstos en la ley, previa intervención judicial y con la obligación de guardar el secreto de los asuntos ajenos al hecho que motive su examen. Viola el derecho a la propiedad en todas sus formas. La supuesta parte acusadora, (Correa - Mera), toma fotografías de correos, documentos, fotografías, que se encontraban en la oficina y en los domicilios, con lo cual duplica ilegítimamente esos bienes y se los sustrae para tenerlos en su posesión. El citado artículo 215 del CPP, le faculta solamente a tener acceso a esa información, es decir, a revisarla, no a tomarla para sí mediante cualquier procedimiento de reproducción. Igualmente atenta contra el principio de presunción de inocencia contemplado en el artículo 76, num 2, del CPP. El acusador se apropia ilegítimamente de documentos, fotos o bienes, de cuyo propietario, aún no se conoce si es o no culpable. Aun si bajo un debido proceso se determinara que el acusado es culpable, el acusador no puede apropiarse de bienes, aunque éstos fueren con los que se cometió el delito. En caso de que no se desprendiera responsabilidad penal por el hecho acusado, entonces resultaría que el acusador logró por medio de su acusación, obtener para su propiedad información privada del acusado. El acusador, de esta manera se queda ya con las fotos tomadas de correos, documentos, cartas, de propiedad del acusado, quién al momento es plenamente inocente. La Convención Americana de Derechos Humanos establece en el artículo 8.2 que "toda persona inculpada de delito tiene derecho a que se presuma su inocencia mientras no se establezca legalmente su culpabilidad". Por lo tanto, es necesario demostrar la culpabilidad y responsabilidad de la persona con apoyo de pruebas fehacientes debidamente controvertidas, dentro de un esquema que asegure a plenitud las garantías procesales sobre la imparcialidad del juzgador y la íntegra observancia de las reglas predeterminadas en la ley para la indagación y esclarecimiento de los hechos, la práctica, discusión y valoración de las pruebas y la determinación de responsabilidades y sanciones.

22 http://www.theguardian.com/environment/2014/feb/19/ecuado-roil-china-yasuni

Escape de Sarayaku, la derrota del jabalí

Benedicto De La Cueva

Se decidió que la mejor opción, aunque más riesgosa, era desafiar la seguridad y la inteligencia oficial: volver por el Bobonaza aguas arriba, aprovechando el parpadeo de los celadores, a través de los más ocultos senderos, aquellos que solo un perseguido puede descubrir.

Cuando todo esto termine, nuestro ayllu, la comunidad de nuestra apamama, los territorios de nuestros pueblos habrán pasado a la historia, tal vez tu estarás bien en la comodidad de tu apartamento ejerciendo tu carrera, si es que tienes palancas...El resto de tu familia, de tus tíos, sobrinos, primos y sus hijos... del que era nuestro pueblo estarán en la miseria.

Carta de Pas Viteri, al hijo de Carlos Viteri.

Fernando Villavicencio, Carlos Figueroa y Cléver Jiménez, durante el VII Congreso de Sarayaku.

Hay un pueblo donde el sol no duerme desde hace 200 años, donde la vida es un sueño que se cuenta en torno al fogón y al calor de la wayusa. Allí, a media noche el sol toma chicha en *mukawa*, mientras en el lado oscuro de la tierra, la luna relata los arrebatos amazónicos del astro.

Es el pueblo del eterno mediodía, del cual se despidieron Fernando, Cléver y Carlos, un 12 de mayo de 2014. Se fueron porque el acoso era insostenible y desolador para los Kichwas, atormentados desde siglos por el poder de la fuerza, el abuso, y la amenaza del acero postmoderno que busca someter a los tucanes. Es la civilización originaria resistiendo a la barbarie del siglo 21. Son los guerreros WIO[1] de Sarayaku derrotando al jabalí.

De la Gran Manzana al Pueblo del Mediodía

El caso de Fernando Villavicencio es muy particular: una odisea que cruzó tres subcontinentes para salvaguardar sus ideales; desde la Gran Manzana hasta el Pueblo del Mediodía, desde las fastuosas oficinas en la selva pavimentada hasta el sabor de la *wayusa* en *mukawa,* que circunda el fuego que convoca afectos y reparte dones a los/as convocados/as al ritual de lo sagrado.

De las mil denuncias que sobre corrupción ha planteado Fernando, la que provoca el delirio del Presidente, es la más intrascendente y menos oficiosa. Que Rafael se haya trasladado o no hasta la UTE (Universidad Tecnológica Equinoccial) a planificar su propio rescate el 30S, deviene irrelevante. Lo risible es que ese acto sea suficiente motivo para que él y sus compañeros sean perseguidos.

El régimen hizo lo imposible para condenarlos, sus ases los baraja con la justicia en el bolsillo. La solidez de los principios es suficiente fortaleza en la continuidad de una vida que, por ser límpida, interpela al poder que, a su vez, indefenso ante la contundencia, despliega arbitrarias estrategias con base a la sinrazón. Los acomodos legales no son suficientes para coartar la libertad ni los ideales: la verdad y la protesta de modo irremediable los desborda; ningún discurso ficticio podrá velar la expresión emancipada; tampoco podrá velar de una manera tan precaria la luminosidad del sol en el Pueblo del Mediodía.

La llegada

Fernando salió hacia Sarayaku la madrugada en que la luna se tiñó de rojo[2], era luna llena. Había hecho una travesía desde Estados Unidos, ya con la sentencia en firme, esperando que las medidas cautelares de la CIDH tengan su efecto legal. Ingresó a Ecuador por el norte, se trasladó a una casa de seguridad en Quito. Uno de aquellos días, se dirigió a Puyo y, desde allí, al pueblo de los Wio.

Para la fecha en que Fernando llegó, el Gobierno ya sabía que Cléver Jiménez y Carlos Figueroa estaban allí desde hace ya tres semanas[3]; pero su llegada exacerbó los ánimos de quien detenta el poder. Aún antes de la declaratoria de la VII Asamblea del Pueblo de Sarayaku, los operativos del Gobierno se preparaban camufladamente. Froilán Viteri[4], hermano del asambleísta verdeflex, lo conoce perfectamente. Si Sarayaku en su Asamblea no oficializaba haber acogido a los tres del 30S, el régimen habría tenido suficiente argumento para operar clandestinamente o incluso atentar contra la vida de aquellos huéspedes[5].

El aparato del Estado empezó a explicarse el viaje largo y tedioso que Fernando transitó desde EEUU. No podían, empero, asimilar la decisión de volver a la República de la Clandestinidad cuando en el país del norte tenía garantizado asilo, trabajo, presencia en los medios informativos y la certeza del reencuentro con su esposa e hijos. La *Lolita Cienfuegos*[6] no salía de su asombro: <<eso sí es valentía, estás en otra dimensión>>, *twitteaba* para representar la acción que había emprendido. El 25 de marzo sorpresivamente, *Lolita* intercambió varios mensajes directos con Fernando:

L: <<Regresa con el documento de la CIDH...no te ahueves !!!! >>.

F: <<¿Y qué crees tú?, estoy en tránsito>>.

L: <<¿Lo publico? ¿Que estás en tránsito? Te convendría si es verdad>>.

F: <<Esta semana volveré. Si quieres, o lo hago yo mismo mañana con un boletín>>.
L: <<OK... eso suena mejor... y ya que me has autorizado, lo diré, sobre el otro punto... tú golpe era venir HOY... dar tiempo es dejar que se te preparen. Fallaste>>.
F: <<Horas más, horas menos, no cambia para nada, si me detienen se arma un polvorín internacional>>
L: <<Particularmente a mí me cabrea que se encarcele a alguien por su postura política... pero tampoco caigo en cuentos>>.
F: <<Yo ingreso al país y les reto a que me detengan>>.

Dos días después *Lolita* hacía pública su admiración por la actitud de Fernando: <<oeeeeeeeeeeeee,,,,juas juas....te pasaste !!!!!! me imagino los pendejos que no te creyeron, juas juas>>.

Con su decisión explicitó que esa era una determinación que solo podía explicarse en la conducta de un ser humano íntegro. Mientras los condenados por peculado huyen del país, Fernando volvía a encarar a sus perseguidores. De Miami a Bogotá, en su primera escala, repensó en lo difícil de su decisión, pero no había vuelta atrás; más que la hostilidad del Gobierno, especialmente hacia él, pesaba su razón de ser política, la decisión de compartir con sus dos compañeros, una misma condena, una misma resistencia, una misma causa. A partir de ese momento, su destino estuvo sellado, empezaron los contactos que configuraron el destino: Sarayaku.

De Bogotá, al día siguiente de volver a compartir con Ana y Jaime[7] las canciones que nos recuerdan <<café y petróleo>>, un vuelo interno lo llevó a Pasto, allí le esperaba un vehículo de seguridad para conducirlo allende la frontera. En las horas de recorrido por el sendero de la incertidumbre, bien valía extasiarse en el encanto del paisaje junto al río El Encano, fuente de agua viva de una de las lagunas más transparentes de esta parte del continente y manantial generoso del Putumayo. Allí, en un paradero de San Juan de Pasto, al calor de una *Poker* y degustando el *hornado honoris-causa*, Fernando y sus acompañantes, desandaban los tiempos, recapitulaban historias.

<<Dele derecho y luego dese vuelta>>, disponía un colombiano consultado a la vera del camino al sur, para indicar la senda que había de conducir a Fernando a la frontera. Ya antes se había hecho pruebas en Rumichaca, así que al momento de cruzarla no hubo ningún problema: el chequeo de rigor del equipaje, un par de palabras del vigilante, y se cruzó la línea imaginaria, Ecuador, al filo de la media noche. <<Bienvenidos al Ecuador>>, dijeron y, segundos después, Fernando bromeaba que la sentencia hace alusión a la prohibición de salir del país, pero no a entrar, y eso es, precisamente, lo que hicieron los policías, darle el recibimiento, con el fondo inolvidable de *Tatuaje del alma,* el exquisito vallenato de Romualdo Brito, que repicaba en la radio.

Ya en Ecuador, la emotividad del repentino reencuentro, uno que otro reproche por la decisión tomada, pero ante todo, el abrazo de madre en la casa de seguridad designada, acomodarle en el pecho a su Martín, a quien tantos abrazos le debía, y sorprenderle con *las manos en la blusa* a Verónica, después de varios meses de andar jugando a las escondidas. Los preparativos para el viaje a la selva empezaron esa misma tarde.

Todo detalle fue acuciosamente calculado, desde el primer átomo del alba hasta la última luciérnaga de la penumbra. Había que hacerlo, y pronto. La naturaleza estaba a su favor y los tres vehículos para el peculiar pasajero tenían sus motores a punto, las seguridades establecidas y los consabidos contactos mientras dure la travesía.

El vehículo puntero iba abriendo camino, cualquier contratiempo sería anticipado al piloto de alta velocidad que traía a Fernando. El cambio de carro se efectuó cerca de la cascada. De desayuno: un encebollado mixto para llevar. Los sentimientos encontrados se guardaron para el relato que el nuevo huésped haría al anfitrión amazónico que lo condujo a la nueva casa de seguridad.

Días después estuvo prevista la visita de la reportera de Ecuavisa, Tania Tinoco. La periodista realizó, junto al riachuelo, en el lindero de la selva, una entrevista a Villavicencio que duró más de 50 minutos. Una hora más revisando documentos y confirmando las aseveraciones del diálogo periodístico, no fueron suficientes, pues al emitir la información en el programa Visión360, las declaraciones aparecieron descontextualizadas y exhibidas en medias verdades.

Impresisos resultaron por ejemplo, si se revisa la pren sa nacional, los titulares que daban cuenta de que *Fernando Villavicencio prepara una disculpa al Presidente Rafael Correa*. Nada más inexacta la versión presentada en aquel programa, y en los refritos informativos de los medios oficiales. Fernando aseguró en dicha entrevista, ciertamente, que prepara una disculpa al Presidente Correa para decirle: <<señor presidente, le ofrezco disculpas por haber afirmado, que fue usted quien dispuso vía telefónica a las Fuerzas Armadas, preparar el operativo militar de *rescate* del Hospital de la Policía, como señala el informe del Comando Conjunto>>. Ese fue el contexto de dicha declaración; pero, al omitir la segunda parte, aparece como que el preparar la disculpa era un arrepentimiento o más allá, un retractarse de sus asertos sobre los hechos del 30 de septiembre de 2010. Dos días después, cuando Tania Tinoco ingresó a Sarayaku, allí encontró ya bajo el sol del medio día, a Fernando Villavicencio junto a sus compañeros Cléver Jiménez y Carlos Figueroa. Horas antes Fernando había realizado un periplo muy singular.

De madrugada en el Bobonaza

En coordinación con los líderes de Sarayaku se había planificado el ingreso de Fernando. Coincidencia fue que la luna roja acompañara los primeros tramos del trayecto, la llegada a Latazas, el puerto de embarque en el Bobonaza, debía ser antes que raye el alba. En dos vehículos, amigos y compañeros asistieron hasta Canelos en donde el control policial no pasó de un pequeño susto. Tres ríos que se cruzan en el camino amenazaban con no permitir el paso de los vehículos doble tracción, la lluvia había crecido también al Bobonaza, la canoa esperaba, el adiós con sus amigos y coidearios y el horizonte sin fronteras, río abajo. Cuatro horas de viaje; el desayuno en Pakayaku[8] y más tarde el encuentro con los compañeros, en plena minga, junto al río.

En el bolsillo interior del gabán que lo cubrió en el invierno de Washington, guarda la foto de su pequeño Martín, perfume de cedrón y sabor a fortaleza que diariamente determina el sendero de la persistencia en la búsqueda de nuevas claridades. El mismo gabán sirvió de espaldar en el avión, como de base en la canoa cuya proa apuntaba el rumbo al Pueblo del Mediodía. Como una gota de agua en el Sahara le cayó un sorbito de cerveza en Pakayaku, después la yuca, el plátano y un huevo cocido de gallina de campo, antes de reemprender el viaje, sin escalas hasta la casa de José Gualinga, Presidente de Sarayaku, en donde se realizaba la minga.

Los abrazos del encuentro con los compañeros de lucha y a aprisionar el machete. <<Yo convoco a la comunidad a una minga en mi casa porque las ocupaciones como Presidente me impiden *peinar* la maleza a tiempo>>, dijo José Gualinga, minutos antes de la invitación al almuerzo, junto a la comunidad. Para todos hubo carne y por supuesto chicha. Sabina, una mujer extraordinaria, de nacionalidad Belga, esposa de José Gualinga, junto a su hija y amigas, compartían el potaje. Sabine Bouchat[9] es admirada por la comunidad; ella asimiló la sabiduría ancestral y fue clave en la fortaleza de José en los momentos de mayor tensión y amenaza del poder, jamás permitió al presidente de Sarayaku sentir la soledad.

Dos presidentes con sendas distintas

Rafael Correa y José Gualinga tienen algunas cosas en común y otras tantas que los diferencia, por ejemplo: a más de sus mujeres de origen belga, ambos tuvieron en su momento el bastón de mando indígena. Correa lo recibió cuando se po sesionó como presidente en Zumbagua[10]y gobernó con él acaso unos cuantos meses, hasta que los mismos indígenas que le brindaron su confianza, solicitaron la devolución <<porque traicionó al pueblo indio de Ecuador>>; Gualinga, en cambio, nunca se apartó del bastón de mando durante el tiempo que dirigió el Consejo de Gobierno de Sarayaku, hasta entregarlo al sucesor.

El líder kichwa estuvo siempre acompañado, en la crisis política y durante todo el tiempo de las amenazas, por su esposa

Sabina; mientras al economista de Lovaina, no se lo ve casi nunca con Anne Malherbe[11]. Pocas personas han de amar de manera tan especial a su comunidad como Sabine Boughat, maestra que ha mantenido la unidad de su familia y las relaciones con la comunidad, en la solidaridad y la ternura que aviva la búsqueda del bien común.

Rafael Correa, por otro lado, siempre está solo, solo podrá vivir en paz mientras una elite de guardias lo custodie; de ellos depende su supervivencia. No tiene confianza en nadie, gasta recursos del Estado y su tiempo en abogados para enfrentar a sus opositores, juega con el candor de quienes lo acolitan, desconfía de su propia sombra. Correa es la imagen viva de la *verdad a medias*: está entrenado para denigrar al Alcalde, ultrajar al pájaro, al colibrí, al agua; humillar al Tagaeri; juega solo, él es el equipo. Es el más parecido de toda la selección gubernamental a su Ministro de Cultura[12].

El Señor presidente percibirá que su poder es efímero (concluye en el 2017). En eso difiere de José Gualinga, cuyo mérito es luchar contra el poder momentáneo para *cercar* con flores las 135 mil hectáreas del territorio kichwa y disfrutarlas con todos los hombres de buena voluntad del mundo entero. Rafael debe conformarse con la casa de 135 m^2 comprada en Bélgica con los dineros del juicio que le ganó a una institución bancaria.

El favor y el respeto del pueblo será para quien desbroce fronteras, expanda su visión más allá de los límites y proclame la perennidad pluridimensional de la vida, sin propiedades individuales. De estos preceptos nos da mucha cuenta Sabina, cuando comparte con el pueblo, cuando nos brinda comida.

Primeras noticias de los tres en Sarayaku

Una reunión improvisada se realizó luego del almuerzo, allí, José exteriorizó a los presentes la bienvenida a Fernando Villavicencio: <<será el Congreso del Pueblo el que decida si acoge definitivamente a los tres compañeros, o la medida que crea conveniente>>. Fernando agradeció al pueblo por la acogida al tiempo de explicar sobre las medidas cautelares de la Comisión Interamericana de

Derechos Humanos en favor de la justicia, en contra de la aplicación tendenciosa de la Ley para favorecer al poder.

Las decisión de José y de los demás miembros del Consejo de Gobierno, de ofrecer protección a los tres del 30S, debía sostenerse en la tradición y en los valores de su pueblo. Antes de la llegada de los perseguidos, José Gualinga tuvo un sueño premonitorio. Cuenta que, junto a varios jóvenes guerreros, fueron de cacería a una montaña, donde se encontraron con una inmensa manada de bravos jabalíes (guanganas). De pronto, algo extraño sucedió: sus escopetas no disparaban. Sin embargo, al sentir la fortaleza y la unión de todos los guerreros wio, las guanganas empezaron a huir. Para los kichwas, los jabalíes representan la violencia, la muerte. José compartió ese sueño con Don Sabino, su padre. Para Sabino, el sabio de Sarayaku, el sueño contenía un presagio alentador: los jabalíes serían de rrotados y no habría gente herida, la avería de las escopetas lo sugería; la vida del pueblo de Sarayaku y de los tres amigos no se pondría en riesgo; los potenciales visitantes traían buena energía. <<El hecho de habernos topado con guanganas, significaba que íbamos a pasar una situación terrible, pero sabíamos que el resultado era que las guanganas estaban todas acabadas >>, relata José.

Horas más tarde, al publicarse en un periódico de Puyo, fotografías de los tres del 30S junto al Bobonaza, *ardió Troya*. Ya se ha dicho que el Gobierno sabía de la presencia de Carlos Figueroa y Cléver Jiménez, por voz de algunos de sus aliados semanas antes de la llegada de Villavicencio, pero cuando supo de la entrada de este, comenzaron las amenazas, la persecución, los ingresos de la policía, los proyectados operativos.

Empieza el asedio

Un jueves fue la primera irrupción de la policía; el ministro José Serrano sostenía en sus manos la resolución del VII Congreso de Tayjasaruta, en la que se justificaba la acogida a los perseguidos por el Gobierno. No podía aceptar, así de pronto, su propia involución; pasar a detractor de este pueblo y a cómplice de los desplantes y desvergüenzas de un poder brutal, que se pretende omnipotente.

Durante el período de mayor tensión, Sarayaku se anticipó acertádamente a dos posibles acciones militares, la primera, denunciaba un pretendido operativo de alto nivel a cargo de fuerzas especiales del Ejército, al mando del jefe de la Casa Presidencial, general Luis Castro, por orden directa del primer mandatario. Los denunciantes dijeron que se pretendía pintar helicópteros militares con colores policiales. La información sobre este operativo llegó a Sarayaku desde las propias filas oficiales.

La segunda oportunidad significó una operación más temeraria, denominada *limpieza Sarayaku*, cuya finalidad, entre otras, consistía en desintegrar el Gobierno de *Tayjasaruta* para volver expedito el camino de la explotación petrolera. Esta denuncia de Sarayaku generó una respuesta furibunda del Comando Conjunto de las Fuerzas Armadas, <<(...) en ningún momento ha considerado y peor aún dispuesto, se ejecute ningún ataque a la Comunidad Sarayaku, como sostiene de manera perversa el comunicado de su dirigencia>>. Esta respuesta, si bien fue severa y hasta temeraria, contradecía las expresiones del presidente de la República hechas horas antes, cuando amenazó que nuevamente entrará la Policía y, si hay resistencia, declararía Estado de Emergencia. El Estado de Emergencia solo puede efectivizarse con la alerta de las Fuerzas Armadas, pero estas expresaron que no habían considerado siquiera una acción de esta naturaleza, de hecho, de esta forma estaban rebatiendo al presidente.

Marlon Santi[13] reveló en una entrevista que se publica también en este libro, que mientras el régimen asediaba a Sarayaku, los líderes indígenas se reunieron con altos jefes de las Fuerzas Armadas en la localidad de Shell. Santi afirmó que en ningún momento los militares creyeron en la versión oficial del paramilitarismo de Sarayaku. Los aparatos de seguridad de las Fuerzas Armadas supieron que esas afirmaciones fueron desesperados intentos para desacreditar al Pueblo del Mediodía. En efecto, dos meses después de que los tres del 30S abandonaron Sarayaku, funcionarios del Ministerio de Justicia ingresaron a la comunidad en compañía de varios militares, quienes saludaron amablemente con los "paramilitares" Wio.

Una guerra mediática se desató en torno a los sucesos de Sarayaku, se evidenció igualmente la orfandad del régimen y sus pobres argumentos, que tendieron hacia la preeminencia de la decisión del Presidente, convertido en juez y parte de un conflicto en el que actuó como ciudadano al demandar, pero como Presidente a la hora de perseguir y desacatar la resolución de un organismo supranacional del cual Ecuador es suscriptor; puro capricho de un hombre cuyo hígado ha comprometido la palabra de honor de la Nación.

Frente a las acres amenazas de intervención armada, el jefe wio, Charapa, dispuso traslados itinerantes de los convidados en torno al pueblo, es así que se decidió la evacuación inmediata de los tres huéspedes. Salir de la zona poblada e internarlos en la selva, era un asunto de supervivencia. A partir de entonces, el grupo de seguridad wio cambió de estrategia y preparó un plan de movilización de Fernando, Cléver y Carlos, al interior del bosque. A partir de entonces, los tres dejaron el centro poblado y pasaron a vivir en el vientre del dominio kichwa, el arma que mejor conocen y dominan los guerreros wio de Sarayaku: la selva. Allí, ellos son invencibles, nadie, ni el mejor comando entrenado por el más poderoso ejército de la tierra, podría vencerlos. En varias ocasiones los jóvenes guerreros, mientras acampaban en la profundidad del bosque, se reían del atrevimiento oficial de pretender enviar comandos a apresar a los amigos. <<Que vengan no más, la selva los hará llorar y luego los devorará>>, decían, mientras bebían chicha e improvisaban un techo natural para protegerse de la lluvia.

El escape a la selva se convirtió en un refrescante aprendizaje: una cita única e inolvidable para fraternizar con las especies. Solo llevaban lo básico: carpa, medicinas, linterna, lanzas, cuchillos, machetes y las tan publicitadas escopetas de caza, convertidas en armas de destrucción masiva, por el ceñudo Ministro del Interior.

Lo demás, la alimentación lo proveería la gigante despensa natural: el bosque.

Los kichwas son un ejemplo de alegría y serenidad, casi nunca dejan de sonreír, sus preocupaciones se acaban cuando un pez está en sus manos y luego con la yuca halagan el paladar de sus hijos. En sus bolsillos es muy difícil encontrar un dólar. Todo lo tienen ahí, ante sus ojos, en la exhuberante generocidad de su madre: la Pachamama.

La premonición de Yarapana

Apenas acabó de cruzar el puente metálico sobre el río Bobonaza para subir a la plaza del pueblo, Fernando escuchó una voz del otro lado que le dijo: <<ven, no te vayas>>. Era Yarapana, que intentaba regresarle de su camino. <<Vuelvo enseguida>> le respondió, pero ella empezó a correr sobre el puente en dirección a él, en pocos segundos estaba al frente. Fernando se agachó hasta quedar en cuclillas mirando sus negros ojos que no paraban de gatear. De pronto Yarapana estiró su mano y le entregó unas hojitas envueltas, dijo que era *maito*, un plato típico de los kichwas. Tomó la mano de Fernando y literalmente le arrastró de regreso a casa de su abuela Corina, la lidereza Kichwa que todos los amaneceres, rodeada de su gran familia compartía e interpretaba los sueños y contaba historias de su pueblo mientras bebían agua de *wayusa* en torno al fogón.

Corina y su hija Patricia, salieron al encuentro. A la pregunta de <<qué pasó>>, Fernando explicó la hazaña de Yarapana, las dos al unísono anunciaron que se trataba de una premonición. Los niños jamás hacen algo que no tenga algún sentido; toda la vida de los kichwas está atravesada por lo onírico. Si Yarapana lo trajo de regreso significaba que no debía subir solo hasta la plaza del pueblo. Las dos mujeres se molestaron con Fernando y pidieron que dos *wios* lo acompañasen. Él agradeció el gesto, le cobijó con sus brazos a la niña, tomó su bolso y caminó junto a los guerreros. Quince minutos después, al llegar a la plaza, súbitamente un sonido metálico ensordecedor invadió el silencio. Eran dos helicópteros de la policía que sobrevolaban literalmente, sobre la cabeza de Fernando y sus amigos kichwas. Inmediatamente uno de ellos lo tomó del brazo y se lanzaron a la quebrada, a lo espeso del monte, entre tanto el pueblo empezó a movilizarse para la defensa.

Mientras Fernando y el *wio* se iban perdiendo más y más en la selva, un helicóptero los seguía, a no más de cien metros de altura. Ocultos tras la frondosa vegetación podían divisar a los ocupantes de la aeronave: policías y agentes de civil equipados con largavistas, armas largas y cámaras de filmación, no paraban de acosarlos. El otro helicóptero cambió de ruta, se dirigió a la zona baja, a la pista junto al río, con el mismo plan de persecución, esta vez a Carlos y Cléver que estaban en esa zona. Ahora Fernando entendía el presentimiento de Yarapana.

La persecución desde el aire duró más de treinta minutos. Entre tanto, el pueblo se concentraba en la pista y en la plaza para impedir el aterrizaje de las aeronaves. En minutos, centenares de kichwas transformaron sus instrumentos de trabajo: escopetas, lanzas, arcos, flechas, machetes y cuchillos, en armas para la defensa de su territorio. Los hombres y mujeres cubrían sus dedos con *wituk* y marcaban sus rostros con los signos de su fortaleza. Ahora eran guerreros y guerreras, dispuestos/as a todo. Apareció una *mukawa* con tabaco líquido, los *wio* aspiraban el elixir por la nariz y sus ojos se llenaban de un brillo diferente a lo humano. En cinco minutos, mujeres, hombres, niños y ancianos se transformaron en un ejército popular. Al comienzo los más pequeños lloraban del susto, sus madres les entregaban unos palitos o pequeñas lanzas y se tranquilizaban. A los invasores no les quedó otra opción que huir, regresar en sus máquinas, con sus cámaras, y sus armas, una vez más derrotados por un pueblo cuya decisión de vivir en paz, defendiendo la dignidad y su territorio, era la más invencible de las armas.

Ese día, los kichwas entendieron que Rafael Correa estaba dispuesto a todo, aunque el sueño de José Gualinga, en el cual las guanganas eran derrotadas, era una señal de tranquilidad, ellos debían prepararse para lo peor. De inmediato los líderes de Sarayaku dispusieron la emergencia y movilización. Se desplazaron decenas de guerreros en sus canoas a Pakayaku y Molino; otros salieron a los caminos a frenar un posible ingreso de comandos armados. Las mujeres y los niños y niñas asumieron la defensa del centro poblado y la protección temporal de los tres amigos, mientras se definía una estrategia más segura.

En esos momentos la historia de sus luchas alimentaba el coraje. Casi dos siglos de resistencia a los invasores había generado una escuela de valentía inigualable. Cuando el peligro acechaba, el oído de los kichwas se afinaba: cada sonido era perfectamente identificado; sabían diferenciar el movimiento de una rama de otra; nada escapaba a sus sentidos. Sentirse juntos, atados a las causas por las que vivieron y murieron sus abuelos, hacía evaporar todos los miedos.

Doña Corina insistía en la fortaleza de estar juntos, recordaba, cuando jovencita, con sus padres debieron huir a la selva, escapando de los invasores, primero de sus propios hermanos Shuar, y luego de las petroleras. Esa ha sido su historia: resistir. Esconderse, confundirse en el bosque, silenciar el canto de los gallos amarrando sus picos; esconder el llanto de los niños para salvar sus vidas. Pero ahora, los agresores eran otros: los revolucionarios ascendidos al poder, los mismos que hace pocos años bebieron chicha en su casa, eran ellos los que amenazaban la paz de sus hijos e hijas, de sus nietos y nietas, de sus protegidos.

En medio de la movilización, Fernando y Cléver pulían unas lanzas que las mujeres les habían regalado. De pronto, Yarapana salió de la nada y se involucró en la conversa, <<¿están haciendo lanzas para bajar helicópteros?>>, preguntó, Fernando cruzó su mirada acompañada de una sonrisa. Ella traía un *super tucano* en sus manos: dos palitos verdes cruzados entre sí, como expresión del poder militar que el día anterior había pintado el Señor Presidente en el cielo de Sarayaku.

Majawali, el hermano mayor también apareció, aferrado a su pequeña lanza, con la cual enfrentó al helicóptero policial en la primera incursión, obligándolo a huir de sus dominios. Majawali es un antropólogo de ocho años de edad, todas las noches asiste a las cátedras de historia de su abuelo, Sabino Gualinga, el sabio de Sarayaku.

El niño abre sus páginas originarias, desde aquellos tiempos en que los kichwas prácticamente fueron exterminados, y debieron reconstruirse como pueblo para recuperar su territorio. <<Solo quedó un kichwa que se casó con la Luna y de ahí volvimos a poblarnos>>, relata el niño. Así se explica la vida, la realidad kichwa a partir de los sueños. Fuera de la representación onírica, nada tiene sentido para los indígenas sarayaku, nada, inclusive la derrota del jabalí.

Amenazas desde el extranjero

De paseo por Europa, el presidente Correa perdió la cordura, los motivos eran lo suficientemente fuertes y formaban ya parte de una serie de manifestaciones contrarias al régimen: a su paso por Estados Unidos, mientras mascullaba conferencias magistrales sobre *el milagro ecuatoriano*[14], ocho senadores habían pedido al mandatario de Ecuador que respete las libertades y acoja la decisión de la Comisión Interamericana de Derechos Humanos (CIDH), que exigía medidas cautelares en favor de Fernando Villavicencio, Cléver Jiménez y Carlos Figueroa. Durante el viaje a España, en su excursión absolutista, llegó a él la declaratoria de Sarayaku y un titular a seis columnas de diario El País que aseguraba que el Pueblo del Mediodía, <<daba protección a perseguidos por Correa>>.

Ya fuera de territorio español, en la sabatina del 26 de abril de 2014, desde Génova, Italia, Correa arremetió contra El País aunque jamás pudo sacarse de encima el hecho de que Sarayaku albergaba a sus perseguidos y especialmente a uno de ellos, el iniciador de las denuncias, cuya veracidad había logrado que el régimen pierda credibilidad e incluso se desprenda de su condición de invencible. Si bien no llegó a romper el periódico o sugerir que sea usado para madurar aguacates, como lo hace con los rotativos nacionales, sin embargo no dudó en encasillar al medio español en el registro de la <<prensa corrupta>>.

Subrayada y resubrayada, mucho más que la Constitución, saca de su portafolios la denuncia del 30S, la cual lleva a todas partes y la exhibe en público, cual si fuera la mayor afrenta de su vida. Los asistentes a la función sabatina aplauden.

Con toda su aversión a cuestas, a su regreso a Ecuador, Correa no había reparado en que la peor persona para emprender cualquier operativo de invasión a Sarayaku, era su Ministro del Interior, José Serrano, quien a partir de este hecho se reveló como el hombre que por el efímero poder que ostenta, era capaz de sacrificar la amistad y compromiso con el pueblo que años atrás lo acogió como compañero, como tocayo[15]. Para esta comunidad, el ministro Serrano es, ahora: nadie. Por ese motivo, le retiraron la vocería oficial en este tema; había perdido autoridad ante la faz pública. En su desesperación, la sensatez en detrimento, obligaron a asumir la voz del Gobierno a la Ministra de Justicia, Ledy Zúñiga.

La Ministra de Defensa, María Fernanda Espinosa, también debió haber pasado por un sinnúmero de predicamentos; le dieron la tarea de convertir el vuelo amedrentador del Super Tucano sobre Sarayaku, en una operación de rutina y de defensa de los linderos patrios. Nada más malogrado que valerse de subterfugios para encubrir su ya extraviada militancia con la ecología; la Ministra omitió que alguna vez, mientras se dirigía al presidente, reconoció que el Plan A de la iniciativa Yasuní ITT, era inviable[16]. La razón era muy simple; ningún donante iba a arriesgar que lo califiquen de comprador de CO_2, reconociendo su condición de excelente contaminador, cuando la solicitud para donaciones debió ser en el solo afán de conservar la naturaleza. Ahí radica la derrota del Plan A, escribió la Ministra Espinosa, pero no lo hizo público.

Dos hechos repudió el pueblo ecuatoriano en esos mismos días, la intervención del Consejo Nacional Electoral (CNE), que negó las dos terceras partes de las firmas de los Yasunidos, y consecuentemente, la consulta popular para dejar bajo tierra el petróleo del ITT; y la arbitraria intervención en contra de Sarayaku, pueblo al que tildó como refugio de fugitivos y sede de paramilitares.

Preparando la salida

Las premoniciones permitían avizorar un desenlace sin precedentes y, aunque el pueblo de Sarayaku nunca les sugirió que se marcharan, ellos decidieron hacerlo para no poner en riesgo el fraternal afecto con que los acogieron desde el principio, desde siempre.

José Gualinga conocía la selva palmo a palmo desde la agudeza de su mirada; es su dueño y señor, su heredero por derecho propio. En su casa, albergue de espíritus y sentimientos nobles, morada de sabios, fueron protegidos los militantes de la verdad. Fueron buenos amigos; esa casa se había construido para acoger amistades y compartir aprecios. Nunca pensó que la acción de Fernando y sus acompañantes merecían la sanción impuesta. ¿Cómo pensar en una pena de año y medio si nunca cometieron un delito? ¿Cuál era la razón para entregar 140 mil dólares si nunca perjudicaron a nadie?, reflexionaba.

Al preparar el momento de la despedida, nada fue hecho al azar; toda decisión también dependía de las resoluciones de la comunidad, <<con ella razonamos que acoger a los amigos no era prohibido ni peligroso, basándonos en las autonomías territoriales o en la aplicación verdadera de la plurinacionalidad que garantiza la Constitución de la República del Ecuador>>, aseguraba José Gualinga.

El abogado que realizó una maestría en temas de la justicia indígena no encontró razón para que Fernando, Clever y Carlos no fueran acogidos por el Pueblo del Mediodía; todo estaba sosegado. Sin embargo, los tres no encontraban la paz que brinda la verdad, conocedores de confrontar a un régimen autócrata que no dudaría en volver a sentenciar a Sócrates a beber cicuta. <<A sabiendas de este riesgo, los tres siempre fueron bienvenidos>>, remarcaba una y otra vez José Gualinga.

Palabras entrecortadas y una que otra lágrima de emoción y angustia, devenidas del enigma, de la incertidumbre y del destino incierto, acompañaron la narración de los preparativos para la vuelta de Fernando y sus compañeros.

Los temerarios pronunciamientos y el inminente cambio de la dirigencia de Sarayaku, aceleraron los preparativos y las tristezas. Félix Santi, quien asumía su responsabilidad como nuevo presidente de Sarayaku, habíase comprometido ante su pueblo a dar continuidad a la política del anterior Consejo de Gobierno, pero necesitaba encontrar un panorama limpio para emprender su jornada. Con el Consejo de Gobierno y la cúpula de los WIOs, José Gualinga tuvo innumerables reuniones de planificación; necesitaban contar con una absoluta certeza de movimientos porque la convicción estaba intacta.

Conocedor de la selva como pocos, siempre pensó en un plan de evacuación -<<porque sabíamos cómo es el Gobierno>>, aseguraba-, aunque aquel sueño en el cual derrotaban a los jabalíes lo llenaba de fe y energía. Él sabe dónde habitan los animales: sus nidos y las guaridas, sabe dónde debe refugiarse al llegar la noche. Palmo a palmo, como virtud y conocimiento, descifró los laberintos; entre tempestades y huracanes, con el tesón del Puka Jaguar[17], quien transitaba sin tropiezos mientras llega la aurora y el nuevo día reparte sus destellos. Con el alba llegaba el nuevo reto: enfrentar venablos y refrescar promesas, no había nada nuevo por el momento; los senderos del Curaray y Villano le eran muy habituales, tanto que se los sabía de memoria. Entonces pensó tácitamente: <<esa es la puerta de salida para nuestros huéspedes>>.

Mientras tanto, desde el Gobierno subían de tono las amenazas, el Ministro Serrano, convertía a los WIO en paramilitares, y el Presidente emulaba a un ministro de la *partidocracia* de 1992[18]: <<estos señores quieren formar un Estado dentro de otro Estado>>.

La amenaza de militarización y la acción policial ya se advirtió en varias acciones; el Ministro del Interior, dirigió personalmente el primer operativo policial en helicóptero, el 5 de mayo de 2014. Carlos Viteri, asambleísta oficial y nativo de Sarayaku, también estuvo en el operativo, *para señalar las coordenadas* y ubicar, GPS en mano, el sitio exacto de los domicilios donde suponían se encontraba Fernando y sus compañeros.

Fernando, Carlos y Cléver, gozaban del calor y la protección de la familia del otrora líder Kichwa, que, en tiempos de la revolución, devino admirador de torres petroleras y aplaudidor de sabatinas.

El movimiento periodístico en Shell, sede del operativo que un jueves al caer la noche se efectuó hacia territorio de Sarayaku, fue limitado por la acción policial. Un cerco enfilado no permitía observar que el ministro José Serrano y el asambleísta Carlos Viteri discutían acaloradamente cómo garantizar que a la primera incursión se pueda dar con los perseguidos políticos del régimen. Para observar la *cara de pocos amigos* que a esa hora exhibía el ministro de la Política, Vilma[19] burló el contorno policial, lo vio: llevaba zapatos pantaneros, giraba en derredor del asambleísta, hablaba en voz alta, reprochándolos, acusándolos del operativo fallido. ¿Cómo pudo abortar la operación, si las coordenadas fueron exactas? ¿Cómo, si todo estuvo fríamente calculado, regresaron con un policía herido, roto la pierna?

A Carlos Viteri se le olvidó instruirlos sobre lo agreste del territorio WIO y aún más en la oscuridad de una noche sin luna. Encontraron su chivo expiatorio: inculparon al policía piloto del helicóptero, hijo de un piloto privado que trabaja desde el aeropuerto de Shell; le *dieron el pase* a la Costa.

Al siguiente día del operativo policial[20], otro pájaro metálico[21] surcó los cielos de la selva amazónica, interrumpiendo la armonía natural de toda vida, alterando la tranquilidad y paz del Pueblo del Mediodía. Estupefacto, el tucán buscaba amparo en los confines del hachacaspi[22]; doña Corina veía con sus propios ojos como el Súper Tucano rasgaba el silencio de la fronda, mientras los diarios deletreaban que <<oficialmente se informó que no ha habido ningún sobrevuelo>>. <<¿Cómo es posible que yo mienta?>>, cavilaba esta mujer, ejemplo de cordura.

Tanto ruido empezaba a exacerbar a las personas, alteraba el carácter de la gente. El amedrentamiento como táctica malévola rendía sus frutos. El Gobierno afanaba acciones con sus áulicos, los familiares de Carlos Viteri apoltronados en el Gobierno, procuraban cooptar partidarios y penetrar espías, especialmente en el equipo de guardia y protección de los tres acogidos.

Tres opciones se barajaban para escapar de la sombría incertidumbre: la primera era salir por Villaflora[23], comunidad ubicada al margen del Pastaza; la segunda por Villano, donde está el bloque 10 de la transnacional AGIP; la tercera opción era Canelos, la vía más controlada policialmente. Aún una cuarta opción se barajó entre las otras, según revelaría días después el Puka Jaguar[24]. Consistía en realizar un vuelo rasante para eludir los radares, hasta aterrizar en un sitio cercano a una carretera, o en la carretera misma. Esta opción quedó descartada al ser informados por técnicos aeronáuticos que los controles de vuelo desde y hacia Sarayaku se intensificaron, inclusive midiendo el tiempo y la cantidad de combustible. No había posibilidad de apagar los radares y por lo mismo de eludir la vigilancia aérea[25], esta opción quedó descartada antes de que pueda prosperar.

José Gualinga se inclinaba por la segunda, él conocía palmo a palmo los dos días de caminata necesarios hasta llegar a un centro poblado, cerca de Villano; tiene perfecto sentido de orientación y sale de cualquier apuro, incluso si se desvía de la trocha. El problema sin embargo, eran los tres, no había ninguna certeza que ellos pudieran resistir las rudezas del temporal ni lo severo del follaje. Con las dudas de la condición física para una jornada de tal naturaleza, por una parte, y con la incertidumbre más cercana al rumor que querían asesinarlos, por otra, el guerrero amazónico se adentró en la selva solo, para identificar el camino, reconocer los lugares por dónde habría de transitarlos cuando llegue el tiempo de la salida. Habría que cruzar ríos, a veces muy crecidos, adentrarse en alborotadas laderas en una aventura ciertamente de mucho riesgo, transpolar dificultades y anticipar amenazas.

En la primera inspección, ya en camino carrosable hasta Villano, recorrió los resguardos policiales de la vía Puyo-10 de Agosto-El Triunfo-Arajuno-Villano-Paparahua. Supo allí que se intensificaron los controles. Una nueva vigilancia en la Parroquia 10 de Agosto, otra en la entrada a San Ramón, por la misma vía, un tercero en el Triunfo y más allá, a la entrada del CFP[26]; entre el CPF y el campo petrolero Villano, dos puestos fijos y varios patrulleros rondando permanentemente. Esta vigilancia policial complementaba a la ronda militar por toda el área de operaciones del bloque petrolero. Más allá, ya en la selva muy próxima a territorio Sarayaku, el Gobierno tenía un aliado: Sergio Gualinga[27].

Centenares de policías y militares con equipos de interceptación, infiltrados, agentes de civil, vehículos de rápido movimiento, helicópteros, aviones, cercando todas las posibles salidas de Sarayaku, por tierra, ríos y aire. Solo cuando perseguían al *Che*, en Bolivia, en 1967, se habría visto operativos de tal magnitud.

En Sarayaku la zozobra iba en aumento, se volvió más tensa cuando llegaron individuos enviados por detractores que hoy tienen proyectos con el régimen y más personas relacionadas con el Gobierno, incluso sospechosos médicos cubanos, quienes fisgoneaban y transferían la información a su base de operaciones y, desde ahí, a todos los lugares en los que pudieran cercar la selva. Para esas fechas ya no era posible ubicar a los convidados en un solo lugar, casi nadie sabía cómo situarlos, a excepción de su grupo de cercanos custodios.

Se emprendió entonces una nueva expedición al campo Villano. En el ambiente no se vislumbraron cambios, por el contrario, se incrementaron los puestos de vigilancia al punto que en Villano se instaló una Unidad de Policía Comunitaria (UPC), por lo tanto, se incrementó considerablemente el tránsito de vehículos policiales y efectivos de la institución para rondas diurnas, vespertinas y nocturnas.

Tan custodiada estuvo la pista de Villano como también las de Villaflora y Copataza, sitios aún más distantes de Sarayaku, pero que tienen pistas amplias y están cercanas a carreteras de segundo orden. A los policías y a la Gobernadora de Pastaza, Denise Coka, no les cabía en su mente que los custodios de la selva, barajaban estas posibilidades como las más remotas, puesto que los vuelos rasantes ya fueron descartados. Por Villaflora o Copataza -imposible llegar a pie-, los policías allá acantonados se pasaron de vacaciones todo el tiempo de la crisis de histeria del ministro del Interior y de otros altos revolucionarios. Villano era considerada solamente si fuese posible salir a pie, en jornada de por lo menos dos días y sus noches, por atajos de la selva.

Hastiados de tanto discernir, asediados de amenazas gubernamentales y la ira de quien detenta el poder, los estrategas de la salida se encaminaban hacia el único camino posible. Tenían que extremar precauciones, todo intento procedía pero con urgencia, considerando que la policía había desembarcado la víspera en la bocana de Sarayaquillo y que el presidente estaba exasperado, no podía soportar la existencia de un pueblo que ejercitaba soberanía en un territorio que lo pretendía parte de sus dominios.

Otro componente consumía la urgencia, en una semana exacta, la luna formaría parte de la alianza, no iba a estar roja como a la entrada de Fernando, pero sí resplandeciente para que no se ocurra hacer uso del quinqué en los apremios de la despedida. Las linternas y la luna, serían las herramientas más eficaces y de acción prolongada en la furtiva salida, que no podía ser durante el día.

De regreso por el Bobonaza

En el diálogo tripartito los visitantes llegaron al convencimiento que no era posible la salida por Villano, no solo por la custodia policial, sino por lo agreste de la travesía y porque entre ellos nadie se pretendía con ínfulas de Rambo o con las cualidades de Tarzán. Dos días de camino por lo menos y además una segura experiencia de sobrevivencia en la selva era un esfuerzo que no valía la pena. Por consenso se decidió que la mejor opción, aunque más riesgosa, era desafiar la seguridad y la inteligencia oficial: volver por el Bobonaza aguas arriba, aprovechando el parpadeo de los celadores, a través de los más ocultos senderos, aquellos que solo un perseguido puede descubrir.

La vía a Canelos era la más resguardada. Controles ambulantes antes de Canelos, otro control eventual en la vía Puyo Macas, hasta el Kilómetro 30, revisión personal a todo quien transite hasta el puerto de Latazas[28], agentes de civil infiltrados en la comunidad, dirigentes de Canelos cooptados y con órdenes precisas para aprehender a los tres. Las comunidades de la cuenca del Bobonaza se mantenían en zozobra.

El control era personal e implacable, todo vuelo desde o hacia Sarayaku merecía una revisión exhaustiva, la cédula y el control del equipaje, que a nadie se le ocurra llevar perdigones, era palabra prohibida en días de la demencia gubernamental, que forzó conceptos y razones para anunciar que una escopeta de perdigones era insignia de paramilitarismo. El combustible era más inflamable que de costumbre en el puerto donde anclan los vecinos del Bobonaza, los policías acantonados en Latazas o Canelos o cualquier lugar de revisión, no permitían más de 5 galones de gasolina por familia; la revisión era pormenorizada y el amedrentamiento, continuo e implacable.

El aparato intimidatorio estuvo también en Puyo, cada policía de esquina había parido otros cinco, se multiplicaron las motos y las persecuciones, no había mañana en la que por lo menos un policía vagabundeara pisando los talones a periodistas o dirigentes cuyo destino era la selva. Nadie sabía qué buscaban, ellos tampoco, pero algo debían atinar. Con todo el aparato persecutorio volcado en la vía que conduce al Bobonaza y la fuerza policial reforzada en Puyo y Canelos, los preparativos avanzaban en el límite de tiempo, la luna era implacable en la certeza de sus tiempos, no había marcha atrás. José Gualinga y Fernando vislumbraron que no era posible otro sendero, restaba la aprobación del colectivo. El Consejo de Gobierno y la jefatura de los WIOs debían conocer la trama y delinear los senderos.

Precio por las cabezas

Nada era seguro, el trabajo contra reloj tenía otro enemigo; desde algunos sectores interesados, especialmente afines al Gobierno, se estimó precio a quien entregue a Fernando[29] y sus acompañantes; información de personas del círculo de poder daba cuenta de hasta 500 mil dólares; sin embargo, debíase buscar nuevas amistades, de otro pueblo, concretamente de Canelos, gente en la que podía confiarse para la misión final. <<Todos éramos sospechosos>>, cuenta José Gualinga. <<Todos pasamos por la seguridad de conciencia. No teníamos detector de mentiras, nuestro único polígrafo mostraba el compromiso que imprime la búsqueda de la libertad y la certeza de nuestras propias convicciones, la firmeza que nos da la reciedumbre de sabernos dignos custodios y protectores de la selva>>, pensaba.

No había quietud, todo era sobresalto, parecía que la urgencia los llevó a tomar decisiones inexactas, como aquella asumida un día antes de la salida definitiva. En aquella ocasión, la seguridad WIO los condujo hasta el límite del territorio, cerca de Pakayaku, tal vez para ya emprender la salida a Canelos, acaso para alejarlos lo más posible de cualquier ojo visor que los acechaba, librarlos de algún infiltrado. Pero, la operación no podía continuar, era demasiado riesgosa.

<<Es necesario volverlos>>, incriminó José Gualinga. No era posible que ellos enfrentasen la selva si no poseían los saberes ni la experiencia para lograr una misión con éxito. Aquel día, Fernando, Cléver y Carlos regresaron hasta las inmediaciones de Sarayaku, al caer la noche, como todas esas noches en que el sueño solo podía ser hasta las tres de la mañana, hora en que, igualmente, debían salir para escapar de la mirada indigna de los enviados por Serrano, que podían estar en cualquier lado.

Fernando contó que en esa ocasión estuvieron a la vera del río, justo el día en que Ecuador TV quiso ingresar por el Bobonaza. Antes, la televisora gubernamental ya había pedido anotarse para ingresar desde el aeropuerto de Shell, pero ninguna empresa les facilitó el vuelo, consientes que al llegar a la pista en Sarayaku, no iban a ser bien recibidos por nadie. Fue la primera ocasión en que no se permitió en un evento, la cobertura de la prensa alineada con el Gobierno por considerarla fuera de ética. Ese día, los tres del 30S descansaban a orillas del gran río, en una playa al límite del territorio Sarayaku, siempre custodiados por los WIOs. Prestaron oídos al motor de una canoa que aún no se la divisaba, el ruido era de un peque peque[30]; todos se escondieron en la selva, solo un kichwa quedó a vista para enfrentar el embate. A la señal del guerrero la canoa se detuvo, sus cuatro ocupantes se expusieron nerviosos, estaban preocupados, algo escondían, eran dos extraños que aseguraban ser periodistas de Ecuador TV; el puntero y el maquinista eran sus improvisados cómplices, delegados de la escuálida Coordinación Kichwa de Pastaza.

El periodista casi le suplicó que le permitiera avanzar hasta Sarayaku: <<si no regresamos con algún material, la SECOM nos sanciona, déjenos pasar>>, insistió. Sereno como el cielo de verano, el guerrero WIO, que no llevaba uniforme, preguntó si tenían autorización para ingresar a su territorio, porque estar acompañados de indígenas no era ninguna garantía, <<debieron pasar por la oficina del Consejo de Gobierno de Sarayaku en Puyo>>, les habló en español. Empalidecieron los audaces al constatar la firmeza de la advertencia: <<si no tienen autorización, no entran>>, les dijo. Luego reprendió en kichwa al maquinista y al puntero, conminándolos a regresar inmediatamente hacia Canelos con los dos intrusos y que, de no hacerlo, en el pueblo podrían *darles capote*.

El peque peque viró 180 grados desapareciendo río arriba. No podían jamás imaginarse aquellos fisgones que el hombre que los enfrentó solo, era un conquistador de buenos augurios, un combatiente agradecido, especialmente con Carlos Figueroa, quien hace apenas ocho días le prodigó la alegría de ver nacer a su hijo. El aguerrido WIO entonces invitó al resto a beber la chicha de los buenos encuentros, el refrigerio de toda travesía. Estaban al filo de sus dominios, en previsión de la siempre latente intervención de las fuerzas represivas. Luego del susto, Fernando bromeaba: <<pensar que por poco la prensa del gobierno se lleva la primicia informativa>>, minutos antes, todos se habían bañado desnudos en el bobonaza.

Desesperada estaba la *prensa corrupta* -como llaman en Sarayaku a los medios alineados con el poder-; nunca pudo testificar información alguna generada en el Pueblo del Mediodía. Todas las facilidades hubo para la cobertura informativa de estos hechos que dieron la vuelta al mundo; menos para la SECOM y los medios oficiales e incautados; quienes no contaron con más opción que la de resignificar a su conveniencia la información que recogieron de la prensa privada y redes sociales.

El día del ingreso frustrado de Ecuador TV, el presidente anunció que no solo la policía entraría nuevamente, sino, *a posteriori,* la fuerza militar, vía decreto de emergencia. Los invitados que ese sábado, escucharon las amenazas de Correa, a través de un pequeño radio, volvieron al pueblo en canoa al caer la noche, para ultimar detalles. Asumían su partida como un deber que el autócrata no valoraba, como la búsqueda de la libertad en otro contexto; avizoraban que el economista no iba a detenerse ante nada, ya lo había hecho antes en la cruenta intervención militar sobre el abandonado pueblo petrolero de Dayuma.

José Gualinga se había permitido sugerir a los tres del 30S, que se quedasen, que bien se podía esperar otra luna, que sabrían resistir la invasión armada, como tantas veces lo habían hecho en el pasado; el jefe de los WIOs repasaba con el Consejo de Gobierno la forma segura que marcaría aquella ausencia irrevocable.

La luna clareaba, habitaba el silencio mientras el manto de la *wanchaca*[31] abrigaba los sonidos de una cumbia con ritmo alegre de Lizandro Meza, en la casa de Patricia Gualinga. Al son de *sal y agua* se definiría la estrategia a seguir. <<Si te casas algún día, mándame una invitación, ya que nuestro amor tan grande, sal y agua se volvió>>, repetía la voz del colombiano en el reproductor *mp3,* mientras uno de los presentes ofrecía a Sarayaku como sede para el matrimonio religioso de Fernando, cuando hayan cesado estos tormentos.

Los cooptados hacían su trabajo

Los miembros del Consejo de la Nacionalidad Kichwa de Pastaza estaban aislados, la gran mayoría del pueblo condenaba la persecución y respaldaba a los tres del 30S. El aviso contratado en el seminario El Observador y diario La Prensa, fue pagado y firmado por ciudadanos de *poca monta*[32]. Antonio Vargas, expresidente de la CONAIE, procuraba lavar un peculado de cuando cumplía el rol de ministro de *Bien Estar Social* de Lucio Gutiérrez. Pero, ¿qué se podía esperar de un sujeto como Vargas? Si no le importó los peligros que podía enfrentar su hija, esposa de un alto dirigente de Sarayaku, al producirse una incursión armada. Ella, junto a Eriberto Gualinga, prefirió compartir chicha y solidaridad con los tres perseguidos, en su casa a orillas del Bobonaza.

Dirigentes como Antonio Vargas se jugaron el todo por el todo, preferían partir a la comunidad como la madre falsa de la historia de Salomón. Vargas brindó cantidades ingentes de cerveza a un sobrino suyo, que vive en Kalikali, a cambio de la ubicación de los perseguidos. Junto a Tito Merino y Alfredo Vargas ofrecieron desde cinco mil dólares al comienzo, hasta veinte mil dólares cuando daban ya las tres de la mañana. La recompensa era por ubicar el sitio exacto donde se encontraban los perseguidos. Pasar esa información a los mandos políticos y de ahí a los ejecutores de la <<operación quirúrgica>> como denominaron al plan a través del cual un grupo de paracaidistas ingresaba en helicópteros, apresaba a los tres y se retiraban, todo eso en apenas cinco minutos. Cuando el hombre contó la historia, dijo que nunca iba a entregarles; a esa altura de los días, él tampoco conocía dónde se encontraban.

Los Viteri de allá y los de acá

Akangau Viteri Tassi, hijo de Carlos Viteri y Giovanna Tassi, asambleísta de país y exdirectora de la Radio Pública, respectivamente, no mantuvo por su parte, una conducta consecuente. Él se permitió inaporpiadamente insultar a José Gualinga y denigrar a Fernando, Carlos y Cléver, en carta expuesta en Facebook a su prima, Pas Viteri:

Sarayaku está en el mundo: Gracias a las mentiras de su presidente saliente, los dirigentes que contribuyen a esas mentiras y por los tres prófugos de la justicia que "protegen bajo su obligación de defender la vida". José Gualinga (presidente saliente de Sarayaku) dice que hay que iniciar un diálogo pacífico y de buena fe. Primero que todo, aquí no hay nada que dialogar ya que esos tres criminales deben ir a la carcel y punto; y en segundo lugar ¿por qué entablar un diálogo cuando él (José Gualinga) lo propone, y no aceptaron un diálogo cuando el presidente Rafael Correa fue el primero en sugerirlo para tratar temas para trabajar conjuntamente? Hacer política es una coalición de ideas. Si Sarayaku Tayjasaruta se propone a trabajar conjuntamente con el gobierno, no quiere decir que están yendo en contra de su ideología, sino más bien la enriquecen. Pero ellos prefieren depender de sus adoradas ONGs de países extractivistas... No existe coherencia en su discurso...[33].

La respuesta que dio Pas Viteri por la misma vía a su primo, haciéndole saber la decepción que tiene por el cambio de su padre, Alfredo Viteri -otrora líder entero de los indígenas amazónicos, fundador y primer presidente de la Confederación de Nacionalidades Indígenas de la Amazonía Ecuatoriana, CONFENIAE; y, fundador y primer presidente de la Organización de Pueblos Indígenas del Pastaza, OPIP-, fue:

Akanguito, con todo el cariño de ayllu que somos, primero deberías sentarte y tratar de comprender, en que se fundamenta nuestra sociedad.

Con toda la información que tienes después de haber estudiado y vivido fuera del país, mira a tu alrededor cómo están los VITERI solamente regresa a ver a tus tíos, analiza cómo es la vida de ellos y de nosotros. Reflexiona también sobre cómo su posición respecto a la incursión de las compañías petroleras en el territorio kichwa de Pastaza ha cambiado radicalmente. ¿En realidad los intereses de quiénes están defendiendo: Del ayllu, de la comunidad, del Gobierno, del Estado?

Esto no es un conflicto que se trata únicamente de que 'Sarayaku está ocultando prófugos de la justicia', esto va más allá, para mí es un pretexto, el tema de fondo es eliminar el liderazgo que tiene Sarayaku en el proceso de construcción de la autonomía de los pueblos, en la defensa de los territorios de los pueblos y las nacionalidades existentes en Pastaza y en la Amazonía ecuatoriana y eliminar el liderazgo en la resistencia ante la XI ronda de licitación petrolera, resistencia que va en contra de la política extractiva del gobierno, y eliminar todo proceso de fortalecimiento de las autonomías territoriales indígenas.

Sarayaku es un pueblo que históricamente ha luchado por la defensa de los derechos de los pueblos indígenas, actualmente lidera el llamado en decir: 'NO a la explotación petrolera, SÍ a la vida' a nivel nacional e internacional, además convocan a otras comunidades y organizaciones sociales que se han unido al grito de SARAYAKU.

Tendrás que agarrar un mapa y ver lo que se va a concesionar a las compañías petroleras, esta todo nuestro territorio, y seguro que van tras del territorio de Sarayaku, que hasta ahora está a salvo. Donde vive nuestra querida abuela, nuestra familia, Viteris, Gualingas y todo nuestro pueblo, donde moran nuestros ancestros, donde vivió ACHI Raúl Viteri y nació la idea de nuestra autonomía y el proceso de construcción del sumak kawsay.

La actividad petrolera cambiará radicalmente la vida de nuestros ayllu, destruirán los territorios, los ecosistemas y la biodiversidad del cual dependemos. Continuarán dividiéndonos como lo han hecho. Ninguna tecnología de punta, nos salvará. Cuando todo esto termine, nuestro ayllu, la comunidad de nuestra apamama, los territorios de nuestros pueblos habrán pasado a la historia, tal vez tu estarás bien en la comodidad de tu apartamento ejerciendo tu carrera, si es que tienes palancas...El resto de tu familia, de tus tíos, sobrinos, primos y sus hijos... de él que era nuestro pueblo estarán en la miseria. Nuestro ancestros que dirían: ¿Qué diría el Achi, que hubiesen dicho tus tíos antes de que sus familias se desplomen?

Así que si estas de vacaciones agarra y anda ayudar a la abuelita como es debido. Si es que aún no le han sacado de la comunidad que ella tanto ama... Para que entiendas cual es la esencia de nuestra forma de vida, el respeto que debemos tenernos entre todos como familia, el respeto a la selva, a todas las vidas que habitan en ella, a los espíritus y dioses.

Y de cómo, quienes fueron lideres no nos dan el ejemplo a través de las relaciones que se practican entre los ayllu de nuestros pueblos, en transmitir el conocimiento, un solo pensamiento de padres a hijos, Kankun... el pensamiento de un solo pueblo... nuestro pueblo...

Por eso, si el ayllu se debilita, se debilita la comunidad, se debilitan nuestros pueblos...

La intervención de Alfredo Viteri y el cambio radical en su discurso y en los hechos ha significado una agresión para mí y para el pueblo de Sarayaku. Yo pienso que hay que ser coherentes entre el discurso y la vida que tenemos. (Hasta aquí la respuesta de Pas Vitery).

En su oportunidad, también el comunicado cuya firma principal era de Alfredo Viteri, mereció una respuesta inmediata y oportuna, con diáfana claridad e incluso con tristeza y cierta dosis de nostalgia, porque el aludido (Salomón Osorio) fue, hace 30 años, un amigo y compañero de luchas:

Han señalado los desvíos, quedan marcadas las distancias[34]:

He aquí el texto de la réplica:

> Nunca me pude imaginar que 30 años después de haber visto en la pared de la prevención de policía de Puyo una foto con el título 'se busca', hoy aquel personaje esté del lado de los verdugos. No hay sentimiento más frustrante que profesarse engañado.
>
> Exactamente 22 años después de la caminata en la que participé con entusiasmo, se han sellado las diferencias y trazado las líneas de los desvíos, vamos por senderos diferentes. Seguramente, cuando se firmó el texto a nombre del Consejo de Coordinación de la Nacionalidad Kichwa de Pastaza, nunca se recapacitó que aquello ponía fin a un epigrama donde más pudo la codicia que toda una vida dedicada a proteger su raigambre.
>
> La historia se repite, con los mismos actores pero ahora en bandos diferentes. El Ministro de Gobierno en 1992, César Verduga,

acusó a quienes pretendían la legalización de los territorios, Kichwa, Achuar, Shiwiar y Sápara de Pastaza, de "querer formar un Estado dentro de otro Estado". Alfredo Viteri fue entonces el ideólogo para desvirtuar semejantes despropósitos; ahora la cosa cambia; él y otros han afirmado lo mismo junto al Ministro del Interior, es decir, ellos y el Dr. Serrano se cambiaron de bando y andan reclamando que les entreguen a los 3 del 30S.

Me cobijo de recuerdos y me sobrecojo en desazones. Nada puede ser más atolondrado que Alfredo Viteri haga el coro al régimen para tildar de paramilitares a los WIOs de Sarayaku. La desfachatez se completa cuando pretende que el CODENPE retire ese permiso de organización comunitaria. De Antonio Vargas no me extraña nada; él solo busca algún resquicio para librarse del juicio por presunto peculado, (La Hora, 24 de febrero 2014).

El documento que presenta Alfredo Viteri y otros, es el desparpajo más vergonzante y fuera de tono desde que lo conozco; los 3 del 30S no son delincuentes. No tiene explicación lógica y aún falta al sentido común, no mencionar a la Comisión Interamericana de Derechos Humanos, como organismo supranacional vigente en el contexto histórico legítimo y vigoroso del pueblo kichwa de Sarayaku. Pionero en iniciativas, este pueblo ha abierto nuevamente el debate sobre el alcance de la plurinacionalidad y el ejercicio de la legislación consuetudinaria; lo ha hecho con su derecho a la resistencia frente al modelo desarrollista gubernamental, frente a la seda y satín de una izquierda rosada, adornada con bambalinas, pero forajida en materia de derechos humanos, ambientales, laborales...

Ofende al más noble de cualquier sentimiento humano, haber trabajado toda una vida para que ahora, de un solo tajo, se pretenda deshacer la historia y desamparar la estirpe. Veo retorcerse de impotencia y decepción al árbol genealógico que siempre escrutaron. Proyectos como el fallido con el Banco Mundial, les abrió el apetito.

Solo el resentimiento y la pasión que consiente la afrenta, puede despotricar sin ton ni son contra tres ciudadanos que han tenido la valentía de poner en claro los temas de corrupción y los exabruptos del poder que quiere hacer de este país un mercado de fariseos.

Treinta denarios fue el precio de una vida para el esbirro del poder en tiempos apostólicos. El aviso redactado y pagado por otros, más se parece a un ajuste de cuentas con aciagos propósitos, en beneficio de un grupo de envalentonados, que buscan beneficiarse de más denarios.

La Selva Viviente, en donde altivamente se levanta el Pueblo del Medio Día (Sarayaku), los ha hecho perder la cordura y rebasar la ética como norma de conducta; los tiene ocupados en la febril ansiedad por continuar su proyecto, agazapados en lo pusilánime de sus estulticias.

No es posible entender que hayan desarraigado de vuestra genealogía una heredad centenaria, los recuerdos, las vivencias, los sueños de tantos años compartidos, a cambio de las comodidades efímeras de la sociedad de mercado.

Por mi parte, tengo derecho a fortalecerme en las lecciones de la historia, inspirarme en la sabiduría de Don Sabino como ejemplo para mis hijos y los hijos de mis hijos, desafiar desde el linaje de guerrero del Achi Raúl; invocando el desprecio a lo efímero; procurando la unidad con respeto a la diversidad. Tengo derecho a ir tras las huellas de la danta y, al sol del mediodía, refugiarme en el agua de la cascada que canta... (Hasta aquí dicho comunicado).

Este escrito también conmovió a Pas Viteri, quien se permitió enviar una carta al autor de estas líneas, haciéndole saber su tristeza por el cambio experimentado en su Padre, especialmente:

(...) aunque han pasado muchos años y aún era niña te tengo muy presente en mi memoria caminando con todos nosotros hacia Quito, tus letras son sinceras y debo decirte que me desgarran el corazón, recuerdo como me sentía al estar ahí, verles a todos tan invencibles, todos tan unidos inspirados por un solo pensamiento y ahora tener que enfrentarme a esta realidad; sin embargo, lo que he leído me hace dar cuenta que aún florece en ti ese sentimiento, lo cual me llena también de fuerza y esperanzas, de eso se trata.

Ustedes nos transmiten su conocimiento, su fortaleza a nosotros para que nosotros podamos transmitirlos a nuestros hijos y seguir adelante construyendo el verdadero camino al Sumac Causai.

Saludos,

Pashpanzhu

Inteligencia de la Gobernación

Tras la enramada, los sonidos del silencio presagiaban tormentas, el rostro de la luna hecho cristales sobre el Bobonaza, evidenciaba que la hora había llegado. La magia de la noche abría el paso avizorando nuevos retos en lo incognito de los riesgos que debían enfrentar en el sendero hacia la República de la Clandestinidad.

Los WIOs más cercanos al mando de Charapa[35], hicieron dos filas de cuatro cada una, al amanecer del 12 de mayo de 2014, tres días antes de la segunda incursión de la policía a Sarayaku. Charapa recordaba los no tan lejanos días cuando recibió, brindó protección y vigilancia cercana a los dos primeros visitantes, Carlos Figueroa y Cléver Jiménez; <<a ellos los llevé más adentro, a Molino>>, contaba.

Un sobresalto le estremecía cuando recordaba que con la llegada de Fernando, la situación empezó a caldearse, se volvió un hervidero pese a que, de hecho, el Gobierno ya sabía con tiempo que Cléver y Carlos estaban acogidos en Sarayaku. Fue cuando la gobernadora de Pastaza, Dennis Coka, dejó de hablar del tema públicamente por disposición superior.

Desde la sentencia del 24 de marzo, Cléver Jiménez y Carlos Figueroa habían anunciado que recibirían protección en la selva; así se dijo en la reunión de solidaridad realizada en Zamora Chinchipe, cuando se puso a caminar a la *vaquita* que recogería dólar a dólar, los 140 mil dólares de la sentencia para entregárselo, en sueltos, al presidente Rafael Correa, <<para que se compre otro departamento en Bélgica>>, como dijo Lourdes Tibán. La Gobernación de Pastaza y los aparatos de seguridad dirigidos por Antonio Velín[36], decidieron actuar cuando una publicación en las redes sociales les informó que Fernando Villavicencio había llegado al

Pueblo del Mediodía. Ahí empezó a expresarse la precariedad del mando político de la Provincia de Pastaza.

Otras fueron las funciones que se les encomendó a partir de entonces a la gobernadora; mientras se le silenciaba, les encargaba la custodia de los linderos de la selva, esta vez, para que no permita, bajo ningún término, que los perseguidos salgan de Sarayaku, y si lo intentan sean apresados.

Antonio Velín fue el encargado de la operación, era el más idóneo en su condición de exmilitar, pensaron, definiría tácticas y estrategias para no permitir que los hostigados por los aparatos de seguridad puedan salir; él era el elemento perfecto para planificar el cerco -que nunca hizo- para impedir que ingresen a Sarayaku. Él fue el llamado a convertir en táctica y estrategia todo lo no hecho en los días y semanas anteriores del escalonado ingreso de sus sitiados. <<Nada más fácil>>, le dijo a Denis Coka, <<que ubicar policías en todos los sitios por donde suponemos ingresaron los buscados; esa de seguro, será la ruta por donde salgan>>, pensaba. Denis Coka no dudó en aprobar el plan. <<Bien dicho>>, le dijo, y comenzó el cerco al pueblo.

La operación Paralelo 0

A la planificación pormenorizada se unió Puka Jaguar[37], se inició entonces la *Operación Paralelo 0*. Lo primero fue establecer con certeza qué ocurría en Latazas, el puerto de ingreso al Bobonaza navegable, allí estaban gente de inteligencia policial, también había infiltrados, puestos itinerantes en el camino carrosable a Canelos. Ningún ciudadano podía pasar perdigones para la caza ni más de 5 galones de combustible, todos debían presentarse con su cédula. El objetivo era apresarlos, para ello, con el fastidio a las comunidades, se pretendía que algún esbirro informe el paradero de los perseguidos para establecer coordenadas, espectar algún descuido, allanar la comunidad.

Sin embargo, el plan proseguía, las informaciones que en cadena estaban obligadas a difundir en las madrugadas, todas las emisoras de Puyo, daban cuenta de la posible declaratoria de emergencia y no faltaban los rumores del avance de uniformados que cerquen a la población para asegurar la captura de los tres del 30S. Se habló incluso del ingreso de comandos Iwias desde Montalvo, mercenarios extranjeros, y de infiltrados en el grupo de seguridad Wio. Ni ante los/as más buscado/as se despliegan semejantes operativos. Villavicencio, Jiménez y Figueroa fueron el blanco de una acción política, policíaca y militar que ubica a Correa como un <<modernizador violento>>, según caracteriza el sociólogo Napoleón Saltos, a quien mantiene carreteras en buen estado, pero repletas de baches las vías de la libertad y la democracia.

Varios vuelos rasantes contorneando al Bobonaza, determinaron que en la selva no había campamentos policiales o militares, por el río tampoco podrían impedir el operativo de salida. Los vuelos de inspección rasantes, realizados por los Wio, fueron con el estómago en la boca; se debió seguir el cauce del río poniendo al bimotor a 90^0 en relación al suelo y para la siguiente curva un giro de 180^0 a apenas una altura de 100 metros por sobre la copa de los árboles. El estómago se subía al pecho y el pecho a la garganta, un vacío profundo en cada vuelta mientras se divisaba los interiores de la enramada, para saber que no había infiltrados, ni vigilantes y, por el río, ninguna canoa al mando de uniformados.

El cura de Canelos estaba de su parte, caminaba con ellos por su devoción; les acompañaba en la canoa, al cruzar el río y durante los oficios religiosos en Sarayaku, era un cura magnánimo, generoso y carismático. En semana santa mezcló los granos de la tierra, con la fe que profesan los seres de la tierra, ayudó a remover los sabores de la fanesca, hasta el pleno deguste colectivo. Después de semejante potaje, llenaría de alabanzas al señor de los milagros.

Entre las labores de inspección, Charapa constató a través de sus delegados, que la policía hacía relevos cada cuatro horas en los controles montados a propósito de la búsqueda de nuestros amigos; entonces, el peligro era latente, el riesgo de inesperados eventos se cernía desde las sombras, por ello, la planificación y todas las acciones debieron premeditarse al centímetro.

En Sarayaku, José Gualinga reparó un motor de los tres utilizados para la salida de Fernando y sus acompañantes, mientras cuatro WIOs fueron comisionados a Pakayaku hasta el momento mismo de la partida.

Presintiendo los desazones de la ausencia, doña Corina Montalvo, la mujer que tres días después enfrentaría sola a los uniformados de dos helicópteros policiales, en silencio sollozaba su angustia, ella que todo lo presagia, comprendía el propósito de la hilera de canoas, dispuestas a partir al borde del crepúsculo. Desde ese momento, no se movió de la orilla del río, quería verlos pero no pudo ni siquiera despedirse. Un sentimiento de extrema soledad sintió al regresar a su morada, estaba llorando, no solamente por la brusquedad de la ausencia, sino por la crueldad del destierro obligado. El llanto entrecortado y hasta falto de respiración fue aplacado con los abrazos de su hija Patricia, quien le explicaba que todo estaba bien planificado, que no había bulla y que nadie lo sabía. Se resignó.

La canoa que lideró la travesía estuvo provista de un dispositivo satelital, ellos informarían a sus dirigentes, cada media hora, si alguna novedad ocurría en el trayecto. En la embarcación que le seguía: Fernando, Cléver y Carlos, agazapados, incómodos, expectantes. Atras una tercera canoa con wios cubriendo las espaldas. Felizmente, al igual que el cura de Canelos, la luna en su máximo esplendor, se convertía en aliada señalando la ruta menos accidentada en el cauce corriente arriba del majestuoso Río.

<<Mi misión era sacarlos sanos y salvos, para tal propósito se escogieron a nueve de los más leales WIOs, sabíamos de la tenacidad de nuestra gente, éramos nueve que debíamos dar la posta a los siguientes en Latazas, lamentablemente llevábamos retraso>>, refería Charapa, el dirigente del operativo.

Que en Puyo sea día festivo y que los bailes ocupaban también a policías, formó parte de los cálculos para sortear los resguardos. Puka Jaguar viajó tres veces a Sarayaku; debía articular, especialmente con Fernando Villavicencio y los mandos WIOs, el operativo de salida. Villavicencio fue quien inicialmente advirtió que el hostigamiento gubernamental al pueblo, obligaría a que ellos, por decisión propia, armonicen el retiro.

No solamente los controles que al ingreso y salida de Sarayaku ejercían los aparatos de seguridad, igualmente las cadenas radiales en Puyo y otros escenarios mediáticos a nivel nacional, avivaron sobresaltos; las subyacentes amenazas configuraban un contexto de miedo, pretendían el pánico.

Jamás la dirigencia de Sarayaku o la seguridad WIO sugirieron el exilio. La tensión fue provocada, los agentes del Gobierno avanzaban como serpientes en la noche para estimular división en el pueblo y, para ello, las ofertas de soborno siempre estuvieron latentes.

Los guías no aparecen

El punto de encuentro con los guías debió ser en el Bobonaza, varios kilómetros antes de la entrada a Latazas. Los intrépidos navegantes que zigzagueaban la contracorriente del río, descifraban en las sombras descartando fantasmas y tormentos permanentes. A buena distancia del puerto Latazas, en las inmediaciones de Canelos, Puka Jaguar supervisaba estrategias, la primera resultó complicada, no había las condiciones para continuar por el Bobonaza hasta el río Tinguiza[38], no tan lejos del control policial, pese a que se burlaba también las vigilias itinerantes entre Canelos y Latazas.

Unas horas antes de iniciar el operativo, como estrategia personal, Puka Jaguar registró su nombre en el control policial de Canelos, circunvaló la loma, exploró la senda por donde habría de llevarse a cabo la retirada. Era importante que registrara su regreso porque horas después, ya al caer la noche, traspasó el puente de los controles sin mostrar documentos.

Puka también pidió socorro al Cura, quien lo amparó casi hasta el final de su aventura devenida en proeza, por el solo deseo de dar el mejor día de las madres y el cumpleaños al hijo de uno de los perseguidos. No lo desamparó el sacerdote, con él viajó en el vehículo que lo llevó al puerto Latazas. Nada más oportuno que la presencia del conocido religioso, cuando un vehículo policial, a mitad del recorrido, en el guardarraya de un punto llamado La

Cuya, con sus luces ordenó que paren; al verlo, el policía se sobrecogió y no reclamó documentos. ¿Quién pensaría que un sacerdote respetuoso de los mandamientos de Dios, iba a ayudar a tres perseguidos por el más católico de los presidentes del Ecuador, después de García Moreno: Rafael Vicente Correa Delgado.

Los tres recordarán que en semana santa en Sarayaku, el Cura, luego de poner a reposar el machete de la minga, alzó una copita de *cuba libre,* como llamaba a las puntas[39] con limón que ofrecía el anfitrión. En seguida, los invitó a la misa de viernes santo. Fernando se disculpó, bromeando que era ateo, <<Justamente soy experto en ateos>>, dijo el Padre, agregando que los demás ya estaban bien enrumbados y que su reto era alguien que había perdido el camino de Jesús. Mientras la misa transcurría, y el Padre señalaba la cruz del buen ladrón, Fernando, Clever y Carlos, copaban las bancas de los fieles, en la misa del sacrificio.

En el Bobonaza, dos kilómetros abajo del puerto Latazas debieron esperar -entre las 20H00 y 21H00- los guías contactados para la travesía, pero éstos nunca aparecieron. Hubo inquietud en la tripulación de la primera canoa que llegó al punto convenido antes de las 20h00, minutos después arribaron las otras dos canoas, en una de ellas, Fernando, Carlos y Cléver, luego de casi cinco horas de navegar el río. La señal para encontrarse con los guías era encender y apagar cuatro veces la misma linterna. Esperaron hasta las 21H30 en medio de tensión, bajaron a la selva mientras las dos canoas subieron a verificar la situación en el puerto, traer noticias o alarmar si el operativo fracasaba. Luego, colocaron la canoa de los tres, con la proa aguas abajo por sí les tocaba volver a toda máquina con dirección a Sarayaku. El jefe del operativo de salida se angustiaba por el fallo del plan.

El lugar del fallido encuentro con los guías, estaba lleno de mosquitos, improbable habría sido cruzar la selva desde ese sitio hasta burlar los controles policiales, imposible en una noche nublada hasta ese momento, oscura por la lluvia y sin los guías. Estuvieron a punto de emprender el regreso. La operación Paralelo 0 estuvo al límite del fracaso.

Todo era problemático, el temor más grande fue la incertidumbre que los guías hubieran traicionado su compromiso por alguna razón más atractiva, por ello, esperaban con ansiedad el retorno de los compañeros que subieron en busca de algunas certezas. Los mosquitos enronchaban los brazos y piernas de todos. En la penumbra, recostados en la canoa, sintiendo el misterioso recorrido del agua, solo podían presumir lo peor: el asalto policial. Cléver, Fernando y Carlos, en compañía de dos guerreros wio, consumían los últimos cigarrillos, mientras esperaron noticias.

Pasadas las 22H00, a lo lejos, se escuchó un motor de regreso, se pusieron en guardia... Una, dos veces se prendió la linterna, luego la tercera y, por fin, la cuarta vez, lo cual indicaba que eran amigos. Los wios que regresaron tampoco trajeron muy buenas noticias del puerto, al menos una los tranquilizó, un guía estaba ahí por alguna razón inexplicable. Solo quedaba localizar a Puka Jaguar, que debe estar en algún sitio de Latazas, para emprender la travesía hasta Puyo. La disposición del jefe Wio fue prender el motor de la canoa de los tres del 30S y subir hasta el puerto, donde se activarían otras opciones de escape. En un vehículo rápido la distancia entre Latazas y Puyo les llevaría una hora y media. Pero eso era irrealizable, todo vehículo era sometido a chequeo, tenían que lanzarse a la selva, caminar por el río Bobonaza, fingiendo ser pescadores, para eludir los puestos de vigilancia.

Puka apareció en Latazas, luego de despedirse de su inseparable Cura, con quien estuvo esperando desde las ocho de la noche la llegada de los amigos, ya pasaron las nueve, las diez. Él no perdió la fe ni la confianza en el sacerdote, cuyos dones no lo abandonaban aun cuando lo vio volverse por el mismo sendero, sin los tres a quienes en última instancia, estuvo dispuesto a darles cristiana protección en su convento. Finalmente, a las 22H30 arribaron las dos canoas a Latazas, se apagaron los motores, el silencio se apoderó de la noche, y fue el momento para el desembarque de los tres del 30S.

Entre las sombras, Fernando divisó a Puka Jaguar y a uno de los guías que había aparecido, entonces su corazón se acomodó un poco. Hasta aquí, habían dado un gran salto en su desafiante jornada de llegar al puerto, pero, ellos sabían que estaban en Canelos, un territorio infestado de policías, militares, agentes encubiertos y retribuidos correístas, dispuestos a todo por levantar el trofeo de los tres del 30S. Nadie se imaginaría que a partir de entonces, empezaba una de las aventuras más increíbles y riesgosas que pudieron librar, hasta burlar el asedio. El tiempo estaba en contra, llevaban casi dos horas de retraso, debían llegar a las dos de la madrugada a una vía semi abandonada, donde les esperaba Charapa en un vehículo que los llevaría lejos de los ojos de los perseguidores.

El auto previamente convenido que debía estar en Latazas para movilizar a los tres perseguidos, jamás llegó y si lo hizo, se fue del lugar ante el retraso. De pronto, un taxi (camioneta) arribó al puerto, había recibido una llamada del teléfono satelital. Ese auto era para los motoristas y miembros de la seguridad wio que debían salir hasta el Puyo, sin embargo debió ser utilizado para transportar a todos. Desde ese punto la misión se reducía al guía, a Puka Jaguar, a Fernando, Cléver y Carlos. Presintiendo el recelo por la seguridad de todos, el Puka escondió a los tres entre la maleza para no ser avistados por extraños, mientras arreglaba el viaje con el dueño del vehículo y su ayudante. Puka saluda con el acostumbrado <<chilala>>(hola).

—Este no es el carro —reclamó un WIO que sabía debía estar otro vehículo y no aquel.

—En este nos vamos todos y punto —manifestó en tono severo, Puka Jaguar, quien a partir de ese instante se convertía en el líder de la evacuación de los perseguidos.

El taxista y su acompañante, solo sabían que debían llevar a varios kichwas, y canecas para adquirir combustible hasta el Puyo, no tenían idea de los personajes que se escondían en la vegetación. Fue doble el trabajo de eludir sus miradas, nadie que no sea de confianza debía conocer a los pasajeros que irían en el balde de la camioneta. Cuando Puka Jaguar fue por Fernando y sus acompañantes, los WIOs subieron los tanques plásticos y todo el material transportado en las canoas desde Sarayaku. Aguardaron unos minutos agazapados hasta que Puka Jaguar procurara tapar con la carga toda posibilidad de visión del chofer y su ayudante a través del retrovisor, entonces y lo más discreto posible, los tres subieron al cajón del carro, sigilosamente. La oscuridad ayudó. <<Ellos van hasta arribita nomás>>, les dijo Puka, y con ello, el plan B, estaba abortando. Puka sabía que no podían avanzar en el vehículo más allá de donde estuvo la patrulla con las luces apagadas, donde, precisamente, el halo del Cura lo había preservado de identificarse.

Entonces empezaba a operar el plan C. Seguir un camino en el mismo sector de La Cuya donde una hora y media antes, estuvo el patrullero agazapado, a solo 200 metros, dos curvas antes. El guía de Canelos que había sido contactado para la travesía insistió en que no es buen lugar para quedarse, sugería que debía avanzarse en el vehículo hasta cerca del convento de Canelos y de allí, por un pequeño río, el Tinguiza, bordear el control policial y listo. Él no supo que a solo 200 metros estaban los celadores, que si no era por el Padre de Canelos, como lo aclaró Puka Jaguar, habrían caído directamente en manos de los perseguidores.

Apenas 15 minutos se movilizaron en la camioneta. A la voz del aguerrido Puka, el carro se detuvo y los tres, él y el Guía descendieron, los demás wios siguieron su curso hasta el Puyo. A partir de aquí, los cinco iniciaron la travesía a las once de la noche, con dos horas de retrazo, debían burlar todos los controles policiales que el gobierno había sembrado para evitar la salida. Caminaron por una agreste y espesa selva, abriendo camino, atravesaron pantanos, nadie decía una palabra, solo el bosque hablaba, el primer destino era Palimbe[40].

En lugar de ir paralelo al camino, fueron por los montes, como ruta más segura. Llegaron hasta un cierto punto, donde de antemano Puka Jaguar sabía que no fallaba la señal del teléfono celular; había que reportar el retraso al comando de la operación en Puyo. <<Estaremos en el sitio convenido después de unas 3 horas>>, les dijo antes de cerrar la comunicación. Los tres estaban cansados, agobiados del duro trajín y los nervios, sofocados de incertidumbre; por el monte, por la fuerza del río, de los habitantes del bosque: los animales; de la impactante noche que señalaba los límites de lo humano. Desde el punto y la hora del último contacto telefónico (23H00) hasta el lugar de encuentro con Charapa, tenían tres horas para llegar (02H00). Pero esos tiempos y presiones eran absolutamente extraños en la selva y en un río como el Bobonaza.

Luego de caminar una hora, exhaustos y abrumados llegaron a una casa en Palimbe, no muy cerca de Canelos, eran parientes del guía. Tomaron chicha, el alimento espirituoso del indio amazónico, los reconfortó y animó para el resto de la travesía. Estuvieron en esa casa no más de diez minutos. Fernando recordaba que tres días antes de la partida, allá en el ya lejano Sarayaku, Charapa había dispuesto en su casa que alimenten a los tres con las mejores gallinas; esos recuerdos se volvían añoranzas; a estas horas, merecían alimentación y descanso.

Una parte por pequeños senderos, por potreros y otra, abriendo monte ya señalado la víspera, volvió la caminata a la vera del caudaloso río, tensos minutos, horas de camino que terminó en encrucijada. Presionados por el tiempo, Puka Jaguar y el guía decidieron *botarse al río*. El Bobonaza no presentaba un paisaje muy alentador, había llovido y estaba crecido pero tenían que seguir su ruta y cruzarlo una y otra vez, para acortar camino. La razón era muy simple: no había sendero hecho en la montaña y peor resultaba abrirlo, era para demorarse toda la noche. La única salida fue orillar al gran Bobonaza.

El Bobonaza es uno de los más grandes ríos del complejo de vertientes de agua dulce que tiene Ecuador hacia el Amazonas, es sinuoso, profundo, indómito. Es muy difícil cruzarlo en el día y mucho más en la noche. Se orillaba el río pisando los pedregales que tiene de base, mas cuando se volvía muy profundo, había que cruzar a la otra orilla para intentar avanzar unos cuantos metros. A excepción de quienes los conducían, Fernando, Cléver y Carlos calzaban botas de caucho (siete vidas), propias para caminar por lodo pero no para sumergirlas en el río. El agua que llevaban dentro le hacía mucho más pesado el caminar, mientras estaban en el agua y al salir, cuando debían abrir alguna trocha.

Caminar contracorriente en río crecido fue tarea de titanes, el agua -literalmente-, les daba hasta el cuello. Tuvieron que cruzar diez veces el mismo río, a una distancia de unos mil quinientos metros siempre aguas arriba, sobrevino el agotamiento. <<Fernando, Cléver y Carlos daban muestras de verdadero cansancio, los amazónicos aún resistíamos>>, relataba Puka Jaguar. Todos estaban compelidos a ignorar las amenazas y riesgos que presentaba el Bobonaza: serpientes, cocodrilos y un exhuberante registro de especies, listas a recordar a los extraños, que ahí la huella humana, o las razones de perseguidos y perseguidores, importaba menos que el bostezo de un renacuajo.

El avanzar solamente con la cabeza fuera provocó estragos, Fernando vomitó y también arqueó el pie, pero había que volver a cruzar el mismo río. Una eternidad se volvió el tiempo en que debieron caminar por el torrente y la maleza, sus pies estaban ya más pesados que las botas llenas de agua. En dos ocasiones, Fernando hubo de sacudir el agua de su calzado; no brotó solamente agua, sino batracios ya solo en piel por el trajín de los últimos cien metros.

Todos flaqueaban, estar bajo el agua por más de cuatro horas era insoportable, Carlos empezó a hablar incongruencias y Cléver solo podía avanzar con el auxilio del Puka. Fernando era impulsado por otros alientos, le animaba, como una inspiración que recorría de parte a parte su cuerpo, el llegar a ofrecer su presencia como un émulo al Martín de sus futuros, en el día de su cumpleaños. Puka Jaguar abrazó a Fernando, el río estaba crecido, no había vuelta atrás. Cléver, un poco más bajo de estatura se hundía, le llevaba la corriente, entonces lo aferró por la mochila y lo sostuvo hasta buscar la orilla.

El riesgo siempre estuvo latente, había que caminar sin linternas, si las encendían podría levantarse, entre las chacras de los pobladores, la sospecha de ser ladrones de ganado; el peligro de una serpiente, de un espino de chonta, una resbalada o una caída, una fractura, un hueco. Y el peligro mayor, la ronda policial que circundaba de a dos.

Puka Jaguar tenía dos alternativas en caso de un encuentro con celadores: la primera, llevarlos al diálogo y en esa base, sobornarlos con una cantidad de billetes que a esa hora estaban mojados, pero que podían ser suficientes para aplacar apetencias; y la segunda, reducirlos mediante amenazas. Todo podía suceder, pero nada impediría sacar a Fernando y sus acompañantes sanos y salvos.

Los tres del 30S estaban extraordinariamente agotados, habían soportado cinco horas en canoa acostados debajo de un plástico, la tensión del vehículo con chofer no adherente, el caminar en la noche, la incertidumbre de la selva, el hambre y el esfuerzo físico minaron su resistencia: desfallecían. La travesía por el río estuvo a punto de provocar hipotermia, tanto tiempo en el agua, el río crecido, los altos y bajos de las piedras, significó poner en constante peligro su vida. Hasta los perros pudieron jugar un papel ingrato si se conversaba muy alto, si la luz de una linterna se encendía, si un quejido resaltaba sobre el constante ulular de la selva. Cien por ciento adrenalina.

La noche y la luna fueron los mejores aliados, aunque el río estuvo en contra; la correntada superaba en mucho a los días sin lluvia, nadie estaba seguro. Solo en la selva bien espesa se utilizó la linterna intermitente, cuidando de estar lo suficientemente lejos de las chacras por temor a cualquier sospecha. Había que tener cuidado, por eso llevaron también una atarraya que hubieran aprovechado, de ser del caso, si alguna persona preguntaba qué hacen a esas horas, en ese sitio, tantas personas. Las sospechas nunca estuvieron ausentes.

Puka Jaguar sospechó inclusive del guía. Cómo podía estar seguro si más valía el compromiso asumido con ellos o algún apetito, sabiendo que ya se conocía de recompensas para capturarlos, incluso dentro de la comunidad de Sarayaku. Por ello y porque estuvieron los policías a unos 200 metros de donde se quedaron para internarse en la selva. En su momento, insistió el Guía en desarrollar la segunda opción, pero la decisión fue terminante, como firme fue la determinación de acompañarlo, en momentos que había opinado podía llevarlos él solo. Nunca descartó la posibilidad de una entrega, en paquete. Ese pensamiento fue peor que piedra en el zapato, el riesgo era inevitable. De hecho, Puka Jaguar habló la víspera con otro guía, que, por su parte, carecía de seguridad en sí mismo.

La responsabilidad de sacarlos con bien, recayó completamente en Puka Jaguar, también su propia seguridad. Más allá, una causa redondeaba el esfuerzo: cuidar su honra ante el pueblo de Sarayaku, a quienes respeta sobremanera y esta prueba lo haría merecedor de su confianza, lo integraría. El guía, al final, se quedó como un amigo, <<ahora saludamos en la calle de lejos; lo conozco pero no sé quién es>>, contó horas más tarde Puka Jaguar.

De pronto, la lluvia, de hostil a la vera del río, se tornó aliada; resultaba improbable que los policías ronden el lugar. Además, la celebración aniversaria de Puyo tuvo entretenido a Antonio Velín, el Jefe de seguridad de la Gobernación; dejó los mapas de la provincia en los que pretendía adivinar cualquier escapada sobre el pizarrón de las estrategias en la oficina de Denis Coka, y se dedicó a zapatear en cualquier esquina, este, el último día de fiestas.

Jorge Paredes, también exmilitar, jefe Político de Pastaza, no sabía nada. Él era partidario de hacer una incursión como en Angostura, desconocía que los *crímenes de lesa humanidad*, no prescriben. Tal sería su ignorancia que pensaba alquilar un dron[41] para bombardear Sarayaku. El trío[42] perfecto de la política de Pastaza, se desvelaban divagando sobre nada: dignos representantes de la *inteligencia* de la Revolución Ciudadana.

Casí al culminar la extenuante travesía llegaron a un recodo profundo y sinuoso del Bobonaza, cruzarlo fue lo más difícil del recorrido, era como un remolino de agua, el cual debieron atravesarlo abrazados para no ser arrastrados por la corriente, hasta llegar al otro lado y coronar la aventura. Ni el guía que supuestamente conocía la zona, estuvo al tanto que ese sitio era conocido como el *nido de la anaconda*. Eso lo comprobó Puka Jaguar dos semanas después, cuando volvió a recorrer el sendero de la proeza y se encontró con unos kichwas del lugar a quienes preguntó si se podía pescar en esa parte del río. La respuesta le quedó como una astilla atravesada en la garganta.

La expedición llegó al punto de encuentro pasadas las cuatro de la mañana, llevaban cerca de dos horas de retraso, al dispositivo satelital se le agotó la batería. Tanta tensión aceleró el carácter y descontroló las hormonas, los tres empezaron a impacientarse, casi a desesperarse.

En el carretero que conducía de Canelos a Puyo, también reinaba la zozobra, Charapa y el resto de responsables del operativo habían constatado que había algunos puntos de control hasta las dos de la mañana. El dirigente kichwa estuvo en constante comunicación con el otro vehículo, que sería el que dé la voz de alarma en caso de controles al paso de los vehículos que llevaban a los tres del 30S. La ansiedad fue en aumento porque se perdió la comunicación por el fallo de la batería del aparato a cargo de Puka Jaguar. Si los caminantes debieron cruzar 10 veces el mismo río, Charapa y los suyos empezaban a levantar sospechas porque iban ya 12 veces transitando la misma carretera, examinando el punto de encuentro y no había huellas de los tres.

Pasaron las 4 am, el alba estaba por despuntar, y no había comunicación entre los responsables de la caminata y del encuentro; también se cruzó por la mente de Charapa que pudo haber traición del guía o algún fatal accidente. Eso abonaba las sospechas. El jefe wio ignoraba los cambios de planes por la presencia policial y la circunvalación que debieron hacer en el improvisado *Plan C*. Empero, tenía la certeza de que el guía no lo iba a traicionar; al sellar el acuerdo habían tomado chicha: un compromiso inviolable. Si algo pasaba, Puka sabía que solamente debían resistir porque seis de los WIOs que llegaron de Sarayaku y estaban en Puyo, acudirían al rescate; el propósito era sacarles sanos y salvos, a cualquier costo.

Casi sin aliento, el Puka y los tres del 30S estaban en el lugar acordado, pero el vehículo de Charapa no aparecía por ningún lado, permanecieron solos en esa carretera abandonada por más de 20 minutos, hasta que decidieron caminar mientras se establecía algún contacto, o apareciera el vehículo de rescate. Mientras caminaban casi arrastrando los pies, escucharon el sonido de un motor. Todos al monte, ordenó Puka y luego dispuso al guía: <<averigua tú quiénes son>>. Así lo hizo. Segundos después confirmó que era el vehículo esperado, entonces, todos se apilaron dentro. Nuevamente el corazón de Fernando volvió a acomodarse. Subieron hasta la carretera Puyo-Macas, ahí operó el transbordo de Cléver y Carlos. Catorce kilómetros más en dirección a Puyo, esperaban los hombres que conducirían con destino incierto a Fernando, su vehículo de seguridad lo aguardaba en la entrada a Pomona.

Charapa no se quedó tan tranquilo, un fino remordimiento se alojaba en lo más profundo de su sentimiento, pensó inclusive que fue cobardía el haberlos *liberado* del territorio Sarayaku. Se dirigió a Fernando para brindarle un sorbo de cerveza de fabricación casera, que le vino como a su entrada en Pakayaku, como otra gota de agua en el desierto. En los contados minutos que emplearon para la despedida, le habló de la sincera amistad que había fraguado con ellos en este tiempo, de cómo su hija de tres años, Yarapana, que había enternecido el corazón de Fernando, esperaba algún día su visita para compartir el maito[43] que le había ofrecido en la casa de su abuela Corina.

Esa niña era el símbolo de la generocidad de un pueblo que lo da todo, solo a cambio de amistad; el distintivo del amor, la encarnación de los encantos de la fronda, reconocía Fernando ante el padre de Yarapana. <<Si del caso fuera, estaría dispuesto a brindarles protección otra vez y las que fueren>>, repetía con un halo de nostalgia este hombre espléndido, estupendo en su firmeza, seguro de sus convicciones, protegido en la coraza de una charapa[44].

Despuntaba el alba, a las cinco había cambio de guardia en el control del Cantón Mera que despide la Provincia; Charapa se había adelantado para verificar que el paso estuviera expedito. Así fue. Pasaron por el sitio, nuevamente al son de Lizandro Meza y otra vez la wanchaca. Charapa marcó el teléfono del conductor del auto que llevaba a Fernando, para comunicarles que dos minutos después de su paso por el control, operó el cambio de guardia como es costumbre y que, como en todo relevo, los policías, aún frescos, iniciaron su jornada revisando a todo vehículo que pasaba.

Luego de 15 horas de una desafiante y peligrosa aventura, desde las 14h00 que salieron de Sarayaku, hasta las 4h58 de la mañana del día siguiente, esos dos minutos, marcaron el sentido de lo vivido, de lo sufrido. Fueron dos minutos que bien pudieron cambiar el destino de los tres del 30S.

Puka Jaguar esperaba con ansiedad concretar la promesa hecha a la madre de Fernando, por esta razón se embarcó en el vehículo de seguridad que lo transportaba. Fernando se despojó de todo: los pies bailaban de alegría cuando las botas se liberaron; agradeció a Puka con una mirada casi kichwa; se miró en el retrovisor, era él. Después de acomodarse la camisa que le envió Verónica, prendió un cigarrillo, se alzó un vaso con wanchaka y pidió a sus nuevos acompañantes subir el volumen de *baracunátana,* la popular canción de Lizandro Meza, que por alguna coincidencia, nuevamente lo acompañaba.

Llegó el amanecer en esta espera perpetua, y las seis, y las siete, y las ocho de la mañana, hasta que de pronto, el claxon alertó que la hora había llegado. Puka pensó que el máximo regalo en un día de las madres era prodigar el encuentro de los encuentros. La Goita, como todos llaman a la madre de Fernando, recordó que hace algunos años, ella le había brindado amistad y confianza, cariño de madre a Puka; <<ahora estoy cosechando esos frutos>>, aseguró. Fernando, a un costado, junto a Verónica, también cumplía con el abrazo de tres, al Martín de sus futuros, el día del cumpleaños.

No puede haber mejor regalo por el día de las madres que entregarle al hijo; ver las lágrimas de felicidad que también serán efímeras, breves porque él debe continuar su travesía clandestina; ella lo comprende todo. El Puka no atinó palabra alguna, el viento de la mañana se llevó su canción: <<Por el pájaro enjaulado, por el pez en la pecera, por mi amigo que está preso, Yo te nombro, libertad... Qué más bacana anécdota puedo contarles>>, dijo.... y raudo se volvió a la jungla de sus ancestros.

Notas

1 Wio significa hormiga. Nombre adoptado por el pueblo de Sarayaku para la seguridad comunitaria, que opera con aprobación del CODENPE. El poner la letra s tras la palabra WIO, lo españoliza para significar plural; en kichwa debería ser WIO cuna.

2 El 15 de abril, hubo un eclipse total de Luna, el primero de una tétrada de eclipses. El inusual fenómeno que se produce cada diez años aproximadamente hace que veamos la Luna de color rojo. Este raro aunque explicable fenómeno ha estado históricamente asociado a desastres y malos augurios.

3 José Gualinga, ex Presidente de Sarayaku, en una entrevista que en este libro se publica, dijo que Froilán Viteri, << adorador de Correa >>, estuvo en Sarayaku algunos días antes y vio a los dos perseguidos; el 15 de abril se les unió Fernando Villavicencio, luego de viajar desde Washington, hasta la selva amazónica.

4 Froilán Viteri es originario de Sarayaku, hermano de Carlos Viteri, asambleísta de PAIS, y de Alfredo Viteri, quien a esta fecha dirige el proyecto CTI auspiciado por el gobierno. En el conflicto, Alfredo Viteri inclusive firmó un documento redactado y pagado por entes oficiales censurando la acción que llevaba adelante su pueblo.

5 El pronunciamiento hecho por la Asamblea de Sarayaku, lo dice José Gualinga, frenó la persecución que camufladamente adelantaba el Gobierno. A partir del pronunciamiento, todos los eventos tuvieron que desarrollarse públicamente.

6 Nombre en twitter con el que interviene un altísimo funcionario del Gobierno.

7 Dúo Colombiano, de música de barricada que la *Revolución Ciudadana* ahora condena. Sus canciones fueron inspiración de juventudes rebeldes en la década de los setentas.

8 La más grande comunidad de la parroquia Sarayaku. Hubo allí un encuentro con la Presidenta de la Junta Parroquial de Sarayaku, por ello, señalamos como mentiroso el artículo de diario El Telégrafo que alude a un comunicado del Gobierno Autónomo Descentralizado Parroquial de Sarayaku, rechazando la acción de ese pueblo.

9 Nombre completo de la esposa de José Gualinga, nacida en Bélgica y casada por más de 20 años con él.

10 Comunidad indígena de Cotopaxi, donde se realizó una simbólica posesión presidencial el 2007.

11 Esposa de Rafael Correa, (busque en google con ese nombre y solo aparecen fotos de Rafael).

12 Paco Velasco.

13 Ex Presidente de la CONAIE, líder y actual barayo en el Consejo de Gobierno de Sarayaku

14 Fuentes bien informadas afirman que las conferencias magistrales de Rafael Correa en USA, en particular la de Harvard, fueron utilizadas para construir lazos y referencias a favor de su hija Anne Dominique, en el mundo académico de la prestigiosa Universidad. Eso se desprende además de información que circuló en esa fecha en Nueva York, en particular, de una agenda preparada para el efecto, por la embajadora Natalie Cely.

15 Tocayo le decía a José Gualinga en aquellos entonces. El Dr. José Serrano fue abogado de Sarayaku en la solicitud de medidas cautelares a la propia CIDH que ahora desconoce. En esas fechas, el reconocía que las escopetas en la selva, son herramientas de caza.

16 Fragmento de la carta enviada al Presidente Correa, por María Fernanda Espinosa, el 8 de septiembre de 2013

He dudado mucho en escribir esta nota porque a ratos pensaba que era innecesario, ya que luego de estos casi 7 años Usted sabría que si no me retiré del equipo de gobierno y abiertamente le señalé mi desacuerdo eso quería decir que entiendo, comparto y apoyo su decisión de explotar el Bloque 43 y concluir con la Iniciativa ITT. Mi decisión de apoyar la opción que ha tomado es simplemente porque considero firmemente que nuestro proyecto político es un proceso de largo alcance, de transformación de verdad e integral del país. Usted conoce mi militancia de más de 20 años, pero también conocerá de mi compromiso mayor y profundo con la gente que carece y que sufre. Es evidente que igual que a Usted la decisión me parece dura. Yo la esperaba en cualquier momento por varias razones que me gustaría compartir con Usted además de ciertas reflexiones: La Iniciativa ITT era una batalla casi imposible de ganar. Esta propuesta nunca se centró en la conservación del Parque Yasuní sino que se basaba en el principio de Emisiones Evitadas. Es decir que era un proyecto de mitigación basado en el principio de responsabilidades comunes pero diferenciadas que tenía como valor agregado, eso sí, conservar el Parque. Por lo tanto, los países industrializados que aportaban al Fondo Yasuní estarían implícita o explícitamente aceptando que tienen una deuda ecológica con nosotros por ser los principales emisores de C02 y por tanto del cambio climático. En consecuencia, nunca se trató de falta de recursos de los países sino de una resistencia política a asumir su responsabilidad y de crear un precedente que se pueda usar en la difícil negociación internacional sobre reducción de emisiones. Reducir emisiones o pagar compensaciones por realizarlas pone en riesgo los modelos de crecimiento y acumulación de esos países. Por eso, varios ofrecimientos de recursos se hacían fuera del fondo Yasuní y de la lógica de corresponsabilidad y deuda ecológica que consideraba nuestra propuesta. Si la Iniciativa se centraba en la conservación del Parque Yasuní, seguramente hubiéramos recibido todo el apoyo, incluso de contribuyentes privados, ya que conservar el Parque solamente, no cuestionaba nada. Esto era evidente en los diálogos y negociaciones con los países que ahora critican nuestra decisión soberana. Ese fue el caso claro de Alemania, de Noruega, de Francia, pero también de países como Japón, Corea y China y de tantos otros que personalmente visité. En el caso de los países productores de petróleo el problema era su actitud defensiva porque temían hacer visible algo que es obvio para el mundo entero, es decir, el aporte de casi el 80% de combustibles fósiles al total de emisiones globales. En síntesis, el fracaso de la Iniciativa se produce no por falta de dinero, ni de esfuerzos para promocionarla, sino porque planteaba precisamente que el cambio climático es un tema de falta de equidad en el uso del espacio atmosférico que es un bien común, y que esa inequidad debía ser compensada por los países poderosos. Reconocer esto era reconocer su deuda ecológica con nuestros países.

17 Puma rojo

18 César Verduga, Ministro en gobierno de Rodrigo Borja que terminó legalizando 1.250.000 hectáreas para las nacionalidades Kichwa, Shiviar, Achuar y Sápara de la Provincia de Pastaza, después de la marcha convocada por la Organización de Pueblos Indígenas de Pastaza, OPIP.

19 Nombre ficticio de una comunicadora social de Puyo.

20 En este operativo de desembarco, según fuentes periodísticas en Shell, un policía se rompió una pierna y no pudo bajarse en la bocana de Sarayakillo, una comunidad aledaña e Sarayaku.

21 Un súper tucano, avión porta misiles de guerra, circunvaló <<15 veces>> el territorio de Sarayaku, testimoniaron moradores del lugar.

22 Árbol amazónico, de los más grandes y frondosos.

23 Comunidad lejana de la Provincia de Pastaza.

24 Puma Rojo, nombre de una de las personas más involucradas en este operativo.

25 Esta es también una medida de seguridad nacional que los pilotos y trabajadores en el aeropuerto de Shell, lo guardan y respetan como inviolable.

26 Las instalaciones petroleras del bloque 10.

27 El pueblo de Sarayaku frustró el asentamiento de una comunidad fantasma que quería crearse para el servicio de la petrolera.

28 Puerto desde donde se penetra o sale por el Bobonaza al interior de la Selva.

29 José Gualinga revela que un pariente cercano de Antonio Vargas, (ex Presidente de la CONAIE), había expuesto que este, ofrecía dinero por *las coordenadas, el lugar exacto* de donde estaban Fernando y sus compañeros.

30 Canoa accionada por un motor mucho más pequeño, (dos tiempos), cuya aspa opera muy superficialmente.

31 Licor compuesto a base de guayusa, para reuniones especiales.

32 A más de Alfredo Viteri, Coordinador que ya debió concluir sus funciones y que sigue vitalicio mientras dure el proyecto de las CTIs, el resto de firmantes no tienen ninguna representación significativa ni entre los kichwas de Pastaza, y mucho menos en otras nacionalidades de la Provincia.

33 Las faltas de ortografía son del autor Akangau Viteri Tassi, quien es una fotocopia de sus padres, hasta en la redacción.

34 Se publicó esta respuesta, como <<derecho a la réplica>>, en El Observador de fecha 23-29 mayo 2014.

35 Nombre con el que protegemos la identidad del Jefe de los guardianes de la selva.

36 Jefe de Seguridad de la Gobernación de Pastaza.

37 Nombre con el que identificamos al más comprometido de los responsables de la salida de Fernando y sus compañeros.

38 Río escaso, afluente del Bobonaza, cerca de Canelos, margen izquierda.

39 Licor de caña, fuerte.

40 Una comunidad en las riveras del alto Bobonaza.

41 Aviones sin piloto, como los que usa Estados Unidos en Oriente Medio.

42 Denis Coka, Gobernadora, Antonio Velín, Jefe de seguridad; y, Jorge Paredes, Jefe Político.

43 Pescado envuelto en hojas de plátano, con yuca y chicha.

44 Tortuga de río.

"José Serrano ya no es mi tocayo"

Había un plan b. Íbamos a retirarnos a la selva toditos para dar el contraataque. Ahí si no íbamos a estar personas, íbamos a transformarnos en hombres cazadores, como cuando estamos de caza. La CONAIE estaba presionando para que (Sarayaku) deponga la actitud,

"Porque estamos haciendo a daño a las comunidades", que debemos entregar a los compañeros. Tuve que mandarle al diablo al Humberto Cholango. Qué te pasa, pues, compañero, aquí no hay negociación. Punto.

Entrevista a José Gualinga, expresidente del Consejo de Gobierno de Tayjasaruta, Sarayaku

José Gualinga y su esposa en la CIDH.

¿Cómo vivieron ustedes la estadía de Fernando Villavicencio, Cléver Jiménez y Carlos Figueroa en territorio Sarayaku?

No había paz, no había tranquilidad.

¿Le estremecieron a la revolución ciudadana?
Bueno, vivimos un momento realmente duro, tenaz. No solo yo como presidente, sino todo el consejo de Gobierno de Sarayaku, el pueblo entero. Al final hemos tenido que pasar días y noches realmente conmovedoras. No había paz, no había tranquilidad.

Cuando nosotros como Sarayaku y yo como presidente, tuvimos que asumir la decisión de que los tres estén en nuestro territorio, lo pensamos muy bien ¿a dónde esta decisión nos iba a llevar? ¿Cuál iba a ser la respuesta del presidente y del Gobierno? He tenido que pensar durante noche y día, consultar a muchos de los líderes de Sarayaku, a mis padres, amigos, a mi esposa, sabiendo el riesgo que corría.

¿Dimensionaron la magnitud de la reacción del Gobierno?

Sí, dimensionamos la reacción del Presidente pero pensamos que era importante hacer un llamado al país, para hacerlo reflexionar; se estaban violentando los derechos humanos, los derechos a la vida. Nosotros ya tuvimos la experiencia de enfrentar al Estado Ecuatoriano. Era importante llamar la atención al país generando noticia.

Voy a contar lo que viví, culturalmente como Kichwa y obrando en Sarayaku, pensando noche y día, tratando de calcular y medir la respuesta de todo lo que iba a acontecer. Yo tuve una visión, la he compartido con mis padres y Kurakas, lo hice para tener esa fuerza y comprobar que no era simplemente una visión política de la vida real, sino también una visión que va más allá: una visión espiritual. Antes de la visión tuve información de la sentencia contra ellos, y que estaban solicitando un respaldo de Sarayaku.

Antes de que lleguen Cléver y Carlos al pueblo de Sarayaku, amanecí con una visión importante que ni siquiera me había imaginado, y lo comento ahora públicamente. En el sueño nos enfrentamos con nuestras escopetas de cacería a una inmensa manada de jabalís, en una montaña en donde estuvieron varios miembros jóvenes de Sarayaku. Sucedía algo extraño: nuestras escopetas no funcionaban en ese enfrentamiento con los guanganas[1]; no querían salir los perdigones; sin embargo, la masa de gente estaba conmigo y no cesaron, había tal volumen de guanganas que empezaron a resbalarse con sus panzas y se iban montaña abajo. Jabalíes.

¿Cuál es el significado del sueño?

Yo compartí esa visión con mi papá, realmente era un buen sueño, representaba que no habría problemas, me dijo mi Padre[2]. El resultado era que estaban derrotados, que el proceso nos iba a llevar a eso. El que la escopeta no funcionaba también tenía su significado y quería decir que todos estos problemas tenían que suceder pero que en ningún momento habría heridas. No hubo mordeduras por parte de las guanganas; si eso pasaba, o sea, si hubiera habido heridas o mordeduras hacia un miembro o hacia mí, entonces era grave. Eso fue interpretado con Don Sabino, él nos decía que no estaba en riesgo la vida de Sarayaku, y también que la presencia de los tres amigos nos daba esa energía, nos anunciaba que ya estaban llegando.

Cléver y Carlos llegaron al siguiente día, unos días después llegó Fernando, la interpretación significaba que venían con buena energía, positiva y fuerte. Esa visión me sostenía más en la fortaleza y equilibrio personal, era la fuerza con que decidimos enfrentar todo el tiempo lo que vivió Sarayaku en aquellos días.

¿Cómo explicaron la presencia de los tres foráneos al Pueblo de Sarayaku, si su llegada solo conocieron unos pocos?

Ya en la vida real, después de haber presentado al pueblo de Sarayaku, estuvimos en mingas generales, hubo días importantes en los que los presentamos, después lo hicimos en la minga general. Cuando había visitas de Kurakas, los presentamos a los tres para que expliquen a la gente por qué están aquí; ellos agradecían al Consejo de Gobierno, agradecían a los Kurakas y agradecían a las mujeres, explicaban por qué el Gobierno les aplicó una sentencia, explicaron sobre la corrupción del poder, las investigaciones que habían hecho. "Por eso nos sentenciaron", contaban.

Recorrimos de comunidad en comunidad, hablábamos en actos familiares para prepararnos a tomar una decisión ya más colectiva. Teníamos dos alternativas: la primera era que el Consejo de Gobierno tomara la decisión (los estatutos sí le facultan); y, una segunda opción que nos ponía a pensar que los 21 miembros del Consejo de Gobierno no eran suficientes para tomar esta decisión, que era muy seria, con trato político y repercusiones jurídicas. La posición que debía adoptar Sarayaku era frente al país y al mundo; además sabíamos que enfrentaríamos la reacción política y jurídica del Gobierno, entonces, solo el Séptimo Congreso que estaba próximo a reunirse, tenía la capacidad de resolver y hacer un pronunciamiento de todo el pueblo. Eso es lo que resolvió.

Hubiera sido posiblemente para nosotros nefasto que el Consejo de Gobierno tomara la decisión, hubiera tenido otra connotación, con menor peso y podía provocar una severa reacción del pueblo Sarayaku contra sus dirigentes, porque se habría tomado como una decisión inconsulta.

Todavía no terminas de relatar el cuento...

El sueño y visión de las guanganas iba avanzando. Cada decisión que iba tomando como presidente tenía que tomarla bien, podíamos estar tranquilos de que nada pasara. Cada palabra, cada momento, cada rato, todo lo que estaba aconteciendo estaba calculado y, para no cometer errores, había gente que me decía que explicara mejor lo que pasaba. Fuimos a explicar a los estudiantes, a los grupos de jóvenes en la reunión de cada viernes, todo bien calculado.

Y la visión nunca se apartaba, algunos otros líderes también tenían sus visiones. Para mí, las guanganas nos indicaban que vamos a entrar en una confrontación. El hecho de habernos topado con guanganas, significaba que íbamos a pasar una situación terrible, pero sabíamos que el resultado era que las guanganas estaban todas acabadas.

¿Cuál es la interpretación? ¿Quiénes representan las guanganas?

Yo comenté con los tres: ustedes llegaron derrotando a los perseguidores, les dije, pero no significa una derrota fácil, sino con muchos altibajos que debíamos pasar. Entonces, en la cosmovisión de los kichwas amazónicos, la guangana significa la gente que siempre es violenta, gente que tiene posibilidad de asesinarte: la fuerza del enemigo en la violencia y en la muerte; los dientes del jabalí representan la violencia. Los jabalís[3] son violentos, tienen dentadura como cuchillos, y cuando muerden a perros, lo dejan como *Gillette*, cogen la garganta y lo dejan degollado, cogen el estómago y lo parten en dos, sus dientes son como hojas de *Gillette*. Los jabalís representan a la gente violenta, a la gente que, en nuestra costumbre, antiguamente representaba a los Wuaoranis, a los Achuar, porque ellos sí saben matar, los kichwas no. Históricamente no somos gente de violencia y mucho peor Sarayaku. Sarayaku tiene una reacción colectiva cuando es amenazado, cuando se atenta contra sus derechos.

Nuestros padres nos han contado que cuando hubo guerras contra los Shuar, los Shirapas, fueron los Gualinga que organizaron la resistencia, desde Canelos, por Sarayaku, hasta el Marañón, cansados que asesinaran los varones y se llevaran a las mujeres, a las hijas. Los Shirapas asaltaban en una chacra, en una pesca, cortaban la cabeza del hijo varón o esposo y se llevaban las hijas y las mujeres. Cansados de esa agresión, se organizaban en colectivo y hacían la danza del tungüi; pero eso no era agresión, sino defenderse, mientras no haya agresión, los kichwas hemos sido pacíficos.

La guangana representa a gente que es belicosa, el ejército es belicoso. Los dientes del jabalí significan los fusiles, las armas, todo lo que ellos tienen, por su agresividad. Como personas, son normales, pero su uniforme representa esta otra cosa.

Cuando hicimos público nuestra decisión, el 24 de abril, día de la inauguración del VII Congreso, el Presidente reaccionó de una manera virulenta desde España y, al siguiente día, cuando nuestra gente estuvo en las lomas, o pescando, vinieron a informar que habían escuchado helicópteros en la bocana de Sarayakillo, desde Shiguacocha y un sobre vuelo permanente de helicóptero.

Yo estuve cansado luego del debate de todo el día, estuve en la casa cuando la policía comunitaria WIO, vino a mi casa e informó que hay alerta por cuanto habían sobrevolado la bocana de Sarayakillo. Descendieron hombres. Yo no me impacienté, teníamos que guardar tranquilidad.

¿En ese sobre vuelo podía estar Serrano? ¿Era parte del operativo Carlos Viteri?

Esa noche no supimos nada, había helicópteros en Sarayaku Pungu; entonces sí me quedé un poco en shock; no esperaba esa noticia, no estuve preparado para este tipo de noticias mientras descansaba. Cogí mi bastón y pedí la alerta, tenía que sonar la campana y la corneta. Dos disparos, esa era la alarma: la clave; entonces, la gente se desplegó para verificar en bocana de Sarayaku Pungu. Yo mismo los acompañé en 5 canoas de fibra de vidrio, llegamos a las 11 de la noche, les encontramos a los dos muchachos, estaban pescando; confirmamos que sí hubo sobrevuelos de helicópteros. Ellos nos dijeron que los aparatos habían llegado desde el sur y luego surcaron en dirección de Sarayaku; habían bordeado el río Sarayakillo, un río pequeño paralelo al río Bobonaza, dos veces. Fuimos a ver los rastros y no hubo. Nos informaron que los helicópteros pasaron ya en dirección a Puyo, esto vio toda la comunidad.

Se alarmó toda la comunidad, temíamos que hayan dejado a policías en algún sitio. Ubicamos controles en todo el territorio, especialmente en las inmediaciones de Sarayaku. Teníamos temor de que asesinen a Fernando y a los dos compañeros que nosotros hospedábamos. Si asesinaban en nuestro territorio iba a ser un desastre porque nos iban a inculpar. Otra decisión trascendente que adoptamos fue que a partir de ese instante, nunca los dejaríamos solos. Aunque estaban en territorio Sarayaku, teníamos que protegerlos. También tenía que protegerme yo porque nos iban a sorprender como a los wuaoranis[4]. Era realmente tenaz la situación.

¿El ambiente se volvió tenso? ¿Cómo asimilaron las amenazas del Presidente y las órdenes para ingresar con el Ejército?

Sí, se volvió cada vez más tenso; había mucha responsabilidad sobre mis hombros. El lunes después de ese fin de semana, hubo sobrevuelo del avión Súper Tucano, dio como 15 vueltas: bajaba, subía; bajaba, subía y lo ubicamos, estaba equipado. Ahí sí nos preocupamos porque posiblemente estaban calculando para una incursión de las Fuerzas Armadas tanto terrestre como aérea. Ese fue otro momento muy duro, todos estuvimos muy tensos. Pudimos actuar enseguida porque teníamos un equipo de comunicación que estaba a cargo de la información. Se capturaron las fotos y lo difundimos.

Las noticias que tuvimos daban cuenta de que José Serrano había estado en el helicóptero, junto con Carlos Viteri. Nos contaron que en la Shell había llegado un policía herido, se había fracturado una pierna; esta información, por supuesto, nos preocupó. Las informaciones nos llegaron también desde Montalvo, nos llamaron para decir que 40 hombres del batallón de Montalvo habían subido en dirección a Sarayaku, con armas pesadas, fuertemente armados.

La seguridad WIO tuvo que ir a Jatun Molino[5], al destacamento, para verificar si realmente el Ejército estaba acantonado allí. Habían subido al destacamento de Molino. La gente de Molino estaba muy agresiva contra Sarayaku, realmente ellos estaban a favor, como siempre, de los invasores. Nuestros WIOs llegaron a entrevistarse con el comandante del destacamento Molino, estaban cuatro militares. El comandante y tres más que estaban con escudo y ropa de combate. Ellos le dijeron a nuestra guardia que no pasaba nada. Había más tropa al final de la pista, en la selva, según nos confirmaron jóvenes conscriptos de Sarayaku. Todavía no he confirmado por qué a los conscriptos de Sarayaku los maltraron; subieron tremendamente maltratos, sicológicamente los maltrataron, porque eran de Sarayaku.

Buscaban información, algunos son Gualinga. Ellos obligaban a los conscriptos de Sarayaku a ir primeros, les dieron golpes. Tenemos que verificar eso, claro. Sí llegaron militares desde Montalvo y se acantonaron en Molino. También verificamos que la policía aterrizó en las playas de Molino. Una señora informó confidencialmente y fuimos a verificar. El grupo de seguridad les dijo (a los emisarios) que no pasa nada, que estén tranquilos, que Sarayaku no está buscando problemas. Aquel mensaje confirmaba ante los militares que nosotros reconocíamos que no queremos problemas. Que no intervengan en algo en lo que no tienen nada que ver.

¿Vivieron un estado de guerra? ¿Estaban dispuestos a defenderse?

Yo personalmente nunca podía tomar esa decisión. No podíamos creer o imaginar cómo iba a ser una incursión a Sarayaku. No tenemos respuesta de cómo iba a ser esa presencia, cómo llegarían, cómo sería, realmente desconocíamos ese panorama... Si vendrían por Kalikali, por Sarayakillo, por Shiguacocha...

Sarayaku es como una estrella, por eso un diario dijo 'el anillo', y es verdad. Sarayaku centro está rodeado de 6 comunidades, no es fácil de penetrar, son como anillos de seguridad. El Presidente dijo que solo los militares usan anillos de seguridad y eso es mentira; Sarayaku es una estrella, ahí estamos en la mitad. ¿Por dónde iban a incursionar? No teníamos claro el panorama, no se preparó ninguna estrategia de defensa, no nos preparamos para eso.

Nosotros estábamos más preocupados por la seguridad de Fernando, Cléver y Carlos; eso se vio cuando llegaron los dos helicópteros. Nosotros en el Consejo de Gobierno, la gente estuvo alerta, pero estaba en sus actividades. Mucha gente llegó desde sus chacras corriendo, algunos llegaron cansados, sudados, hecho pedazos. Se iban concentrando en la pista y en la plaza central, llegaron mujeres al escuchar los dos helicópteros.

Yo tenía una posición, una idea: todos los Kurakas con nuestro bastón de mando nos íbamos a concentrar en la plaza; nunca imaginamos que podían romper nuestra casa de la Asamblea, no podíamos imaginar que llegaran pateando nuestra casa. Lo que sí se determinó es que nosotros íbamos a desconocer la presencia de ellos allí. Ellos no tenían derecho a entrar en ninguna de las casas, ellos debían permanecer en la pista porque no eran bienvenidos.

Teníamos posiblemente pensando un plan b. Imaginándonos si usaban la violencia, si había violación a mujeres, si había golpes; entonces sí había un plan b. Íbamos a retirarnos a la selva, toditos, para dar el contraataque. Ahí sí no íbamos a estar como personas; íbamos a transformarnos en hombres cazadores, como cuando estamos de caza. Y en caso que se exageraba la violencia no nos podíamos imaginar que podía ocurrir. Además la visión del sueño de las guanganas estaba latente ahí.

En parte, como presidente, yo si conversé con toda la población para resistir pacíficamente, íbamos a concentrarnos en la plaza, íbamos a llamar a otros pueblos como Pakayaku, Boberas, íbamos a llamar a otras nacionalidades como la Achuar, Sápara, como de otros pueblos, gente solidaria de Puyo que querían venir, querían venir de Arajuno, querían venir de Santa Clara, Shagautas, compañeros de la Serranía. Queríamos resistir hasta cuando la gente se vaya sumando, poco a poco, hasta que llegue la prensa, eso si estaba preparado. Prácticamente todo estaba preparado para que poco a poco llegara miles de gentes a Sarayaku; a ver cuántos miles de gentes mandaba el Ejército, porque eso sí iba a tener un costo económico y un costo político.

Eso si teníamos planificado, resistir a largo aliento, no permitir entrar a nuestro territorio, nadie podía acercarse si no estaba bienvenido, ni le brindaríamos chicha ni nada. Esa decisión tomamos finalmente; todos debíamos ubicarnos en la plaza central, masivamente, hasta expulsar a esta gente.

Había muchas opiniones de mucha gente, Sarayaku no somos solamente nosotros; otros líderes pensaban que hay que enfrentarse, hay otros que decían que había que capturar y decomisar las armas. Había muchas ideas, al final es nuestro territorio y nuestra casa y nosotros conocemos dónde están ubicadas las cosas. No podíamos imaginar que en un pueblo como Sarayaku, el pueblo del Medio Día, podía haber una militarización total...

¿Sarayaku emitió un comunicado que le atribuyeron a fuentes del Ejército y que se denominaba limpieza Sarayaku? ¿Qué datos conocieron ustedes? El Ejército respondió de una manera virulenta. ¿Qué pensaron del mensaje en el texto que decía "jamás ha pensado ir a invadir ni piensa ocupar Sarayaku"? ¿Acaso esto desautorizaba lo expresado minutos antes por Correa?
Había dos situaciones que se movían en Sarayaku sobre la fuerza pública. Venía una serie de informaciones desde Puyo, de todo el movimiento que ocurría aquí, era una guerra sicológica para amedrentarnos y bajarnos la guardia. Decían que había posiblemente en el sobrevuelo de la policía, no solo dos helicópteros, que había otros circundando, que ahí sobrevolaba José Serrano. Nos dijeron, vía internet, que han contratado un mercenario norteamericano, experto en sobrevivencia, que aterrizó a 10 kilómetros,

y que su objetivo era colocar un detector donde estaban los tres y hacer una operación en la cual en cinco minutos los apresarían; no iba a haber heridos. Esto nos dijo la universidad San Francisco de Quito, académicos mandaron el mensaje por internet, es posible que hayan tenido esas intenciones. Ese tipo de información abundó, hubo una preocupación tremenda para mí como presidente y para todos los dirigentes.

¿Cómo así un norteamericano experto en sobrevivencia en Sarayaku?
Calculábamos eso, una guatusa, un venado hace escuchar el ruido, nosotros que estamos acostumbrados a la cacería sabemos que no es fácil, cómo un mercenario iba a poder; también pensábamos que estaba con GPS, pero ¿por dónde?

Pero la selva es muy agreste...
Alrededor de Sarayaku hay matorrales y espinas, sin embargo, en varios puntos estuvieron jóvenes localizando cualquier movimiento. De todas maneras, esa era una preocupación.

El otro escenario que manejábamos era pensar que se estaban preparando en la Shell y que había una concentración en Villano para venir desde Morete hacia Sarayaku; esto está lejos y es complicado, sin embargo, lo imaginamos porque ya tuvimos el problema con Sergio Gualinga[6] y supimos que ellos también estaban al servicio del Ejército. A nosotros nos pareció como cuando a nuestros grandes Yachac, tenían enemistad con los blancos y los tabaqueros; si eres tan poderoso te caían todos, quieren aprovechar esto para destruirte; eso también lo sentimos. Porque no era solo el Estado, se reunieron con Sergio Gualinga, con David Gualinga, al final también se puso nuestra familia Viteri contra nosotros. Los mismos que siempre nos persiguen se unieron al Gobierno para destruir a Sarayaku: así lo sentimos y así lo vimos. Que nos ataquen para destruirnos.

Sí, nos sentimos acosados, en muchos casos yo me sentía solo a pesar de que hubo pronunciamiento de la GONOAE. Pero necesitábamos más fuerza de la GONOAE, necesitábamos más fuerza de Pakayaku, necesitábamos más presencia de Boberas, pero no hubo realmente un apoyo contundente.

La CONAIE estaba presionando para que (Sarayaku) deponga la actitud, "porque estamos haciendo daño a las comunidades", que debemos entregar a los compañeros. Tuve que mandarle al diablo al Humberto Cholango. "Qué te pasa, pues, compañero, aquí no hay negociación. Punto", le dije. Todo eso era solo una presión.

Los Vargas, los Canelos, Mesías Canelos y Antonio Vargas estaba hablando a nombre de Canelos. Prácticamente nos sentimos acosados de todo lado y en momentos me sentía solo, claro, con toda la gente. Pero la prensa era nuestro alivio, porque en Sarayaku estaban algunos medios: El Universo, El Comercio, CNN, ECUAVISA, La Hora, que permanecieron 8 días. Por eso en facebook hemos escrito, gracias a la 'prensa corrupta'. Ellos nos han defendido nuestros derechos como Sarayaku, le pusimos diferencia para saber quién era la prensa corrupta.

¿Ustedes no dejaron entrar a la prensa corrupta?

No le dejamos entrar porque estábamos muy molestos por la manera en la que ellos dan la información; decían graves mentiras. Ecuador TV quería entrar en avión y luego por agua, ingresaron y llegan a Canelos, guiados por Fredy Vargas, Mesías Canelos, el Kuraka de Canelos, alquilaron una canoa y llegaron a Pakayaku, en Pakayaku contrataron otra canoa, hicieron una entrevista forzada. Esto lo digo porque luego nos visitaron las personas que les entrevistaron y que a ellos les habían cogido de sorpresa y le dijeron: ¿qué piensan sobre Sarayaku? ellos habían estado haciendo una minga y venían de cacería y han dicho "bueno, si son prófugos de la justicia, tienen que entregarse". Eso es lo que habían manifestado[7]. La señora que llegó a mi casa nos dijo que ella no entendía nada, fue lo contrario a lo que se publicó.

Ecuador TV llegó hasta los linderos de Pakayaku y Sarayaku. Se pararon ahí viendo una canoa a motor[8], le preguntaron: "¿de aquí a cuanto tiempo queda Sarayaku, a cuantos minutos?", entonces el joven les dijo por favor regresen y ellos respondieron "somos ecuatorianos". "Les entiendo, pero regresen", volvió a decirles el joven. Regresaron y después dijeron que a Sarayaku había que pedir permiso y que no les dejamos entrar. No les dimos permiso porque venían a hacer una toma y hacer todo un montaje, además estábamos indignados y no eran bienvenidos y aquí no veían 'con buen ojo' a un medio de comunicación mentiroso. No llegaron al final, pero otros medios estuvieron aquí y ellos nos daban ánimo en los momentos en que nos sentíamos solos y presionados, como que sentíamos eran nuestro escudo.

La tensión persistía...

Una noche hubo una tremenda alarma, se escuchó disparos, fuertes, no como cualquier escopeta, entonces dijeron que en Sarayaku hay enfrentamiento; pero no había sido cierto, por ahí un compañero había tenido una sobra de petardos para reventar, (él) ha tenido de visita a su hermano y dispararon esos petardos. Al otro día le llamamos la atención. La prensa también estaba ahí.

¿En qué momento decidieron montar el operativo de salida de los tres?

La presión la sentimos cuando el presidente amenaza declarar estado de emergencia si no ingresaba la policía. Venía la transición y el nuevo Consejo de Gobierno, el traspaso del Bastón de Mando y la Pachamama. También nos sentíamos presionados por ese lado. La gente estaba en sus actividades diarias a pesar de estar alerta, programamos ir de pesca.

En Sarayaku iban a quedar solo mujeres y niños porque nosotros íbamos a salir a pesca selva adentro, todo eso calculamos, o sea, el riesgo para los compañeros, debíamos siempre protegerles ante cualquier sorpresa que pudiera ocurrir, esa era nuestra preocupación. Un descuido de nosotros y podía suceder cualquier cosa; inclusive, estuvimos informados que, dentro de la seguridad comunitaria WIO, había infiltrados y estábamos rastreando quién lo era. Llegamos a saber que estaban ofreciendo dinero a nuestra propia gente para poder capturar o asesinar; teníamos que ubicar quiénes eran. Teníamos ubicados a tres sospechosos dentro de nuestra seguridad. Todo eso era una presión interna, a ello se suma la declaración del presidente y la declaración del Ministro Serrano de que somos paramilitares, que estamos dividiendo al Estado, que violentamos el Estado de Derecho, la 'operación limpieza' y los sobrevuelos.

Había un montón de presión; por supuesto que estuvimos en acción, las cosas se ponían más difícil para poder garantizar la vida de los tres. Queríamos llevarles a la pesca, pero, ¿cómo saber si en la pesca nos iban a sorprender?, porque la información que nos filtraban, decía que desde el mismo Sarayaku estaban saliendo las informaciones. Cada 6 horas estábamos cambiando la clave del internet, solo autorizados cambiaban la clave, el resto no podía.

Aparece una brigada médica con un cubano, un tremendo cubano, cubano preparado para la inteligencia, tuvimos que pararlo también, lamentablemente; preguntarle desde cuándo trabaja con el Ministerio de Salud, si tiene contrato, que nos pruebe. Al médico que trabaja dos años con nosotros tuvimos que preguntarle si este cubano es realmente confiable. Todo eso conformaba un escenario de mucha presión. Por supuesto, los tres estaban en varios lugares en los cuales no podían encontrarlos nunca.

En una canoa bajando a Sarayaku un joven que dijo ser sobrino de Antonio Vargas, me informó que el propio Vargas, un hermano de él y Tito Merino, le habían ofertado hasta veinte mil dólares para que indique el lugar exacto donde se encuentran los tres perseguidos. ¿Conocían de estas operaciones?

Llegamos a conocer que un sobrino de Antonio Vargas, casado con una de Kalikali, (él no es miembro de la seguridad WIO), estaba integrado en la comunidad y estaba haciendo reconocimiento y guardia alrededor de Cléver, yo conversé con él cuando estuvimos sacando unas tablas para adecuar la tarima para la fiesta de Pachamama. Conversé con él y decía que Antonio Vargas está metido con el Gobierno, "yo estoy con ustedes". Entonces me pregunté hasta qué punto estaba dando esa expresión con sinceridad, lo estudiamos. Era sospechoso. El equipo de seguridad comunitaria tuvo que trasladar a nuestros invitados a varios puntos, ubicarlos en distintos lugares, sin dar pistas de dónde estaban.

Luego apareció otro, con una grabadora, le decomisaron. El 8 tenemos una reunión para hacer la entrega de bienes: el inventario, ahí se va a escuchar ese audio que está grabando. Por ese lado intentaron ingresar y eso también era presión. Algunos tienen parientes militares y hay como dos que solitos dijeron que "yo vine por ese lado". Preguntamos qué andaba haciendo por ese lado, donde nada tenía que hacer; estaba ya la sospecha, porque tenía que darse la vuelta por ese lado donde no estaba su misión. Luego aparece en otro lugar, andaba como atrasado, como que seguía el rastro. Sí, los teníamos ubicados.

La presión era tanta que tuvimos que conversar, la evaluación lo hacíamos con los tres para ver cómo ellos pensaban y así, al final, ellos tomaron la decisión de salir, nosotros no tomamos la decisión. Les dijimos que tal como llegaron, ellos son libres de tomar su decisión. Yo le había dicho a José Serrano: no está en mi decisión de retener o sacar, ellos son libres de tomar su decisión, yo no les tengo secuestrados.

¿Cuándo operó eso, cuándo decidieron operar?
Yo, como presidente, hasta ahí llegué, eso fue algo que no podía conocer el resto, ni el grupo WIO, eso era algo secreto que el equipo de las personas responsables lo hicieron para despistar a la gente que los estaba siguiendo, hasta ahí doy fe Yo.

¿Conversaste con el Ministro Serrano durante una hora con dos minutos, ¿cuál fue el meollo de esa conversación?[9]
La conversación no tenía que ser pública, se dijo que tenía que ser reservada. Lo hice público porque en el ascenso de los militares en Pakayaku, el presidente manifestó que tienen que capturar a los tres visitantes nuestros. El señor José Serrano ratificó públicamen-

te con mayor fuerza, acusando a Sarayaku, dijo que iba a ingresar con la policía a capturarles. A mí me parecía que él no respetó el diálogo que mantuvimos durante una hora y dos minutos. Entonces tuve que hacerlo público: tuve que decir a la prensa que mantuve una conversación durante una hora dos minutos en la cual José Serrano me recriminó, me trató como a un niño, como que fuera su hijo. "José, rechazo categóricamente y te digo de frente tus expresiones en el cual manifiestas que estoy utilizando fondos públicos, eso te digo categóricamente y de frente, rechazo", eso me dijo. Me dijo también que estoy llevando la lucha de Sarayaku y los logros que hemos conseguido para las nacionalidades, no solo Ecuador sino Latinoamérica, hacia la ruina. Me dijo que yo tengo que entregarles a esos señores prófugos de la justicia. Nunca fue un diálogo, estaba tratando de decirme entréganos y punto. Sobre mí caerán las responsabilidades legales, es lo que me quiso decir.

Yo tuve que responderle categóricamente. Le dije que yo no los iba a entregar y que no están secuestrados, que no tengo decisión sobre ellos y que ellos tenían la voluntad de salir si ellos querían.

Conversamos otros asuntos, también le manifesté que éramos tocayos, y que ahora ya no somos tocayos.

(José cuenta una historia). Cargamos juntos a un anciano en una estera. Él, con zapato ejecutivo de Quito, con su pantalón gabardina, con terno, como abogado. Lamentablemente llega a mi casa y yo estaba ahí con un anciano mordido de una pitalala[10], muriéndose. Yo solito no podía cargar, entonces le dije, vamos tocayo, carguemos, el río (Bobonaza) estaba seco, cruzamos el río hasta el otro lado. Él, con su zapato ejecutivo embarrado en lodo y, al final, llegamos a la pista, subimos hasta llegar al avión. Eso le estuve haciendo recordar.

Le dije que ahora la seguridad WIO nos ayuda en eso, tratando las emergencias con los ancianos y con los niños accidentados, ayudan a salvar de mordeduras de serpiente, cuando hay un cadáver y otras tantas cosas. Eso le hacía recordar, que con él redactamos los estatutos que decían que Sarayaku conformará una seguridad comunitaria. Eso no se había materializado todavía, se materializa en mi período, en 2013. En esa fecha creamos un equipo de 20 personas, que nos han ayudado muchísimo en este tipo de situaciones. Eso le estuve haciendo recordar, que había sido parte de la comunidad, que habíamos tomado chicha y ahora... ¿por qué tanta persecución?

¿Y él qué respondía?

No respondía nada. Lo que decía es que estábamos haciendo daño al país y a Sarayaku mismo. La última pregunta estaba sencilla pero tremendamente dura -(ahora) creo que me quiso atrapar en ese momento, porque yo también en ese momento como que dudé, esa pregunta estaba dura, sencilla pero tremendamente dura-: ¿"Desde cuándo los tienen en Sarayaku?

Lo duro era saber cómo lo respondes, pues me quería coger en mentiras. Yo sí me puse las pilas y le dije: "desde hace un mes". Luego todos nos miramos, porque yo estuve rodeado de Kurakas y el equipo de comunicación, todo tenemos grabado. Serrano también nos dijo: "si quieren pueden grabar". Sabíamos que ellos también estaban grabando, nosotros también estábamos grabando. Le dije nuevamente, desde hace un mes. Después analizamos esa respuesta y (vimos que) le había respondido bien. Si es que le hubiera dicho desde el 24 de abril, esa respuesta habría sido negativa.

¿Por qué?

Porque ellos ya sabían que estaban aquí. No es que recién el 24 de abril, cuando hicimos público, el país, el Gobierno o el José Serrano lo conoció. El mismo Froilán Viteri[11] llegó antes, la misma Charo Viteri[12] llega y se vuelve loca. A mí me comentaron la información que la Charo Viteri se ha vuelto loca diciendo: "¡Aquí esta Cléver, aquí esta Cléver!". "¿Dónde está el Internet, quién tiene el celular satelital?, decía alterada por completo. Tuve que mandar un escrito citándole a esta Charo Viteri para que comparezca al seno del Consejo de Gobierno, si quiere saber de la presencia de Cléver Jiménez, pero nunca llegó, desapareció de Sarayaku. Froilán Viteri estuvo aquí mirando la presencia de Cléver, salieron al siguiente día. Froilán ahora se ha transformado en un seguidor, un adorador del presidente Correa, así que lo tenía todo informado... Si yo le hubiera dicho a Serrano, desde el 24 de abril, el Congreso prácticamente me jodía.

¿Podía asumir como mentira todo lo que tu expresaste también?
Por supuesto. Y además tuvimos que hacer público el 24 de abril, porque justamente ya lo sabían y si no lo hacíamos público, eso sí iba a ser grave para nosotros.

¿Por algún operativo sorpresa?
Claro, porque ahí si hubiera habido un operativo sorpresa y nos habrían dicho que estamos guardando a prófugos de la justicia. Inclusive podían habernos detenido a mí o algún otro dirigente, justificando que están protegiendo a prófugos de la justicia. Creo que nosotros al tomar la decisión a través del Congreso, fue una de las mejores respuestas que dimos al Estado, al país y al mundo, porque era transparente, así tenía que ser, no teníamos que esconder: tenía que ser público.

Tampoco nos justificamos en base a la sentencia a favor del pueblo de Sarayaku, más bien nosotros sí acogimos las medidas cautelares y eso siempre lo mantuvimos. La comisión interamericana dictó las medidas cautelares, por lo tanto la sentencia de la Corte Nacional era nula, ese era nuestro argumento y sigue siéndolo.

En ese contexto, Sarayaku se puso a nivel del gobernante, porque ustedes están en capacidad de asimilar lo que son los aparatos de justicia tanto nacionales como supranacionales. ¿Quién violó la ley, lo violó el Gobierno al no acatar la sentencia de la CIDH o lo violó Sarayaku, al no acatar la sentencia de la corte nacional? ¿Eso sigue como materia de debate?
Por supuesto, quien primero debe haber dado el ejemplo al país y al mundo es el Presidente del Ecuador. Él es quien desacata, el desacato como rebeldía de un Estado que no reconoce las medi-

das cautelares; por tanto, tengo entendido y no es solamente una suposición porque jurídicamente todos analizan que las medidas cautelares eran de cumplimiento obligatorio, o sea por encima de la Constitución están los tratados internacionales, y sobre todo cuando se trata de los derechos humanos.

Entonces, quien violentó el Estado de derecho del país es el presidente y las autoridades de justicia. Sarayaku, al asumir como solidaridad humana, bajo esa condición, bajo ese principio de solidaridad, fue gesto humanitario y de derechos humanos. Veíamos esto de una manera limpia. Las autoridades nacionales han dicho que nosotros estamos protegiendo a unos prófugos de la justicia, así se ha de leer una lectura simple, simplista, sin analizar más allá, sin analizar todo lo que implica el desacato del Estado Ecuatoriano a través del señor presidente.

Lo trataron de manipular para recriminar a Sarayaku, para manipular que estamos desobedeciendo o violentando el Estado de Derecho. Nos acusaban que estamos poniendo una república independiente, la secesión del Estado Ecuatoriano, nosotros nunca dimos esa lectura.

Por eso yo expliqué al país, al ministro Serrano también, que Sarayaku, por tradición, por memoria ancestral y por cultura, siempre ha dado garantías a la vida a otras nacionalidades, por ejemplo a los Achuar, cuando ellos sufrían la guerra con los Shuar; los Shirapas, es la gente de Sarayaku, nuestros antepasados que protegieron y dieron cabida en territorio de Sarayaku. Esto es histórico, nosotros siempre hemos brindado este gesto humanitario, no podemos permitir que haya un atropello, la violación de derechos humanos y a la vida.

Un ejemplo también igual, de Pakayaku, le querían asesinar a un shaman[13], toda una manipulación. Él llegó a Sarayaku; la presidenta de Pakayaku me manda un documento, indicando que le entregue a Pakayaku y yo le negué; le dije: "cuando una persona está amenazada y su vida corre riesgos, Sarayaku no va a permitir que sea asesinada. Él está aquí, él nos ha pedido que le protejamos y está en nuestro territorio", le dije a Pakayaku.

Sarayaku es de esta tradición de paz; pero en esto, nosotros también, como dije al principio, queríamos ver el verdadero rostro del Estado moderno del Ecuador, tal como afirma el presidente Correa. Queríamos medir el verdadero Estado Plurinacional, queríamos sentir en Sarayaku si en realidad esa Constitución que se difunde en el mundo entero realmente está siendo aplicada.

Nuestra acción despertó al viejo sistema colonial, eso es lo que hemos visto. Y eso nos da una satisfacción porque entendemos en qué modernidad, en qué nivel nos encontramos los pueblos y nacionalidades. Para unos que están bien instalados, protegidos por lo económico, por el dinero, por el sistema, todo es maravilloso, pero para los pueblos y nacionalidades que queremos ejercer nuestros derechos fundamentales, a desarrollarnos, a tener espacios directos, a tener nuestra gobernabilidad, nuestras instituciones, vemos que la Constitución no es garante, no nos garantiza. Ese es el viejo sistema colonial, neo colonial que no ve más allá la Constitución, la nueva Constitución del Estado Ecuatoriano. Lo hemos sentido eso en carne propia.

Algunos expertos, académicos, políticos, han citado el Art. 171. Este artículo dice que la justicia indígena es jurisdiccional y por lo tanto no podíamos acoger a los tres porque no ocurrió dentro de nuestra jurisdicción y que además no pertenecen a ninguna nacionalidad indígena, que nuestros amigos no son kichwas, son hispanos. Nosotros lo entendemos de otra manera: una vez que ingresan a nuestra jurisdicción, están dentro de nuestra jurisdicción, así cualquier acción haya sido fuera de nuestra jurisdicción. En este caso, la sentencia fue en Quito, dicen que no es jurisdiccional porque no ocurrió en Sarayaku, en nuestro territorio, porque no son kichwas; pero nosotros decimos que ingresaron a nuestro territorio, por lo tanto, están dentro de nuestra jurisdicción. Una vez que salen de la jurisdicción entonces ya no tenemos nada que ver, pero estuvieron dentro de nuestra jurisdicción así hayan tomado la decisión en Quito. Finalmente, no podemos interpretar lo jurídico en términos de raza; cómo puede decir usted es un hispano, yo soy un kichwa y al mismo tiempo decir que es plurinacional e intercultural, o sea negar la plurinacionalidad e interculturalidad, diciendo que usted es un hispano hablante y yo son un kichwa; que por eso no tienes derecho a nuestro territorio. Esa es una interpretación que no aceptamos, porque no se trata de un hispano blanco-mestizo o de un kichwa o un achuar, sino que se trata de un sistema jurídico. Puede ser blanco, negro mestizo, afro, nosotros lo acogimos en nuestro territorio, por lo tanto, puede haber sido afro ecuatoriano o blanco mestizo, está dentro de nuestro sistema jurídico, así lo vimos nosotros, el resto es racismo. La interpretación a su antojo, nunca será intercultural.

Se ha abierto un debate, más allá de las camisas blancas y borgaditos. ¿Hasta dónde las autonomías, hasta dónde la pluriculturalidad?

Se abre un debate importantísimo y esa es nuestra satisfacción: haber puesto en discusión y haber convulsionado al sistema jurídico; haber dado una sorpresa. Algunos analistas y algunos abogados han quedado boquiabiertos, no han tenido de dónde agarrarse; el hecho está ahí, pues, la realidad está ahí. ¿Cómo se interpreta la plurinacionalidad? Si cuando verdaderamente la estamos ejerciendo, nos niegan; ahí yo creo que le dimos una sorpresa muy grande para que haya un debate.

No solamente el artículo 171 como trataron de hacer confundir, también habíamos leído el artículo 83 sobre los derechos que tienen los ecuatorianos, hay un literal que dice que las personas, las y los ciudadanos ecuatorianos tenemos el derecho de exigir o garantizar los derechos humanos, así lo dice; no dice solo las autoridades, sino que dice las personas, los ecuatorianos tenemos ese derecho de garantizar los derechos humanos. Eso lo dice todo, no solamente tenemos la obligación de respetar la ley y la Constitución; es un derecho ciudadano el garantizar y proteger la vida de un ciudadano.

El artículo 426 dice que los tratados internacionales serán de cumplimiento obligatorio por encima de la Constitución, aún más cuando se trata de derechos humanos. Es claro, el art. 84 no es para interpretar una ley secundaria, sino de los derechos consuetudinarios, el derecho indígena. La declaración de las Naciones Unidas es muy clara, también de la OIT; habla de autodeterminación de los pueblos.

¿Cuál es el miedo por parte de gobernantes? el miedo es sobre los recursos naturales, el petróleo.

¿Esa es la pepa?

Esa es la pepa, aquí Cléver, Carlos y Fernando, fueron perseguidos y se constituyeron en un motivo para callar la voz de Sarayaku, para doblegar la resistencia de Sarayaku, para desbaratar la institucionalidad de Sarayaku, desprestigiarle a nivel del Ecuador y a nivel internacional. Querían dañar la imagen y credibilidad de Sarayaku, para dar paso a la explotación petrolera, en los 3 millones 800 mil hectáreas que comprende la Décima Primera Ronda petrolera. O sea, se midió y se vio esa realidad; lamentable que muchas autoridades todavía desconocen la realidad del país, piensan que tener cuatro indígenas, o cinco, o más funcionarios dentro de la estructura del Estado ya es ejercer la plurinacionalidad, o la interculturalidad, con eso ya se es Estado Plurinacional; o ponerse una camisa bordada, ya es plurinacional, pero no es así. Un Estado plurinacional tiene que respetar el ejercicio institucional de la gobernabilidad de los pueblos y nacionalidades, eso no significa que son territorios independientes, como han tratado de interpretar, sino que la Constitución misma le garantiza ese Estado, de derecho plurinacional.

También nos dijeron que hay que entrar pidiendo permiso a Sarayaku, nosotros jamás hemos dicho: "pídanos permiso para entrar a Sarayaku", lo que sí hemos exigido para que el Estado se modernice, es una buena coordinación en términos institucionales y públicos, porque aquí han estado mal acostumbradas las instituciones. Ellos quieren llegar cuando les da la gana y entrar en las comunidades, sin coordinar una agenda, sin poner una fecha; a veces llegan de turistas, porque ningún dirigente está ahí, se dan la vuelta y se van, conversan con cualquier persona que está trabajando en sus cultivos y dicen vengo aquí a mantener una reunión; pero no están los dirigentes, entonces ellos creen nomás que es de llegar.

Para una efectiva coordinación, nosotros determinamos que hay que anticipar mínimo con 15 días o una semana de anticipación, poner en una agenda para poder esperar, para poder reunirnos y tratar temas objetivos, eso ha estado funcionando efectivamente y la prensa dice igual. Si la prensa llega de sorpresa, nadie sabe con quién se topa, tiene que haber una coordinación, entonces siempre hay que coordinar, hay notificación para cualquier tipo de trabajo. No estamos en una ciudad, urbanos, somos comunidades en la cual la realidad geográfica, cultural, el sistema es otro, otra forma de vivir. Entonces ahí es que decimos hay que pedir permiso.

¿Desde cuándo Sarayaku ha venido poniendo teniente político? Eso es grave, gravísimo, lo que el señor presidente manifestó. Él debería respetar que donde está la mayoría del pueblo indígena, es en la Asamblea; el Congreso es el que decide democráticamente, para nominar un candidato, una terna; es eso lo que pasamos a la gobernación. Están mal acostumbrados de poner a dedo, desde arriba, a sus partidarios, a sus afines y por eso les choca nuestras decisiones. Nosotros sí ponemos en Asamblea porque la cabecera parroquial sí está dentro del territorio de Sarayaku, son territorio de las nacionalidades. Ahí tenemos que poner nosotros a nuestra gente, que conoce la realidad cultural, la situación territorial, los conflictos que se viven, de tierra, de escándalo público, todo lo que es difícil de resolver. Una gente de afuera, qué va a entender eso y además que no hablan ni el kichwa.

También nos enteramos que desde Quito quieren poner nuestras autoridades, digo yo: ¿de cuándo acá? O sea, se armó prácticamente un debate, desenmascaramos la buena figura, esa bonita máscara, y cuando lo desenmascaramos apareció el monstruo ahí, realmente, con dos cachos. El diablo es un señor almidonado.

¿Sarayaku ha vuelto a la normalidad?

Sarayaku está con su vida normal, seguimos adelante aunque estamos a expectativa porque nos han manifestado que nos van a dar la represalia, nos van a hacer una demanda, más que todo a dirigentes, según nos han informado. Estamos esperando una sorpresa, vamos a tener entonces nosotros también que defendernos.

Esperamos que por haber garantizado la vida de seres humanos, no haya represalia como que nosotros hemos atentado la seguridad del país, en ningún momento nosotros lo hemos hecho.

Cuando nos calificaron de paramilitares, ¿dónde se ha visto en Ecuador paramilitares en las nacionalidades? Paramilitares hemos escuchado en Colombia, creados por el mismo Gobierno y la oligarquía, que combate a la guerrilla, eso se ha escuchado, pero aquí, esa es una ciencia ficción. Yo le califico al ministro Serrano como ministro de la ciencia ficción, que ve que hay paramilitares hasta en la sopa, cuando él sabe que hizo simplemente un montaje, para poder supuestamente, a través de esa interpretación, a través de esa acusación, vencer a Sarayaku. Ese era el objetivo.

"Esta vez se equivocaron", le dije al final de su expresión al Ministro Serrano. Nosotros vimos también que en el papel dirigido a Marcelino Chumpi, Secretario Ejecutivo en ese entonces de CODEMPE, es el Doctor José Serrano quien firma solicitando el registro de nuestro estatuto en el cual consta la creación de la seguridad comunitaria.

¿Qué tipo de persona, de ser humano crees que es José Serrano, que firmó lo que tú dices y además la autorización de la indemnización a la petrolera CGC?

Para nosotros ya no existe, ni para Sarayaku; es un hombre que pasó en nuestra memoria pero que ya no existe. José serrano ya no es ese amigo, ese abogado, ese tocayo. Se lo ve realmente como una persona que odia, estos días estuvo como odiador a Sarayaku, actuó como para destruir. El hecho de haber enviado semejante publicidad en radio, televisión y medios escritos, donde hablan de paramilitares, de hombres armados, de dividir al Estado dentro de otro Estado: manipulaba a la opinión pública, es gravísimo: puso en riesgo al pueblo de Sarayaku, pudo haber la destrucción del pueblo de Sarayaku, el genocidio del pueblo de Sarayaku, por esa acusación monstruosa, bárbara, inhumana.

No sé cómo lo entienda el resto, nosotros lo entendemos como algo inhumano, monstruoso, porque es como para decir: "mátenlos". En otras palabras está diciendo "elimínenlos", al decir eso: "barran, limpien a Sarayaku". "Miren, ahí hay un grupo paramilitar peligroso", eso es lo que dijeron. Actuó con ese odio a Sarayaku, actuó para destruir, no sé por qué razón. Para conservar su puesto hizo todo lo que a él le parecía, pero para nosotros ya no es un amigo, ya no es nada. El mundo se da la vuelta, como dicen, algún momento nos hemos de encontrar porque nadie somos eternos aquí. Solo en los recuerdos, en estos malos recuerdos.

¿Has tenido otro sueño para presagiar otros momentos para Sarayaku?

No he tenido otra visión, esas visiones saben ser sorpresivas, cuando tengo esas visiones, esas visiones son exactas. Sepa que tomamos ayahuasca varias veces en Sarayaku, con los ancianos, para prepararnos en todos los conflictos. Yo le decía a un medio grande de información, de broma en broma, cuando estábamos en el ritual de ayahuasca: "este sí es el verdadero paramilitar", le dije, "el tomar ayahuasca, esa es nuestra fortaleza, aquí está la esencia de nuestra existencia y no en las armas, ese es el paramilitar, el ayahuasca". Tomamos varias veces, hicimos la limpieza, calculamos observando, los ancianos dijeron que llegaron hasta el palacio de Gobierno para observar, miraron los anillos; no hay nada decían. Eso vimos.

Ahora, como humano, yo viví una situación frustrante, muy dura, sin dormir, todas las noches apenas la una de la mañana, perdí casi 15 kilos de peso y en esa crisis que estamos. Falleció un líder, papá de nuestra contadora, Abdón Gualinga que era uno de los líderes de Kalikali, y ese también fue un golpe para nosotros en ese momento tan crítico, enlutó a toda la comunidad, a todo el pueblo de Sarayaku, a dirigentes, fueron golpes duros los que vivimos.

Bueno, ahora estoy mucho más tranquilo, esperamos que las cosas se sigan calmando, estamos esperando la respuesta de la Corte Interamericana de Derechos Humanos -Corte IDH-, para responder también nosotros, parece que hay un informe del Estado y eso tenemos que responder. Estamos preparándonos; conocemos que el Presidente va a acudir a la OEA, a la UNASUR. Nosotros también estamos preparándonos para exponer a nivel del mundo por esas afirmaciones nefastas y que carecen de verdad, porque el presidente dijo en el 24 de mayo, al dar el informe a nación, que el Estado se va a enfrentar a territorios independentistas, eso dijo, y eso carece de veracidad porque es un cálculo político que no atina a la verdad ni tiene futuro, porque en ningún momento en Ecuador va a haber territorios independentistas.

Sí va a haber territorios de autogobierno, en el marco del Estado Plurinacional, eso es lo que vamos a vivir y eso es el proceso que va a ir allá en el ejercicio del Estado plurinacional, pero que haya proyectos independentistas, eso es el extremo y eso no nos interesa a nosotros. A nosotros lo que nos interesa es mantener nuestros territorios protegidos, que el derecho de la naturaleza sea respetado, los derechos económicos, sociales, culturales, que nuestras instituciones sean fortalecidas.

Necesitamos expresar, poner en vigencia proyectos alternativos para combatir la enfermedad, para mejorar la economía, la educación, o sea, generar un modelo distinto a los que las sociedades han desarrollado, pero de acuerdo a nuestra cosmovisión, que aporta al país, ese es nuestro futuro, eso no significa volvernos independentistas, más bien se quiere salir de esa postergación, de ese estado en el cual los pueblos y nacionalidades no estamos en iguales condiciones con los otros sectores de las grandes ciudades. Hay una violación sistemática de los derechos de los niños, de las mujeres, de los ancianos, derechos a lo económico, a la seguridad social, a la salud, eso no se vislumbra. Lo que tratamos es de salir de esa situación para mejorar nuestras condiciones de vida como nacionalidades, eso no significa independizarse, más bien eso deberían apoyar.

El Presidente ha dicho que el 12% de las regalías del petróleo les llega a las nacionalidades...

Que pasa con el 12% de la regalía petrolera, Ecuador Estratégico y los fondos de compensación, la revolución tiene que crear propias instituciones para que administren la conservación de los pueblos y nacionalidades y no ser mendigos del Ecuador Estratégico, mendigos de las petroleras. La estrategia desarrollada que supuestamente la explotación petrolera va a beneficiar a las nacionalidades como se ha manifestado, eso para nosotros no es verdad. El Ecuador Estratégico maneja millones de dólares, que se va en burocracia, en tecnicismo, desde el escritorio; las nacionalidades deberán permanecer mendigando proyectitos, que venga después de un mes, venga después de 15 días, que necesitamos hacer el estudio, estudio sobre estudio.

Nuestros planes de vida no van a ser tomados en cuenta, eso por ejemplo, lo vimos en la escuela del milenio. De la noche a mañana, le proponen a Sarayaku crear una escuela del milenio. Cuando escuchamos del milenio pensamos en milenario, miles de años, entonces le pedimos al Ministerio de Educación que nos expliquen, que nos den la información de que se trata la Escuela del Milenio, porque ya querían construir. Ecuador Estratégico, se fue directamente a Sarayaku, vamos a construir y punto. Cuando nosotros en Quito, vimos los planos, la propuesta, dijimos vamos a dar una contrapropuesta, ya no se llamaba escuela del milenio, nosotros le pusimos sacha runa yachay, (el conocimiento del hombre de la selva), ya no escuela del milenio; planteamos una nueva estructura de construcción de la escuela, bajo la cosmovisión y lógica del pueblo kichwa de Sarayaku, re potencializar las escuelas satélite y crear una central pero también guardando la arquitectura propia y otras construcciones tenían que ser modernas, de calidad.

El ministerio de educación estaba de acuerdo pero el Ecuador Estratégico negó aduciendo que si nosotros proponemos ese nuevo plan arquitectónico, otras nacionalidades iban a hacer igual y que tenían que volver a rediseñar y ese tenía un costo y que tenían estandarizado. Por eso decimos entonces: de qué sirve ese Ecuador Estratégico cuando no va a respetar nuestra propia cosmovisión; si los wuaoranis o los achuar quieren su propia forma de construcción, tiene que ser respetado. No van a crear un elefante blanco como en Guayaquil, en Sarayaku. Así no va a haber este famoso proyecto de desarrollo para los pueblos y nacionalidades.

Va a pasar igual que el ECORAE. El ECORAE durante más de 20 años está funcionando, qué beneficio, qué desarrollo ha dado para los pueblos y nacionalidades hasta la actualidad, no hay nada, todo el mundo puede constatar, no hay nada. Han hecho estudio sobre estudio, han hecho obritas, proyectitos, se ha transformado en caja chica de los gobiernos de turno, de la política. Entonces vemos nosotros que la revolución ciudadana o la revolución de este sistema socialista que está proyectando van a desarrollar a los pueblos y nacionalidades con la explotación petrolera, falso. Que nos prueben, que nos garanticen, que respeten el ejercicio de la plurinacionalidad, que respeten nuestras instituciones, que haya un fondo de desarrollo para la conservación propio en el cual las nacionalidades podamos acceder. Ni en el ECORAE consta un 0.1% para los pueblos y nacionalidades sabiendo que nosotros somos los que protegemos la mayor parte de territorios. Sarayaku no está de acuerdo, Sarayaku no va a estar de acuerdo porque sabemos que no nos va a beneficiar esos recursos, más bien va a ser una destrucción y ese va a ser heredado por nuestros hijos, a es la lógica que lo calculamos.

Al final de tu gestión, siempre hay cosas buenas y malas, dinos una buena y una mala. ¿Por dónde empezamos?
Yo creo que por la buena: me siento agradecido, reconocido por el pueblo de Sarayaku por haber cumplido una misión importante y eso es de los líderes de Sarayaku, aquí no merecemos trofeos, no

merecemos reconocimiento, ni bandas ni nada, sino que el pueblo reconoce la gestión como se ha llevado y esa es mi gran satisfacción. No es que yo he dicho voy a lograr esto, sino que el pueblo dice Angún, tu has dejado fortalecido a Sarayaku y eso vamos a continuar, así me siento orgulloso de haber fortalecido a este pueblo digno, mi gente, mi tierra, de mis padres, de nuestros ancestros, para que la juventud emprenda, continúe.

La mala, de arriba quieren dominar, como en la época de Atahualpa cuando le hicieron trampa para decir que no tenía nombre, eso nos quieren hacer, declarando que somos paramilitares, tratando de mancillar, de criminalizar nuestra posición en defensa de los derechos de la naturaleza. Entonces la mala y triste noticia, es que un Gobierno que representa a un país, nos califique de esta manera, una vergüenza, una pena.

¿Sarayaku se siente fortalecido como organización?
Por supuesto, aquí estamos conformados de varios ayllus, me han felicitado, me han agradecido de haber fortalecido la institución del Tayjasaruta.

Hace días un comunicado firmado por Alfredo Viteri y Antonio Vargas se alineaban con el gobierno y afirmaban que hay paramilitares, que exigían la entrega de los tres...
Es lamentable escuchar a esos líderes quienes al principio del proceso, de la vida organizativa, son los que inculcaron esta lucha, este derecho a luchar. Ahora con su discurso no coherente, nosotros no entendemos. Nos dicen paramilitares, cuando ellos fueron los primeros que creían que la salida en defensa de los territorios era la lucha armada y Sarayaku, nosotros, nunca aceptamos ese proyecto. Ellos tenían ese pensamiento, nosotros no tenemos un proyecto de lucha armada, Sarayaku tiene un proyecto de propuestas, un modelo para resolver la crisis de la Amazonía, de toda la región.

Ahora disque se han vuelto supuestamente de la izquierda, yo prefiero ser de la derecha que una izquierda derechizada, así les digo de frente a ellos.

De hecho, uno de ellos incluso fue torturado, creyéndole de Alfaro Vive, ¿lo recuerda?
Yo fui parte de eso en mi juventud, fui torturado en época de León Febres Cordero a mis 22 años de edad, injustamente calificado que era de Alfaro Vive, de Tupac Amaru, de Sendero Luminoso; eso no se recuerdan los señores Viteri que viven arriba. Nosotros pasamos por la vía de la muerte, cuando fuimos torturados, puesto agua helada, amarrado la cara, amarrado las manos, semanas enteras sin comer, eso esta gente no se recuerdan. ¿Dónde está esa izquierda ahora? Sarayaku es un pueblo que solamente busca un proyecto para resolver nuestro desarrollo.

¿Entre esos proyectos estarán las CTI?[14]
Hay intereses económicos en esto de las CTI, porque he solicitado públicamente que se haga una auditoría de los dos millones de dólares que manejaron en el Consejo de Coordinación Kichwa de Pastaza; he solicitado que se haga auditoría de los carros del Estado que ellos manejan y también he pedido que la justicia apliquen a Antonio Vargas[15], por peculado está sentenciado y porque a ellos no les ponen en la cárcel. Que se haga la auditoría, ahí están ellos que manejan los fondos públicos y por eso se van contra Sarayaku, dicen que nosotros estamos afectando a las CTI, nosotros no afectamos a las CTI, nosotros estamos transparentando las cosas, para que haya un proyecto verdaderamente democrático y político para que esa gente no sea corrupta. Ellos son los corruptos que estaban tras de esto[16], que nos hicieron daño en el año 2002, 2003[17], con esa misma gente se han aliado. El mismo Gobierno se ha aliado con David Gualinga, Sergio Gualinga, el Vargas, el Canelos, esos que nos maltrataron a cien personas y que fue lo que provocó las medidas provisionales, con ellos mismo se han metido.

¿Pero Sarayaku no está dividido, no es cuestión de pocos dirigentes?
Aquí estoy con mi tambor, siendo parte del pueblo de Sarayaku, respetando al nuevo Consejo de Gobierno. Lo que caracteriza a

Sarayaku, aquí no estoy diciendo yo soy el Presidente que salí, aquí mira, estoy con mi tambor, soy parte del pueblo, Sarayaku está más unido, Sarayaku no se divide y no se va a dividir, porque es el mensaje y el legado de nuestros ancestros. Jamás dividirnos.

Un mensaje para tu pueblo, para Sarayaku...

Que Sarayaku siga adelante, construyendo un proyecto de solución y de vida, para la salud, la educación, la economía, el derecho de la naturaleza, ese es uno de nuestros grandes retos para demostrar que sí es posible, desde nuestra visión, antes que esperar una solución de arriba. Seguimos trabajando porque necesitamos demostrar al mundo que sí hay capacidad de encontrar un modelo económico, de una comunidad, un modelo de gestión que no sea solo el petróleo, ese es nuestro gran reto y es nuestra lucha. No solo estamos luchando contra las petroleras, contra el sistema, estamos luchando también para generar nuestra propia propuesta, esa es nuestra lucha. Queremos decir al público, al mundo entero que Sarayaku va a seguir buscando alternativas y solución y demostrar que sí es posible.

Notas

1 Los jabalíes a los que hace referencia.

2 Sabino Gualinga, el más viejo y sabio de Sarayaku y sus alrededores, Padre de José.

3 Guangana.

4 La policía llegó en helicópteros y tomó prisioneros a 8 Huaoranis, en la selva. También secuestró a las dos niñas cuyos padres fueron muertos supuestamente por los huaoranis prisioneros.

5 Históricamente, los indígenas de Jatun Molino, liderados por David Gualinga (trabajador petrolero), han cedido ante posiciones oficiales y de las petroleras, por esto, el Ejercito también tiene acantonado allí un campamento.

6 Indígena de Sarayaku que pretendió instalar una comunidad al servicio de las petroleras, pero sus intenciones fueron frustradas por el pueblo de Sarayaku.

7 En la televisión se difundió que esas personas estaban en contra de Sarayaku, pretendiendo presentar a todas las comunidades de la cuenca del Bobonaza como contrarios a la acción del Pueblo del Medio Día.

8 En esa canoa estaban los WIOs que se escondieron y también los tres del 30S.

9 La conversación con el Ministro Serrano se hizo vía *Skype* y también la declaración a la prensa de José Gualinga, por esa misma vía.

10 Culebra venenosa, una x.

11 Hermano de Alfredo Viteri y Carlos Viteri, ahora en proyectos de CTI con el Gobierno y por ello, divorciados del Pueblo de Sarayaku.

12 También hermana.

13 Sabio de la comunidad, curandero. A veces acusado de matar por maldiciones a alguien de la comunidad.

14 Circunscripciones Territoriales Indígenas, el Proyecto Gubernamental que ha provocado los cambios de actitud de alguna dirigencia histórica de los Kichwas de Pastaza.

15 Tiene una demanda de peculado que se revivió en marzo de este año, de cuando fue Ministro de Bien Estar Social en el Gobierno de Lucio Gutiérrez.

16 Que ponían espías, armaban aparatos paralelos, informaban y filtraban indígenas de la propia comunidad, etc.

17 En esos años eran prácticamente enemigos de Antonio Vargas porque éste después de su gestión en la CONAIE, fue a ser Ministro de Lucio Gutiérrez, a quien Alfredo Viteri y los suyos, condenaban.

"En el ejército hubo una ruptura"

Aquí en la Shell tuvimos la reunión, tuvimos una reunión abierta con el comandante, explicando las razones de nosotros, por qué teníamos allá a los tres compañeros.

Testimonio de Marlon Santi[1]

Marlon Santi, expresidente de la CONAIE y dirigentes de Sarayaku, invitados por el Presidente Rafael Correa a su posesión presidencial, año 2007.

Primero, en el Ecuador no gozamos de un Estado de Derecho; el Ecuador se ha convertido en un Estado en donde se gobierna por imposición, a través de una política que no respeta los derechos humanos; las instituciones gubernamentales no garantizan la democracia en el país.

Lo que hicimos con los compañeros Carlos, Fernando y Cléver fue un acto humanitario y de dignidad a sabiendas de las consecuencias: sabíamos que Rafael Correa es un ser autoritario. Con el paso del tiempo nos dimos cuenta de que el Gobierno maneja y manipula a la opinión pública a través de montajes bien fuertes que, sin descaro, hablan falsedades; con eso pretendieron desorientar a nuestro pueblo y desinformar a la comunidad nacional e internacional.

A Sarayaku lo sacaron fuera de la realidad, fuera del contexto real y los motivos de la protección que brindamos a los compañeros Cléver Jiménez, Fernando Villavicencio y Carlos Figueroa con argumentos falsos y mentiras; nosotros nos basamos en la emisión de las medidas de protección cautelar de la Comisión Interamericana de Derechos Humanos (CIDH), para los 3 compañeros.

Que el Gobierno no haya acatado esa decisión, es faltarle el respeto a la Comisión; al Pacto de San José y a los tratados que el país tiene con la OEA. Ahora, la imagen de Sarayaku rebotó más allá de lo Nacional.

El gobierno difundió nuevamente, en las líneas del ALBA y del MERCOSUR, para presentar la información como que Sarayaku pretendía una acción de desestabilización del Estado Ecuatoriano, pero en sí, la cuestión no era así. En sí, sabemos que Ecuador pasó por un momento crítico: por primera vez se estaba aplicando el concepto Constitucional de Estado plurinacional.

La médula es que al Ecuador lo vemos y lo aplicamos como un Estado pluricultural de derecho; es esa parte, que consta en la Carta Magna, la que no se está aplicando en la nación, solo ha quedado como un título y un articulado que se le puso a la Constitución de Montecristi. Nosotros aplicamos lo que dice la Carta Magna, eso es lo que protagonizó Sarayaku, eso le molestó al Gobierno.

Imagínese que tuvimos que pasar momentos críticos cuando se nos acusó de que el pueblo era separatista; ese concepto lo manejan solo desde el régimen, desde el poder. Podríamos decir también que ese postulado pertenece a lo que es el poder económico del país, para que no estorben el proceso que ellos hacen, donde las voces de la resistencia, cuando uno no piensa igual, reprimen; pero cuando las leyes están siendo violadas, ellos se callan.

Ellos (el Gobierno) insistieron con esto ante el ALBA, pretendieron convencer que éramos un peligro, que las comunidades se levantaban en contra de un Estado de Derecho, que somos un peligro para la democracia. En ese contexto nosotros afirmamos que el montaje falso que hicieron en contra de Sarayaku, era a base de mentiras. Lo que dijeron fue que Sarayaku quiere ser separatista, una comunidad separatista.

En nuestro concepto, no era eso. Desde la fundación de la República los pueblos indígenas hemos sido relegados; pero, claro, cuando nosotros reclamamos algunos derechos nosotros somos tildados de separatistas y antidemocráticos.

Otra calumnia fue el montaje de paramilitarismo desde el Ministerio del Interior con José Serrano; eso no cabe en el lenguaje común, porque el paramilitarismo se origina justamente para dar protección al poder estatal o a los poderes reinantes de la economía. Si fuéramos paramilitares estaríamos protegiendo a los hacendados, mineros, banqueros, como es el caso de Colombia y muchas otras partes en toda Latinoamérica.

Pero aquí, nuestra comunidad de 1200 habitantes supo decir al país y a la nación que si el Estado y el Gobierno no respeta los tratados internacionales y los derechos humanos, nosotros, como pueblo, vamos a hacer respetar esos tratados y esos derechos; por eso exigimos el respeto y que se acaten las medidas cautelares de la CIDH para nuestros compañeros. Sin embargo, ellos nos satanizaron, por eso, Sarayaku se encuentra hasta ahora en un proceso de reactivación de la verdad, que se diga la verdad al país.

Que si ellos encontraron paramilitares en Sarayaku o que si el pueblo es separatista ya estaríamos en un proceso de balcanización y fuera del contexto de la República. Pero eso no es real. Lo que hemos pedido desde el inicio es una apertura al proceso humanitario que se dio en este país, una apertura al cumplimiento de los acuerdos internacionales por parte del gobierno, pues si no quiere cumplir, entonces que se retire porque no puede ser dignatario sin cumplir esos convenios. Ahí está el meollo del problema: para tapar la sentencia de medidas cautelares de la Comisión Interamericana de Derechos Humanos, dijeron que los 3 son fugitivos y por eso, hay que cogerles.

A nosotros nos abruma que el Estado esté simplemente mal asesorado por gente que no conoce la realidad de las organizaciones indígenas, que no conozcan cómo están estructurados los pueblos y sus organizaciones, cómo ejercemos la autoridad dentro de nuestro territorio. Por esta razón es que hoy el Gobierno se ha callado, el problema de Sarayaku ya no es noticia, los 3 compañeros no son noticia cotidiana, sencillamente porque la campaña que él hizo, afectó mucho a la imagen gubernamental.

Un Estado ecuatoriano que reclamaba que el Ecuador sea un Estado de Derecho, que haya justicia, se convirtió en un Estado violador de derechos, que procedió injustamente a través de sus instituciones, como la Corte de Justicia y la Asamblea Nacional.

Nosotros creemos y estamos convencidos que en el Ecuador las instituciones que deben garantizar la justicia están atrapadas en un régimen que quiere dirigir a una sola vocería. Nos quieren meter en un solo costal a todos, cuando reclamamos. Con nuestra acción creo que hicimos ver que hay pueblos dignos, que están dispuestos a reclamar justicia y derechos. Y si esto ha sido callado en el país, nosotros no pudimos callarnos nunca.

La militarización y la intervención que ellos planearon fue abortada gracias a todas las reuniones que tuvimos con el Ejército Ecuatoriano. Por ejemplo, tuvimos una reunión de alto nivel, en donde pedimos al ejército que no intervengan, porque todo lo que el Gobierno decía era simplemente una mentira, que no se va a saber la verdad y que si el ejército venía, que vea el supuesto armamento que ellos justificaban para la intervención.

La inteligencia militar del Ecuador sabe que los argumentos que utilizó el Gobierno no son verdad. Entonces ellos nos dijeron que cómo ellos iban a intervenir en algo que fue armado en el Ministerio del Interior con José Serrano y sus asesores, pese a que ellos sabían que Sarayaku es un pueblo de paz y libre, que reclamamos derechos.

Entonces en el ejército hubo una ruptura. Si el ejército hubiera aceptado las decisiones del presidente, (Rafael Correa), desde el primer día en que se declaró en la Asamblea el 24 de abril, la protección para los tres compañeros, el ejército habría entrado, porque el Gobierno daba la orden de que los saquen de ahí, a como de lugar; pero el Ejército no estaba de acuerdo.

Nosotros sabemos que el ejército tiene información verídica y clara de que en Sarayaku no hay paramilitarismo y de que no hay grupos armados. Esta comunidad no es separatista, ellos saben porque la estructura del ejército, que es la inteligencia, ha dado seguimiento puntual a todos los casos desde que Sarayaku ha sido organización, desde 1972. Ellos saben la verdad y no podían obedecer ciegamente.

Aquí en la Shell tuvimos la reunión, tuvimos una reunión abierta con el comandante, explicando las razones que teníamos nosotros para tener allá a los tres compañeros. Ellos estaban informados. La especulación era tan grande y los rumores falsos que corrían, eran que nosotros íbamos a atacar al batallón Shell. Hasta esa tamaña mentira tuvimos que aclarar, nunca nosotros podemos tener esos planes. Eso fue simplemente una mala información, que nació desde el seno del Palacio de Gobierno.

Hoy se vienen nuevos tiempos, estamos desde nuestro ángulo esperando que el Gobierno Nacional cumpla con el dictamen de la CIDH y las medidas de protección que le dio a los tres compañeros.

A nosotros nos sorprendió mucho cuando caminábamos por algunas provincias, la policía nos felicitaba, "aquí estamos para respaldarles", nos decían. Aunque hubo estrictas ordenes por parte del Gobierno de retener y maltratar a nuestros compañeros, hubo un respeto hacia los compañeros y hacia el pueblo de Sarayaku.

Finalmente, Yo quisiera decirles a los compañeros que donde quiera que estén los tres, que siempre estén dispuestos a lo que venga, porque cuando uno piensa en un proceso de lucha no hay que abandonarlo. Un saludo fraterno de rebeldía y de fraternidad. Ante nadie tenemos que postrarnos, tenemos una convicción y una orientación dirigida hacia los ciudadanos, en el apoyo mutuo para reclamar la justicia y en reclamar las verdades, en reclamar que el Ecuador sea un Estado de Derecho. Que el Ecuador sea un Estado democrático, eso es lo único que ellos decían y cojo sus palabras. Muy pronto vendrán buenos días, esos días serán de alegría y festejaremos en Sarayaku. Al cumplir un año de la llegada de ellos, ya estamos preparando, haremos un evento especial en conmemoración. Abiertas las puertas a quienes dan lucha sin tregua ante la injusticia.

Notas

1. Marlon Santi, expresidente de la Confederación de Nacionalidades Indígenas del Ecuador CONAIE. Elegido en 2014, kuraka de KaliKali, una comunidad de Sarayaku.

Sarayaku: Resistencia del mediodía

Somos el pueblo del medio día, somos el sol del medio día. Sarayaku no caerá aunque otros hayan sucumbido. Sarayaku permanecerá resistiendo.

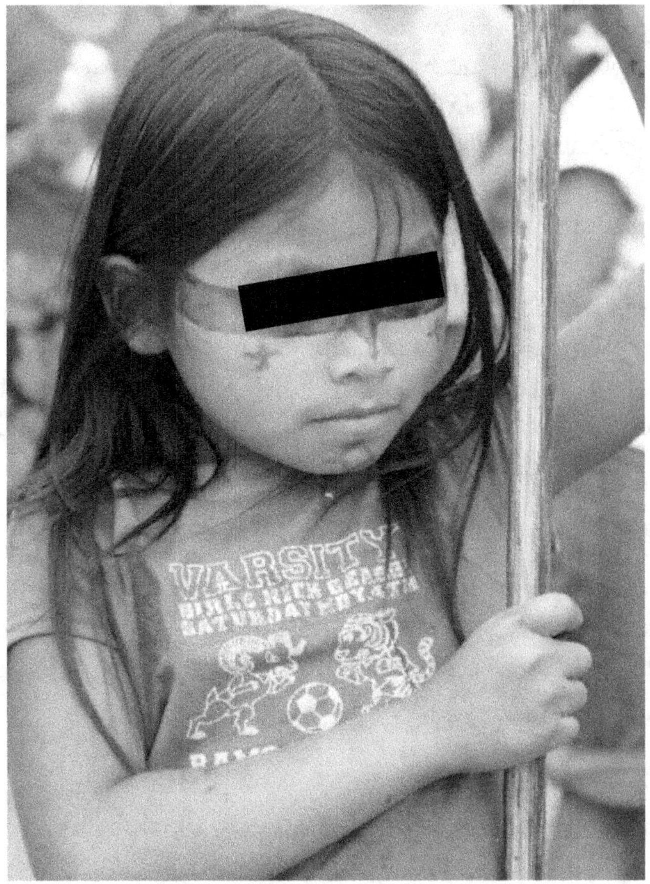

Niña kichwa de Sarayaku sostiene una lanza.

Texto: Construcción colectiva de Tayjasaruta

Ubicado en la provincia de Pastaza, en el centro sur de la Amazonía ecuatoriana, Sarayaku (río de maíz), es un pueblo originario kichwa, conformado por cinco comunidades (Kalikali, Sarayakillu, Chontayaku, Shiwakucha y Sarayaku Centro). Su población de 1300 habitantes, vive de manera tradicional, de la pesca, cacería, agricultura y recolección. Sarayaku fue fundado por Ramón Simón Gualinga hace aproximadamente 200 años. Desde esa época fue llamado *Llakta* (Pueblo), actualmente *Runa Llakta*. Legalmente está representado por su Consejo de Gobierno Tayjasaruta. Para llegar a Sarayaku se debe ir por vía fluvial o aérea.

Su historia está relacionada con la llegada de los *Tayaks*, fundadores y antepasados. Los ancianos cuentan que el pueblo desciende de los pumas y de los árboles. Los antepasados, que se transformaban en pumas, eran los *Tayak*: sabios de la selva, quienes desde *Yakumaman* (los ríos grandes como el Amazonas o el Marañón) surcaron por las vertientes de los ríos Pastaza, Napo y Bobonaza, mientras bautizaban los lugares que recorrían. Uno de esos lugares fue Sarayaku. Lo llamaron así, Río de Maíz, porque en sus visiones, mediante el ritual del *Ayawaska*, los *Tayak* vieron que río arriba en la bocana del actual Sarayakillu, descendían mazorcas de maíz. Sarayaku es conocido como el gran defensor de los derechos colectivos y de la naturaleza frente a las multinacionales petroleras.

En tiempo de los *Tayak*, el *Likuatiki Kuraka* dirigía a su pueblo. Para llegar a ese privilegio y posición había que lograr el entendimiento y comunicación con el mundo de la naturaleza y haber superado una serie de pruebas físicas, mentales y psicológicas (*Yachay*).

La vida en Sarayaku

El día inicia muy de mañanita en una casa kichwa. Alrededor de las cuatro de la mañana, se levantan los padres o los hijos mayores para preparar la *wayusa*. Después seguirán levantándose poco a poco las hijas e hijos menores para acompañar a los padres y escuchar las conversaciones matinales.

La *wayusa* es un árbol del cual se utiliza las hojas para hacer decocciones que se toman para limpiar y despertar el cuerpo. A esta hora de la mañana, la familia aprovecha para conversar, contar sus sueños, aconsejar a los hijos, planificar el día y, cuando es necesario, aclarar y resolver problemas o situaciones delicadas que tiene que enfrentar o vivir la familia. Al amanecer, después de un buen baño tonificante en el río y un buen *pilchi* de chicha, cada uno se dirigirá a sus tareas diarias.

Los niños y jóvenes, en la actualidad, de lunes a viernes van a las escuelas y el colegio del pueblo. Las hijas mayores, con su madre, se dirigen a la *chakra,* para limpiarla o cosechar productos para la comida o, en su defecto, trabajan un terreno que será una nueva *chakra*. Los hombres y los jóvenes varones parten a la cacería, pesca o acompañan a las mujeres a la *chakra*. Si el día anterior la familia fue invitada a una *minga,* todos los miembros de la familia asisten.

Los niños y jóvenes regresan a la casa a la una de la tarde. Si los padres aún no están en casa, irán al encuentro de ellos para ayudarlos a terminar las tareas agrícolas y traer los productos hasta el hogar. Una vez reunidos en la casa, madre e hijas prepararan la comida para toda la familia.

Casi siempre, el producto traído de la *chakra* es la yuca que servirá para hacer la chicha (*asua*). La preparación de la chicha es una de las actividades principales de las mujeres en la casa. Es la base de la alimentación kichwa y la bebida tradicional de las fiestas de su cultura, símbolo de pureza y de fecundidad. Es el beso kichwa.

La chicha más común se hace con yuca masticada. Es preparada únicamente por las mujeres. Existe también chicha mezclada con maní, maíz o plátano maduro. Y también se prepara el *allu,* chicha de yuca asada. De esta masa se destila el vinillo, licor natural, muy fino.

Los hombres, en las tardes, se dedican al tejido de hamacas, *chikra* (bolsos) o canastas, o a la realización de otras herramientas útiles para las múltiples tareas de la casa, para la cacería o la pesca. Al anochecer, cada uno se dirige a sus camas para descansar. En la actualidad, una de las actividades que se realiza en las casas antes de ir a dormir es escuchar las noticias en la radio para enterarse de lo que pasa en la provincia, en el país y en el mundo.

El *wituk*

El *wituk* es la fruta de un árbol utilizada para el tratamiento de cabello, para pintarse la cara, el cuerpo y también para los rituales de pintura en la fiesta tradicional (*Uyantsa*). El *wituk* es parte integral de la vestimenta de un kichwa.

Cuentan que, en los tiempos antiguos, el *wituk* era una mujer que, después de una decepción sentimental, se convirtió en árbol para dar ánimo, alegría y felicidad a todas las mujeres y a todos los hombres de la tierra que se pintan la cara con su fruta. La *mujer wituk* tiene su *hermana manduro* (achiote). Juntas pintaron a todas las aves, pájaros y animales que existen en la Amazonia.

Nina Siren Gualinga pinta su rostro con wituk

¿Cómo se prepara el *wituk*? Se corta la parte superior de la fruta, se remueve el interior y se la asa un poquito hasta que la pulpa se vuelva negra. Se exprime para recuperar el líquido. Para las pinturas faciales, se utilizan finos palitos de palma.

En cada fiesta, en la invitación a una *minga*, los días domingos o en otros eventos importantes, las mujeres y los hombres de Sarayaku se pintan la cara de *wituk* para honrar y recordar la belleza de la mujer *wituk*.

Organización de mujeres

Las mujeres de Sarayaku empezaron a organizarse a fines de los años 70. La primera lideresa de la organización de mujeres de Sarayaku fue Beatriz Gualinga. En esa época, las mujeres se dedicaban a la repartición de alimentos y ropas para los más necesitados del pueblo. Al final de los años 80, las mujeres de Sarayaku se organizan de un modo más oficial y se forma la Asociación de Mujeres Indígenas de Sarayaku *AMIS*. El objetivo principal de AMIS es mejorar las condiciones de vida de su pueblo, a través de la capacitación de las mujeres y el potenciar su participación en las diversas actividades sociales, políticas, culturales, económicas, productivas y educativas del pueblo.

En la actualidad, las mujeres de Sarayaku son conocidas por su alta participación en la defensa de su territorio. En los años 2002 y 2003 fueron las actoras principales de la lucha pacífica frente a la compañía petrolera. Para reforzar su asociación, se denominaron *KURI ÑAMPI* (camino de oro), extienden el mensaje a las empresas extractivistas y a todos, que Sarayaku fue y siempre será una gran fuente de riqueza en biodiversidad y cultura, pero sobre todo, Sarayaku es rico por su gente, especialmente por sus valientes mujeres que obran cada día, con fuerza y amor para asegurar una vida sana y digna de su pueblo.

Cerámica

El proceso de fabricación es complicado y varía según el tipo de vasija. Hay cinco tipos principales de vasijas: *mukawa, tinaja, kallana, purus y manka*. La *mukawa* sirve para brindar y tomar chicha. La *tinaja* se usa para almacenar la chicha. La *kallana* es un plato hondo para servir comida. La *manka* se usa como olla para cocinar yuca, caldo y *uchú manka* (caldo de aji).

Para tejer la cerámica, en primer lugar hay que encontrar el barro. Hay tres tipos de barro: para las *mukawas* y *callanas,* de color plomo y sin arena; el barro para las *tinajas,* de color azul, con piedritas y arena; y el barro para las *mankas,* de color negro y a veces con piedritas.

En Sarayaku hay depósitos de cada tipo de barro. Se encuentran en las quebradas de ríos, en las pampas y en los esteros. Si el barro parece adecuado, se saca un poco y se lleva a la casa. Con este barro se hace una pieza, como experimento. Si resulta bien, se regresa al lugar para recoger más barro. Luego, se guarda la masa de barro en un lugar húmedo. Por ejemplo, se pone debajo de un árbol o dentro de una tinaja vieja, tapada en la sombra.

La segunda etapa es la elaboración de las piezas. Primero, hay que hacer cordeles de barro sobre una tabla de madera. Los cordeles deben ser más gruesos para las tinajas que para las *mukawas.* Después hay que colocar los cordeles uno sobre otro, se espera que cada uno se ponga lo suficientemente duro. Para las *tinajas,* este proceso puede durar varios días. Cuando se llega al tamaño deseado, se comienza a alisar la pieza por dentro y por fuera con un achuela pequeñita (hecha con un pedazo de calabaza) llamado *wiwishku.* El borde se alisa con los dedos y después con una hoja de maíz.

La tercera etapa consiste en poner la pintura de base sobre las piezas de cerámica. Puede comenzar cuando la pieza está seca y dura. Por lo general, se pinta las tinajas, *mukawas* y *purus.* Las *kallanas* y las *mankas* no se pintan. Para la pintura, se usa el polvo de piedras de colores, blancas, negras y rojas. En Sarayaku hay minas de la piedra roja y de una piedra blanca de una calidad no muy buena. Por lo tanto, la piedra negra y blanca se compra o se trueca con otros pueblos.

Para obtener pintura roja, se coloca la piedra en agua y se la frota hasta que salga el color de la piedra. Para obtener el color blanco, se debe rayar la piedra y mezclarla con agua. Para el color negro hay que frotar la piedra contra otra piedra y mezclar el polvo con agua. Una vez listos los colores, se pone la pintura de base con algodón.

Después comienza la cuarta parte, que consiste en alisar (con piedra lisa del río) y pintar la pieza. En la superficie lisa de la pieza se pintan varios diseños: boa, tortuga, alacrán y tigre. También se pintan líneas finas y gruesas. Todos los diseños tienen significado en relación con la naturaleza y la vida. Para las líneas, se utilizan pinceles hecho con pequeños pedazos de palma y una mecha de pelo.

La quinta etapa es la cocción. Las *mukawas* y tinajas se secan al sol. Después se asan en el fuego. La técnica es un poco diferente en el caso de las *kallanas*. Antes de asar, hay que frotar por dentro de la pieza con hojas de *linchi* u otros árboles. Luego se asa bien, poniendo unos pedazos de paja húmeda para hacer humo. Con ese humo, la parte interior de la *kallana* se vuelve negra. Una vez apagado el fuego, se saca la *kallana*, ya brillante por fuera y negra por dentro. La *manka* se asa de igual manera.

En la última etapa se pone el barniz sobre las piezas. El barniz es natural, proviene de resinas de arboles llamado *shilkillu, lichi wiki* y brea de abeja *punkara*. Las resinas se aplican cuando las piezas aún están calientes. Con la aplicación del barniz natural, se termina el trabajo que en caso de piezas grandes puede durar hasta dos semanas.

La *chakra*

Para muchos, la *chakra* es un lugar donde se siembran productos para la alimentación de la familia. Pero desde un punto de vista tradicional es más que eso. La *chakra* tiene muchos otros aportes que refuerzan su valor y su necesidad para la vida de los pueblos originarios.

La *chakra* es el instrumento didáctico por excelencia, donde los niños aprenden a reconocer y a cultivar todas las plantas necesarias para su alimentación y satisfacción de necesidades diarias. Es la farmacia más cercana: siembran varias plantas medicinales en ella. Es un *supermercado*, donde se encuentran materiales para construir, decorar y arreglar la casa. Aunque se encuentra mucho más de estos materiales en el monte, la *chakra* es un lugar más cercano y más accesible para las mujeres y los niños. Finalmente, es un lugar de regeneración del estado físico y de contacto directo con la madre tierra.

En general, los días de sol las mujeres se dedican a la *chakra* y los hombres a la caza y pesca; en los días de lluvia se quedan en la casa para los trabajos de tejido, construcción y cocina.

Las plantas que se siembran en una *chakra* son yuca, camote, plátano, maíz, papa china y otras variedades de papas, caña, árboles frutales, palmas, frejoles, ají, tomates, zapallo, plantas medicinales y árboles maderables.

La *chicha*

En un primer momento, las mujeres se van a la *chakra* a cosechar las raíces de yuca. Para un consumo normal en casa, se cosecha una canasta entera que tiene un peso aproximativo de 50 kilos. Si es para organizar una *minga* o una fiesta, se cosecha mucho más.

En la *chakra* se pela la yuca; se lavan las raíces en los ríos más cercanos. Después, mujeres y hombres llevan en sus espaldas o en canoa las canastas hasta la casa. Una vez en la casa, se ponen todas las raíces en una olla grande y se cocina hasta que la yuca esté suave. Se saca el agua y se pone la yuca en un recipiente grande de madera llamado *batán* y se aplasta con un *takanamuku* (bastón grueso de madera) hasta que se vuelve puré.

Al mismo tiempo que se aplasta la yuca, se la mastica y se arroja lo masticado en la masa. Después de dos horas de este trabajo, la masa de chicha está lista para ser almacenada en tinajas de barro. Se deja fermentar unos días antes de tomarla. Para la bebida fresca de cada día, no se deja fermentar más de dos días. Para tomar en fiesta o *minga*, se dejara fermentar la chicha hasta una semana. Para tomar la chicha, hay que mezclarla con agua.

El hombre kichwa

Históricamente, los pueblos amazónicos han vivido de la caza, pesca y recolección. La fuente principal de la alimentación sigue siendo la carne de los animales silvestres y de los peces. En la caza y pesca se utilizan instrumentos tradicionales como la *pukuna*, el *matiri*, la lanza y el *jampi*. En la actualidad, se han introducido nuevas armas de caza como por ejemplo la escopeta.

El que quiere ser cazador tiene que aprender muchas reglas y cumplirlas diariamente. Hoy en día, con las armas occidentales sofisticadas, la casería resulta más eficaz pero genera más ruido y rompe algunas reglas tradicionales. Con la *pukuna* por ejemplo, la cacería se hace sin ruido, con respeto al silencio de la selva. Al contrario, el ruido de la escopeta hace huir a los animales cada vez más lejos en la selva.

Como corren los tiempos, un niño de 8 años caza un pájaro con bodoquera, pero un adulto caza un animal más grande con carabina. El instrumento se escoge de acuerdo a quién realizará la caza, lo que se caza y el lugar de cacería.

La cacería

La cacería comunitaria se hace en momentos precisos y controlados como en la fiesta tradicional de Sarayaku, que se organiza cada dos años. La cacería familiar se hace de una manera más regular pero en pequeñas cantidades.

Los hombres aprovechan sus expediciones al monte; recolectan frutos silvestres y palmitos para la alimentación de la familia. También recogen variedades de plantas, ramas o lianas para confeccionar utensilios domésticos, como *chikra*, hamacas y canastas. Escogen y cosechan también materiales naturales que servirán para la construcción de las casas, canoas y para la realización de instrumentos musicales y armas de cacería.

Para asegurar la continuidad de sus tradiciones y la regeneración de la fauna, Sarayaku instauró normas de administración, manejo y gestión de los recursos naturales de su territorio. La cacería y la pesca se las realiza respetando las zonas sagradas, identificando las zonas adecuadas, limitando el número de animales y aves a cazar y haciendo una sola pesca general al año, para permitir la repoblación de la fauna.

Los animales más comunes que se cazan son: *lumucha* (guanta), *taruka* (venado), *punchana* (guatusa), *wankana* (jabalí), *lumukuchi* (puerco sajino), *chancha* (guatín), Las aves más comunes son: *yutu* (perdiz), *karuntzi* (pava), *urpi* (tórtola),

La pesca

La pesca comunitaria también es reglamentada. Se organiza cuando el río Bobonaza está bien seco y en época de *mijanu*, cuando los peces jóvenes suben en grandes cantidades por el río a buscar los sitios de reproducción.

Cotidianamente, los niños varones pescan desde la orilla del río o desde sus pequeñas canoas, lo que les permite llevar a casa uno o dos pescaditos para la merienda. Las cañas de pescar se confeccionan con un pedazo de madera en el cual se enrolla un hilo de nylon comprado en la ciudad.

Los peces más corrientes son: bagre, boca chico, barbudo, *jandia*, mota, carachama. Los instrumentos de pesca son redes, arpones y anzuelos. Las técnicas y trampas de pesca se llaman: *kincha, yasa y tuklla*.

Actualmente se están desarrollando programas alternativos de piscicultura y cría de especies menores para reducir la pesca y la cacería y ayudar a la conservación de las especies y, además, asegurar una adecuada dieta alimentaria de la población.

Construcción de la casa

Las casas fueron construidas antiguamente por los *Tayaks*. Ellos habitaban en las lomas grandes. Allí hacían sus casas para protegerse de todos los peligros. La casa de los *Tayaks* era grande, ovalada, con techo de paja y bien cercada con tijas de chonta.

Para hacer una casa, se necesita limpiar el sitio donde se ubicará la construcción. Una vez que el lugar está limpio, se mide y determina dónde se van a parar los *istandi* (postes) principales. Los postes son de madera dura y resistente; se ubican verticalmente, enterrándoles a una profundidad de 80 cm. bajo tierra. El *istandi* tendrá de uno a tres metros de largo según el modelo de casa. Una vez parados los postes, se ponen las vigas, la corona y después el tumbado. Cada madera será escogida meticulosamente según su rol en la construcción y su capacidad de resistencia. También la cosecha de los árboles y su ubicación estará relacionada con el ritmo de la naturaleza y de la luna.

Al terminar la estructura o esqueleto de la casa, inicia la parte más delicada de la construcción: la recolección y tejido de las hojas para el techo. Sobre las vigas del tumbado, se amarran tijas de guadúa donde tejen una por una las hojas de *lisán* (paja toquilla), *wayuri o ukcha*. Una vez terminado el techo, se utiliza tijas de chonta para el cerramiento de la casa.

Antiguamente, las casas se terminaban en esta etapa. Se componían de un techo alto y grande donde podían vivir los padres y los hijos. También podían vivir allí los hijos e hijas recién casados; cada uno se ubicaba en un lugar de la casa con su pareja e hijos respectivos.

Ahora, muchas veces las familias tienen más de una casa. La casa principal para recibir los invitados es similar a la descrita anteriormente, pero generalmente las familias tienen una o dos casas suplementarias que se utilizan como dormitorio o cocina. Estas casas tienen ya una arquitectura un poco diferente de la casa tradicional. Es decir que, aunque tienen el techo de paja, se aumentan paredes de tablas, pisos de tablas o de chonta, ventanas y cerramiento de guadúa. Una casa bien tejida, bien acabada y con mantenimiento adecuado dura aproximadamente 20 años.

La canoa

Se cuenta que en los tiempos antiguos, dos hermanos (hijos de la luna) que crecieron con la madre de los tigres, habían sido escogidos para hacer una canoa. Tenían poderes y habilidades especiales. El hermano mayor apuntaba su lanza a la cima del árbol escogido para hacer la canoa y el hermano menor apuntaba la suya al pie del mismo árbol. Cuando las lanzas tocaban el árbol, este se caía y se transformaba en canoa.

Una vez, el hermano menor, conocido como muy travieso y caprichoso, sin escuchar los consejos de su hermano mayor, mandó su lanza a la cima del árbol y, cuando este cayó, estaba entero. Los hermanos fueron obligados a construir la canoa con sus propias manos. A los hombres del presente se les arrebató aquel poder; tienen que hacer las canoas con sus particulares esfuerzos.

La educación

Desde que existe el pueblo de Sarayaku y antes de tener contacto con el mundo exterior, la educación de los niños estaba a cargo de los padres, abuelos y *yachaks* (sabios). Era necesario conocer (en relación con su género) las plantas, los árboles, las técnicas de caza, agricultura, pesca, poder realizar chicha, cocinar, tejer *chikra*, canastas, cerámicas, aprender la construcción de la casa, tallado de canoas, saber la geografía de su territorio. Conocer la naturaleza, desarrollar las capacidades de vivencia en la selva. Y lo más importante: aprender el respeto y la comunicación con el mundo natural.

Los niños y niñas pequeños se quedaban con la madre.

Una vez llegado a los 6 años, el hijo varón iniciaba su educación con su padre. Empezaba a pescar, acompañaba a su padre a la selva y los días de lluvia, aprendía a tejer hamacas, *chikras,* canastas y otros objetos útiles. Desde los 14 o 15 años, un joven ya estaba en capacidad de ir solo a la selva, cazar, pescar y llevar comida a la casa.

Las niñas, por su parte, desde muy pequeñas ayudaban a la madre en la casa, a la elaboración de la chicha y en la *chakra*. Alrededor de los 8 años, empezaba poco a poco a tejer la cerámica. A los 15 o 16 años ya tenía la capacidad de hacer una *chakra*, preparar y brindar chicha y confeccionar magníficas cerámicas.

Los niños que nacían con predisposición o que tenían vocación o voluntad para ser *yachak,* se los iniciaba desde los 12 años. Algunos niños desde muy pequeños o, desde que habitaban el vientre de la madre, ya habían recibido plantas y curaciones para seguir aquel camino.

Al presente, los niños y niñas de Sarayaku aún practican todas esas actividades, pero tiene una tarea más que cumplir por la mañana: asistir a las clases en sus respectivos centros educativos comunitarios intercultural- bilingües del pueblo.

Los niños y jóvenes en Sarayaku van a la escuela y colegio como en cualquier parte del Ecuador, pero reciben clases en kichwa y español. Hay seis escuelas y un colegio en Sarayaku. Los niños pequeños se van a la escuela de su comunidad y los jóvenes se van al colegio que se encuentra cerca de la pista del pueblo. Algunos jóvenes tienen que caminar casi una hora para llegar al colegio.

Los profesores de las escuelas son personas del pueblo. En las escuelas, a parte de las materias comunes como las matemáticas, lenguaje, ciencias naturales, reciben clase de tecnologías indígenas, cosmovisión y otras ciencias relacionadas a la cultura kichwa.

Uyantsa

La fiesta de Sarayaku se prepara durante largo tiempo. Los *chayuk* (dueños y responsables) de las cuatros fiestas, (*lanza, warmi wawa, kari wawa y rusariu mama*) durante dos años, con paciencia y perseverancia, organizan sus actividades para tener listo la *chakra,* la casa, los instrumentos y todas las herramientas necesarias para la realización de las mismas.

A finales de enero, en la *minga* del *yantankichu,* todos los habitantes del pueblo aportan la leña necesaria para poder preparar la chicha y cocinar durante los días del festejo. Los dueños de cada fiesta aprovechan de ese día para pedir apoyo y rogar la participación de hombres y mujeres del pueblo durante todas las ceremonias de la fiesta.

Dos días después, alrededor de 100 hombres parten selva adentro y, descifrando los mensajes y misterios de la naturaleza y de los espíritus de la selva, consiguen lo que les ofrece la Madre Tierra para poder realizar su fiesta. Las mujeres se quedaran en el pueblo, elaborando la chicha y tejiendo las más hermosas cerámicas de barro para brindar la chicha y la comida durante esos días.

A mediados de febrero, en la madrugada, en la playa más cercana al pueblo, sobre el río Bobonaza, suenan los tambores de los hombres, anunciando el inicio del ritual más antiguo del Pueblo Originario Kichwa de Sarayaku la *Uyantza*. Las mujeres, llevando en sus rostros las pinturas tradicionales, símbolo de belleza y de su estrecha relación con la naturaleza, van al encuentro de sus padres, esposos e hijos para brindarles la chicha, símbolo de cariño y bienvenida. Los hombres, pintados de *wituk*, con atuendos y coronas de plumas multicolores, recibirán la bienvenida de sus familiares y lanzan el grito del día de la llegada del *shamunkichu.*

En las casas de los fiesteros, los hombres entregan el fruto de su cacería, símbolo de bondad, solidaridad y ofrenda de la selva, dominio del *Amazanka*. Las mujeres seguirán brindando a todas y todos, la chicha, como símbolo de la fertilidad y abundancia de la Madre Tierra. Durante cuatro días, las festividades siguen, respectando un ritual cultural antiguo de bienvenida, regalos florales, comida comunitaria y despedida con agradecimiento a la naturaleza.

Este ritual sagrado de la *Uyantza* simboliza la vida y reafirma la vigencia y soberanía del Pueblo Originario Kichwa de Sarayaku. Es un acto de unidad y de solidaridad entre pueblos y un agradecimiento al *Amazanka* y a la Madre Tierra, por la bondad y la abundancia que les otorga cada día la naturaleza.

Kawsak Sacha

La selva, para los pueblos originarios amazónicos, es un sujeto vivo, es el *Kawsak Sacha* (selva viviente). Cada espacio, pantanales, montañas, moretales, lagunas, cascadas y árboles, tienen sus dueños. Todos estos sitios son *Llaktas* (pueblos) con poblaciones enteras llamados runas. También son las casas y refugios de los jabalíes, jaguares, pumas, anacondas, runa lagartos etc.

Las montañas y los grandes árboles se intercomunican mediante redes de conductos (en forma de cables telefónicos), por donde los *Supay* (seres de la selva) se movilizan por todos los lugares. Estos son los hogares de *Amazanga, Sacharuna, Yashingu, Juktusupay.*

En las cascadas están las puertas de entrada que se comunican con las lagunas y los ríos grandes por donde transitan los *Yakurunas* y los *Yakumamas,* hasta el río Amazonas.

En los ríos y cochas, los *Yakurunas* son los que conservan la abundancia de la ictiofauna. Cuando el *Yakumama* abandona su morada, el río y las lagunas se vuelven estériles y huérfanos.

Amazanka, dueño de la selva y otros espíritus como el *Sacharuna,* son quienes guardan celosamente esta estructura. *Amazanka,* portador de la sabiduría, de la salud, de la belleza, de la energía vital, es el personaje más significativo y respetado por todos los seres de las selvas y montañas.

Antes de penetrar en el *Kawsak Sacha,* se tiene que buscar un acercamiento y amistad con los amos y dueños. Para tener una buena visión y comunicación con estos seres, se debe estar acompañado de un *Yachak,* o realizar un importante ritual de *sasi* (dieta). El respeto es importante; no se puede hacer necesidades biológicas cerca de las lagunas o montañas; tampoco bulla. No se debe burlarse de los animales, ni desperdiciar los animales cazados. La *Allpa Mama* (tierra) otorga todo, protege, alimenta, mantiene el calor. La tierra y la selva son las que nos dan la energía y el aliento de vida. De ellas vienen la sabiduría, la visión, la responsabilidad, la solidaridad, el compromiso, emociones que mantienen a las personas junto a los suyos, a su familia, a lo que aman y a lo que esperan a futuro, como resultado de sus esfuerzos y norma de vida.

El *Kawsak Sacha* es el espacio donde se elevan las emociones sicológicas, físicas y espirituales vitales de la energía y salud de los pueblos originarios. Al entrar en contacto con los amos y señores de los lugares vivientes, se penetra en el mundo de la sabiduría y en la cosmovisión sublime del aprendizaje metódico.

Todo lo que forma el *Kawsak Sacha* esta entrelazado: la vida misma de los *Yachak* y de los antepasados está inmiscuida en las lagunas, en los árboles, en las montañas. Estas estructuras constituyen cada uno de los órganos del ser humano que laten en las entrañas del *Kawsak Sacha*. Si estas redes son destruidas, el alma muere, al igual que la vida de todos los pueblos.

Todo en el mundo del *Kawsak Sacha* tiene energía y simboliza el espíritu humano con su fortaleza y grandeza. Es el pensamiento interior, el alma y la vida son uno solo con la *Pachamama*.

Yachak Runa - Tawakuyuk

En tiempos pasados, dos hermanos decidieron iniciar el camino del aprendizaje del *Yachay*. Para eso pidieron a *Tayak Likuatiki*, un gran sabio poderoso, les transmita su sabiduría. Los dos hermanos se sometieron a las reglas del aprendizaje, se apartaron totalmente de la gente. La regla principal era entrar en dieta, evitar todo tipo de alimentos que generen cambios en el cuerpo y en el alma. El cuerpo debía estar con el mismo aliento y olor que las plantas: olor a selva.

Un día, la esposa de uno de los hermanos se acercó discretamente a la zona restringida. Al observar el estado raquítico de su esposo se apiadó y al instante preparó un pescado, lo asó en las cenizas de la brasa. Dio de comer al esposo que estaba en prueba y estudio de la sabiduría.

Casi al final del período de estudio, una de las últimas pruebas fue tomar la chicha mejor preparada, mezclada con sumo de tabaco, como regalo por el logro de las capacidades por parte de los dos jóvenes. *Likuatiki* se dio cuenta que uno de estos jóvenes había fracasado.

En la prueba final, uno de los hermanos, al saltar a las vigas de la casa, se transformó en el *Yanapuma* (pantera negra). Era el éxito. Mientras el otro hermano, al saltar se transformó en un pequeño tigrillo llamado *alkurunpuma* (puma de algodón), sin lograr el éxito. Actualmente, es un tigrillo que se considera portador de dolor y tristeza.

Para ser un *Yachak*, es necesario cumplir con las reglas más fuertes: el dominio sicológico, físico, emocional, conocer el mundo de la naturaleza, de los espíritus de la selva, del *Amazanka*, del cosmos.

El *Yachay* hace el bien a la gente, cura al enfermo, devuelve la felicidad al triste, da vida al infeliz. Pocos han llegado a la cima del árbol del medio, un árbol gigantesco coloreado de flores, árbol que simboliza la sabiduría la vida de los *Yachaks* y de la tierra.

Vida organizativa

Ancestralmente, los *kichwas* de Sarayaku estaban organizados en *Ayllus* (familias ampliadas) estrechadas por matrimonios que resultaron en alianzas. Los *Kurakas* eran autoridades de cada comunidad. Estos *Kurakas* eran mayoritariamente *Yachak* (chamanes), por su dominio del conocimiento y la comunicación con el mundo natural eran respetados por los ayllus.

Antaño, no había un asentamiento con administración comunal o centros poblados como en la actualidad, sino un pueblo asentado en diversas posiciones que se movilizaba de un lugar a otro. El *Kuraka* organizaba *minga*s para abrir caminos que conducían a residencias de familias. La reunión de *ayllus* tomaba decisiones para enfrentar amenazas, aceptar o no la presencia de extraños y las alianzas con otros pueblos hermanos.

Esta forma de organización permitió a los Kichwas de Sarayaku sostener su resistencia. Sin embargo, las estrategias de los misioneros, la colonización, y la invasión a su territorio por parte de caucheros, buscadores de oro y de petróleo, obligaron al establecimiento de una Llakta (Pueblo asentado con Iglesias y casas administrativas permanentes).

En 1979 se adoptó por primera vez una organización más estructurada, incorporándola al sistema occidental a través de un estatuto inscrito en el Ministerio de Bienestar Social. En esta nueva organización se integraron nuevas formas de autoridades, como el presidente, vicepresidente, secretario y vocales. Este nuevo estatus organizativo se llamó CAS (Centro Alama Sarayaku). El término 'Alama' fue inventado por un obispo misionero que al escuchar aquella forma de expresión para comunicarse, adoptó este nombre. Por décadas los han llamado 'Los Alamas'. Esta palabra en realidad es utilizada por los hombres para llamarse entre ellos o llamar la atención, como una palabra afectuosa y rápida que significa hermano.

En 2004 se establece una nueva estructura, con su autoridad *Tayjasaruta*. Esta nueva forma de organización se fundamenta en el ejercicio de un sistema de gobierno Kichwa y la constitución de una institucionalidad con órganos de autoridad propia. En este marco, se elimina el nombre de COMUNIDAD y se reafirma el término PUEBLO, que es inquebrantable. Actualmente en Sarayaku hay un gobierno mixto integrado por el sistema presidencial y los *Kurakas* de cada sector comunitario.

El *Sumak Kawsay*

Para los habitantes de Sarayaku, el *Sumak Kawsay* (buen vivir) significa tener un territorio sano sin contaminación, una tierra productiva y abundante en recursos naturales que asegura la soberanía alimentaria. Es tener una organización propia, sustentable y libre, en armonía con los conceptos de desarrollo del pueblo kichwa de Sarayaku. El *Sumak Kawsay* es también, saber y practicar el conocimiento ancestral, mantener las prácticas, costumbres tradicionales y fortalecer su identidad propia.

Los tres ejes principales del *Sumak Kawsay* son: *Sumak Allpa* (Ambiente, Recursos Naturales); *Runakuna kawsay* (Economía, política, social, servicios básicos); y *Sacha Runa Yachay* (Sabiduría, tecnología propia, conocimiento).

Río de maíz o pozo petrolero[1]

El Gobierno de Correa indemnizó a la petrolera CGC, con U$ 18.5 millones. Mientras que, por sentencia de la Corte IDH, las víctimas recibieron U$ 1.3 millones.

El año 2003, José Serrano tomaba chica con los Wio de Sarayaku, *el 2014 los acusó de paramilitares y secesionistas.*

Galo Chiriboga y José Serrano, ministro y viceministro de Minas y Petróleos, posan junto a Dionicio Machoa presidente de Sarayaku, Nina Siren Gualinga y otros dirigentes indígenas. Agosto de 2007, Sarayaku.

En un hecho sin precedentes, dos años después de que fuera obligado por la Corte Interamericana de Derechos Humanos (Corte IDH) a través de sentencia de junio de 2012, el Estado ecuatoriano asumió su obligación de ofrecer disculpas al emblemático pueblo kichwa de Sarayaku, por la violación a los derechos humanos cometidos durante la operación petrolera en el bloque 23, a cargo de la Compañía General del Combustibles (CGC). Aunque ese compromiso institucional le correspondía al presidente Rafael Correa, éste no lo hizo. Entre los motivos se podrían contar muchos, en especial que Sarayaku es un pueblo disidente con el extractivismo. La representación oficial en el evento del 1 de octubre de 2014, la asumieron varios ministros y el Procurador del Estado. Las disculpas se dieron en momentos en que aún estaban frescas las amenazas de militarización, y las altisonantes acusaciones de paramilitarismo y secesionismo en contra del Pueblo del Mediodía.

Desde el año 1996, en que se concesionó el bloque 23, hasta el 2014, el pueblo de Sarayaku, inspirador del Sumak Kawsay, ha visto desfilar por su territorio–armados de torres petroleras- a ocho Gobiernos, siete de sello neoliberal y uno autoproclamado socialista. Todos ellos han actuado al ritmo de un similar libreto, en el cual la explotación del *estiércol del diablo* (petróleo) ha sido el motivo y la razón de su modelo económico.

Pero, es en el gobierno de Rafael Correa, donde la presión del extractivismo y el acoso al pueblo, subieron de tono. Los hechos se cuentan solos: mientras las víctimas (Sarayaku) recibieron del Estado una indemnización U$ 1.3 millones, los victimarios, la petrolera CGC "fue premiada" con U$ 18.5 millones el año 2010; además, se suma el "desacato" a la sentencia de la Corte al haber impulsado la XI ronda petrolera y la concesión del bloque 79 a la empresa china Andes Petroleum en territorio Sarayaku, nuevamente sin consulta previa; y, finalmente, los crispados episodios registrados en mayo de 2014, cuando la comunidad debió enfrentar las amenazas gubernamentales de incursión armada, para detener al legislador Cléver Jiménez, al periodista Fernando Villavicencio, y al dirigente médico Carlos Figueroa, protegidos por el pueblo frente al desacato de las medidas cautelares emitidas por la CIDH.

Historia de una incursión extractiva

Desde los años treinta del siglo pasado, el pueblo de Sarayaku ha sufrido varias incursiones petroleras en su territorio ancestral. La primera fue en 1930, por la multinacional Royal Dutch Shell; la segunda en 1970, a cargo de la compañía norteamericana Amoco; la tercera en 1989, por la transnacional estadounidense Arco Oriente; y, la cuarta, en 1996, encabezada por la argentina Compañía General de Combustibles CGC.

La primera actividad fue la ejecución de sísmica, una de las prácticas más intrusivas contra la biodiversidad. Pese a que el Ecuador ha sido suscriptor de convenios internacionales que prohíben actividades extractivas en territorios indígenas -instrumentos que obligan a realizar consultas a las comunidades- estas compañías ingresaron sin consultar al pueblo. En el caso particular de Sarayaku, desconocieron el título de propiedad colectiva otorgado en el año de 1992 por el Gobierno de Rodrigo Borja.

Resistencia a CGC

En el Gobierno de Sixto Durán Ballén, en el marco de la octava ronda petrolera (Agosto de 1996), se firmó el contrato de participación para la exploración y explotación de petróleo en el bloque 23, entre la empresa estatal Petroecuador y la Compañía General de Combustibles (CGC) de nacionalidad argentina. El 85% del mencionado bloque estaba sobre territorio kichwa, del cual más del 60% pertenece al pueblo Sarayaku, el 25% a otras comunidades kichwas, y el 15% restante involucraba a los territorios de los pueblos Achuar y Shuar. Previo a la firma del contrato, no se consideró la obligación de realizar un proceso de consulta y participación a las comunidades.

De acuerdo con la Ley de Hidrocarburos, en los contratos de participación, el riesgo exploratorio lo asume la compañía privada. Esto implica que, si en la fase de exploración no se detectan reservas de petróleo comercialmente explotables, se revierten al Estado todas las áreas concesionadas, sin ninguna indemnización. La misma Ley establece un período de 4 años para la fase de exploración, tiempo que solo podrá ser ampliado por 2 años adicionales, previa justificación calificada por el Ministerio de Recursos Naturales, a esa época de Energía y Minas. Es decir CGC debió concluir la fase exploratoria en el año 2001, y presentar el Plan de Desarrollo, sin embargo, como se verá más adelante, apenas ejecutó un 29% de los trabajos.

Pese a esta situación, en el Gobierno de Gustavo Noboa, se autorizó la ampliación del período de exploración por 2 años adicionales -ignorando, además, los incumplimientos contractuales ya señalados- el que la compañía CGC se encontrara inmersa en una condición de inminente quiebra económica y financiera en Argentina, lo cual era suficiente causal de extinción contractual.

Durante el gobierno interino de Fabián Alarcón, la compañía CGC en consorcio con la petrolera San Jorge (luego "Chevron-Burlington"), suscribieron un contrato con la consultora Walsh Environmental Scientists and Engineer, para la realización del Estudio de Impacto Ambiental EIA. En el EIA se dice que "es necesario puntualizar que con excepción de un área donde se nos negó el acceso la mayoría de las regiones fisiográficas y tipos de bosques identificados con las imágenes de satélite fueron visitados durante la visita de campo". Según información del ministerio de Energía y Minas, el estudio de impacto ambiental no llegó a ejecutarse.

En 1999, en el Gobierno de Jamil Mahuad, CGC subcontrató para el manejo de las relaciones comunitarias, a una cuestionada compañía de servicios petroleros, Daymi Services, la cual ha sido en varias ocasiones acusada de prácticas de desestructuración de comunidades indígenas en la región amazónica. A decir de los dirigentes kichwas, la empresa hizo lo que sabía: cooptar dirigentes de otras comunidades, dividir a las organizaciones y generar enfrentamientos con el pueblo de Sarayaku.

Ya en el Gobierno de Lucio Gutiérrez, noviembre de 2002, frente al ingreso de trabajadores petroleros protegidos por grupos armados, y a la siembra de pentolita (explosivos) para la sísmica, el pueblo Sarayaku se declaró en *estado de emergencia*. En este contexto la dirigencia desarrolló una campaña de comunicación alertando a la comunidad nacional e internacional sobre los peligros a los que está sometido el pueblo kichwa y exigiendo la salida de la compañía.

Fueron 476 puntos en los territorios de Sarayaku y del pueblo Achuar, donde CGC colocó cargas de pentolita, un explosivo de alto poder. En total existen hasta la fecha 1433 kilos (casi tonelada y media) de explosivos sembrados a 12 metros de profundidad, y una cantidad no determinada en la superficie de la selva, en sus lugares de caza, en sitios donde niños y jóvenes transitan en busca del sustento.

Destrucción de sitios sagrados

Del texto de la sentencia se desprende que en julio de 2003, CGC destruyó al menos un sitio de especial importancia en la vida espiritual de los miembros del Pueblo Sarayaku, en el terreno del Yachak Cesar Vargas. Los hechos fueron registrados por el Notario Primero de Puyo en los siguientes términos: "En el punto denominado PINGULLU, se había destrozado un árbol de aproximadamente veinte metros de longitud por un metro de espesor, cuyo nombre es LISPUNGU. [...] Al caer la noche [...], nos entrevistamos con el anciano Shaman Cesar Vargas [...] quien manifestó [...]: Que empleados de una compañía petrolera habían ingresado a su bosque sagrado en PINGULLU y destrozaron todos los árboles ahí existentes en especial el gran árbol del Lispungu, lo que le ha dejado sin la fuerza para obtener su medicina para curar las enfermedades de sus hijos y familiares".

De igual forma se advierte que la empresa abrió trochas sísmicas, habilitó siete helipuertos, destruyó cuevas, fuentes de agua, y ríos subterráneos, necesarios para consumo de agua de la comunidad; taló árboles y plantas de gran valor medioambiental, cultural y de subsistencia alimentaria de Sarayaku. Tampoco fue rebatido por el Estado la entrada de helicópteros que destruyeron parte de la denominada montaña Wichu kachi, o "saladero de loras", lugar de gran valor para la cosmovisión del pueblo Sarayaku. Los trabajos de la petrolera ocasionaron la suspensión, en algunos periodos, de actos y ceremonias ancestrales culturales del pueblo, tales como la Uyantsa, su festividad más importante que tiene lugar cada año en febrero, y la línea sísmica pasó cerca de lugares sagrados utilizados para ceremonias de iniciación de joven a adulto.

La represión a Sarayaku

El 20 de noviembre de 2002, se presentó una denuncia ante la Defensoría del Pueblo, y el 28 del mismo mes la entidad emitió una resolución, estableciendo las obligaciones de las autoridades civiles y militares de respetar a los habitantes de Sarayaku. Previo a ello, el día 21 de noviembre, la CGC pretendió ingresar por la fuerza a territorio Sarayaku, en ese evento, 25 trabajadores de la compañía fueron expulsados en el sector de Kapawari, Shanshan, Wichucahi, por abrir campamentos sísmicos y cortar abusivamente árboles gigantes. Al día siguiente, la CCG ingresó nuevamente personal al territorio Sarayaku, quienes fueron retenidos por la comunidad.

La Organización de Pueblos Indígenas de Pastaza (OPIP), en representación de las 11 asociaciones del pueblo Kichwa, presentó un recurso de amparo en contra de CGC y Daymi Services. El trámite fue aceptado y el Juez convocó a una audiencia pública con la comparecencia de los demandados. En la misma resolución el Juez ordenó que se "suspenda cualquier acción que afecte o amenace los derechos que son materia del reclam*o*". Es decir, dispuso la suspensión de las actividades de exploración dentro del Bloque 23.

En franca violación de la resolución de la Defensoría del Pueblo y la providencia del Juez, en diciembre de 2002, CGC ingresó al territorio de Sarayaku a continuar con los trabajos de sísmica, contando para ello con grupos armados y la protección de las Fuerzas Armadas y la Policía, procediendo a la apertura de nuevos campamentos, esta vez en el centro del territorio de Sarayaku, provocando nuevos enfrentamientos con los pobladores. Un hecho doloroso se registró el 12 de enero de 2003, entre comuneros de Pacayaku y Sarayaku que dejó herido de bala a Santiago Santi. Todo esto durante el gobierno de Lucio Gutiérrez.

"No había descanso, vivíamos en estado total de movilización y acecho", cuentan quienes resistieron en esa época. Fue así que el 25 de enero de 2003, alrededor de veinte y cinco kichwas de Sarayaku llegaron a la base de la petrolera y pidieron a los trabajadores que desalojen su territorio. Entre ellos se cuentan Elvis Gualinga, Marcelo Gualinga, Reinaldo Gualinga y Fabián Grefa, quienes fueron detenidos de forma violenta y agredidos: "los militares nos apuntaron con fusiles y nos amarraron como animales hasta unirnos las piernas y brazos por la espalda", señalaron.

Según relatan los kichwas, personal de las Fuerzas Armadas atacaron el campamento de Sarayaku, ubicado en el sector denominado Tiotihuallí, Huiracaspi, en la dirección del Río Santiago, la gente de la comunidad fue apresada y posteriormente recluida en la cárcel del Puyo. Según información de los detenidos, los militares ingresaron lanzando bombas lacrimógenas. Las personas que estuvieron en la cárcel cuentan que fueron amarradas y vendadas, para posteriormente ser entregadas al campamento de la CGC y, cuando llegaron allí, fueron insultados y golpeados por parte de personal de CGC, antes de entregarlos a la policía.

Mientras la dirigencia de Sarayaku mantenía una reunión con el presidente Lucio Gutiérrez, el 30 de enero de 2003, el Ejército realizaba otra incursión al territorio indígena, según se registra en la amplia documentación reportada a la CIDH. Algo que hasta hoy la dirigencia de Sarayaku lo logra explicarse es cómo mientras su pueblo era agredido, altos militantes de Pachakutik, ostentaban cargos representativos en el gobierno de Lucio Gutiérrez. Entre las principales cuotas de poder figuraban: el actual asambleísta de PAIS, Virgilio Hernández, quien fue Subsecretario de Gobierno y Policía; el exalcalde de Quito por Alianza PAIS, Augusto Barrera, en ese entonces Secretario de Planificación y Diálogo de la Presidencia; Doris Soliz, quien ocupó el Ministerio de

Turismo; Rodrigo Collahuazo, representante de Gutiérrez al Fondo de Inversión FISE; Fernando Buendía, asesor del Ministerio de Finanzas, entre otros.

Durante este mismo año, el ministro de Energía y Minas, Carlos Arboleda, aceptó el pedido de fuerza mayor solicitado por la contratista, preparando de esa forma el terreno jurídico para los posteriores reclamos de indemnización económica de CGC, petición que finalmente se acordó en noviembre de 2010 bajo la administración del Ministro Wilson Pastor. Arboleda, quien posteriormente estuvo preso en la Penitenciaría del Litoral, fue amnistiado durante el gobierno de Rafael Correa, y desde entonces se presenta como su aliado.

La CIDH, el único camino

Ante la evidente inacción de la justicia nacional, Sarayaku puso la mirada en la Comisión Interamericana de Derechos Humanos CIDH. En abril de 2003, la OPIP y la Asociación de Sarayaku, con el apoyo del Centro por la Justicia y el Derecho Internacional (CEJIL), el Centro de Derechos Económicos y Sociales (CDES), y la asesoría de José Serrano Salgado, solicitaron al organismo de la OEA, la adopción de medidas cautelares, de conformidad con el artículo 25 del Reglamento de la Comisión, para proteger el derecho a la vida, la integridad personal, el debido proceso, la propiedad de la comunidad indígena, así como garantizar la integridad de los dirigentes Franco Viteri, José Gualinga, Marlon Santi y Cristina Gualinga. A esa fecha también estaba vinculado al CDES, Patricio Pazmiño, actual presidente de la Corte Constitucional.

Durante una entrevista realizada en radio La Luna, en octubre de 2003, por Francisco (Paco) Velasco, al entonces asesor jurídico de Sarayaku, José Serrano, éste condenó las pretensiones de militarizar el territorio kichwa, y exigió el respeto a las medidas cautelares emitidas por la CIDH:

> PV: ¿A usted le preocupa estas expresiones de Gutiérrez de que va a militarizar la zona?

JS: Definitivamente las últimas declaraciones del presidente durante la inauguración del túnel, Baños-Puyo no solamente amenazan a Sarayaku sino además a todas las nacionalidades indígenas.

PV: ¿Gutiérrez nombró la palabra Sarayaku?

JS: Si, eso está grabado. El manifestó que llegó a un acuerdo y que la empresa CGC ingresará nuevamente en un programa de exploración petrolera desde diciembre. Y si es necesario ingresará con la fuerza pública. Pero vale mencionar y tener en cuenta que en mayo de este año la Comisión Interamericana de Derechos Humanos (CIDH) un órgano judicial interamericano, dictó tres medidas cautelares a favor de Sarayaku. Una es que el Estado debe ser responsable de vigilar por la integridad física y síquica de los habitantes y dirigentes de Sarayaku. Otra es investigar las torturas e intentos de violación que se dieron a finales de enero del 2003. Tanto las torturas por parte de militares que ingresaron a la zona que están documentadas, como los intentos de violación por parte de unos empleados de la compañía CGC.

Gobierno de Correa indemniza a CGC

El pueblo de Sarayaku tuvo confianza de que un gobierno como el de Rafael Correa, inspirado en el Sumak Kawsay, un principio florecido en Sarayaku, haría respetar las medidas cautelares y provisionales de la CIDH. Llenos de entusiasmo sus dirigentes, de la mano de la Fundación Pachamama, asistieron a la invitación para la posesión del Presidente revolucionario. El regocijo duraría pocos meses.

Apenas posesionado como ministro de Minas y Petróleos, en septiembre de 2007, Galo Chiriboga Zambrano, junto a su Viceministro José Serrano, visitaron la comunidad de Sarayaku. Allí, entre abrazos y recuerdos de aquellos tiempos en que la chicha fraternizaba la resistencia al gobierno de Lucio Gutiérrez, los dos funcionarios reconocieron las medidas cautelares y provisionales y aceptaron impulsar acciones para "el retiro de la pentolita". En la reunión, la comunidad también solicitó que se declare la caducidad del contrato con CGC, considerando varios argumentos jurídicos, entre los cuales se destacan: violación de los derechos humanos; incumplimiento de la cláusula contractual que obligaba a obtener el permiso de la comunidad antes de ingresar a su territorio; y, vencimiento del plazo contractual en la fase de exploración (agosto 2001).

El destino de Galo Chiriboga en el sector petrolero estuvo marcado. En octubre de 2008, luego de la firma del "mejor contrato de la historia", con la canadiense Ivanhoe, debió abandonar el cargo y pasar algunos meses fuera del escenario oficial. Lo sucedió Derlis Palacios, aunque José Serrano, siguió en el cargo de Viceministro hasta agosto de 2009.

En mayo de ese año, desconociendo el compromiso adquirido por Chiriboga, el ministro Derlis Palacios dispuso a CGC *el inmediato reinicio* de las operaciones en el bloque 23, dentro del territorio Sarayaku. Es decir, retomar las actividades de sísmica en el territorio ancestral del pueblo indígena, pese a contar con medidas cautelares y provisionales de la CIDH y la Corte IDH, respectivamente. En respuesta, la dirigencia indígena aseguró que la disposición de Palacios era arbitraria e inconsulta.

Las disposiciones de Derlis Palacios, de reiniciar las operaciones de sísmica en el territorio indígena, solo quedaron en eso. El gobierno ignoró cualquier posibilidad de caducidad contractual con CGC, por el contrario avanzó en un proceso de acuerdo con los representantes de la compañía, en particular con Gonzalo González Galarza, un nombre que figura en otros cuestionados contratos, como apoderado y representante de Técnicas Reunidas, Petrobras y Trafigura.

Finalmente, el 19 de noviembre de 2010, apenas a un mes del vencimiento del plazo para el cambio de modalidad contractual de Participación a Prestación de Servicios, previsto en la reforma a Ley de Hidrocarburos, Petroecuador firmó con la empresa CGC un Acta de Terminación por mutuo acuerdo del contrato de participación del bloque 23, a través del cual se indemnizó a la compañía con U$18.5 millones. Según la Corte Interamericana, el pueblo Sarayaku no fue informado de los términos de la negociación que sostenía el Estado con la empresa CGC, ni de las condiciones en las que se celebró el Acta. Según los términos del Acuerdo, en la cláusula 8.4 las partes (Petroecuador y CGC) "aceptan y ratifican que no existe ningún pasivo ambiental" en el área de concesión atribuible a la contratista. Algo que para la dirigencia de Sarayaku constituye una burla al Ecuador.

Los gobiernos de Lucio Gutiérrez, Alfredo Palacio y Rafael Correa, contaban con argumentos jurídicos de peso para proceder con la terminación del contrato a través de varios mecanismos que le facultaba la Ley de Hidrocarburos, como la nulidad o caducidad. Partiendo de que la compañía CGC hasta el año 2003, en que se aprobó un cuestionado "estado de fuerza mayor", apenas ejecutó un 29% de los planes de exploración, siendo esta una de las causas de caducidad contractual. Pero, otra razón de peso, era el estado económico y financiero de la compañía, la cual fue sometida a un proceso legal de quiebra en Argentina, como se demostró en la comparecencia del ministro Carlos Arboleda, al Congreso Nacional el año 2003, cuando el entonces legislador de Pachakutik, Ricardo Ulcuango, demostró que CGC era una empresa quebrada, que había violado la normativa nacional y el Convenio 169 de la OIT, por lo que, debía terminarse el contrato de participación.

Garantía de no repetición

La "garantía de no repetición" es como se denomina en la sentencia de la Corte IDH a la prohibición de que el estado incurra nuevamente en los delitos sancionados, esta quedó claramente definida en el fallo. Es más, el Tribunal anunció que fue informado por los demandantes "sobre una convocatoria a una nueva licitación petrolera en el Centro-Sur de la Amazonía ecuatoriana, en las provincias de Pastaza y Morona Santiago. En particular, se alegó que "... en el suroriente de la Amazonía estarían por ser explotados al menos ocho bloques que incluyen la provincia de Pastaza y que la nueva ronda de licitaciones incluiría el territorio de Sarayaku".

Además, se informó de la firma de un contrato modificatorio en el Bloque 10 con la compañía Agip, cuya área incorpora 80.000 Ha. del bloque 23, el campo Lumbiquiti. "Esto afectaría el territorio de comunidades Kichwas de la cuenca alta del Bobonaza y a la Asociación Achuar de Shaime, así como una porción del territorio de Sarayaku", señala la sentencia.

Al respecto, la Corte recuerda que el Secretario Jurídico de la Presidencia de la República, Alexis Mera, al reconocer la responsabilidad del Estado en este caso, manifestó: [...] no habrá explotación petrolera aquí mientras no haya una consulta previa [...] No hay una nueva ronda que se inicie mientras no haya una consulta informada. [...] no vamos a hacer ninguna explotación petrolera a espaldas de las comunidades, sino con el diálogo que habrá en algún momento, si es que decidimos iniciar la explotación petrolera [...] aquí. No va a haber ningún desarrollo petrolero sin un diálogo abierto, franco; no un diálogo hecho por la petrolera, como siempre se ha acusado. Nosotros hemos cambiado la legislación para que los diálogos sean desde el gobierno y no desde el sector extractivo [...].

Respecto a este punto, la Corte dispuso que como garantía de no repetición: "... en el eventual caso que se pretenda realizar actividades o proyectos de exploración o extracción de recursos naturales, o planes de inversión o desarrollo de cualquier otra índole que impliquen potenciales afectaciones al territorio Sarayaku o a aspectos esenciales de su cosmovisión o de su vida e identidad culturales, el Pueblo Sarayaku deberá ser previa, adecuada y efectivamente consultado, de plena conformidad con los estándares internacionales aplicables a la materia". Una disposición que ha sido ignorada por el Gobierno, según lo señala Patricia Gualinga, dirigente de Sarayaku.

El bloque 79 es parte de los 13 bloques petroleros en proceso de concesión dentro de la XI ronda petrolera. En el marco de este proceso, en el 2012 se decretó el "Reglamento para la Ejecución de la Consulta Previa Libre e Informada en los Procesos de Licitación y Asignación de Bloques Hidrocarburíferos", conocido como

Decreto 1247. Según el gobierno este decreto cumple con la reparación que ordena la Corte Interamericana, sin embargo Viviana Kristicevic, directora ejecutiva de CEJIL, sostiene que el mismo no cumple con los estándares establecidos por la Corte, además de no haberse garantizado la participación de las comunidades. Para Mario Merlo, abogado de Sarayaku, la consulta previa por tratarse de un derecho debería estar regulada por una ley y no por un decreto.

La XI ronda atraviesa por una serie de inestabilidades técnicas, económicas y jurídicas. Aunque el gobierno pretenda responsabilizar de su fracaso a la Fundación Pachamama, y la dirigencia de Sarayaku, hay complicidades que afloran desde adentro. A saber, el arquitecto de la política petrolera del régimen, Wilson Pástor, acudió al confesionario y reconoció ser el autor de los fracasos. En una carta remitida a Rafael Correa el año 2013, enlistó sus errores: el proceso fracasó por la ausencia de reservas comercialmente explotables; por la presencia de crudos pesados y extra pesados; la falta de oleoductos para la evacuación; por un modelo de contrato de prestación de servicios incompatible con la realidad petrolera internacional; y, por varios litigios judiciales con la mayoría de petroleras. Sin embargo, el régimen centralizó las culpas sobre los sectores ambientalistas, en una auténtica *vendetta* judicial y política.

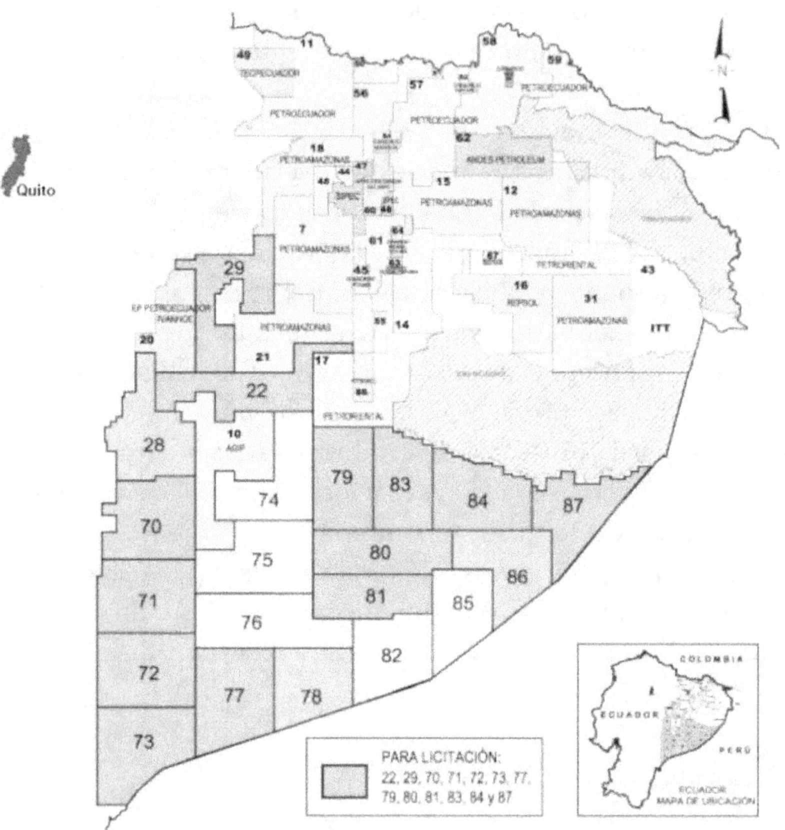

Mapa petrolero de la Región Amazónica Ecuatoriana RAE

Nota

1. Texto originalmente publicado en PlanV. Autor: Fernando Villavicencio V.

Justicia: "maliciosa y temeraria"

Antonio Imbert B.

Que el Fiscal llame a todos los testigos, olicite al juez declarar maliciosa y temeraria esta patraña

Rafael Correa, enlace 236, La Troncal, septiembre 2011.

Caupolicán lo presentó como injuria cualquiera.

Alexis Mera, marzo 2014.

Le he dicho (a Rafael) tu principal mal,
el que te va a llevar a la cárcel se llama Alexis Mera

Fabricio Correa Delgado.

Galo Chiriboga, Rafael Correa y Alexis Mera. La troika judicial.

La denuncia del 30S

A la luz de un silencio impregnado de complicidad que envolvió al país durante casi un año, el 4 de agosto de 2011, Cléver Jiménez, Fernando Villavicencio y Carlos Figueroa deciden presentar a la Fiscalía una denuncia para que se investiguen los hechos del 30 de septiembre de 2010 en el Hospital de la Policía Nacional de la ciudad de Quito. Como consecuencia de la intervención armada para rescatar al presidente de la República, quien se sabía secuestrado en la citada casa de salud, resultaron muertos y heridos: civiles, militares y policías. En su calidad de comandante general de las Fuerzas Armadas, el presidente, ordenó su rescate del hospital donde se encontraban decenas de civiles indefensos.

A menos de un mes de presentada la denuncia, el 3 de septiembre de 2011, el presidente utilizó el enlace sabatino 236 realizado en La Troncal, provincia del Cañar, para enviar una orden al recién bautizado fiscal Galo Chiriboga; a la Corte de Justicia; y a la Asamblea Nacional: <<que el Fiscal llame a todos los testigos, solicite al juez declarar maliciosa y temeraria esta patraña. Con eso podemos declarar a los dos cómplices de ese asambleísta que no tiene inmunidad (...)>>

Más claro no canta ni el gallo de la Catedral. De ahí en adelante, el libreto de la sabatina fue fielmente acatado: la *justicia* debía inferir a favor del líder de la Revolución Ciudadana.

El volumen y el contenido de las expresiones del presidente en la sabatina del 3 de septiembre no eran sino un anticipo de lo que, dos días después, estremecería al Ecuador entero. El 5 de septiembre de 2011, Rafael Correa, anunció su *metida de mano en la justicia* y suscribió el decreto 872, declaró el estado de excepción en el sector judicial, escenario en el cual se reestructuraría la Función Judicial, y se impulsaría una millonaria inversión en infraestructura[1]. Ese constituyó el punto de inflexión de la historia judicial del Ecuador: empezó a experimentar un giro radical.

Malicia y temeridad

A los nueve meses de incubada la fase indagatoria, el engendro estaba listo para ver la luz. El Fiscal Chiriboga emitió el dictamen de desestimación de la denuncia, por considerar que no existían elementos de convicción para la formulación de cargos, en consecuencia, solicitó a la Corte de Justicia su archivo definitivo y la calificación de *maliciosa y temeraria*. Respuesta más precisa y obediente al mandato de Carondelet, no podía salir sino del pulso de *tío* Galo, como lo llama Fabricio Correa.

La recepción de varios testimonios de funcionarios del Gobierno sirvió de simulacro para dibujar un telón de supuesta legitimidad procesal. Ciertamente, Chiriboga no evacuó las diligencias solicitadas por los denunciantes, tendientes al esclarecimiento de los hechos, como: desclasificar los documentos reservados; determinar quién ordenó disparar al hospital; quién dispuso la limpieza de la escena del crimen; establecer el tipo de proyectiles que acabaron con la vida de varios uniformados, entre otros peritajes.

Tratándose de delitos de acción pública, no debía pedir el archivo definitivo del caso sin antes haber agotado todas las diligencias investigativas, considerando además que, de acuerdo con el artículo 80 de la Constitución, las acciones y penas por presuntos delitos de lesa humanidad y crímenes de guerra, son imprescriptibles. Con esta actitud, Chiriboga estaba demostrando lealtad a quien le puso en el cargo y desafiando el Estado de Derecho, en una clara y abierta parcialización a favor de su pariente y excliente: Rafael Correa.

Se debe recordar que Galo Chiriboga actuó como abogado de Correa en el juicio en contra del Banco del Pichincha, situación que entraba en contradicción con lo dispuesto en el artículo 67, literales b y e del Código de Procedimiento Penal, y el artículo 11 del Código de Ética de la Fiscalía, que textualmente dice: <<El Fiscal debe excusarse o puede ser recusado, b) cuando hubiere sido abogado de alguna de las partes, e) cuando asuma el conocimiento de causas en que intervengan o tengan interés sus amigos íntimos o enemigos manifiestos>>.

Además, Chiriboga fue ministro de Minas y Petróleos y embajador del Ecuador en España. Esta relación muy estrecha de amistad y parentela, con seguridad llevó al Fiscal a actuar con una total falta de independencia e idoneidad, como se lo advirtió oportunamente, al momento de impugnar su nombre como aspirante a Fiscal.

Es más, en conocimiento de que dos de los denunciantes, Cléver Jiménez y Fernando Villavicencio, fueron quienes impugnaron su candidatura ante el Consejo de Participación Ciudadana, -a quienes los considera públicamente sus enemigos-, por elemental comportamiento ético y como dispone la normativa, Chiriboga debió excusarse.

Un Conjuez continúa con el guión

La autoridad judicial que se prestó para consumar la orden correísta fue Richard Villagómez Cabezas[2], escogido Conjuez en el cuestionado proceso de selección de magistrados de la Corte de Justicia, reestructurada bajo estado de excepción.

En la audiencia pública -donde los actores oficiales no podían esconder sus pactos-, Villagómez, bautizaba su flamante terno color plata, sellando la petición de archivo propuesta por Chiriboga, quien acudió ese día, de la mano de Cecilia Armas. Completó el dictamen, al calificar la denuncia de 'maliciosa y temeraria', como @MashiRafael[3] lo ordenó el 3 de septiembre de 2011, en la sabatina de la Troncal.

El procedimiento a la carta, del flamante Conjuez, ha generado comentarios en el ambiente académico en el sentido de que éste debió reprobar la cátedra de derecho penal, en la cual enseñan que, según el artículo 494 del Código Penal, el Juez solo en *juicio* podrá establecer la *malicia y temeridad* de una denuncia. De forma insólita, Villagómez determinó la *malicia y temeridad* sin que se permita probar las acusaciones en un juicio, como dispone la normativa y el sentido común. Como si esto no fuera suficiente, en la misma sentencia en la cual dispuso el archivo definitivo de la denuncia, Villagómez pidió al Fiscal disponga la desclasificación de los documentos militares reservados del 30S. Es decir, por adelantado condenó a los denunciantes fuera de juicio, y recién pidió que se practique, al menos una de las diligencias que los denunciantes exigían. Indudablemente, es muy peligroso mezclar la ignorancia con la vileza.

Empieza la venganza

Con base a este írrito fallo judicial, Rafael Vicente Correa Delgado emprendió la venganza en contra de los tres denunciantes. Con el patrocinio jurídico de Caupolicán Ochoa[4] -un abogado que exhibe su hoja de vida como piel de leopardo-, formalizó la acusación particular ante la Corte Nacional de Justicia, los acusó de ser los autores del delito tipificado y sancionado por el artículo 494 del Código Penal. Una acción para enmarcar. Tanto así que el propio Asesor Jurídico de la Presidencia, Alexis Mera, considera que Ochoa presentó mal la querella, lo hizo como *injuria cualquiera*. Indisputablemente, con abogados así, se precisan jueces polímeros.

Con la puntería del troyano Paris, el sorteo de la querella recayó en la jueza Lucy Blacio Pereira, quien, el 15 de agosto de 2012 dio inicio al juicio penal en contra del legislador Cléver Jiménez y sus dos compañeros, sin solicitar autorización a la Asamblea Nacional, como lo dispone el artículo 128 de la Constitución. A más de la referida norma constitucional, Blacio también desconoció el artículo 172 de la misma Carta, que dispone: <<Las juezas y jueces administrarán justicia con sujeción a la Constitución, a los instrumentos internacionales de derechos humanos y a la ley>>. De esta forma, la flamante jueza corroboró que en sus disposiciones se condensaban los intereses del Primer Mandatario. Pocos días antes, la misma jueza se bautizó en la Corte, declarando la nulidad de uno de los casos emblemáticos de corrupción petrolera: el caso Palo Azul[5].

La acción de la jueza Lucy Blacio[6], de calificar la querella sin solicitar la autorización a la Asamblea Nacional para enjuiciar penalmente a un legislador, es sancionada por el artículo 217 del Código Penal: <<En iguales penas incurrirán los jueces y demás

empleados que procedieren del modo que indica el artículo anterior respecto de los senadores y diputados, mientras gozan de inmunidad, salvo el caso de delito flagrante previsto en la Constitución>>. Para aquellos funcionarios judiciales que incurrieren en el delito anterior, el artículo 216 del mismo cuerpo legal, establece:

> Serán reprimidos con multa de ocho a treinta y un dólares de los Estados Unidos de Norteamérica y prisión de uno a tres años, los jueces y demás empleados que, sin las autorizaciones prescritas en la Constitución, hubieren solicitado, expedido o firmado un auto o sentencia contra el Presidente de la República o el que le subrogue, o contra los ministros de Estado, los Magistrados de la Corte Suprema, o los consejeros de Estado; o bien, una orden que tenga por objeto perseguirlos o hacerlos enjuiciar; o que hubieren dado o firmado la orden o mandato para aprehenderlos o arrestarlos.

En cualquier Estado medianamente civilizado, por la forma como actuaron en este caso: Chiriboga, Blacio y Villagómez, deberían estar fuera de los altos cargos, incluso vistiendo traje a rayitas.

Tropelía judicial

A más de lo dispuesto en el artículo 494 del Código Penal, la misma Corte de Justicia, mediante resolución de 11 de enero de 2012, dispuso que las juezas de garantías penales tienen la <<obligación de calificar si la denuncia o acusación particular son maliciosas o temerarias, cuando dictan auto de sobreseimiento definitivo o sentencia en los delitos de acción penal privada; e igualmente, cuando declaran el abandono de la acusación particular>>. Es decir en juicio.

Según al artículo 36 del Código de Procedimiento Penal (CPP):

> Son delitos de acción privada: a) El estupro perpetrado en una persona mayor de dieciséis años y menor de dieciocho; b) El rapto de una mujer mayor de dieciséis años y menor de dieciocho, que hubiese consentido en su rapto y seguido voluntariamente al rap-

> tor; c) La injuria calumniosa y la no calumniosa grave; d) Los daños ocasionados en propiedad privada, excepto el incendio; e) La usurpación; f) La muerte de animales domésticos o domesticados; g) Las estafas y otras defraudaciones; h) La violación de domicilio; i) La revelación de los derechos de fábrica; j) El hurto; y, k) Las lesiones que no superen los treinta días de enfermedad o incapacidad para el trabajo, excepto en los casos de violencia intrafamiliar y los delitos de odio.

Según lo anterior, los delitos denunciados por los hechos del 30 de septiembre de 2010, no se encuentran inmersos en ninguno de los tipos penales descritos en el texto anterior; todos aquellos son de acción pública, por lo que el Conjuez Richard Villagómez, bajo ninguna disposición legal y peor ante una resolución de la Corte Nacional pudo haber calificado a la denuncia como maliciosa y temeraria.

La temeridad y malicia son conceptos diferentes, y deben ser utilizados con razonamiento y motivación, según lo exige el artículo 76, numeral 7, literal l) de la Constitución de la República; entonces es preciso preguntarse: ¿Se puede calificar de *temeraria* una denuncia que recoge hechos que fueron conocidos en forma pública y notoria el 30 de septiembre de 2010, de los cuales resultaron cinco muertos y muchos heridos? ¿Fue una invención que dichos actos se produjeron en el Hospital de la Policía? ¿La actuación del Ejército y la Policía, para el rescate del presidente de la República, también fue una simulación?

Un delito presuntamente cometido el 30 de septiembre de 2010, es el tipificado en el artículo 137 del Código Penal que se refiere a la 'alteración del orden constitucional', sancionado con reclusión menor de seis a nueve años.

Si este constituía un eventual delito sancionado con pena de reclusión, debió aplicarse la disposición del artículo 39 del Código de Procedimiento Penal, que dispone: <<Si no se llegaren a establecer elementos de convicción, la investigación se archivará definitivamente dentro de un año, en el caso de delitos sancio-

nados con prisión y dentro de dos años en los casos de delitos sancionados con reclusión>>. El Conjuez Villagómez jamás debió aceptar la petición de archivo del Fiscal, decisión con la cual vulneró también el principio de la verdad procesal, previsto en el artículo 27 del Código Orgánico de la Función Judicial, toda vez que los acontecimientos del 30 de septiembre de 2010 fueron públicos.

Partiendo del mismo artículo 39 del CPP que sostiene: <<Si no se llegaren a establecer elementos de convicción, la investigación penal se archivará definitivamente dentro de un año en los casos de delitos sancionados con prisión y dentro de dos años en los casos de delitos sancionados con reclusión>>. Bajo el supuesto de que no existieron elementos de convicción sobre los delitos denunciados, al no haberse cumplido ni un año desde el inicio de la indagación previa, tampoco el Conjuez Villagómez debió aceptar el pedido de desestimación y archivo definitivo de la denuncia, sino el archivo provisional, lo que convierte en totalmente ilegal e improcedente la calificación de maliciosa y temeraria de la denuncia, en un estado preprocesal, como es la indagación previa.

De manera totalmente arbitraria y antijurídica, Villagómez dispuso el archivo definitivo, sin que transcurra al menos los dos años señalados en el artículo 39. Es más, si el delito prescribe a los diez años, puede el fiscal reabrir la causa en cualquier momento, si hubiere elementos nuevos de convicción. Como podría ocurrir con las evidencias que se obtengan de la desclasificación de los documentos reservados, dispuesta por el mismo Villagómez en el desatinado dictamen de archivo definitivo. Resulta un exabrupto judicial y una aberración jurídica el haber calificado la denuncia de maliciosa y temeraria, sin contar con información clave que iba a permitir transparentar el caso; solo digna de una persona sin autonomía y obediente a los designios del poder.

Tribunales del infierno, abogados del diablo

Aunque Rafael Correa y Galo Chiriboga son parientes, dicen haberse conocido recién en el año 2005, en el gobierno interino de Alfredo Palacio. Según cuentan, antes tenían senderos bifurcados.

No obstante, el Fiscal de la Revolución Ciudadana es una persona profundamente atada al Primer

Mandatario. Fue su abogado personal en el juicio contra el Banco del Pichincha, del cual obtuvo 600 mil dólares. Durante el gobierno de Palacio, los dos asumieron posiciones estelares, gracias a haber sumado algunos gritos al coro forajido[7] que defenestró al Coronel Lucio Gutiérrez. Correa asumió el ministerio de Finanzas, mientras Chiriboga pasó a manejar la más grande empresa del país: Petroecuador, sin saber leer ni escribir sobre política hidrocarburífera. Ya en el gobierno revolucionario (2007), tras la caída de Alberto Acosta del Ministerio de Energía y Minas, el cargo fue otorgado a Chirigoga. En octubre de 2008, luego de graves escándalos en el manejo de la renegociación de contratos petroleros, *tío Galo* abandonó el cargo y pasó algunos meses en la sombra, hasta que en diciembre de 2010 y tras haber recuperado la confianza de Rafael, fue designado Embajador ante la Corona Española.

Aunque Rafael Correa haya pretendido negar todo parentesco, el Fiscal es nada más y nada menos que hijo del señor Joaquín Chiriboga Valencia, tío político del Mandatario. Don Joaquín Chiriboga se casó con Delia Correa Jurado, hermana de Rafael Antonio Correa Jurado, abuelo del economista Rafael Correa Delgado, luego se divorció de doña Delia y se casó con Carmela Zambrano, de cuyo matrimonio nació Galo Chiriboga Zambrano.

Para Fabricio Correa, hermano del Presidente, los primos *más queridos* de su papá eran los Chiriboga Correa, de los cuales, Galo Chiriboga es el hermano menor de padre. <<Hay una gran relación familiar>>, recalcó en varias entrevistas públicas, el hermano mayor del presidente, ironizando, incluso recordaba que lo llamaban 'Tío Galo'. Sus primeros pasos en el servicio público, y quizás su única experiencia en el ámbito penal, fue en calidad de Intendente de Policía de Pichincha, en el gobierno de Jaime Roldós (1980).

Las manos al fuego

El miércoles 4 de mayo de 2011, desde la cabina de radio La Voz del País, en la ciudad de Cuenca, un molesto Rafael Correa aseguraba que era una *falta de ética* objetar a Galo Chiriboga por el parentesco familiar que los une. En ese momento, Chiriboga se vislumbraba como el próximo Fiscal General del Estado y el primer mandatario trataba de convencer al país de que su pariente era la persona más idónea para el cargo. La molestia de Correa se originaba por los cuestionamientos de Jiménez y Villavicencio, y por varias notas periodísticas publicadas en diario El Universo respecto al parentesco existente entre el Presidente y el aspirante a fiscal.

Para el mes siguiente, junio de 2011, Chiriboga debió enfrentar varias impugnaciones a su candidatura a la Fiscalía General. Las sorteó gracias al dictamen de la Comisión Calificadora del concurso, liderada por Ulbio Guadalupe, y una de sus pupilas, Marianela Navas, quien habría facilitado información al aspirante a Fiscal, según la denuncia presentada a la Fiscalía por Diego Vallejo[8], ex asesor del Ministerio de Justicia y de la Secretaría de Transparencia.

Uno de los certificados que engalanaba el currículum vitae del aspirante a Fiscal de la Nación, Galo Chiriboga, era el otorgado por su amigo Marco Navas Arboleda, en la supuesta calidad de secretario de la Asociación Americana de Juristas (AAJ). Pero, el 5 de mayo de 2011, Hernán Rivadeneira Játiva, presidente da la AAJ, dejó al descubierto el nuevo engaño de Chiriboga, al revelar por escrito que la Asociación nunca certificó documentos a favor de Chiriboga Zambrano; y que a la fecha de emitida la certificación, el secretario de la misma era Wilson Mayorga Benalcázar, por lo que Marco Navas Arboleda no ostentaba ninguna función directiva en la organización. Con esa certificación se demostró, ante el organismo nominador de Fiscal y el Consejo de Participación Ciudadana, que los documentos conferidos con la firma de Marco Navas, eran postizos. Esos documentos sin embargo le significaron puntos de calificación favorables al aspirante a fiscal.

Superado el impase, el 15 de julio de ese año, el pariente del jefe de Estado se ungía como Fiscal General, para los próximos seis años. Es decir, Chiriboga culminará sus funciones el 15 de julio de 2017, apenas dos meses después de que termine el tercer mandato de Rafael Correa. En esta sincronizada historia, queda como anécdota el hecho de que Ulbio Guadalupe, el de la Comisión Calificadora, inmediatamente después de avalar al pariente de Correa, pasó a formar parte de su burocracia, en calidad de asesor de Fernando Yávar, exvocal del Consejo de la Judicatura. Entre tanto el padre de la señorita Navas, Marco Navas, socio de Chiriboga, se convirtió en director de fiscales de la Fiscalía General del Estado. Obviamente, la denuncia de Diego Vallejo, ocupó un nicho especial en el cementerio de la Fiscalía.

Un perfil humanista

Para llegar al alto cargo judicial, Chiriboga mostró varias credenciales, entre ellas, las que lo acreditaban como amplio conocedor de los Derechos Humanos y jurista experto en Derecho Civil, específicamente en contratación. Tenía bajo el brazo el antecedente de haber hecho diez años de trabajo voluntario en Derechos Humanos. Se presentó como autor del libro Manual de Derechos Humanos en el Ecuador, publicado en 1984, un texto desconocido. Asimismo, dentro de sus certificaciones de idoneidad para el concurso de Fiscal General, hay un oficio de la Asamblea Permanente de Derechos Humanos (APDH) representada por el efervescente Alexis Ponce y su compañera Anaité Vargas, donde resalta que Chiriboga ha sido un <<referente en la exigibilidad de derechos>>.

Como al parecer ya no hay Derechos Humanos que defender en un gobierno de izquierdos, Alexis ha pasado apoltronándose en puestitos burocráticos del gobierno y asesorando a su padre, quien cumplió el anhelo más alto de un burócrata sindical stalinista: adorador de estatuas en Cuba.

Una de las primeras pruebas que Chiriboga debió pasar ya sentado en el trono de Fiscal General, fue la llegada de Alberto Dahik, exvicepresidente de la República, hasta ese entonces prófugo de la justicia por 16 años. Su regreso al país ocurrió cuando un juez le levantó la orden de prisión, en octubre de 2011. Aunque hubo voces que pidieron su pronunciamiento, no hubo comentarios. Paradójicamente, Chiriboga fue uno de los críticos de Dahik en 1995, cuando estalló el escándalo de los fondos reservados. Dahik es considerado el padre del neoliberalismo en Ecuador, corriente económica que le produce urticaria a Rafael Correa.

Las paradojas tampoco le son ajenas a Galo Chiriboga. Entre sus tarjetas de presentación está la de haber sido presidente de la Asociación Americana de Juristas. Una de sus acciones desde esa oficina, que ahora pudiera resultarle incómoda, es haber respaldado a Pedro Delgado en el juicio que tuvo por falsificación de documentos, interpuesto por Nicolás Landes, entonces dueño del Banco Popular.

En esa ocasión, Chiriboga cuestionó que a Delgado se le haya dictado orden de prisión, dado que no había una sentencia que corroborara la falsificación de la que se le acusaba. Doce años después, en calidad de Fiscal General, Chiriboga pidió prisión contra Delgado, quien admitió haber falsificado su título de economista, pero cuando este se encontraba cómodo y seguro en la ciudad de Miami y sin que tampoco haya una sentencia que determinara la falsificación del título.

La mansión caída del cielo

Durante el proceso de selección para llegar a la Fiscalía, fue criticado por un juicio de colusión en su contra, presentado en 1999 por una pareja de alemanes que aseguraba haber sido estafada por Chiriboga, precisamente, a través de un contrato que les dejó sin un casa valorada, según dijeron, en un millón y medio de dólares.

Esta historia empieza con la contratación de Galo Chiriboga como abogado de Bancomex, para recuperar créditos vencidos, entre ellos, uno concedido a favor de los esposos de nacionalidad alemana, Barbara Haidiger y Edmundo Chaldek, quienes no habían podido cubrir la deuda.

En esa coyuntura, Galo Ghiriboga y su socio Marco Navas, convencen a Bárbara Haidiger de vender una mansión en el valle de Tumbaco, para cubrir el referido pasivo, según consta en la demanda. Pero, sorprendentemente, la lujosa propiedad acabó en manos de Galo Chiriboga, protegida en la empresa Madrigal Finance Corp., creada en el paraíso fiscal de Panamá el 30 de noviembre de 1999, y administrada por el fideicomiso Fodevasa.

Según la escritura 3272, de 22 de diciembre de 1999, Galo Chiriboga, en calidad de apoderado de la empresa Madrigal adquiere de la señora Bárbara Haidiger, por los derechos que representa en la sociedad conyugal con Edmund Chaldek, un lote de terreno de 2 500 metros cuadrados, ubicado en la parroquia Tumbaco del cantón Quito, en el cual se levanta una lujosa vivienda de 1 200 metros de construcción, adquirido por el precio de cincuenta millones de sucres, a esa fecha unos 25 mil dólares; bien inmueble que al 2014 tendría un avalúo de un millón quinientos mil dólares, aproximadamente.

El 14 de febrero del año 2 000, se inscribe en el registro público de Panamá una modificación de la estructura accionaria de Madrigal, con un capital social de 10 mil dólares. Figura como presidenta, María Victoria Espinal Meneses, esposa de Galo Chiriboga, como vicepresidente el propio Chiriboga; y, en calidad de secretario y tesorero, Alejandro Fuentes Días, quien ocupó el cargo de subsecretario de Minas y Petróleos, con Galo Chiriboga; luego, Fuentes Días, acompañó a su amigo como Cónsul del Ecuador en España y asesor del Fiscal. No podía ser de otra manera.

A la fecha que adquirió la mansión, en calidad de representante legal de Madrigal, no solo ejercía dicha representación, sino también lo hacía con interés propio, por cuanto era socio de esa compañía, conjuntamente con su esposa María Victoria Espinal, quienes se hicieron ceder el crédito que Bancomex mantenía con los vendedores y, al final de realizado el traspaso de dominio del aludido bien, los cesionarios en la misma escritura pública, declararon extinguida la obligación de los esposos Haidinger - Chaldek.

REGISTRO DE LA PROPIEDAD DEL CANTON QUITO

CERTIFICADO No.: C3068583002
FECHA DE INGRESO: 03/07/2003

CERTIFICACION

Referencias: 18/08/2000-P-42550f-20849i-49069r El infrascrito Registrador de la Propiedad de este Cantón en legal forma certifica que:

1.- DESCRIPCION DE LA PROPIEDAD:

Lote de terreno número Seis guión A. ubicado en la parroquia Tumbaco de este cantón

2.- PROPIETARIO(S):

FIDEICOMISO MADRIGAL, Administradora de Fondos Fodeva S.A. FODEVASA.

3.- FORMA DE ADQUISICION Y ANTECEDENTES:

Adquirido mediante transferencia en Fideicomiso Mercantil hecho por LA COMPAÑIA MADRIGAL FINANCE CORP., según escritura otorgada el once de agosto del año dos mil, ante el Notario doctor Jorge Machado, inscrita el diez y ocho de agosto del mismo año; ésta mediante compra a Barbara 'Haidinger y su cónyuge Edmund Chladek Polansk, según escritura celebrada el veinte y dos de diciembre de mil novecientos noventa y nueve, ante el notario doctor Roberto Salgado, inscrita el veinte y dos de febrero del dos mil; éstos por compra a los cónyuges Dennis Mccann y María Eugenia Hernández, según escritura otorgada el veinte de junio de mil novecientos ochenta y nueve, ante el notario doctor Gustavo Flores, inscrita el nueve de agosto de mil novecientos ochenta y nueve; éstos por compra a María Isabel Peñaherra de Solano, el diez de noviembre de mil novecientos ochenta y siete, ante el notario doctor Juan del Pozo, inscrita el quince de diciembre del mismo año.

4.- GRAVAMENES Y OBSERVACIONES:

Por estos datos se encuentra: a fojas 374, número 172, del Registro de Demandas, tomo ciento treinta y dos y con fecha diez y nueve de febrero del año dos mil uno, se halla inscrita una demanda, la misma que se inscribe por orden de la Corte Superior, Primera Sala (Juicio número 3-2001) en auto de ocho de los mismos mes y año, propuesta por Edmund Chladek Polanski, en contra de GALO ALFREDO CHIRIBOGA ZAMBRANO, NEAL GEORGE BUSTAMENTE, por sus propios derechos y como representante de la COMPAÑIA MADRIGAL FINACE CORP.; Arq. VLADIMIRO CHAVEZ MALDONADO, por sus propios derechos y como representante legal de la Compañía Fodeva S.A. FODEVAS, MARIA VICTORIA ESPINAL DE CHIRIBOGA; Dr. ROBERTO SALGADO SALGADO, Notario Tercero del Cantón Quito, Dr. ANTONIO EGAS TERAN Abogado de BANCOMEX, pidiendo en juicio colusorio: al máximo de las penas de prisión establecidas en el inciso segundo del Art. 7 de la Ley para el juzgamiento de la colusión. b) Se dicten las medidas para que se quede sin efecto el procedimiento colusorio, anulando el contrato de compraventa de veinte y dos de diciembre de mil novecientos noventa y nueve, ante el Notario doctor Roberto Salgado, inscrito el veinte y dos de febrero del año dos mil, reponiendo las cosas a su estado anterior; también se hace constar que no está hipotecado, embargado, ni prohibido de enajenar.- LOS REGISTROS DE GRAVAMENES HAN SIDO REVISADOS HASTA EL 3 DE Julio DEL 2003 ocho a.m

Responsable: GEOVANNY QUISPE

EL REGISTRADOR

No obstante, en las declaraciones juradas de bienes otorgadas por Galo Chiriboga antes del año 2010 no incluyó el citado bien. En la declaración de 3 de mayo de 2005, previo a ocupar el cargo de ministro de Trabajo, dijo tener en la empresa Chiriboga & Chiriboga, una inversión de 1800 dólares. El 1 de agosto de 2006, previo a ocupar el cargo de presidente de Petroecuador ratificó la misma cifra, y sumó 50 mil dólares en el Banco Amazonas y 50 mil dólares adicionales en la empresa Archid Grove (Miami). El 7 de enero de 2010, antes de ejercer el cargo de Embajador en España, declaró 10 mil dólares en Madrigal.

Pese a ser director, vicepresidente, representante legal y accionista principal de Madrigal, desde que se constituyó en el año 1999, en sus declaraciones juradas de 2005, 2006 y 2007 no registró el monto de las inversiones que tiene en la compañía panameña, excepto en la declaración realizada el año 2010, en la cual declara tener una pequeña inversión de 10 mil dólares. Es decir, faltó a la verdad y ocultó la información real de su patrimonio.

Sus bienes también se extienden a otro paraíso fiscal, a Miami, donde declara tener dos propiedades, no muy lejos de la casita que Pedro Delgado adquirió en 385 mil dólares.

Hablando de paraísos, el presidente Rafael Correa, en el año 2009 emitió el decreto 1793, con el cual prohíbe la contratación con empresas domiciliadas en paraísos fiscales, al respecto, tanto Correa como el exdirector del Servicio de Rentas Internas SRI, Carlos Marx Carrasco, han sido públicamente muy críticos de los territorios 'off shore', dominios acusados de ser depósitos de riquezas mal habidas y descanso de corruptos.

Responsabilidades ambientales

Una investigación del exasambleísta Jorge Escala, daba cuenta de otras perlas de la gestión del pariente de Rafael Correa, al frente de la estatal Petroecuador. Escala afirmó que Chiriboga fue glosado por la Contraloría. La sanción -dice el exlegislador- se desprendió de una irregular adquisición de nafta realizada en el 2006, a la firma Glencore.

Esa no es la única acusación de Escala. Según dice, Chiriboga también adjudicó vía emergencia un contrato de 5 millones a la empresa Ecuavital, para la remediación de las lagunas del Cuyabeno, afectadas por un enorme derrame de petróleo en el año 2005. Esta empresa es propiedad de José Dapelo, quien fue tachado de 'gánster' por Rafael Correa en 2007.

En julio de 2008, en calidad de ministro de Minas y Petróleos, fue uno de los artífices para la firma del proyecto Monteverde, para almacenamiento de gas licuado de petróleo. Este proyecto se fijó en un costo inicial de 263 millones y un plazo de ejecución de 24 meses. A siete años de ese hecho, el precio del proyecto superó los 570 millones, y se inauguró cuando el gobierno decidió la sustitución del gas por electricidad.

Además, Chiriboga es el inspirador del contrato con la empresa Ivanhoe para la explotación del campo Pungarayaku (Bloque 20), calificado por Correa como el mejor contrato de la historia del Ecuador. En marzo de 2014, la Contraloría emitió un segundo informe recomendando la culminación del contrato por cuanto durante seis años la canadiense no ha logrado producir un solo barril de crudo de los 130 mil diarios que ofreció, a través de su publicitada tecnología HTL. Otro hecho cuestionable es que durante los seis años Ivanhoe apenas invirtió 53 millones de dólares de los cinco mil millones que ofreció a la firma del contrato.

Abogado de petroleras, ministro de petróleos

El líder de la primera fase de renegociación de contratos de exploración y explotación de petróleo efectuada el año 2008, fue Galo Chiriboga, en calidad de ministro. El proceso concluyó con la suscripción de contratos transitorios de un año, en los cuales sin ninguna justificación se incrementó el precio base (costos de producción) a favor de todas las compañías, con excepción de Andes Petroleum, en un porcentaje del 60% promedio, lo cual impactó gravemente en los ingresos para el país, en lo referido a la distribución de excedentes por los precios del petróleo, (Ley 042 y Ley de Equidad tributaria: 50/50, 99/1 y 70/30).

Como ejemplo: con el 50/50, si el precio del petróleo era de 100 dólares el barril, y el costo base de 20, de los 80 dólares se distribuían 40 para el Estado y 40 para la compañía, la que al final se llevaba 60 dólares por cada barril incluyendo el precio base; pero, al subir el precio base de 20 a 40, quedaron apenas 60 dólares para distribuir: 30 al Estado y 30 a la compañía, la que al final recibió 70 dólares por cada barril, incluyendo el precio base. Sin subir el precio base, y aplicando la fórmula del 70/30, el Estado hubiese recibido 56 dólares por cada barril. La fórmula aplicada por Chiriboga fue perjudicial tanto con el 50/50 (Ley 042), como con el 70/30, establecido finalmente en la Ley de Equidad Tributaria.

La mayor irregularidad reside en haber empezado un proceso de negociación de los contratos de participación para migrar a un nuevo modelo de Prestación de Servicios, cuando aún no se contaba ni con un borrador de modelo de contrato, peor aún con un proyecto de reformas a la Ley de Hidrocarburos, con la cual se introduciría el nuevo modelo contractual. Para asesorar el proceso se contrató a la firma norteamericana Hogan & Hartson, por 600 mil dólares. Sin embargo, suscribieron contratos transitorios de un año de duración, período en el cual debía migrarse al nuevo modelo contractual.

La prueba de que esto fue un proceso aturdido y negativo a los intereses del país, es que recién en julio de 2010 –dos años después de suscritos los contratos transitorios de 1 año de duración–, entró en vigencia por el ministerio de la ley, la reforma a la ley de hidrocarburos, y el modelo de contrato de prestación de servicios. A partir de eso se empezó una nueva renegociación, contando recién con un borrador de contrato elaborado por otra asesora norteamericana, la firma Gaffney & Cline, la misma consultora acusada por la Fiscalía de haber sido parte de la cobertura del fraude técnico en la determinación de unificado al campo petrolero Palo Azul a favor de Petrobras.

El objetivo de las compañías al suscribir los contratos transitorios, era asegurarse la extensión de los plazos, mejorar el precio base y liberarse de las responsabilidades que arrastraban desde hace décadas por incumplimientos contractuales, perjuicios económicos, impactos ambientales, afectación a pueblos y nacionalidades amazónicas. Es decir, limpiaron su hoja de vida gracias a funcionarios públicos indolentes que hoy siguen premiados ocupando altos cargos en el Estado, entre ellos, el Fiscal Chiriboga.

Respecto a la ilegal ampliación de los contratos transitorios, diario El Universo de 24 de abril de 2010 publicó una nota titulada ***Régimen indaga posibles anomalías en contratos*** en cuyo texto se manifiesta: <<...el presidente Rafael Correa ordenó a la Secretaría Nacional de Transparencia que investigue esos convenios por 'posibles anomalías'; igualmente, más adelante señala: .(..)el mandatario advirtió a las petroleras privadas con expropiarlas de los bloques en donde operan si no firman en los siguientes días, los nuevos contratos>>, para finalmente anunciar: <<(...) que la extensión del plazo de los contratos modificatorios por segundo año consecutivo -que debió ser solo por uno- se hizo sin su conocimiento (…)>>

Ante la disposición de Rafael Correa, Petroecuador ordenó al Secretario Nacional de Transparencia (SNT), Juan Sebastián Roldán, iniciar una investigación. Es decir, el propio Rafael Correa sabía de las incorrecciones que cometían sus subalternos en el sector petrolero, por ello dispuso la investigación, pero la SNT no movió un dedo, y si lo hizo, ocultó los resultados, como se verificó en la respuesta remitida al legislador Cléver Jiménez, por parte de Edwin Jarrín, donde señaló que no existía ningún informe sobre la referida disposición del presidente Correa.

En la sesión del directorio de Petroecuador de 19 de mayo de 2008, el presidente le dice a Galo Chiriboga que, según el informe presentado por él, al menos seis empresas estaban perdiendo dinero con la fórmula del 99/1, y que solo la compañía CITY estaría ganando; pero que según los consultores contratados por la Presidencia, todas las compañías <<estarían ganando plata, y bastante>>.

El presidente le pregunta a Galo Chiriboga ¿Quién tiene la razón? el Ministro Chiriboga responde: <<nosotros>>. Estamos hablando del Ministro de petróleos, no del abogado de las transnacionales, que quede claro.

Como según Chiriboga, las pobres multinacionales estaban perdiendo, el Presidente decidió reducir la participación del Estado, del 99% al 70% en la participación por el incremento del precio del petróleo. Los criterios del ministro Chiriboga tenían elementos falsos y estaban orientados a justificar el incremento del precio base a favor de las compañías, generando un gravísimo perjuicio económico para el país.

Por este tema, el 10 de enero de 2011, el asambleísta Cléver Jiménez y Fernando Villavicencio presentaron a la Fiscalía una denuncia penal en contra de varios funcionarios del régimen, responsabilizándolos de haber liderado y autorizado la renegociación, así como la suscripción de contratos transitorios de un año de forma ilegal. La unidad de investigaciones de la Fiscalía emitió un informe determinando graves irregularidades y solicitando el inicio de una indagación previa, por la presunción del delito de peculado. Han pasado tres años de emitido ese informe fiscal y hasta la fecha no hay ningún procesado. *El diablo no se corta las uñas a sí mismo*, dice un adagio popular.

Caminando por ambas veredas

Antes de ingresar como presidente de Petroecuador, Chiriboga patrocinó un proceso contra la empresa estatal, en calidad de abogado de la compañía Seramin de propiedad del exprefecto de Pichincha, Federico Pérez. La acción judicial acabó en un millonario perjuicio al Estado.

La compañía Seramin, proveedora de alimentación a los trabajadores de Petroecuador, exigió un reajuste de precios. En complicidad con las autoridades de la estatal petrolera, se llevó el caso a mediación donde se dispuso el pago de aproximadamente 2.5 millones a favor de Seramin, procediéndose a embargar las cuentas de Petroecuador y a retenerse la mencionada cantidad de dinero. Seguidamente, intervino la Contraloría del Estado y determinó que no procedía el reajuste de precios, y que el pago de 2.5 millones fue ilegal, por lo que exigió el inicio de una acción penal en contra de Federico Pérez y de los funcionarios de Petroecuador, así como la recuperación inmediata de los 2.5 millones, más los intereses, un total de 4 millones.

Inmediatamente, Seramin presentó un recurso ante el Tribunal Constitucional (TC), organismo que en fallo inapelable, el año 2006, ratificó el informe de Contraloría, es decir, el cobro a Seramin de los 4 millones.

Para cumplir lo dispuesto por la entidad de control y el Tribunal Constitucional, Petroecuador contrató un abogado externo. Durante casi dos años, las autoridades de Petroproducción y del ministerio de Energía y Minas no facilitaron el procedimiento para viabilizar la recuperación del dinero, por el contrario, obstaculizaron el proceso, según se desprende de una comunicación de 27 de noviembre de 2007, en la cual el abogado contratado por Petroecuador dice:

> (...) en forma anómala y sospechosa, he sido víctima de una persecución por parte de los funcionarios de Petroproducción y los titulares del Ministerio de Energía y Minas, para que no cumpla los deberes a mi confiados prevaleciendo más las influencias de los estafadores y falsificadores de documentos con los cuales se hizo posible el cobro indebido de dinero perteneciente al Estado, que el descubrimiento de la verdad y la recuperación de los perjuicios irrogados a Petroproducción. El silencio mantenido por usted ante mis reiterados pedidos de ser atendido son desde todo punto de vista, inaceptables.

Las autoridades que, según el abogado externo, se habrían negado a facilitar la recuperación de los recursos retenidos ilegalmente por Seramin, a esa fecha (27 de noviembre de 2007) eran: Pedro Freile, en calidad de Vicepresidente de Petroproducción y Galo Chiriboga, en calidad de ministro de Minas y Petróleos.

El 30 de mayo de 2007, la Procuraduría del Estado, en oficio presentado a la Corte Suprema de Justicia, reveló que la Procuraduría no autorizó el acta de mediación con la cual se perjudicó a Petroecuador en la millonaria suma de dinero. En este contexto, quedó plena evidencia que Seramin, provocó un perjuicio cercano a 2.5 millones, que sumados a los intereses superaría los 4 millones de dólares, dinero que nunca fue recuperado. Todo esto se pudo efectuar como señala la Procuraduría, utilizando actas de mediación nulas, trampas y procesos cuestionables.

Campo Armadillo, bloque 31 e ITT

Galo Chiriboga no solo tenía conocimiento de las irregularidades e ilegalidades que se cometían en la adjudicación del campo Armadillo al Consorcio Gran Colombia, sino que fue uno de los principales impulsores de la explotación de ese campo, y de los bloques 31 e ITT , dentro del Parque Yasuní, en territorio ancestral del pueblo Waorani. Durante su administración se viabilizó la explotación del mal llamado campo marginal Armadillo, desconociendo informes técnicos de Petroecuador, normativas y disposiciones de organismos de control del Estado; pero lo más grave fue autorizar actividades petroleras en un área donde se había registrado la presencia de familias Tagaeri y Taromenane.

Como consta en el oficio remitido por la Comisión de Control Cívico de la Corrupción (CCCC), Chiriboga, en calidad de ministro de Minas y Petróleos, tuvo acceso y conoció el informe elaborado por la CCCC, de que el campo Armadillo no era marginal y que entregarlo en esas condiciones implicaba un evidente perjuicio económico al Estado. El ministro guardó silencio.

Como presidente del Comité Especial de Contrataciones (CEL), fue advertido por el presidente de Petroecuador, Fernando Zurita, de que Armadillo no era campo marginal y que debía suspenderse la adjudicación. Tampoco hizo nada; por el contrario, desde el ministerio se habría fraguado un documento falso para presentar a Armadillo como marginal, como señala el expresidente Fernando Zurita en carta dirigida al presidente Correa.

Es público y consta en documentos que desde el ministerio de Minas y Petróleos se presionó a la Procuraduría del Estado para que se cambie en 180 grados el informe de este organismo del Estado, para suscribir el contrato con el consorcio Gran Colombia. El ministro de Minas y Petróleos encargado, José Serrano, amenazó por escrito a los funcionarios de la Procuraduría que emitieron el informe negativo.

Pero lo más significativo es que, pese a que el ministerio del Ambiente, desde el año 2008, hizo conocer al ministerio de Minas y Petróleos sobre la presencia de pueblos en aislamiento voluntario en el área de Armadillo, el directorio de Petroecuador, presidido por Galo Chiriboga, en sesión del 19 de mayo de 2008, dispuso la entrega de este campo, del cual forma parte la cuestionada empresa ecuatoriana Ecuavital.

Las evidencias de que los Waorani en aislamiento voluntario se encontraban en la zona de Armadillo, fue razón para que el 7 de enero de 2009, el Director de Hidrocarburos, prohíba el ingreso a dicho campo a las empresas petroleras. Por otro lado, la ministra del Ambiente Marcela Aguinaga, también ratificó la presencia de los *no contactados* en el área. El 11 de junio de 2009 prohibió el ingreso al citado campo: <<Esta cartera de estado ratifica la posición de que ninguna actividad en campo puede llevarse a cabo sin la autorización de este Ministerio, so pena de iniciar las acciones legales pertinentes por incumplimiento de mandato constitucional y la tipificación del delito de etnocidio>>.

La ministra manifestó a la empresa operadora que: <<La zona de intervención sobre la que su representada actúa en Ecuador, en base al contrato para la explotación de petróleo crudo y exploración adicional de hidrocarburos del campo marginal Armadillo, es una de las áreas en donde se ha evidenciado la presencia de Pueblos Indígenas Aislados (PIA)>>.

El 19 de mayo de 2008, el directorio de Petroecuador, con la presencia de Rafael Correa y Galo Chiriboga, tomó una decisión crítica en torno a la supervivencia del pueblo Waorani. Pese a estar plenamente informados y contar con suficientes antecedentes económicos, legales, técnicos y ambientales relacionados con las implicaciones que generaría la suscripción del contrato de Armadillo, el Presidente de la República condujo al directorio de Petroecuador a concluir con el proceso de adjudicación del campo[9].

El informe del ministerio del Ambiente denominado: 'Consideraciones técnicas sobre la situación de Pueblos Indígenas Aislados en el sector Armadillo', puso en evidencia que desde el 10 de mayo de 2006, la Comisión Interamericana de Derechos Humanos, CIDH, pidió al Estado ecuatoriano la adopción de medidas cautelares en favor de los pueblos en aislamiento. En el mismo documento, además se revela que el 2 de marzo de 2008, es decir, dos meses antes de adoptada la resolución del Directorio de Petroecuador <<(...) murió lanceado un maderero dentro de lo que se considera el Campo Marginal Armadillo, a escasa distancia de un pozo del mismo campo>>. Este informe registra al menos 28 acontecimientos que demuestran la presencia de los *no contactados* en el área de Armadillo y en el ITT desde el 2006, muchos de los cuales son hechos violentos. Además, la resolución del directorio de Petroecuador se adoptó ignorando el informe negativo de la Procuraduría del Estado[10].

El 30 de diciembre de 2008, la ministra del Ambiente Marcela Aguiñaga, alertó que <<estos campos se encuentran dentro del territorio ocupado por pueblos indígenas en aislamiento(...)>>. La ministra del Ambiente, a más de recordar lo que señala el artículo 57 de la Constitución de la República, agregaba que desde marzo de 2009, entró en vigencia reforma al Código Penal que tipifica los delitos de genocidio y etnocidio, donde se establecen las penas para quienes pongan en riesgo la supervivencia física y cultural de los clanes en aislamiento.

Este proceder del ministerio del Ambiente empezó a preocupar a las petroleras, lo que provocó el inmediato eco en Carondelet. El 18 de enero de 2010, Vinicio Alvarado, Secretario de la Administración Pública, transmitió una disposición presidencial con tufo autócrata:

> A efectos de precautelar el oportuno y efectivo avance de las obras, en especial de los sectores estratégicos, se les recuerda la

disposición del Sr. Presidente de la República en el sentido de que previo a la paralización en la ejecución de cualquier obra se deberá contar con la autorización del Primer Mandatario.

La disposición señalada no tuvo otra razón de ser que la de neutralizar las disposiciones y pedidos del ministerio del Ambiente, relativas a evitar actividades petroleras en los territorios de los pueblos aislados, es decir, la explotación de Armadillo, del bloque 31 y del ITT.

El 27 de enero de 2010, Lorena Tapia, coordinadora del Plan de Medidas Cautelares, luego ministra del Ambiente, debió agachar la cabeza y obedecer los designios del poder. De su puño salió el memorando en el cual advierte que existiendo la disposición presidencial de explotación al campo Armadillo: <<El ministerio del Ambiente, como Autoridad Competente deberá implementar las medidas que fueran necesarias para viabilizar la permanencia física y cultural del grupo, contemplando las definiciones de genocidio y etnocidio incluidas en las recientes reformas al Código Penal>>.

Entonces, como el huracán del poder ha ordenado derribar la casa, los funcionarios de menor rango deberán intentar proteger a las víctimas, y recoger los restos del destrozo. ¡Qué audacia!

Con estas disposiciones queda claro que el ministerio del Ambiente fue sometido a aceptar las actividades petroleras. Estas presiones, obligaron al citado ministerio a adoptar una posición afín a la explotación petrolera en el territorio indígena. Es así que el 10 de febrero de 2010, Carlos Villón Zambrano, subsecretario del ministerio del Ambiente, autoriza a Petrotesting, operadora de Armadillo, el ingreso de los petroleros con protección militar y policial: <<Ingresará al campo en compañía del resguardo policial o militar pertinente en virtud de la complejidad del tema y para salvaguardar la integridad física de los técnicos y evitar o controlar posibles encuentros fortuitos con *pueblos indígenas en aislamiento*>>.

Revelador ambientalismo del siglo 21: militares y policías protegiendo a potenciales etnocidas y genocidas.

Esta decisión no fue sino el resultado de una orden general y terminante originada en el Presidente de la República, la de proseguir las operaciones petroleras en todos los bloques y campos, por encima de cualquier otra consideración. Nadie puede suspenderlas sin su autorización. El mandato presidencial torció la voluntad del ministerio del Ambiente de parar las actividades en Armadillo, sustentada en los informes de la unidad encargada de ejecutar el plan de medidas cautelares, cuyos miembros fueron cancelados por tratar de cumplir con su deber de proteger a los pueblos en aislamiento voluntario.

Por este tema, la Conaie junto al legislador Cléver Jiménez y al periodista Fernando Villavicencio presentaron a la Fiscalía una denuncia por los presuntos delitos de etnocidio y genocidio. El caso está en "aislamiento voluntario". Al parecer el Fiscal General no puede tomar el caso en sus manos porque se quemaría.

Chiriboga, abogado de OCP

La compañía OCP ECUADOR, es un consorcio constituido por varias empresas petroleras extranjeras que tenían y tienen contratos de exploración y explotación. Esta empresa construyó el oleoducto que une Lago Agrio en la amazonía con el puerto de Balao, en Esmeraldas.

El país conoce las documentadas denuncias y acciones legales iniciadas por distintos actores en contra de las autoridades del gobierno de Gustavo Noboa, que autorizó la construcción de una obra, que originalmente tenía un costo de 600 millones y que al final acabó costando 1.400 millones. Los cuestionamientos también fueron orientados a que la mencionada obra fue sobredimensionada, pues hasta la fecha, máximo se ha utilizado un 30% de su capacidad instalada.

El 23 de diciembre del año 2009, el presidente Rafael Correa, a través de decreto 192, designó a Galo Chiriboga Zambrano, como Embajador en España. Pero, dos semanas después, el 6 de enero de 2010, Chiriboga comparece a la Corte Constitucional, en calidad de abogado a una audiencia a favor la compañía OCP ECUA-

DOR. Resulta sorprendente la lealtad del Fiscal para cuidar y defender los intereses de la transnacional, a la cual ha servido en los ámbitos público y privado, sin distinción.

Es de subrayar que OCP ECUADOR no es la única compañía a la que ha 'prestado sus servicios' el abogado Chiriboga, también se cuentan las firmas extranjeras Pertamina de Indonesia, Andes Petroleum de China, entre otras.

Cecilia Armas, la mano del pasado

A raíz del fallo a favor de Chevron-Texaco, emitido el 17 de septiembre de 2013, por la Corte Permanente de la Haya, Alexis Mera acusó de <<delincuentes, traidores a la Patria, sinvergüenzas y corruptos>> a los exfuncionarios de los gobiernos de Sixto Durán y Jamil Mahuad, responsables de la firma del contrato de remediación en 1995 y del acuerdo de finiquito en 1998, instrumentos con los cuales se liberó de responsabilidad a Texaco. Mera pidió al Fiscal Galo Chiriboga el enjuiciamiento de los implicados por el delito de peculado. "

Es terrible lo que hicieron tanto los funcionarios de Sixto Durán Ballén como de Mahuad. Firmaron sin remediar las piscinas de Chevron y dieron un finiquito estableciendo que todo estaba limpio. La Controlaría estableció indicios de responsabilidad hace algunos años, pero desgraciadamente la fiscal (de ese entonces) Cecilia Armas viró la cara y dijo que no pasó nada, que este era un problema de carácter civil", precisó el intocable de Carondelet. Al coro de irritados se sumó el asambleísta esmeraldeño Gabriel Rivera, presidente de la Comisión de Fiscalización, quien puso su cargo a disposición, o se va ella (Cecilia Armas) o me voy yo, dijo ante el asombro de los periodistas.

Los periodistas siguen asombrados, porque los dos funcionarios públicos continúan en sus cargos más firmes que la mandíbula superior.

En su trayectoria al frente de la fiscalía, Armas tuvo en sus manos varias papas calientes, temas de alta factura, especialmente en el sector petrolero. A más de pedir el archivo del proceso en contra de los implicados en la firma de Acuerdo de Finiquito con Texaco, el año 2006, también participó dos veces en el archivo del juicio por peculado del campo petrolero Palo Azul, la primera el 2006, en calidad de Fiscal General, cuando Galo Chiriboga era Presidente de Petroecuador, y el 2011 en calidad de Subrogante del Fiscal Chiriboga.

Igualmente, Armas fue quien pidió el archivo del proceso penal por prejuicios en la construcción del oleoducto de crudos pesados OCP; empresa de la cual Galo Chiriboga fue abogado patrocinador en enero de 2010.

Uno de los primeros actos que sacramentó Armas como Fiscal Subrogante, durante el gobierno de Correa, de la mano de Galo Chiriboga, fue pedir al Conjuez Richard Villagómez el archivo y la calificación de *maliciosa y temeraria,* de la denuncia por los hechos del 30S. Cecilia Armas ha sido y es la archivadora de grandes casos de corrupción, eso lo saben Alexis Mera y el presidente Correa, pese a ello o por ello mismo, le confiaron tan alta representación en la justicia penal del país.

La indignación en contra de la actuación de Cecilia Armas en el caso Texaco, llegó a las esferas más altas del poder, a la mismísima Presidencia, según se desprende de varios comunicados dirigidos a la presidenta de la Asamblea, Gabriela Rivadeneira y a Gustavo Jalkh, presidente del Consejo de la Judicatura, en agosto de 2013, donde se pide a Jalkh reabrir los juicios en contra de quienes los llamó <<funcionarios judiciales corruptos>>, refiriéndose a la fiscal subrogante, Cecilia Armas, a la exfiscal general, Mariana Yépez, y al Juez Luis Moyano, quienes archivaron los procesos que liberaron de responsabilidad a Texaco. La respuesta de Jalkh fue tajante: <<es preocupante la continuidad de Cecilia Armas, cuya presencia siempre ha sido cuestionada>>, dijo.

En la misma comunicación, también se pide a Gabriela Rivadeneira llevar a la Asamblea Nacional al Fiscal Galo Chiriboga para que explique <<por qué aún mantiene a Cecilia Armas>> como Subrogante. Luego de estos ácidos cuestionamientos y urgentes exigencias judiciales ¿Qué pasó? ¿Se iniciaron juicios contra Armas, volaron cabezas como se pidió desde el pináculo del poder?

Sorprendentemente, semanas después (diciembre de 2013), la vilipendiada Cecilia Armas volvió a poner sus manos al fuego, esta vez a favor de sus censuradores Alexis Mera y Rafael Correa, ordenando el allanamiento de las oficinas de Cléver Jiménez y Fernando Villavicencio en la Asamblea Nacional. Los allanamientos fueron solicitados por Alexis Mera, como parte de un *acto urgente*, bajo la acusación de que Jiménez y Villavicencio habrían intervenido los correos electrónicos de funcionarios de la Presidencia de la República y manejaban información privilegiada. A partir de entonces, Cecilia Armas, con la misma cabeza sobre sus hombros, sigue de la mano de Galo Chiriboga, luciendo su particular sello de independencia, por las renovadas y millonarias pasarelas judiciales.

Palo Azul: Chiriboga, Armas y Blacio

Como ya fue advertido a su tiempo, en el caso Palo Azul, la presencia de Galo Chiriboga desató un cruce de intereses y conflicto ético que opacó el ejercicio de la justicia. Chiriboga actuaba en calidad formal de Fiscal y, además, aparecía directa e indirectamente implicado en el mismo, por haber sido presidente de Petroecuador, en el gobierno de Alfredo Palacio y Ministro de Minas y Petróleos, en el régimen de la Revolución Ciudadana, y en ambas instancias haber tenido actuaciones decisivas, para perjudicar los intereses nacionales.

En calidad de presidente de Petroecuador (2006), calificó la idoneidad técnica operativa, la solvencia económica y financiera de la compañía japonesa Teikoku. Además validó que la compañías Petrobras y Teikoku, suscribieran un acuerdo de transferencia de participaciones del bloque 18, campo Palo Azul y bloque 31, sin autorización ministerial, incurriendo en la violación de los artículos 74 y 79 de la Ley de Hidrocarburos.

La primera acción que asumió en el ministerio de Minas y Petróleos fue disolver la Comisión creada por el exministro Alberto

Acosta, la cual determinó que el campo Palo Azul no era unificado. Seguidamente, Chiriboga intervino en la contratación de la empresa Gaffney Cline Asociates, para la realización de un informe técnico. En menos de 15 días esta consultora entregó un estudio según el cual Palo Azul sí era compartido. Este criterio fue calificado de fraudulento por el Fiscal General de ese entonces, Washington Pesántez, por cuanto Gaffney & Cline trabajaba para la misma cuestionada contratista Petrobras, y además porque el *estudio* era antitécnico.

Antes, en el Gobierno de Palacio (2006), la Fiscal Cecilia Armas, en coincidencia con las contratistas de Palo Azul, fue quien pidió el archivo del proceso penal por peculado. Apenas asumió la Fiscalía, en el gobierno de Rafael Correa (2011), Galo Chiriboga designó a Armas como su asesora y subrogante. El destino los puso nuevamente en el camino, juntos acudieron a la audiencia en la cual, Fiscalía y los acusados, en una suerte de conjura contra la Patria, solicitan a la Corte la nulidad del juicio de peculado formulado por el Fiscal Washington Pesántez el año 2008, por un perjuicio de 2 mil millones de dólares, en la entrega de Palo Azul a Petrobras.

Esta fue la prueba para que la jueza Lucy Blacio demuestre que había llegado a la magistratura por sus propios méritos, y no como acusaba la veeduría de Baltazar Garzón, con puntos obtenidos *bajo la mesa*. En menos de 30 minutos, Blacio echó un vistazo a 90 mil fojas y tomó una decisión histórica, que por segunda ocasión devolvió una sorprendente alegría a los rostros de Galo, Cecilia y a una veintena de petroleros de viejo cuño y uñas largas.

De acuerdo con el sistema acusatorio ecuatoriano, el fiscal no podía solicitar a los jueces la nulidad de lo actuado por su antecesor, pues el informe tenía el carácter de vinculante. La única opción era sustentar el dictamen acusatorio elaborado por su antecesor. Un fiscal está obligado a sostener el resultado de la investigación realizada en la institución a la que pertenece y no cambiar un dictamen de acuerdo a sus intereses.

De conformidad con el artículo 226 del Código de Procedimiento Penal, el Fiscal no tenía la posibilidad legal de abstenerse de acusar y peor aún solicitar la nulidad del proceso. Esta fue la primera ocasión en la historia procesal del Ecuador, en donde el Fiscal que debe defender el interés social y nacional, como acusador, en unidad de acción con los acusados que perjudicaron al Estado, y a una jueza reclutada con puntos regalados, se pusieron de acuerdo para declarar la nulidad de un proceso que implicó, como se ha dicho, un perjuicio de 2 mil millones de dólares al país, según el informe fiscal del año 2008.

Pero, Chiriboga, Armas y Blacio, o cualquier otro operador de justicia, lo único que hicieron es cumplir las disposiciones de la Presidencia. En efecto, la decisión de no caducar el contrato de Petrobras, estuvo tomada desde antes por Rafael Correa, tanto en los acuerdos con Lula Da Silva, cuanto en las decisiones de Petroecuador, como lo revelara el contralmirante Luis Jaramillo Arias, a la revista Vanguardia, en agosto de 2008.

Lo relatado expresa de forma diáfana que, Galo Chiriboga era el personaje perfecto para ocupar la más alta representación de la justicia penal del Ecuador, la Fiscalía, porque al proteger a quien lo auspició, se protegía a sí mismo.

Villagómez: Conjuez con antecedentes

Richard Villagómez Cabezas, elegido Conjuez de la Corte Nacional, en el cuestionado proceso de selección judicial, ocupó el cargo de fiscal en Riobamba, provincia del Chimborazo, puesto del cual fue removido por graves irregularidades. Sus principales méritos para haber llegado a tan alto cargo, es la amistad con Wilson Andino, Juez de la Corte Nacional y Mauro Andino, asambleísta chimboracense, por el movimiento de Gobierno.

Una de las actuaciones más cuestionadas de Villagómez es aquella que data del año 2006, cuando en calidad de Fiscal dio paso a una denuncia penal en contra del abogado Remigio Verdezoto Hinojosa, amigo personal a quien le debía una importante suma de dinero. Villagómez aprovechó la oportunidad de una denuncia presentada por otras personas en contra de Verdezoto, y dio paso a un juicio penal en contra del mencionado ciudadano, cuando el caso debía ser sustanciado por los jueces civiles, como se señala en la sentencia de la Corte de Justicia.

En efecto, la actuación dolosa del exfiscal, fue anulada por la Corte, el 11 de enero del año 2008, la cual en su parte resolutiva dice: <<declara procedente el recurso interpuesto por José Remigio Verdezoto Hinojosa, por lo que casa la sentencia recurrida y absuelve al procesado, ordenando devolver el proceso al inferior para los fines legales consiguientes>>.

En respuesta a la fraudulenta actuación de Villagómez, Remigio Verdezoto, inició una demanda por daño moral en contra del Estado, y de los operadores de justicia que actuaron contra derecho, en particular el actual Conjuez, Richard Villagómez.

Engaño a la autoridad

El honorable Villagómez, registra una indagación previa en su contra en la Fiscalía de Chimborazo, por haber inducido a engaño a la autoridad, según se desprende del oficio 008596SG de noviembre de 2008, a través del cual, Carlos Fernández Idrovo, secretario de la Fiscalía del Estado, se dirige a Carlos Cabrera García, fiscal provincial de Chimborazo, disponiéndole el inicio de una indagación previa en contra de Richard Villagómez, por inducir a engaño a la autoridad, al presentar la denuncia en la forma como lo ha hecho dentro de la indagación previa número 136-08.

El caso se refiere a un accidente de tránsito en la ciudad de Riobamba, en el cual estuvo involucrado el exfiscal, quien abandonó el auto que conducía, dejando a tres heridos, y luego denunció el falso robo de su vehículo, para acabar días después suscribiendo un acta con los perjudicados. Por esta razón la Fiscalía dispuso la acción de personal 3004-DRH-MFG, de 6 de octubre del año 2008, y la indagación previa 19-2008. Como resultado de esta cuestionable actuación, Villagómez fue removido del cargo de fiscal.

¿Cómo llegó a ser designado Conjuez, al exhibir antecedentes públicos que lo inhabilitaban para ostentar tan importante cargo en el más alto organismo de la justicia ecuatoriana? ¿Acaso los responsables de la calificación de los aspirantes no tuvieron el reparo mínimo de ubicar en el buscador de su propia página web el nombre de Richard Villagómez Cabezas, donde consta decorado de incorrecciones?

El informe de Baltasar Garzón

En diciembre de 2012, Baltasar Garzón, el veedor del proceso de reestructuración de la justicia, confirmó lo que ya se había denunciado con antelación: que hubo una serie de vacíos en la elección de magistrados de la nueva Corte Nacional. El informe final de la veeduría que él comandó, también dejó claro que algunos vicios del sistema judicial no han sido corregidos por la reforma del gobierno.

El primer cuestionamiento serio está en la página 14, cuando se señala que existe "necesidad de contar con una entidad pública autónoma e independiente, que garantice imparcialidad en el control disciplinario de los servidores/as judiciales y que aleje la amenaza de la intervención por motivos jurisdiccionales". Este punto es clave, porque está directamente relacionado con el tema de la independencia judicial. El documento indica que <<ningún juez o jueza puede ser sancionado o suspendido por la interpretación de la ley>>, es decir, precisamente lo que ha venido ocurriendo. Para citar un ejemplo, está el caso del tribunal que absolvió al coronel César Carrión, que fue destituido luego del fallo.

Pero ese no es el único señalamiento sobre independencia judicial. En la página 43 se habla de la figura del *error inexcusable*, el cual ha sido la base para sancionar a jueces y fiscales, precisamente por decisiones judiciales contrarias al criterio del Consejo de la Judicatura. Según la veeduría, bajo el paraguas de esa figura legal se pudieran realizar verdaderas revisiones a los fallos, lo cual restaría independencia a los operadores de justicia.

También se cuestiona la construcción de edificios, eje emblemático de esta reforma judicial. El equipo de veedores liderados por el exjuez Garzón señala que <<no ha podido verificar los procesos

de contratación (…) así como los pormenores de las adjudicaciones. Esto se debió a que no se designaron los técnicos necesarios de parte del Consejo de Participación Ciudadana y Control Social, a pesar del reclamo efectuado (…)>>.

El caso de los diez jóvenes procesados por terrorismo, conocido como *Los 10 de Luluncoto,* también fue brevemente analizado. El informe dice que pudo haberse aplicado una figura penal extrema para un caso que no lo ameritaba[11].

No obstante, lo fuerte del documento firmado por Baltasar Garzón es la designación de los magistrados de la Corte Nacional. En el documento se topan los casos de Mariana Yumbay, Lucy Blacio Pereira, Yolanda Yupanqui, Paúl Íñiguez, Wilson Merino y Wilson Andino.

Sobre Yumbay, los veedores determinaron que apenas cumplía con los requisitos para presentarse al concurso, por tener 10 años y seis meses de graduada, lo cual dejaba sin piso los seis puntos que se le entregaron, como si hubiera tenido tres años adicionales de experiencia. El informe de la Veeduría no podía ser más categórico:

> A la fecha en que la Dra. Mariana Yumbay Yallico se postuló como concursante para la selección y designación para los nuevos Jueces de la Corte Nacional de Justicia, ella contaba con diez (10) años, seis (6) meses, lo cual según el Instructivo para dicho concurso, no le hacía merecedora de los seis puntos que le fueron otorgados en su puntuación final, la cual le llevó a tener la nota de 27 sobre 30 en dicha fase de méritos. De considerar el Consejo de la Judicatura de Transición los seis meses que tenía de más a los diez (10) años como requisito mínimo la Dra. Yumbay, como un año completo, la puntuación que debía tener en esa experiencia laboral general era la de dos (2) puntos según el instructivo para dicho concurso y, nos lo seis (6) puntos que se le otorgó a la misma.

Respecto a Lucy Blacio y Yolanda Yupanqui, el informe explica que fue gracias a la entrevista personal que la primera obtuvo el puesto de magistrada, mientras que la segunda alcanzó apenas a ser conjueza. Dice el informe que Blacio obtuvo 10/10 en esa entrevista, mientras que Yupangui apenas 1,33/10, sin justificación alguna. Es decir, si Yupanqui obtenía 2/10, Blacio no era jueza[12].

Otro caso analizado fue el de Wilson Merino, uno de los jueces que ratificaron la condena de 40 millones contra diario El Universo y que tiene en sus manos el proceso por peculado contra Abdalá Bucaram. Sobre su caso se detalla que se le dieron 10 puntos por experiencia profesional, cuando tenía exactamente los diez años que exigía el concurso como requisito mínimo para postularse a la magistratura de la Corte Nacional de Justicia. Del informe de la Veeduría se puede colegir, que Merino no cumplió con los requisitos: <<No se ha llegado establecer la asignación de 10 puntos adicionales en la fase de méritos>>:

> (...) y, En la experiencia laboral específica del doctor Merino, no acredita el ejercicio profesional con copias de demandas, contestaciones, alegatos o sentencias en las que haya sido abogado patrocinador; limitándose a presentar una certificación del Colegio de Abogados del Azuay, y un certificado del Registro Único del Contribuyente, señalando como actividad económica principal *Enseñanza Superior en General*, y no la de abogado en libre ejercicio profesional.

Otro de los magistrados que ingresaron saltando procedimientos fue Wilson Andino Reinoso, hermano del legislador gobiernista … Andino. Para los veedores quedó claro que en la entrevista, los miembros del Consejo de la Judicatura de Transición, le dieron un *gran empujón*, lo que se demuestra al comparar los puntajes obtenidos por el otro aspirante, Edgar Flores.

> Antes de la audiencia pública, el postulante, se ubicaba en el puesto número 33 con un puntaje de 68,93, ya en la audiencia pública logró una puntuación de 8,5, lo que le situó en el puesto número 18, quedando finalmente elegido como Juez de la Corte Nacional

> de Justicia. La postulación del Dr. Andino contrastándola con la del Dr. Edgar Flores Mier, (este último antes de la audiencia pública se situaba en el puesto número 14 con un puntaje de 74,1), se constata que luego de la referida audiencia pública obtuvo un puntaje de 1,2 logrando una nota definitiva de 75,3.
>
> Se lee en el informe de la Veeduría Internacional.

El asambleísta Andrés Páez lideró la investigación sobre las designaciones de magistrados. Sus denuncias dejaron sentadas las dudas sobre los nuevos jueces, incluso mucho antes de que Baltasar Garzón y su equipo emitan el informe.

A los cuestionamientos de la comisión veedora y del legislador Páez, se sumó la organización internacional Human Rights Watch (HRW), que a través de una carta remitida en enero de 2014, al presidente del Consejo de la Judicatura, Gustavo Jalkh, expresó que los mecanismos de selección de nuevos magistrados de la Corte eran <<sumamente cuestionables>>, y que atentan contra la independencia judicial en el país. "Ecuador ha ratificado diversos tratados internacionales de derechos humanos —entre ellos, el Pacto Internacional de Derechos Civiles y Políticos (PIDCP) y la Convención Americana sobre Derechos Humanos— que le exigen preservar la independencia e imparcialidad de su poder judicial. Human Rights Watch considera que el actual proceso de reforma no cumple con tales obligaciones>>, agregó José Miguel Vivanco, Director de las Américas de HRW.

Notas

Este capítulo cuenta con algunos aportes del periodista Pablo Jaramillo V.

1 Treinta y nueve contratos por U$ 166.4 millones, con un costo promedio por metro de construcción de U$ 966.5, evidencia el 100% de sobreprecio, fueron adjudicados sin licitación por Paulo Rodríguez, Tania Arias y Fernando Yábar, miembros del Consejo de la Judicatura de Transición. De la investigación realizada se desprende que los 39 contratos fueron adjudicados, sin sujetarse a los mínimos procedimientos de contratación pública, incluso para casos de emergencia. Todos los contratos pasaron por un mismo sistema de aprobación, en apenas **cuatro días** se realizó el proceso, a cargo de un solo

funcionario, Mauricio Jaramillo Velasteguí: 1) se declaró la emergencia; 2) se solicitó la partida presupuestaria sin contar con términos de referencia; 3) se invitó directamente a un solo contratista, quien en menos de 24 horas elaboró el proyecto, los planos y presentó la oferta económica justo con

2. la cifra establecida por el CNJ; 4) el mismo día el CNJ revisó y calificó la oferta y se firmó el contrato, entregándoles el 70% de adelanto. Ni Cantuña pudo hacerlo tan rápido.

3. El procedimiento adoptado para la contratación conduce inevitablemente a concluir que todo estuvo preparado, que las empresas contratistas fueron seleccionadas previamente, que los montos fueron establecidos al ojo, sin contar con términos de referencia; los costos de la obra a U$ 966.5 el metro, comparado con los costos promedio de construcción a nivel nacional revelan un sobreprecio del 100%. Las cifras fueron cotejadas con las que manejan las cámaras de la construcción, y constructores especializados, determinando que el tipo de obra contratada no supera los U$ 500 el metro cuadrado en las grandes ciudades, incluyendo la utilidad del contratista y el terreno. En este caso se trata de una obra pública, para la cual el Estado entregó el terreno, y el adelanto de hasta el 70%. Un ejemplo clarísimo de este lamentable hecho de corrupción es lo ocurrido en Zamora Chinchipe, donde se contrató la construcción del edificio en la ciudad de Zamora, antes de la metida de mano a la justicia, para ello se realizó licitación pública, se elaboraron los términos de referencia, se contrató fiscalización independiente, se definieron previamente los ítems de la obra rubro por rubro, considerando tipo de material, etc., etc.. La oferta ganadora cotizó un costo promedio de 500 dólares el metro cuadrado; sin embargo, cuando se declara la emergencia por parte del Consejo de la Judicatura, se le suspende el contrato original; tal parece que dicho contrato era un estorbo para el atraco que se perpetró.

2 El Conjuez Richard Villagómez Cabezas, tiene un cuestionado historial como exfiscal de la provincia de Chimborazo.

3 Nombre de la cuenta de twitter de Rafael Correa.

4 Caupolicán Ochoa: de acuerdo con la información oficial registrada en el Consejo de la Judicatura del Azuay, Ochoa Neira, reporta demandas en su contra de varias instituciones financieras, en especial de bancos cerrados como Filanbanco y de Préstamos; además tiene acciones en su contra por estafa y defraudación, contra la seguridad pública y por falsificación de documentos. Además de estar vinculado al gobierno a través de contratos de asesoría jurídica en materia penal, los años 2011, 2012, con el Ministerio de Justicia, Derechos Humanos y Cultos.

5 Por petición del Fiscal Galo Chiriboga, la jueza Lucy Blacio, anuló el juicio penal por peculado, iniciado por el Fiscal Washington Pesántez, por un perjuicio al Estado superior a $ 2 mil millones, en la entrega fraudulenta a la

multinacional Petrobras del campo petrolero Palo Azul, de propiedad de la estatal Petroecuador.

6 La designación de la jueza Lucy Blacio, fue cuestionada en el informe de la veeduría internacional presidida por Baltazar Garzón.

7 Forajidos: movimiento político quiteño que lideró el golpe de estado contra Lucio Gutiérrez.

8 El día 7 de marzo del año 2012, a las 9H50 minutos de la mañana, ingresó a la Fiscalía General del Estado, una denuncia registrada con el No. 02404, suscrita por Diego Mauricio Vallejo Cevallos, en contra de las siguientes personas: Marianela Navas Suasnavas, ex integrante de la Comisión de Selección del Fiscal General del Estado; José Serrano Salgado, Ministro del Interior; Marco Navas Arboleda, padre de Marianela Navas y actual Director Nacional de la Fiscalía General del Estado; Ledy Zúñiga Rocha, Javier Córdova Unda, María Laura Delgado Viteri, asesora del ministro Serrano, a quienes se los vincula en un presunto delito de sustracción y alteración del disco duro de la computadora de la ex comisionada Marianela Navas, hecho sucedido según la denuncia, a raíz de la designación por parte del Consejo de Participación Social, del Dr. Galo Chiriboga Zambrano, como Fiscal General del Estado, a quien, supuestamente, se lo habría beneficiado con información privilegiada.

9 La Resolución del Directorio de Petroecuador No. 44-DIR-2008-05-19, del 19 de mayo de 2008, en su parte pertinente manifiesta: "El directorio de Petroecuador avoca conocimiento de la presentación efectuada por la Econ. Sandra Naranjo, funcionaria de la presidencia de la república, quien expone sobre el retraso en la ejecución de los principales proyectos del sector petrolero, al respecto y con el objeto de que los proyectos encomendados a Petroecuador se ejecuten dentro de los plazos y términos acordados, el directorio resuelve: punto quinto, campo Armadillo y demás campos marginales.- Que el proceso licitatorio en curso debe concluirse, por lo que no es pertinente que Petroecuador solicite dejar sin efecto la calificación de "marginal", en razón de que Petroproducción tiene limitaciones para cumplir con las actuales responsabilidades y más aún para asumir nuevos proyectos".

10 Ver Informe Desfavorable de la Procuraduría General del Estado, oficio No. 009140, de marzo 19 del 2008. Además, el 26 de mayo de 2008, el Secretario Nacional Anticorrupción, Alfredo Vera, a través de oficio No. SNA 0775, dirigido al Almirante, Livio Espinosa, Comandante General de la Marina, señala lo siguiente: "...esta Secretaría se encuentra realizando un análisis desde el punto de vista técnico legal en base a los informes de la Procuraduría General del Estado, que se refieren al contrato para la Explotación de Petróleo Crudo y Exploración Adicional de Hidrocarburo, del Campo marginal Armadillo. Al respecto debemos manifestar que no existe consistencia

entre el primer informe desfavorable (19 de marzo de 2008 oficio No. 009140) y el segundo favorable (18 abril 2008 oficio No. 009846) emitidos por la Procuraduría del Estado, suscritos por los doctores Humberto Aguilar y Gustavo Ramos respectivamente, por cuanto el cambio de criterio en la aplicación de las reglas de I proceso, es decir, el cambio por demás desmedido en los términos de referencia del concurso, luego de la presentación de las ofertas que fueron evaluadas, causa no sólo sorpresa y aberración técnica jurídica en quienes realizaron la modificación sino que a simple vista, se observa un afán de desviar o beneficiar a un tercero. Desconcierta el segundo informe favorable en el cual, sin el menor análisis legal, la Procuraduría General del Estado, específicamente el doctor Gustavo Ramos Puertas, emite dicho informe sin argumentación, según se puede apreciar por los parámetros de calificación que variaron sustancialmente sin existir asidero legal. .- Por otra parte, desde la perspectiva de imagen y salud de la Institución, no es conveniente que un tema que ha sido tan controversial se establezca una determinación frente a dos informes contradictorios. Es nuestra opinión que el Campo Armadillo se entregue a Petroproducción, quien técnicamente deberán justificar la capacidad de poder manejar este campo. Finalmente Petroecuador y la Filial Petroproducción, en defensa de los propios intereses y del patrimonio del Estado puede dejar sin efecto la adjudicación, más aún cuando, el Sistema Petroecuador, se encuentra declarado en emergencia con inclusión de las empresas que tengan vinculación alguna con estas."

11 Respecto al caso "Los 10 de Luluncoto" la Veeduría Internacional señala: "38.- Poner de manifiesto, la necesidad de acomodar la ley que regula el denominado delito de sabotaje, con el fin de adecuarlo a la realidad del Ecuador democrático y plural, respetando el principio de proporcionalidad de las penas y la aplicación de medidas alternativas a la prisión preventiva" Así mismo, la Veeduría Internacional, a través de diferentes reuniones con organizaciones y colectivos de derechos humanos y pueblos y nacionalidades indígenas, ha tenido la oportunidad de constatar la existencia de diferentes reclamaciones ante supuestas violaciones de tales derechos, extendiéndose aquella calificación jurídica a lo que podría entenderse como simples protestas sociales. Sin perjuicio de lo dispuesto en el Código Penal Integral del Ecuador, en el que la figura del terrorismo y sabotaje se regulan de forma diferente a la norma actualmente vigente (el artículo 158 del Código Penal), es conveniente reiterar el riesgo de extender la calificación penal referida a otros ámbitos que excederían del concepto que internacionalmente se admite como terrorismo, máxime cuando en Ecuador existen precedentes en los que se ha considerado como derecho a la resistencia, la ejecución de acciones similares, recogidas en la Amnistía 4 aprobada, en su día, por la Asamblea Constituyente a instancias del gobierno. Esta línea de interpretación se

vio confirmada posteriormente con la sentencia de la Corte Constitucional Nro.0004-09-SAN-CCpublicada en el suplemento del Registro Oficial No. 43 de fecha 8 de octubre de 2009.

12 El informe de la Veeduría Internacional, al referirse al caso Blacio - Yupanqui, señala: "Revisados los archivos de audio y video de las audiencias públicas, la V.I. no ha podido establecer cuáles fueron los criterios en los que se basó cada Vocal del Consejo de la Judicatura para asignar dichas calificaciones a las postulantes anteriormente mencionadas. Lo cierto es que, después de la puntuación asignada, sin explicación de voto, la postulante Dra. Yupangui (se encontraba en el puesto 12 antes de dicha entrevista) quedó fuera de los 21 Jueces de la Corte Nacional de Justicia y la Dra. Blacio (se encontraba en el puesto 45 antes de la entrevista)entró entre los 21 jueces de la Corte Nacional de Justicia."

Ecuador "oveja negra" de la CIDH

El Ecuador no tiene porque acoger novelerías y caprichos de una burocracia internacional que pretende ser virreyes.

Rafael Correa, abril 2014.

Esta gente (CIDH) se ha convertido en un instrumento de la extrema derecha internacional.

Alexis Mera, Secretario Jurídico Presidencia.

Ecuador es, tras Cuba, el país más restrictivo en libertad de expresión

Catalina Botero, Relatora CIDH.

Catalina Botero, Relatora para la Libertad de Expresión CIDH

La Comisión Interamericana de Derechos Humanos (CIDH), dictó el 24 de marzo de 2014, medidas cautelares a favor de Cléver Jiménez, Fernando Villavicencio y Carlos Figueroa, al haberse vulnerado sus derechos humanos, por el supuesto delito de injurias en contra del presidente Rafael Correa.

La solicitud de cautelares fue presentada el 30 de enero de 2014, alegando violaciones a los derechos consagrados en los artículos 8 (garantías judiciales); 9 (principio de legalidad); 13 (libertad de pensamiento y expresión) y 25 (protección judicial), a la luz de las obligaciones generales consagradas en los artículos 1.1 y 2 de la Convención Americana sobre Derechos Humanos (CADH).

A pesar de la disposición contenida en el acápite V numeral 41, de la resolución de la CIDH, el Gobierno y las autoridades de justicia, desacataron la resolución del organismo internacional, violando la Constitución de la República.

Rafael Correa, pese a ser la supuesta parte ofendida en el juicio, dispuso a todas las funciones del Estado que no se ejecuten las medidas cautelares, y ordenó a la fuerza pública (Fuerzas Armadas y Policía Nacional) que persigan a los tres sentenciados hasta encarcelarlos, como si fueran los seres más peligrosos del Ecuador.

El proceso

La Corte Nacional de Justicia (CNJ) comunicó públicamente la decisión final sobre este proceso el 14 de enero de 2014, condenando a las tres personas a penas privativas de la libertad, la cual es incompatibles con los estándares de la Convención Americana de Derechos Humanos CADH; al pago de multas elevadas y la emisión de disculpas públicas. En el caso de Cléver Jiménez, la condena penal además implicó la pérdida de su calidad de asambleísta.

Al conocerse la sentencia, la Relatoría Especial para la Libertad de Expresión de la CIDH, emitió un comunicado el 24 de enero de 2014, en el que resaltó los estándares desarrollados por los órganos del Sistema Interamericano, sobre la excesividad y desproporcionalidad del derecho penal para la protección del honor de funcionarios públicos, y recordó que <<las sanciones penales por las expresiones utilizadas en las denuncias ante las autoridades, puede conducir a impedir o inhibir el control social sobre los funcionarios públicos>>. Hizo además énfasis en lo determinado por la Corte Interamericana, en el sentido de que la aplicación de sanciones civiles o pecuniarias deben ser proporcionadas y responder al resarcimiento de un comprobado perjuicio económico, de lo contrario podrían tener efectos inhibidores tan o más graves que las sanciones de tipo penal.

Por su parte, la organización Human Rights Foundation (HRF) también condenó la sentencia, así como los allanamientos realizados a los hogares y lugares de trabajo de Villavicencio y Jiménez. En un comunicado con fecha 23 de enero de 2014, la organización resaltó las varias ocasiones donde el Presidente Correa ha empleado el derecho penal para castigar la crítica contra su gestión y criminalizar a aquellos que opinen o denuncien asuntos relacionados con las acciones ejercidas por él como Primer Mandatario en el marco de los hechos del 30 de septiembre de 2010. Asimismo, resaltó el doble estándar del gobierno ecuatoriano al momento de proteger a personas como Julian Assange o Edward Snowden, quienes obtuvieron información de gobiernos extranjeros de similares características que aquellas obtenidas por Jiménez y Villavicencio.

Igualmente, el Comité Para la Protección de Periodistas (CPJ) emitió un comunicado el 17 de enero de 2014, en el que condenó los actos de espionaje, allanamiento, y hostigamiento del que fueron objeto los dos ciudadanos, así como el proceso penal por injuria judicial seguido por el Presidente Correa. CPJ resaltó también el doble discurso del gobierno ecuatoriano en el sentido de brindar protección internacional a extranjeros que podrían ser procesados en otros Estados por los mismos hechos por los que él procesa, persigue y hostiga a ciudadanos ecuatorianos.

Se debe recordar que Jiménez, Figueroa y Villavicencio fueron procesados por el delito tipificado en el artículo 494 del Código Penal, que señala: <<Serán reprimidos con prisión de tres meses

a tres años y multa de seis a treinta y un dólares de los Estados Unidos de Norte América, los que hubieren propuesto una acusación judicial, o hecho denuncia, que no hubiesen sido probadas durante el juicio>>. Debido a la calidad de asambleísta, de Cléver Jiménez, la querella fue conocida en primera instancia por la Sala Especializada de lo Penal de la Corte Nacional de Justicia, por la jueza Lucy Blacio Pereira, quien los condenó en primera instancia el 16 de abril de 2013. De esta sentencia se interpuso un recurso de apelación y nulidad, que fue resuelto por la Sala de lo Penal, Penal Militar, Penal Policial y Tránsito el día 26 de septiembre de 2013, negando los pedidos y confirmando la sentencia.

Inmunidad parlamentaria

Sobre la inmunidad parlamentaria, la Constitución del Ecuador, en el artículo 128, señala que:

> Las asambleístas y los asambleístas gozarán de fuero de Corte Nacional de Justicia durante el ejercicio de sus funciones; no serán civil ni penalmente responsables por las opiniones que emitan, ni por las decisiones o actos que realicen en el ejercicio de sus funciones, dentro y fuera de La Asamblea Nacional. Para iniciar causa penal en contra de una asambleísta o de un asambleísta se requerirá autorización previa de la Asamblea Nacional, excepto en los casos que no se encuentren relacionados con el ejercicio de sus funciones. Si la solicitud de la jueza o juez competente en la que pide la autorización para el enjuiciamiento no se contesta en el plazo de treinta días, se entenderá concedida. Durante los periodos de receso se suspenderá el decurso del plazo mencionado. Solo se les podrá privar de libertad en caso de delito flagrante o sentencia ejecutoriada.

De la norma citada, es claro que el ordenamiento jurídico ecuatoriano dispone la posibilidad de enjuiciar penalmente a un asambleísta en funciones, únicamente cuando se haya seguido el procedimiento pertinente de levantamiento de la inmunidad parlamentaria. Es el Pleno de la Asamblea Nacional quien discute y decide, y con ello autoriza o niega, el inicio de una causa penal. La única excepción establecida es la de aquellos casos en que el asambleísta hubiera actuado fuera de sus funciones o atribuciones.

En el presente caso, la jueza Blacio reconoce, desde el inicio del proceso, la calidad de asambleísta de Cléver Jiménez, sin embargo aduce que la presentación de la denuncia contra Correa no podía ser entendida como un acto realizado en esa calidad. La denuncia presentada a la Fiscalía el 4 de agosto de 2011, Cléver la hace en papel membretado de la Asamblea, en calidad de asambleísta por la provincia de Zamora Chinchipe, y exponiendo las facultades que le confiere la Ley Orgánica de la Función Legislativa.

Los jueces que conocieron el caso, en particular la Jueza Blacio, dio trámite al mismo sin que existiera una resolución de la Asamblea Nacional que autorizara el levantamiento de la inmunidad parlamentaria. La Jueza realizó una interpretación arbitraria y subjetiva de estas disposiciones, violando la normativa vigente y el derecho a la seguridad jurídica del asambleísta Jiménez.

Allanamientos

Los días 26 y 27 de diciembre de 2013, piquetes de policías de élite y agentes fiscales, allanaron los domicilios y las oficinas de la Asamblea Nacional, del legislador Cléver Jiménez y su asesor Fernando Villavicencio, en respuesta a un pedido de *acto urgente* del presidente Rafael Correa y su Secretario Jurídico, Alexis Mera. Este tema también se incluyó en la petición de cautelares a la CIDH.

Entre los argumentos, se recordó que la Corte IDH ha desarrollado estándares de interpretación del derecho consagrado en el artículo 11 de la Carta Americana de Derechos Humanos CADH relativos a la protección del domicilio de las personas. Así, en el caso de las Masacres de Ituango V. Colombia, estableció que:

> El ámbito de la privacidad se caracteriza por quedar exento e inmune a las invasiones o agresiones abusivas o arbitrarias por

parte de terceros o de la autoridad pública. En este sentido, el domicilio y la vida privada se encuentran intrínsecamente ligados, ya que el domicilio se convierte en un espacio en el cual se puede desarrollar libremente la vida privada.

Además, citando al Tribunal Europeo de Derechos Humanos, la Corte determinó que la destrucción por parte de la fuerza pública de bienes muebles en el marco de operativos policiales constituye una violación a los derechos consagrados en la Convención, toda vez que estos bienes son necesarios para el desarrollo de la vida cotidiana de las personas.

Con respecto a la formalidad con la que se debe realizar un allanamiento, en el caso Chaparro Álvarez y Lapo Iñiguez contra Ecuador, la Corte determinó que:

> (...) al ejercer la facultad de dictar las medidas cautelares [Allanamiento] de carácter real contempladas en la ley, las autoridades nacionales están obligadas a dar razones que justifiquen la medida como adecuada. Ello exigía precisar la *apariencia de buen derecho,* esto es, que existían probabilidades e indicios suficientes para inferir que los bienes estaban realmente involucrados en el ilícito.

En el presente caso, si bien durante el allanamiento al domicilio, los efectivos policiales y autoridades exhibieron una orden judicial para tal efecto, ésta orden adolecía de fallas legales graves, debido a que no existía en ese momento un proceso penal abierto o en curso en su contra, en el marco del cual se justificara esa medida cautelar. Las autoridades, incluyendo al presidente de la República, justificaron el hecho alegando que la diligencia constituyó un *acto preprocesal,* situación que no está determinada en el ordenamiento legal ecuatoriano.

Como se desprende de los hechos, la diligencia de allanamiento fue realizada en horas de la noche y madrugada, cuando Fernando Villavicencio y su familia se encontraban descansando, desprevenidos y vulnerables. Asimismo, la utilización de un cuerpo de alrededor de veinte miembros de las fuerzas especiales de la policía es, a todas luces, desproporcionado para allanar la vivienda de una persona de quien no se tiene antecedentes de peligrosidad, y que habita con niños pequeños. La forma en la que se llevó el operativo tuvo elementos intimidatorios y agresivos innecesarios para el fin que se perseguía, y generó un impacto emocional grave en sus hijos menores.

Los actos de destrucción y otros daños perpetrados son arbitrarios y demuestran un abuso de poder por parte de las autoridades y los efectivos que intervinieron en el operativo, agravados por el hecho de que aquellos bienes que fueron sustraídos de la vivienda durante el operativo no fueron debidamente inventariados ni registrados, fueron sacados del lugar sin ninguna protección, violando la cadena de custodia.

Silenciar la investigación

En la argumentación a la CIDH, Jiménez, Villavicencio y Figuera, sostienen que al presentar la denuncia ante la Fiscalía por los hechos del 30 de septiembre de 2010, buscaban el esclarecimiento de asuntos de interés nacional sobre los cuales existían dudas e incertidumbre, y que hasta la fecha de presentación de esa denuncia no habían sido debidamente investigados y aclarados. La denuncia era, en realidad, la exteriorización de una preocupación legítima por parte de las víctimas de que, en la jornada del 30 de septiembre se podrían haber cometido actos contrarios al derecho internacional, así como la solicitud expresa de que las autoridades pertinentes absuelvan esta preocupación, investiguen los hechos, y brinden a la ciudadanía una versión clara de los mismos. Con ello, la denuncia constituía un acto de fiscalización sobre los actos que Rafael Correa, realizó en calidad de primer mandatario.

Al tratarse de un asunto de interés público que involucraba directamente al más alto funcionario del Estado, la presentación de la solicitud a la Fiscalía así como las declaraciones que hubieran emitido a raíz de la presentación de esa solicitud, constituían un ejercicio legítimo del derecho a la libertad de expresión, protegido bajo el artículo 13 de la Convención Americana de Derechos

Humanos (CADH) y sobre el cual no cabía la interposición de responsabilidad ulterior alguna.

Rafael Correa, presentó la acusación particular contra Jiménez, Villavicencio y Figueroa, actuando *como ciudadano común*, y no como presidente de la República, a pesar de que los hechos de la solicitud a la Fiscalía presentada por las víctimas cuestionaban las acciones realizadas en su calidad de presidente, y no abordaban ningún asunto relacionado a la vida personal del economista Correa Delgado.

Los jueces que conocieron la causa ignoraron en su análisis la calidad de funcionario público de Correa con respecto a la denuncia, y los fallos se limitaron a alegar presuntas transgresiones a la vida privada y a la honra del Presidente Correa, que en la práctica jamás fueron demostradas. Así, el artículo 494 del Código Penal tuvo en la práctica los mismos efectos que una ley de desacato, penalizando cuestionamientos, críticas y opiniones legítimas que Jiménez, Villavicencio y Figueroa tenían sobre las acciones del Presidente, durante la revuelta policial del 30 de septiembre de 2010.

Lo anterior no solo no cumplió un fin legítimo en una sociedad democrática, donde se espera que exista más, y no menos, discusión abierta sobre asuntos de grave conmoción nacional, como fueron los hechos del 30 de septiembre. En particular, las acciones contra los tres ciudadanos, sirvieron como una suerte de sanción ejemplificante a todas las personas que buscaran el esclarecimiento de estos hechos, o sostuvieran una posición distinta a la versión oficial sobre los mismos.

Finalmente, el proceso penal en sí mismo, es contrario al derecho consagrado en el artículo 13 de la CADH, por la desproporcionalidad que implica la aplicación del derecho penal para sancionar la interposición de una solicitud de investigación a la Fiscalía y los hechos alegados en la misma por parte de las tres víctimas de este caso. Si se trataba de restituir el derecho a la honra del Presidente Correa, presuntamente conculcado, bastaba la interposición de medidas menos restrictivas y nocivas para el debate democrático sobre asuntos de interés público.

Los órganos del Sistema Interamericano han sido enfáticos en reiterar la relación estrecha que existe entre el respeto irrestricto del régimen democrático y la plena vigencia de los derechos humanos. Este criterio ha sido elevado a normativa regional a través de la adopción de la Carta Democrática Interamericana.

Los derechos políticos consagrados en el artículo 23 de la Convención tienen una doble dimensión. Por un lado, consagran la facultad de todo ciudadano de acudir periódicamente a las urnas a elegir a sus representantes, en condiciones de igualdad y transparencia. Por otro lado, implica el derecho que tiene todo ciudadano de aspirar a cargos públicos de elección popular, participar en elecciones y ejercer los cargos a los que hubieran accedido mediante el voto popular.

Al respecto, cabe mencionar que el derecho consagrado en el artículo 23, para el caso de miembros del órgano legislativo de un Estado, no se agota con el simple hecho de permitirles ocupar un curul en la Asamblea, una vez que han sido designados mediante el voto popular para tal efecto. Impone además, para el Estado, la obligación de garantizar que la función que al legislador le ha sido encomendada por sus electores -de quienes es representante- pueda ser ejercida a cabalidad. Ello supone que tanto el órgano legislativo como quienes lo integran deben contar con garantías mínimas de independencia en el ejercicio de sus funciones, de tal suerte que puedan actuar sin injerencias, amenazas o cualquier otro acto que afecte el desempeño de sus funciones.

La función del legislador en Ecuador no solo consiste en redactar, modificar o aprobar leyes, sino que cumple además un rol de fiscalización de los demás poderes del Estado. La facultad fiscalizadora se encuentra consagrada en la Constitución, y se entiende como el deber de todo Asambleísta de ejercer mecanismos de distinta índole para supervisar el trabajo de otros órganos o poderes públicos, y verificar su adecuación a la Constitución y la Ley. La Constitución no ha definido, de manera taxativa, qué acciones de fiscalización puede realizar un asambleísta en el marco de sus funciones, sino que la define de manera general.

Más aún, la gestión fiscalizadora de un asambleísta no se la realiza a título personal, sino que responde al mandato ciudadano confiado a él en elecciones. La fiscalización es un derecho de todo ciudadano, que se ejerce a través de la representación de las personas que ellos eligen por votación popular. Mermar la facultad fiscalizadora de un asambleísta constituye en la práctica, privar a todos los ciudadanos que son representados por esa persona, en el Legislativo, de la posibilidad de ejercer su derecho ciudadano de controlar los actos de diversos órganos estatales.

En este sentido, la solicitud presentada por Cléver Jiménez a la Fiscalía para que investigue los hechos del 30 de septiembre de 2010, constituía un acto legítimo de fiscalización ejercida en su calidad de asambleísta, principalmente si se considera que la misma buscaba traer luz a los hechos ocurridos ese día que podían constituir violaciones a los derechos humanos. Su intención era la de verificar la adecuación de las decisiones adoptadas por el Ejecutivo en ese contexto, con estas obligaciones internacionales y constitucionales.

El proceso penal seguido en contra de Jiménez por actos realizados en ejercicio de la facultad fiscalizadora y actuando en calidad de asambleísta, constituye una violación a los derechos políticos de los cuales él es titular, en razón de haber sido designado como asambleísta mediante voto popular. Constituye, asimismo, un menoscabo a los derechos de fiscalización y control de todos los ciudadanos que son representados por el asambleísta Jiménez en la Asamblea Nacional. En virtud de lo anterior, el Estado violó los derechos consagrados en el artículo 23 de la Convención Americana de Derechos Humanos, a la luz de los artículos 3, 4 y 5 de la Carta Democrática Interamericana, instrumento emanado desde la Organización de Estados Americanos que impone a los Estados obligaciones relativas al respeto de los derechos humanos en el marco de un régimen democrático.

La gravedad de la situación, se evidencia en la existencia de una sentencia de casación privativa de libertad, así como de una multa exorbitante, la misma que en sí es contraria a los estándares internacionales de derechos humanos por constituir una restricción ilegítima al derecho a la libertad de expresión y al derecho a la tutela judicial efectiva. Al estar el proceso desde su naturaleza plagado de irregularidades, y tomando en cuenta la injerencia permanente del Ejecutivo en ella, la privación de libertad que derive de ella es contraria al derecho a la libertad personal consagrado en la Convención. Este proceso adolece de fallas de forma desde su origen, por ende, es necesario que su ejecución se suspenda.

La condena generó un efecto intimidador para las víctimas, así como para toda la sociedad al criminalizarse el derecho fundamental de acceder a la justicia y de solicitar a los tribunales nacionales que analicen un hecho a la luz de la normativa nacional e internacional para determinar la existencia de posibles responsabilidades penales de altos funcionarios públicos, en el marco de una situación de especial interés nacional, así como de informar, investigar y difundir sobre posibles violaciones a derechos humanos. Lo anterior se vuelve más grave debido a las elevadas y desproporcionadas indemnizaciones que las víctimas deberán pagar, lo cual causa además un daño irreparable en sus derechos de propiedad, y afecta gravemente su patrimonio y el de sus familias.

La crítica situación de los derechos humanos y la libertad de expresión en Ecuador tuvo especial atención en el informe del Departamento de Estado de los Estados Unidos, correspondiente al año 2013, el cual fue hecho público en febrero de 2014. En el documento se señala que el gobierno de Rafael Correa usó <<leyes de difamación y regulaciones administrativas para sofocar la libertad de prensa y limitar la libertad de reunión, especialmente contra comunidades indígenas que protestaban contra leyes que afectaban sus tierras>>. Igualmente se destacó que la sentencia de la Corte de Justicia en contra del legislador Cléver Jiménez, del periodista Fernando Villavicencio y del dirigente médico, Carlos Figueroa, como expresiones de intromisión del Ejecutivo en la justicia.

Rafael Correa, tuvo lista su reacción en tonos mayores contra el gobierno americano, calificando el informe, como un *adefesio*:

Resulta que ahora el que juzga la vigencia de DD.HH es EE.UU. Creo que hay unos nueve instrumentos sobre Derechos Humanos empezando por la propia Declaración Universal de Derechos Humanos, en la que se fundamenta el Sistema pero también el Acuerdo Interamericano contra la tortura, contra los derechos de las mujeres, etc. Creo que son 9, ¡Revisen! De todos ¿saben cuántos ha firmado EE.UU.? ¡Ninguno! -afirmó el Mandatario- y son tan *caretucos* que su departamento de Estado hace informes anuales sobre la vigencia de los DDHH en el resto de países. "¡Vaya descaro! EE.UU. diciéndonos a nosotros que no cumplimos los derechos humanos. ¡Aquí encontrarán dignidad!.

Otra vez el doble estándar

Como lo hizo en el plano nacional al crear una coraza de impunidad judicial, con la *metida de mano en la justicia*; a nivel internacional, el Gobierno tuvo que rociarse de barniz para protegerse y en este caso resguardar a su líder. Al igual que en otros temas, en éste el régimen manifiesta otra vez su doble estándar.

Pese a que el año 2008, el presidente Rafael Correa y su ministro de Justicia Gustavo Jalkh, proclamaron que las medidas cautelares de la CIDH tenían que ser ejecutadas inmediatamente por cualquier juez o tribunal, en función de lo cual promulgaron el Decreto 1317 disponiendo que la cartera de Justicia coordine la ejecución de dichas medidas o de cualquier otra acción originada en el Sistema Interamericano de DDHH; en aquellos casos en los que, el gobierno o sus funcionarios aparecen implicados, automáticamente, el Estado a través de sus instituciones, imprime un giro de 180 grados, y se blinda, lesionando la normativa que ellos mismos crearon. El artículo 1 del citado instrumento es clarísimo:

Confiérase al Ministerio de Justicia y Derechos Humanos la responsabilidad de coordinar la ejecución de sentencias, medidas cautelares, medidas provisionales, acuerdos amistosos, recomendaciones y resoluciones originados en el Sistema Interamericano de Derechos Humanos y en el Sistema Universal de Derechos Humanos, y demás obligaciones surgidas por compromisos internacionales en esta materia.

El Gobierno emitió ese decreto como consecuencia de la norma constitucional que se aprobó en Montecristi, en la cual se establece que el Estado tiene que adecuar sus normas a estándares internacionales de derechos humanos, donde se reconoce la superioridad de estos sobre la Constitución.

Desde el año 2003 hasta la fecha, la CIDH ha otorgado medidas cautelares en varios casos. Entre los más destacados están los de Nelson Serrano; diario El Universo; a favor de los pueblos en aislamiento voluntario; al pueblo de Sarayaku; y, las de 2014 a favor de Villavicencio, Jiménez y Figueroa. De los casos expuestos, sobresale un común denominador que identifica a los gobiernos de Lucio Gutiérrez y Rafael Correa: el primero desacató las cautelares a favor de Sarayaku, por estar directamente implicado; y, el segundo igualmente desacató por tratarse (Correa) de demandante y presidente.

En el caso de Nelson Serrano, un ecuatoriano condenado a muerte a través de inyección letal por el supuesto asesinato de cuatro personas, debió ser ejecutado el 2011, en la prisión Jacksonville (Florida-EEUU). Sin embargo, la oportuna acción del gobierno de Rafael Correa, quien solicitó cautelares a la CIDH, invocando el mismo artículo 25 del Reglamento, impidió la consumación de la sentencia. En este caso la Corte de Justicia de un país como EEUU, que no suscribió el pacto de San José, acató las medidas de la CIDH. El trámite lo hizo el 22 de julio Johanna Pesantez, Ministra de Justicia, y la Comisión otorgó medidas cautelares el 5 de diciembre de 2011.

El desacato

El régimen utilizó una serie de presiones internacionales y nacionales sobre la CIDH con el fin de impedir la emisión de medidas cautelares a favor de Villavicencio, Jiménez y Figueroa. El Gobierno tenía la seguridad de que no habrían votos suficientes para otorgar cautelares, al final, tuvo que recurrir a desconocer las cautelares y deshonrar a la CIDH, dejando en evidencia una vez más su ya acostumbrado doble estándar.

En esa línea, a pocas horas de comunicada la resolución de la CIDH, empezó a rodar el guion del desacato. Rafael Correa señaló que la CIDH <<Por ningún lado tiene atribuciones para dictar medidas cautelares a favor de Cléver Jiménez, pero si las tuviera, es el colmo que trate de revertir la sentencia ejecutoriada de un país soberano>>.

El mandatario agregó que las medidas cautelares a favor de Cléver Jiménez son <<un paso más para la desacreditación del Sistema>>. Señaló también que la CIDH está dominada por las ONGs y por los intereses del gran capital y frente a esto señaló que el Ecuador propone que el Sistema Interamericano <<sea financiado y tenga su sede en uno de los países o estados miembros que firmaron el Pacto De San José>>.

Por el mismo sendero trajinó el Secreto Jurídico de la Presidencia, Alexis Mera, al señalar que: <<esta gente se ha convertido en un instrumento de la extrema derecha internacional, no vamos a acatar ningún tipo de opinión que ellos hagan, porque están demostrando su parcialidad>>.

De igual forma, el Procurador del Estado, Diego García y el Presidente de la Corte de Justicia (CNJ), Carlos Ramírez, indicaron que las medidas cautelares no son ejecutables, por falta de competencia de la CIDH. El Procurador, convertido en abogado del Presidente, instruyó a todas las autoridades ecuatorianas que hagan caso omiso a la resolución de la CIDH. Lo propio hizo Carlos Ramírez, quien a través de rueda de prensa, más menos adjetivos, repitió el discurso del demandante (presidente).

Como en pocos casos donde el poder absoluto se olvida hasta de los detalles, en este fue evidente la sincronía discursiva de todo el andamiaje estatal, mascullando *unidad nacional* en torno al acusador. Así queda expuesto a la luz de potentes reflectores que la *metida de mano en la justicia*, que proclamó Correa el año 2011, cuando decretó estado de excepción en la función judicial, fue una forma de hacerse justicia por su propia mano.

La defensa de los tres sentenciados, empezó un peregrinaje judicial en Ecuador, solicitando a los diferentes operadores de justicia el acatamiento de la Resolución de la CIDH. El 27 de marzo del 2014, la jueza Lucy Blacio se negó a cumplir las medidas cautelares, porque supuestamente carece de competencia. Trasladó esa responsabilidad a la Ministra de Justicia, Ledy Zuñiga. Inmediatamente, el 2 de mayo de 2014 los abogados solicitaron a la referida Secretaria de Estado que disponga la ejecución de la Resolución de la CIDH, pero la funcionaria alineada a los designios del demandante, negó tal petición, amparándose en una comunicación remitida el 7 de abril del 2014 a la CIDH, por el ministro de Relaciones Exteriores, objetando la competencia del organismo internacional para dictar medidas cautelares.

El 27 de marzo de 2014, se puso en conocimiento de la presidenta de la Asamblea Nacional, Gabriela Rivadeneira, la resolución de la CIDH y se requirió la adopción de las acciones tendientes a impedir la supresión del cargo de legislador, de Cléver Jiménez. Sin embargo, el 8 de abril del 2014, el Consejo de Administración Legislativa (CAL), con los votos a favor de los gobiernistas: Gabriela Rivadeneira, Roxana Alvarado, Marcela Aguiñaga, Virgilio Hernández y Rocío Valarezo, emitió una resolución cesando del cargo de asambleísta a Jiménez y posesionando a su alterno, Milton Gualán.

En un hecho sin precedentes, Correa movilizó las cuatro funciones del Estado: Ejecutiva, Judicial, Electoral y Legislativa, incluyendo el Procurador de la Nación, para que se desconozcan las medidas cautelares de la CIDH. Es más, ordenó a todas las fuerzas de seguridad del país: Policía Nacional, Fuerzas Armadas y organismos de inteligencia, la búsqueda y apresamiento de los tres ciudadanos. Incluso el Fiscal, Galo Chiriboga y el Ministro del Interior, José Serrano, anunciaron que habían dado la orden a la Interpol, para detenerlos en cualquier parte del mundo.

A la usanza del *Magnífico,* el régimen intentó ensamblar el escenario donde el Rey perdona a los impíos, se baña de democracia y generosidad, y se idealiza como *la mano de la justicia.* Rafael el benefactor. El globo de ensayo lo lanzó Alexis Mera en el canal oficial Gamatv, el 2 de abril de 2014, donde pidió a Jiménez ofrecer disculpas al Presidente y él haría el resto: pediría a Correa que perdone a los tres, y asunto concluido.

> El señor Jiménez lo que tiene que hacer es pedirle disculpas al país por haber acusado de genocida al presidente Correa. Lo ha comparado con Hitler, con Mussolini, esto es una cosa muy grave. Esto es lo que debemos enfrentar y lo que debemos enfocarnos. El tema no es si debe estar preso o no debe estar preso, eso con si el señor Jiménez le pide disculpas al Gobierno nacional por la barbaridad que hizo, no tenemos problema, yo personalmente le pediría al Presidente que considere aceptar esas disculpas» (...) «Yo haría todo lo posible para que el Presidente tome esa decisión (aceptar las disculpas). No puedo opinar por el Presidente, pero yo creo que sí lo haría».

Pero la negativa inmediata expuesta por los condenados, obligó a Rafael a salir por los fueros y desautorizar a Mera. <<El tipo tiene que pagar su mentira junto a Villavicencio y Figueroa como exige la ley ecuatoriana>>.

Aunque casa adentro el régimen pueda aún controlar y dirigir la justicia, a nivel internacional la imagen de Rafael Correa pinta autoritaria. En una entrevista realizada por El País de España, la Relatora de la CIDH, Catalina Botero, se refirió a que Ecuador, después de Cuba, tiene una de las legislaciones más restrictivas para la libertad de expresión en toda la región:

Déjeme darle sólo un ejemplo: en ese país, todos los medios de comunicación, escritos, digitales, de radio o televisión, están expresamente obligados a publicar toda la información que el Gobierno considere que es de *interés publico* y, al mismo tiempo, pueden ser sancionados por publicar información que el Gobierno considere irrelevante. En otras palabras, <<quien decide si el público puede o no conocer una información son los agentes gubernamentales encargados de vigilar y sancionar a la prensa>>, señaló. En esas condiciones según Botero es muy difícil hablar de democracia: <<La democracia no es simplemente ir a votar: para

poder tomar una decisión, una condición indispensable es la deliberación>>.

Respecto al uso del derecho penal para perseguir a quienes ejercen el derecho a la fiscalización, la Relatora de la CIDH señaló que "eso afecta directamente la capacidad de tener una deliberación vigorosa, importante, sin miedo a sufrir represalias. ¿Quién se va a atrever a hacer una denuncia de corrupción si el funcionario aludido puede lograr que el periodista que hace la denuncia termine en la cárcel?

"La injusticia extrema no es derecho"

La resistencia de las autoridades a las medidas cautelares de la Comisión Interamericana de Derechos Humanos (CIDH) es un acto ilegítimo, contrario a la Constitución y a la Convención Americana de Derechos Humanos. Así lo señala el constitucionalista Jorge Alvear, a propósito de las reiteradas declaraciones del presidente Rafael Correa de que no acatará los pedidos que haga este ente autónomo de la Organización de Estados Americanos (OEA).

La CIDH es un órgano principal para la promoción y protección de los derechos humanos creada mediante la Carta de la OEA. Luego se adoptó la Convención Americana conocida como Pacto de San José. Es decir que la legitimidad de la CIDH nace de la OEA. En el estatuto se le dio a la Comisión plena libertad para que elabore su propio reglamento.

En la reunión de la OEA, el Ecuador, al sumarse a la resolución de consenso, ratificó el reglamento y las atribuciones de la CIDH, porque el primer punto dice <<tomar nota>> de las respuestas de la Comisión y del reglamento que esta misma había reformado y aprobado. Y no solo eso, todos los países le pidieron que siga aplicando el reglamento reformado, en el que no dejan de constar las medidas cautelares.

El reglamento y atribuciones de la CIDH tienen un refuerzo en otra Convención, la que se adoptó en Brasil en 1994 relativa a la desaparición forzada de personas. Este instrumento, del que

Ecuador es signatario, fue publicado en el Registro Oficial en el 2006. En su artículo 13 dice: "Para los efectos de la presente Convención, el trámite de las peticiones o comunicaciones presentadas ante la CIDH en que se alegue la desaparición forzada de personas estará sujeto a los procedimientos establecidos en la Convención Americana, y en los estatutos y reglamentos de la Comisión y de la Corte, incluso las normas relativas a medidas cautelares. Quiere decir que en esta Convención se reconoció la legalidad del reglamento y de las medidas cautelares de la CIDH. Y, además, en las reformas de la CIDH se menciona como base legal la convención de Brasil de 1994" menciona Alvear.

Similar criterio manejó el jurista Ramiro García Falconí, al destacar que la penalización de la opinión y de las acciones de fiscalización a funcionarios públicos, va en dirección contraria al ordenamiento internacional:

> La vía penal, por tanto, en estos casos resulta incompatible con la Convención Americana de Derechos Humanos. De igual forma en la sentencia Canesse vs. Paraguay (párrafo 103) ratifica la Corte IDH que tratándose de funcionarios públicos, de personas que ejercen funciones de una naturaleza pública y de políticos se debe aplicar un umbral diferente de protección el cual no se asienta en la calidad del sujeto, sino en el carácter de interés público que conllevan las actividades o actuaciones de una persona determinada, pues estos se han expuesto voluntariamente a un escrutinio público más exigente y consecuentemente se ven sometidos a un mayor riesgo de menoscabo a su honor. Este doble estándar señalado por la Corte IDH no fue tomado en cuenta por la Corte Nacional de Justicia al momento de dictar sentencia en contra de Jiménez, Villavicencio y Figueroa y son estas mismas consideraciones las que llevaron a la Comisión Interamericana de Derechos Humanos, en adelante CIDH, a emitir en su favor medidas cautelares mediante las que suspenden la ejecución de la sentencia penal, destacó García, en una nota publicada en diario El Universo.

En referencia a la actitud del pueblo de Sarayaku de brindar protección a los tres perseguidos, García Falconí, subraya la condición en la que se produce el hecho, es decir frente al desacato gubernamental de las cautelares, un pueblo indígena decide ofrecer protección a los tres ciudadanos, en el contexto del derecho a la resistencia. ¿Qué pasa -se pregunta García- cuando dichas leyes o, como en este caso, las decisiones judiciales son manifiestamente ilegítimas? Ya Gustav Radbruch se cuestionó lo propio al ver las leyes y sentencias producidas en el nazismo, lo que le llevó a plantear su fórmula <<la injusticia extrema no es derecho>>. Dentro de este contexto la actuación del pueblo Sarayaku no solo constituye una clara manifestación del derecho a la resistencia, establecido en el artículo 98 de la Constitución, sino que conlleva la ejecución de la medida dispuesta por la CIDH. En este punto es el Gobierno el que debe cuestionarse respecto de la legitimidad de sus actos, sobre si incursionar en territorios ancestrales para capturar a tres sentenciados por injurias fortalece u horada al estado constitucional de derechos y justicia desde sus bases, destaca García.

Notas

1 MARCO JURÍDICO INTERNO

CONSTITUCIÓN DE LA REPÚBLICA:

Art. 11.- El ejercicio de los derechos se regirá por los siguientes principios: 3. Los derechos y garantías establecidos en la Constitución y en los instrumentos internacionales de derechos humanos serán de directa e inmediata aplicación por y ante cualquier servidora o servidor público, administrativo o judicial, de oficio o a petición de parte. Para el ejercicio de los derechos y las garantías constitucionales no se exigirán condiciones o requisitos que no estén establecidos en la Constitución o la ley. Los derechos serán plenamente justiciables. No podrá alegarse falta de norma jurídica para justificar su violación o desconocimiento, para desechar la acción por esos hechos ni para negar su reconocimiento. En materia de derechos y garantías constitucionales, las servidoras y servidores públicos, administrativos o judiciales, deberán aplicar la norma y la interpretación que más favorezcan su efectiva vigencia. Todos los principios y los derechos son inalienables, irrenunciables, indivisibles, interdependientes y de igual jerarquía. 9. El más alto deber del Estado consiste en respetar y hacer respetar los derechos garantizados en la Constitución. El Estado, sus delegatarios, concesionarios y toda persona que actúe en ejercicio de una potestad pública, estarán obligados a reparar las violaciones a los derechos de los particulares por la falta o deficiencia en la prestación de los servicios públicos, o por las acciones u omisiones de sus funcionarias y funcionarios, y empleadas y empleados públicos en el desempeño de sus cargos. El Estado ejercerá de forma inmediata el derecho de repetición en contra de las personas responsables del daño producido, sin perjuicio de las responsabilidades civiles, penales y administrativas. El Estado será responsable por detención arbitraria, error judicial, retardo injustificado o inadecuada administración de justicia, violación del derecho a la tutela judicial efectiva, y por las violaciones de los principios y reglas del debido proceso. Art. 416.- Las relaciones del Ecuador con la comunidad internacional responderán a los intereses del pueblo ecuatoriano, al que le rendirán cuenta sus responsables y ejecutores, y en consecuencia: 7. Exige el respeto de los derechos humanos, en particular de los derechos de las personas migrantes, y propicia su pleno ejercicio mediante el cumplimiento de las obligaciones asumidas con la suscripción de instrumentos internacionales de derechos humanos. 9. Reconoce al derecho internacional como norma de conducta, y demanda la democratización de los organismos internacionales y la equitativa participación de los Estados al interior de estos. Art. 417.- Los tratados internacionales ratificados por el Ecuador se sujetarán a lo establecido en la Constitución. En el caso de los tratados y otros instrumentos internacionales de derechos humanos se aplicarán los principios pro ser humano, de no restricción de derechos, de aplicabilidad directa y de cláusula abierta establecidos en la Constitución. Art. 426.- Todas las personas, autoridades e instituciones están sujetas a la Constitución. Las juezas y jueces, autoridades administrativas y servidoras y servidores públicos, aplicarán directamente las normas constitucionales y las previstas en los instrumentos internacionales de derechos humanos siempre que sean más favorables a las establecidas en la Constitución, aunque las partes no las invoquen expresamente. Los derechos consagrados en la Constitución y los instrumentos internacionales de derechos humanos serán de inmediato cumplimiento y aplicación. No podrá alegarse falta de ley o desconocimiento de las normas para justificar la vulneración de los derechos y garantías establecidos en la Constitución, para desechar la acción interpuesta en su defensa, ni para negar el reconocimiento de tales derechos.

Las autoridades debieron cumplir las medidas cautelares, tanto más que existe el principio universal que rige la aplicación de lo pactado por los Estados en el ámbito internacional, es el principio conocido como PACTA SUNT SERVANDA, que es un principio básico del derecho internacional. En materia internacional se señala que: "Todo tratado en vigor obliga a las partes y debe ser cumplido por ellas de buena fe" (según lo señala el artículo 26 de la Convención de Viena sobre el Derecho de los Tratados de 1969 y mismo artículo de la Convención de Viena sobre el Derecho de los Tratados celebrados entre Estados y Organizaciones Internacionales o entre Organizaciones Internacionales de 1986). Art. 26 Convención de Viena sobre el Derecho de los Tratados de 1969, establece

Art. 26 .- "Pacta sunt servanda". Todo tratado en vigor obliga a las partes y debe ser cumplido por ellas de buena fe.

30S: ¿Quién ordenó disparar?

La ignorancia de la derecha y de ciertos medios de comunicación es tal, que ni siquiera conocen que una de las categorías básicas de sociología política latinoamericana es que cualquier levantamiento de fuerza pública ya se considera un golpe de Estado.

Rafael Correa, la Jornada-México

El Sr. Presidente en base a contacto telefónico, dispone al Sr. Ministro de Defensa Nacional y al Sr. Jefe del Comando Conjunto, que se proceda a rescatarlo.

Informe Fuerzas Especiales.

Fuerzas Especiales del Ejército ingresan al Hospital de la Policía el 30 de septiembre de 2010

Operación rescate

El día transcurre con las dinámicas propias de un hospital: camillas y pacientes -72- expectantes, familiares, médicos/ as y enfermeras/os transitan por aquellos corredores y habitaciones iluminados pero con una habitual persistencia lúgubre y fría. Es el 30 de septiembre de 2010 (30S), en el hospital de la Policía Nacional, con un paciente muy especial que había acudido para que lo atiendan de asfixia por efecto de los gases lacrimógenos: Rafael Correa Delgado. Súbitamente aquel escenario de cotidianeidad hospitalaria deviene en un entorno de conflagración: Rafael Correa había dispuesto un operativo militar para 'rescatarlo' de un particular 'golpe de Estado blando'[1] , secuestro e intento de asesinato, de los cuales aseguró ser víctima..

Alrededor de 1 500 efectivos de la fuerza pública, enlistados en las tres ramas de las Fuerzas Armadas: marina, aviación y ejército -900 soldados y fuerzas especiales del grupo de contrainsurgencia *GEO ECUADOR* portan armas de guerra, 55 oficiales y personal de asalto del Grupo de Operaciones Especiales (GOE), 106 elementos de élite del Grupo de Intervención y Rescate (GIR), decenas de agentes de inteligencia y seguridad política nacionales y extranjeros-, armados para el combate, despliegan sus estrategias para someter a tres centenares de policías de tropa sublevados en el Regimiento Quito No. 1, contiguo al hospital policial. Logran *liberar* al presidente, recuperar la democracia y limpiar de obstáculos la *vía revolucionaría,* instaurada en el Ecuador desde enero del año 2007. El resultado: cinco muertos, entre civiles, policías y militares; decenas de heridos/as; un hospital atacado. Un día de terror que marcó al país para siempre.

Adaptar el muerto al ataúd

La política es imposible de ser aprehendida en su totalidad: existe ineluctablemente un *más allá* que escapa a su relato, a los acontecimientos, a las crónicas, a los titulares de los medios. La tinta que derrama el poder y el contrapoder, ciertamente, tampoco puede contener aquello que es inaprehensible. El 30S, como se conoce, es un cráter en la geografía política ecuatoriana: una marca que señala un antes y un después.

En este ensayo se ingresará en la lógica que guió los acontecimientos de aquel día y en las versiones que, desde el poder, se construyeron para explicar la teoría del secuestro, el golpe de Estado Blando o el intento de magnicidio de Rafael Correa Delgado. Para ello se recurrirá al informe oficial del COMACO[2], Comando Conjunto de las Fuerzas Armadas, a los informes del Grupo de Operaciones Especiales (GOE)[3] y del Grupo de Intervención y Rescate (GIR)[4], ambas unidades de élite de la Policía Nacional; además se recurrirá a la extensa información publicada en los medios de comunicación, en los procesos judiciales y en las vestiduras y costuras de los actores, que tienen un lenguaje propio. Se indagará en el subtexto del teorema del golpe, secuestro y magnicidio promocionado por el gobierno, y se comprobará si encaja con las otras narraciones de los eventos; o si, por el contrario, el muerto resultó más grande que el ataúd.

Al cumplirse cuatro años del 30S, alrededor de 300 personas se encuentran procesadas, varias sentenciadas por una amplia gama de delitos: tentativa de asesinato, delito contra la administración pública, homicidio simple, incitación a la rebelión de la fuerza pública, magnicidio, atentado contra la seguridad del Estado, rebelión, entre otros. Durante este período, centenares de familias ecuatorianas, líderes políticos de oposición, periodistas, libre pensadores, críticos del gobierno o simples curiosos que ese día aterrizaron en el lugar de los hechos, denuncian haber sido víctimas de una singular *cacería de brujas,* con la cual se busca silenciar a la disidencia y blindar al poder. Se trata de crear un prescedente histórico contra los golpistas, confiesa Carlos Baca de la Comisión 30S, y de poner candados a cualquier posibilidad de demandas internacionales contra Correa, reconoce el legislador Virgilio Hernández[5].

Esta constituye la base desde la que se puede advertir cómo varias acciones del gobierno han sido encaminadas a ensamblar una fantasía que se pretende contar como 'la realidad del 30S', que evidentemente concuerda con el postulado oficial del golpe de estado, secuestro e intento de magnicidio. Para afianzar aquella fantasía gubernamental, ha sido pertinente guiar las operaciones de propaganda política, inteligencia, persecución, investigación preprocesal, justicialización, condena, y finalmente la legitimación del Gobierno a través de procesos de comunicación controlados desde el poder central.

Un elemento clave a la luz en estos procesos fue la designación de Galo Chiriboga como Fiscal General, aupado por Rafael Correa. Inmediatamente, en septiembre de 2011, a través de decreto ejecutivo, se declaró el estado de excepción en la función judicial, orientado a reestructurar las cortes y la construcción de edificios, en lo que el presidente llamó <<la metida de mano en la justicia>>. Otro hecho insoslayable fue la creación de la Comisión 30S -constituida por tres funcionarios del Gobierno-, para acomodar las piezas, modelar los procesos judiciales y llegar hasta los *peces gordos* del golpe de estado blando: <<Vamos a detener a los peces gordos y llegar hasta los cobardes cerebros que estuvieron detrás del 30S>>, sentenció el presidente Correa, al crear la notable Comisión.

Los radicales cambios instrumentados en el aparato de la justicia penal a partir de entonces, dejan ver con nitidez que uno de los objetivos del decreto presidencial, fue controlar los procesos judiciales hasta convertirlos en *sentencias ejemplarizadoras en contra de los golpistas*[6].

Uno de los descubrimientos centrales del largo y profundo proceso de investigación realizado por la Comisión 30S, es que el día de la revuelta policial se puso en práctica un *golpe de Estado blando*, concurrente con una estrategia de desestabilización regional. Según el principal de la Comisión, Carlos Baca Mancheno, antes y durante la jornada, se habría puesto en evidencia una oposición antidemocrática, la que se desnudó como conspirativa, desestabilizadora y golpista.

Junto a las estrategias conspirativas, bajo el rimbombante paraguas del golpe blando, se aclara los nombres de los desestabilizadores. Baca los pronunció sin ruborizarse. En la lista se incluye a figuras que ya habían sido acusadas previamente de haber tenido alguna participación en los hechos del 30 de septiembre de 2010: Lucio Gutiérrez, Mario Pazmiño, Enrique Herrería, William y Roberto Isaías Dassum, Cléver Jiménez, Mery Zamora, Diego Cano, Pepe Acacho, Lourdes Tibán, Luis Villacís, Fidel Araujo, Fabián Arcos Pepinos, Xavier Albán Gallo, Galo Lara, Juan Borja, Max Marín, entre otros/as, todos/as vinculados/as a la oposición, sea política, gremial o ideológica.

Se vuelve a posicionar como base de la supuesta conspiración internacional un encuentro público realizado el 23 septiembre de 2010, en la ciudad de Miami, en el cual participaron, el expresidente Lucio Gutiérrez, Mario Pazmiño, exjefe de inteligencia, y el banquero Roberto Isaías Dassum. En el foro se habría mencionado que si los presidentes Rafael Correa y Hugo Chávez eran eliminados del escenario, el conocido 'Socialismo del siglo XXI' terminaría. Algo parecido se menciona con relación al dirigente indígena y asambleísta, Pepe Acacho, quien en alguna declaración pública previa al 30S habría sugerido finalizar con el mandato de Rafael Correa.

Con similar argumento se incriminó al exasambleísta Enrique Herrería, quien se mostró partidario de la amnistía a favor de los policías y militares sublevados. En el caso del legislador Cléver Jiménez de Pachakutik, se lo acusa de haber generado un boletín de prensa el día de la revuelta, en el cual pedía la renuncia del Presidente.

Como se ha referido, entre los procesados y sentenciados, no solo constan policías y militares que, directa o indirectamente participaron en los eventos del 30 de septiembre de 2010, sino incluso periodistas, asambleístas y dirigentes gremiales, que como en el caso del legislador Cléver Jiménez, del dirigente médico Carlos Figueroa y del periodista Fernando Villavicencio, solicitaron a la Fiscalía una investigación de los crímenes ocurridos ese día.

Luego de haber trajinado por las renovadas y costosas dependencias judiciales, revisando miles de fojas, centenares de casos; después de haber leído sentencias con argumentos copiados de google o adornadas con horrores gramaticales; de haber revisado disposiciones a los jueces salidas desde Carondelet; luego de haber visto cómo las hojas de vida de muchos magistrados se caen del árbol de la justicia cual frutas podridas; de haber sentido y vivido en carne propia la persecución y todas las vilezas juntas; los/as involucrados/as en este arbitrario escenario, terminan desempeñando los papeles de los personajes de alguna historia novelada de las dictaduras latinoamericanas, o del relato de realismo estalinista, tomado de la obra *El gran juego*, de Leopoldo Trepper[7], fundador de la *Orquesta Roja*, el más grande sistema de espionaje soviético en Alemania nazi.

El origen de la protesta

En los antecedentes del informe de la Fuerzas Armadas, presentado el 18 de octubre de 2010, se establecen las causas que motivaron el reclamo de policías, militares y servidores públicos:

> El 30 de septiembre de 2010, a las 8H00, aproximadamente unos ochocientos (800) miembros de la Policía Nacional iniciaron una paralización de actividades, que tuvo como centro de gravedad el Regimiento Quito No. 1, posteriormente se tomaron la sede de la Asamblea Nacional, situación que generó a nivel nacional, que las unidades policiales, en forma progresiva, se fueran sumando a esta medida, hasta que se evidenció una paralización nacional de la institución Policial.

Reportes de los medios de información y declaraciones de varios funcionarios del gobierno establecieron que los/as sublevados/as en el Regimiento Quito, no pasaban de 200 a 300 policías y familiares.

Según el informe del GOE, pasadas las 8H00, llegó a su cuartel, en Quito el señor Presidente de la República Econ. Rafael Correa Delgado, con toda la caravana presidencial, lugar en el cual se percató que no existía ninguna novedad y se da cuenta que en el interior del mismo existía normalidad en el comportamiento de los señores Oficiales, Clases y Policías del GOE, por lo que inmediatamente sale y se traslada hasta las inmediaciones del Regimiento Quito No.1.

Posterior a ello, el mandatario se dirigió al Regimiento Quito No. 1, donde se registra el ulterior conflicto.

La prensa nacional y extranjera destacaba ese día que, apenas llegó a Carondelet la noticia sobre el amotinamiento policial: <<el presidente Rafael Correa salió apresurado hacia el Regimiento Quito No. 1, (antes pasó por el cuartel del GOE), con el fin de aclarar las dudas sobre la ley, pero en un primer intento los amotinados no lo dejaron entrar>>. En un segundo intento, el primer mandatario logró ingresar al sitio donde estaban los amotinados. Desde una ventana dijo que <<nadie ha hecho más por la Policía que este Gobierno>>. Mientras hablaba de incrementos salariales, los manifestantes gritaban <<eso lo hizo Lucio (Gutiérrez)>>, en relación al expresidente. Ese fue el detonante que hizo estallar en furia a Correa:

> Si quieren matar al Presidente, mátenme si tienen valor!, decía el Mandatario mientras se abría la camisa y la corbata. Su reacción exaltó los ánimos de los policías y cuando intentó salir, apoyándose en un bastón, convaleciente de una operación de rodilla, recibió golpes e inhaló gases lacrimógenos que fueron lanzados en su contra.

En el sector militar, según el informe del COMACO, a las 9H15, <<aproximadamente cuatrocientos efectivos de la Fuerza Aérea proceden a tomarse las instalaciones de la Primera Zona Aérea de la ciudad de Quito y a cerrar el Aeropuerto Internacional Mariscal Sucre, como medida de protesta ante la aprobación de la Ley de Servicio Público>>. La protesta llegó incluso al corazón del mando militar, al Ministerio de Defensa en Quito, donde según el mismo informe, <<se reúne personal de voluntarios, aerotécnicos, tripulantes y servidores públicos manifestándose en contra de la Ley de Servicio Público>>.

Ante la situación de inminente extensión de la protesta, los comandantes de las tres ramas de las Fuerzas Armadas <<dialogan con personal de tropa invocando la calma>>. Posteriormente, agrega el informe, se integra al diálogo con la tropa el ministro de Defensa Javier Ponce, procediendo a <<escuchar al personal de oficiales, tropa y servidores públicos que exponen su descontento, luego de lo cual varios miembros del personal de tropa de las tres fuerzas salen a la avenida Maldonado y proceden a impedir el tránsito vehicular y a quemar llantas>>. La revista Vistazo publicó el contenido de una grabación en la cual se evidencia que el ministro de Defensa Javier Ponce, debió enfrentar directamente el reclamo del sector militar[8].

Reportes en vivo de la televisión daban cuenta de la agitación y el descontento, los militares insubordinados en la Recoleta[9], calificaban de *traidores* a sus superiores y sacaban la protesta a la calle, la medida solo pudo ser controlada antes del medio día, a través de un acuerdo para revisar las demandas de la oficialidad y tropa del sector militar. Este hecho fue clave para consolidar el apoyo de las Fuerzas Armadas para el operativo de *rescate* del primer mandatario, ejecutado en horas de la noche.

Como se aprecia en los reportes de las Fuerzas Armadas y de las unidades de élite de la Policía, la causa que activó el dispositivo de la protesta policial y militar, fue el descontento de oficiales y tropa[10] frente a la aprobación del veto presidencial a las reformas a la Ley Orgánica de Servicio Público, realizada horas antes en la Asamblea Nacional, con la cual se suspendieron y modificaron algunas conquistas laborales de los trabajadores del Estado. El día del debate y aprobación de la mencionada Ley, en el recinto parlamentario, ya se sintió el descontento de oficiales de la escolta legislativa, quienes simpatizaron con los reclamos de grupos de trabajadores públicos concentrados en la Asamblea y expresaron un evidente rechazo con varios asambleístas del Movimiento Alianza PAÍS.

El formato vertical del gobierno revolucionario, donde lo que pinta Carondelet, lo enmarcan las demás funciones del Estado, explica lo acontecido con la Ley de Servicio Público y sus efectos. Pese a contar con un amplio consenso, incluso de sectores de la oposición, las modificaciones hechas en la Asamblea, que recogían criterios del flanco militar y policial, fueron engullidas por el veto de Rafael Correa. El malestar se venía madurando desde hace semanas, cuando se conoció la orientación gubernamental de la reforma, como se puede verificar en una serie de intercambios comunicacionales entre oficiales militares y también personal policial. En ninguno de ellos, sin embargo, se comentaba la preparación de acciones de protesta pública para ejercer el reclamo el 30 de septiembre de 2010.

Uno de los mensajes multiplicados a través de correo electrónico a una cadena de destinarios del sector militar, decía: <<un grupo de personal uniformado de la marina (aprox.15 personas) vestidas de civil empezaron con arengas públicas: Únete pueblo, únete a luchar contra este gobierno antipopular>>[11].

Información proporcionada por el presidente de la Federación Nacional de Servidores Públicos, Miguel García, difundida por la revista Vistazo, establece que los servidores públicos del país superan los 500 mil, cifra que incluye a quienes trabajan en las distintas ramas de la fuerza pública y en entidades autónomas y descentralizadas. A fines de 2006, según datos de la entonces Senres, había 68.557 miembros de las Fuerzas Armadas y 36.900 policías. En la actualidad los miembros de la Policía bordean los 42.000.

El informe de Vistazo ilustra la magnitud del conflicto, en torno al tema laboral, que sacudió los cuarteles. <<El texto que aprobó la Asamblea en segundo y definitivo debate contiene una disposición que deroga, expresamente, cualquier norma que *Reconozca bonificaciones, comisiones o estímulos económicos por el cumplimiento de años de servicio.* La Asamblea excluyó de esta derogatoria a las Fuerzas Armadas y a la Policía, y ésta fue una parte esencial de la negociación con los uniformados, ratifica Nívea Vélez (exasambleísta)[12], sin embargo el veto de Correa eliminó ese acuerdo, entonces estalló el conflicto>>.

¿El 30S, conspiración de la CIA?

Si el malestar invadía los cuarteles militares y policiales antes del 30S, los organismos de inteligencia controlados por el gobierno debían estar informados y haber alertado del hecho a sus superiores, especialmente al Ministro de Defensa, al Comandante de la Policía, al Ministro de Gobierno y por su puesto al Comandante en Jefe de las Fuerzas Armadas, Rafael Correa Delgado. Cabe recordar que los organismos de inteligencia desde el año 2008 fueron *purificados* de las vinculaciones con la CIA y la Embajada de USA, y desde entonces, se entiende, que su personal es de orientación revolucionaria. Pero el 30S dejó otra vez en harapos la confianza de Correa en los órganos de inteligencia: <<Hubo traición en ciertos sectores de inteligencia de la policía. ¿Y de las fuerzas armadas? También>>, dijo Correa al diario La Jornada de México.

El día del golpe de Estado blando, mientras ardían las llantas frente al ministerio de Defensa, y en el Regimiento Quito, el Presidente hacía evidente la pérdida de sus cabales, los responsables de la inteligencia del Estado: Francisco Jijón, Secretario Nacional de Inteligencia (SENAIN) y el alto mando de inteligencia militar, destilaban lecciones en una conferencia magistral, como parte del siminario internacional denominado *Estudios Estratégicos, Inteligencia Prospectiva*, que se realizaba en la Facultad Latinoamericana de Ciencias Sociales - Flacso, en Quito.

El frustrado golpe, según el mandatario ecuatoriano, fue parte de una estrategia regional, orientada a acabar con los gobiernos socialistas del siglo 21, eso le dijo al diario La Jornada, casi un mes después de los hechos, cuando la irascibilidad de su carácter efectivamente había menguado.

> Desde el primer día de mi gobierno vivimos una conspiración permanente, como todos los gobiernos del cambio en América Latina. Qué casualidad que somos nosotros -2002 Venezuela, 2008 Bolivia, 2009 Honduras, 2010 Ecuador- los que hemos sufrido intentos de golpe. La posibilidad de que esto sea casualidad es nula. ¿Por qué? Porque estamos cambiando las cosas.

Los líderes de Venezuela y Bolivia, ampliaron el coro y ratificaron la conspiración internacional, apuntando todos los dardos a Washington y a la Central de Inteligencia Americana (CIA).

Correa tuvo capacidad incluso para descubrir matices muy específicos, respecto a la responsabilidad del *imperio*; respondió a la prensa internacional: Pregunta. <<¿Habla de la penetración de la CIA, pero no del Gobierno estadunidense. Cuál fue su papel en este episodio? Respuesta. Como gobierno, yo creo que Estados Unidos aquí no intervino. No excluimos la participación de ciertos sectores que actúan incluso contra el presidente Barack Obama. De ellos no tengo ninguna prueba, pero no excluyo que hayan intervenido de algún modo. Lo que sí excluyo, por la confianza que les tengo, es a Hillary Clinton y al presidente Obama. ¿Dice que es de confianza su relación con Obama? Él me llamó un par de veces después del 30, muy cortés, preocupado por lo que se decía en ciertas publicaciones. Me aseguró que no tuvo nada que ver. Le respondí que no tenía que darme explicaciones. Es buena persona, pero no ha podido cambiar la inercia de gran parte del aparato político de Estados Unidos>>. Correa sabe hilar fino: ha descubierto que Obama y la señora Clinton no tuvieron ninguna participación en el intento de golpe, no así la CIA y la embajada *gringa* en Quito.

> Por lo que se lee, la experticia del presidente en materia de seguridad y dominio de información de inteligencia, logró traspasar las fronteras nacionales. Sin embargo, sorprende que con la misma acuciosidad, no haya descubierto el año 2008 los preparativos para el ataque del ejército colombiano al puesto ecuatoriano de Angostura, donde fue abatido el líder de las FARC, Raúl Reyes. En ese entonces, él justificó su ignorancia debido a su origen académico:

Cuando yo llego al gobierno, sinceramente, por mi origen académico, ese tema (inteligencia) ni siquiera era una prioridad. Fue mi gran error. ¿Qué es lo que me devuelve a la realidad? El primero de marzo de 2008, cuando tuvimos evidencia de que las instancias de seguridad del Estado ecuatoriano conocieron con anticipación del ataque colombiano a Angostura y no nos informaron. Le avisaron a la embajada de Estados Unidos.

Las secuelas del bombardeo a Angostura desestabilizaron al régimen, lo que el Gobierno no pudo detectar con la ayuda de la academia, lo debió descubrir en la práctica, en el escenario del ataque, sobre decenas de muertos y en el corazón de un país humillado en su dignidad; así lo confesó Correa a la Jornada: <<Ahí nos damos cuenta de que esas unidades (inteligencia) recibían presupuesto de EU. Se forma una comisión que se pone a investigar y entre sus recomendaciones está desmantelarlas. Tenemos evidencias de que su jefe, el coronel Mario Pazmiño, era empleado de la CIA>>.

No transcurrieron ni cuatro meses de estas graves acusaciones cuando Correa cambió su discurso. En junio del 2008, colmó de halagos a la embajadora de EE.UU, Linda Jewell, que semanas después dejó la legación diplomática: <<Es una buena amiga, creo que quiere mucho al país, creo que sinceramente nos aprecia>>, afirmó Correa. <<Seguro que la Embajada envía comunicados al Departamento de Estado diciendo vea paren esto: Ecuador no tiene nada que hacer con las FARC y por eso no es Estados Unidos el que nos acusa sino Colombia y ciertos grupos>>, subrayó el mandatario.

Poco tiempo después de haber fruncido el ceño ante Álvaro Uribe, de haber denunciado al mundo el ataque colombiano como una gravísima violación a la soberanía nacional, y de haber pintado el ambiente con tinta nacionalista, Rafael Correa acabó de principal aliado del presidente Juan Manuel Santos, aquel que comandó el operativo militar a Angostura, en calidad de Ministro de Defensa del Gobierno uribista.

Dos años después de haber denunciado la penetración de la CIA y de la embajada estadounidense en los organismos de inteligencia del Estado, y de haber desmantelado la UNASE de la Policía Nacional y limpiado las unidades de inteligencia militar de elementos vinculados a Washington, el 16 de junio de 2010, el

Presidente Rafael Correa aceptó del gobierno norteamericano, la donación de: equipos de comunicación y detección; cinco automóviles y cuatro motocicletas; la financiación la reconstrucción del centro de capacitación de la Policía Antinarcóticos, dirigido a fortalecer el combate contra el narcotráfico. El monto de esas donaciones ascendían a 1 millón 729 mil dólares, según información del jefe policial antinarcóticos, Joel Loaiza. Las expresiones de amistad entre los dos países no faltaron por parte de la embajadora, Heather Hodges, quien indicó que se están restableciendo las relaciones entre las entidades antinarcóticos de Estados Unidos y Ecuador, fracturadas a raíz de los hechos de Angostura.

En julio de 2008, el Comandante de la Policía Jaime Hurtado, informó a la Asamblea Constituyente de Montecristi que el gobierno de Rafael Correa viabilizaría la operación del *Proyecto Libertador*, dirigido a la interceptación y registro de conversaciones telefónicas o de otro tipo, y que los equipos valorados en 16 millones de dólares fueron donados por el gobierno norteamericano, en la época de George Bush. El *Proyecto Libertador* opera en el bunker de la Fiscalía General del Estado (Av. Patria y 12 de Octubre, en Quito), donde funcionó hasta el año 2010 la embajada estadounidense.

La hipótesis del golpe de estado

Casi un mes después de los hechos del 30S, el régimen continuó abonando la semilla del golpe de Estado; en la entrevista con *La Jornada*, anuncia un descubrimiento: asegura contar con evidencias de que todo estuvo preparado con antelación y que *la agenda* secreta empezó a ejecutarse apenas él ingresó al Regimiento Quito: <<Lo que hubo fue una agenda política que se puso en marcha desde el momento en que yo llego al Regimiento Quito y cercan la caravana presidencial. Ahí estaba el lugarteniente del coronel Lucio Gutiérrez, Fidel Araujo>>[13]. Respecto al mayor Araujo, en una entrevista a la agencia internacional AFP, Correa dijo que (...) la mano derecha de Lucio Gutiérrez, Fidel Araujo, en el Regimiento Quito N° 1, primero dijo que fue a visitar a su mamacita, luego que fue a apoyar la protesta y resulta que todo el tiempo estuvo hablando por celular y con chaleco antibalas. Ya tenemos un testigo de cómo quiso pagarle para que dispare contra el Presidente, un testigo que ya dio su testimonio con firma y todo, puntualizó refiriéndose a Xavier Herrería, quien después de algún tiempo presentó una sorprendente denuncia penal en la Fiscalía, en contra del mandatario.

En una primera declaración ante la Fiscalía, el testigo protegido acusó al mayor Araujo de haberle ofrecido dinero y una cámara fotográfica con una pistola incorporada para el supuesto atentado contra el presidente; pero, en una segunda comparecencia, cuando el fiscal de la causa, José Miguel Jiménez, le mostró una fotografía de Fidel Araujo y le pidió que identifique si se trataba de la misma persona que le ofreció los 5.000 dólares, Xavier Herrería contestó que nunca lo había visto, más que en las noticias de televisión. En definitiva, la persona que le dio la cámara fotográfica era otra, no Fidel Araujo.

En relación con el testigo protegido, que resultó ser testigo falso, existe una versión de Diego Vallejo[14], exasesor del Ministerio de Justicia y de la Secretaría de Transparencia de la Presidencia, en tanto quién presentó y modeló la historieta de la participación del mayor Fidel Araujo no fue Xavier Herrería, sino Francisco Piñeiros Albuja, un falso agente procesado por uso frudulento de identificaciones policiales, con las que había cometido varios delitos de estafa. Por esos antecedentes, según Vallejo, Piñeiros no podía aparecer como testigo, entonces se preparó a una persona desconocida, como Herrería, para que figure como la pieza clave que inculparía a Araujo.

Diego Vallejo ha presentado varios documentos con los cuales se demostraría que Francisco Piñeiros Albuja[15] y su hermano trabajaron para el gobierno de Rafael Correa, en actividades de infiltración y espionaje. Vallejo asegura que, al menos una de las credenciales falsas de agente policial que utilizaba Piñeiros, fue entregada por Rommy Vallejo, asesor de seguridad de la Presidencia y Secretario Nacional de Inteligencia SENAIN.

Movilizaciones de la tropa policial que demandan derechos laborales han existido en varios países latinoamericanos, pero al parecer solo en el Ecuador se expresaría con novedosas excentricidades. Según el talento del Presidente, la teoría política sufrió modificaciones en su nomenclatura, forjándose una categoría sociológica singular en la región: <<La ignorancia de la derecha y de ciertos medios de comunicación es tal, que ni siquiera conocen que una de las categorías básicas de sociología política latinoamericana es que cualquier levantamiento de fuerza pública ya se considera un golpe de Estado>>, le dijo el mandatario al periódico La Jornada. Al amparo de esa concepción, la acción de la fuerza pública en respuesta a la movilización forajida, que derrocó a Lucio Gutiérrez, y en la que tuvo alguna participación Rafael Correa, también podría considerarse un golpe de Estado; y, muchas otras anteriores registradas en el país, donde los militares siempre han actuando de *garantes* del Estado de Derecho. Esa declaración de Correa fue ofrecida el 24 de octubre de 2010, cuando el régimen intentaba acomodar no solo los hechos del 30S, sino hasta la ciencia política para fundamentar la teoría del golpe de Estado.

Que hablen los hechos: en un primer intento de ingreso al Regimiento Quito, el Presidente es advertido por el Comandante de la Policía, Freddy Martínez Pico, que debido a los ánimos alzados de los sublevados, podrían lanzarle gases, eso se aprecia en el video difundido en septiembre de 2011 por el gobierno, para refutar otro video presentado por el periodista Emilio Palacio. Frente a la animadversión de la tropa policial, el Presidente se retira del sitio junto a su comitiva, pero sorpresivamente, minutos después por su propia decisión decide regresar.

La obsesión de la UTE

Casi toda la comitiva presidencial abandonó el Regimiento Quito, entre ellos, los hermanos Fernando y Vinicio Alvarado Espinel, Secretario de Comunicación de la Presidencia y Secretario de la Administración, respectivamente. En su declaración ante la Fiscalía, Fernando Alvarado relató que ese día, en medio del caos, huyó hasta la Universidad Tecnológica Equinoccial (UTE), donde permaneció en el centro de copiado, junto con su hermano Vinicio. Según su testimonio, de varios países lo llamaron telefónicamente a ofrecer asilo. Luego aseguró que, junto a Vinicio, fueron hasta las instalaciones del canal gubernamental Ecuador TV, donde permanecieron escondidos <<en un sótano, junto al Procurador General del Estado y la Superintendenta de Bancos>>[16], hasta que en horas de la noche, revirtieron el curso de las cosas y aparecieron como héroes en Carondelet, luego de la sangrienta incursión armada en el Hospital de la Policía.

La salida de la comitiva presidencial del Regimiento Quito a la UTE, ha sido uno de los aspectos abordados con un nivel casi obsesivo por el Presidente Correa. El tema se introdujo en la denuncia formulada en agosto de 2011 a la Fiscalía por Cléver Jiménez, Carlos Figueroa y Fernando Villavicencio, como parte de decenas de aspectos que debían ser investigados por la justicia. Desde entonces, el primer mandatario no ha dejado de mencionarlo en forma reiterada, en diversos escenarios nacionales e internacionales, con enorme acidez y enojo en contra de los autores.

En la denuncia se señala que *habría* una versión (de Fernando Alvarado) difundida a través de una estadión de radio, en la que se asegura que el presidente Rafael Correa y su comitiva salió del Regimiento Quito a la UTE, -instalación ubicada diagonal al cuartel policial-, y que luego habría regresado. Esta es la parte de la denuncia que más le molesta a Correa. El texto puede interpretarse como impreciso, pero fue planteado como una hipótesis a ser investigada, utilizando el potencial (habría).

En los discursos emitidos por el Presidente es posible evidenciar su franca preocupación: al parecer el motivo principal es el hecho de que él sabe que si hubiese salido del Regimiento Quito hacia la UTE, a primeras horas de la mañana, como lo hizo el resto de la comitiva presidencial, no hubiese existido el 30S, con sus secuelas de muerte, dolor, persecuciones políticas y judiciales que hasta hoy sacuden al país. Esa, se intuye, es la obsesión que lo abrumará por siempre.

Sin la presencia de Correa en el Regimiento Quito y en el Hospital de la Policía, o si se dirigía a la UTE, era impensable el secuestro y peor el intento de magnicidio, al menos que la teoría del golpe de Estado fuese *verdadera* y lograse fundamentar que los 300 policías amotinados en el Regimiento Quito, y unos cuantos militares que ya fueron controlados, pensaran movilizarse hasta Carondelet y someter a las fuerzas de la revolución, deponer al Presidente, ungir uno nuevo ¿quién? Todo aquel proceso sin el apoyo del pueblo llano y sus líderes opositores que, en horas de la mañana, la mayoría estuvo absorto; no entendían lo que pasaba. El desconcierto se parecía a la reedición de la obra de Orson Welles: *La Guerra de los Mundos*. Empero, como en todo río revuelto -siempre hay ganancia de pescadores-, no faltaron los oportunos agitadores dispuestos a tomarse el cielo por asalto: contribuyeron con tinta a la peregrina teoría del golpe de Estado (duro o blando) y del secuestro. Si el presidente Correa hubiese ocupado su puesto y escuchado la recomendación médica de descanso para la recuperación de su rodilla, otro hubiese sido el final.

Agredido y asfixiado, apoyado en su bastón y ayudado por miembros de su seguridad personal y algunos incondicionales seguidores, como Óscar Bonilla[17], se dirige al Hospital para recibir atención médica. ¿Cómo sabían los autores de la *agenda* del golpe, secuestro y magnicidio, que el primer mandatario asistiría al Regimiento Quito y luego al Hospital, para empezar a aplicar el siniestro plan del cual habla el presidente?

Revuelta con palo de ciego

El desarrollo de los sucesos deja entrever que el mando armado, especialmente el policial, estuvo seriamente minado, sin respaldo en las bases, carcomido por denuncias de corrupción, privilegios e inoperancia. Eso quedó expuesto en la Recoleta (Ministerio de Defensa), en el Regimiento Quito y en el Hospital de la Policía. Los generales perdieron la autoridad y el rumbo, fueron rebasados por sus subalternos; todo el peso del reclamo y las decisiones recayeron en capitanes y tenientes. Quedó al libre albedrío de las emociones, pasiones y en la agitación de una tropa confundida y asfixiada entre proclamas salariales, abusos y sus propios gases lacrimógenos. El caos reinante no dejaba ver ni un atisbo de planificación en las exigencias puntuales, menos aún la existencia de estrategias y tácticas orientadas a la consecución de objetivos más altos o escondidos; era una protesta laboral, expresada espontáneamente por trabajadores armados, esa sea quizás la diferencia radical entre una paralización de trabajadores de otras áreas públicas y una de policías.

Del informe pericial realizado por la Fiscalía a las grabaciones de audio del sistema de comunicaciones de la Policía Nacional del 30S, se desprende que el mando de la protesta recayó en algunos oficiales intermedios, quienes al calor de los sucesos, y ante la ausencia de liderazgo, tuvieron que ponerse al frente de la protesta e intentar canalizar una serie de demandas del sector. Conforme al citado reporte pericial, el oficial Andrés Solano, figura como una de las cabezas que intenta tranquilizar a los sublevados y organizar una agenda de reclamos. En el audio se escucha insistir a Solano de que no se trata de secuestrar al Presidente:

> P1 no queremos secuestrados atienda lucha uno, está al habla… no le vamos a sacar al Presidente todavía del hospital… él está ahí por su propia voluntad, ahí tiene que firmar cualquier cosa porque él llegó por su propia voluntad ahí… si nosotros le sacamos se convierte en secuestro y cualquier documento que él firme no va a ser válido entienda que eso tenemos que hacerlo con la cabeza… ahorita nuestro fuerte no es el regimiento nuestro fuerte es la Mariana de Jesús.

En las palabras de Solano se identifica el objetivo de la acción: obligar al Presidente a firmar un documento vía derrocamiento de las reformas, lo cual evidentemente es una acción violenta, inconstitucional, pero no se puede advertir en esa consigna, y en el resto de la grabación, signos de un complot golpista.

La presencia del Presidente y su desatinada intervención en el Regimiento Quito convulsionó aún más el ambiente, generando injustificadas y violentas agresiones contra el mandatario y contaminando el paisaje de irrespirable violencia e irrespeto. Diario El Comercio informaba que

> Cuando Correa caminaba por el helipuerto, colindante con la avenida Occidental, protestantes y elementos de seguridad se cruzaron a golpes. En medio de esa trifulca estuvo el Presidente. Fueron momentos de tensión, que incluso entre los propios uniformados reclamantes se escucharon pedidos de <<basta ya>>. Solo luego de 40 minutos, el Primer Mandatario pudo dejar las instalaciones del Regimiento Quito No 1 para ser trasladado hacia el Hospital de la Policía, ubicado en un edificio contiguo. En tanto que unos 200 oficiales y miembros de tropa seguían tomados las instalaciones. El comandante general de Policía, Freddy Martínez, intentó calmar los ánimos, pero sin resultado. Mas los manifestantes intentaron armar un pliego de peticiones para presentar ante la Asamblea Nacional. A las llH20, gritos de consigna, pitos y sirenas se escuchan dentro y fuera de los alrededores del Regimiento Quito 1.

Informe de un protagonista clave

Un documento de precisiones cronológicas y respetable independencia, respecto a los hechos del 30S, es el elaborado por Fernando Garzón Orellana, conocido militante de izquierda (MIR), ex Subsecretario de Desarrollo Organizacional del Ministerio del Interior, y subsecretario de inteligencia (SENAIN) en el gobierno del movimiento PAIS. Por su condición él no solo fue testigo, sino protagonista del 30S, pero a diferencia de otros, lo escribió con cabeza fría y una buena dosis de objetividad. Garzón describe el escenario con los detalles de un perito, los movimientos, el ambiente, los rostros y la esquizofrenia de las balas. En ninguna parte presenta señales de secuestro, intento de magnicidio, menos aún expone piezas de un presunto golpe de Estado. Si se confrontan los informes de la Comisión 30S creada por el gobierno, con el documento *ESTADO DE SITUACIÓN*, del actual subsecretario de inteligencia SENAIN, Fernando Garzón, queda en evidencia dos lecturas radicalmente opuestas de una misma realidad.

Las primeras horas de la mañana se sucedieron los típicos enfrentamientos callejeros entre policías y manifestantes, sin embargo aquella vez los policías defendían sus propios intereses, las armas eran: gases, insultos, piedras y palos, no aún no había balas. En el informe de Garzón, se lee:

> Los enfrentamientos de los manifestantes que sigue aumentando su cantidad —pocos de ellos cubiertos los rostros— es con aproximadamente 180 miembros visibles de la Policía Nacional, uniformados y muchos equipados para acciones antimotines, y unos cuantos con indumentaria oficial que cubren sus rostros. Con ellos están y en menor cantidad personas de civil muchos de ellos tienen cubiertos los rostros con pañuelos o camisas. Los policías y civiles que los acompañan utilizan el lanzamiento de bombas de gas lacrimógeno, gas pimienta y también de piedras. Algunos manifestantes que están en la avanzada de la movilización realizan el lanzamiento de piedras y pedazos de ladrillos desprendidos de muros de cerramiento de algunos terrenos ubicadas al pie de la Av. Mariana de Jesús. Jóvenes manifestantes - los más audaces - cogen las bombas activadas de gas lacrimógeno que caen en la calzada y las devuelven hacia los lugares donde se encuentra los policías.

En horas de la tarde y noche del 30S, funcionarios del gobierno y el propio Presidente, anunciaba al mundo que una multitud de 100 mil personas se movilizaba a su rescate, los reportes de la prensa independiente, nacional y extranjeras, hablaban de entre 2 y 3 mil ciudadanos movilizados tanto en los exteriores del Hospital como frente al Palacio de Carondelet. El Informe de Garzón se refiere a 5.000 movilizados, liderados por el Canciller Ricardo Patiño, los Asambleístas de Alianza PAIS, Cesar Rodríguez, Rosana

Alvarado, Francisco Velasco, Silvia Salgado, Pedro de la Cruz y Gabriel Rivera, quienes, según el reporte, proclamaban:

> La necesidad de ir en forma pacífica hacia el Hospital de la Policía para que el presidente Rafael Correa salga. El canciller manifiesta que ha hablado con el presidente Rafael Correa y que en ese momento su única seguridad para salir íntegramente y con dignidad era con la presencia pacífica de los miles de ciudadanos que estaban en la Av. Mariana de Jesús. Acompaño a la gestión de resolución pacífica del conflicto y para registro de la situación. Se movilizan todos los ciudadanos y ciudadanas levantando las dos manos abiertas en son de paz y así se supera la barrera virtual de los 200 metros que durante los enfrentamientos habían estado separando a los policías de los manifestantes y se llega al ingreso principal del cerramiento del Hospital de la Policía. Allí está un resguardo policial y se inicia el diálogo con oficiales y miembros de tropa de la Policía y personas de civil que los acompañan. En ese momento hacia la derecha de la concentración y desde la Av. Occidental un grupo de policías realizan el lanzamiento generalizado de bombas lacrimógenas y los enfrentamientos entre policías y ciudadanos se reinician generándose una dispersión total.

El escenario de secuestro del mandatario, con su amplia y variada comitiva, fue la habitación 302, ubicada en el tercer piso del Hospital de la Policía. Una descripción bastante precisa del ambiente, es la ofrecida por Fernando Garzón, en su informe[18]. Quizá lo más revelador de su testimonio es que la Policía Nacional, en varias ocasiones le pidió a Rafael Correa que abandone el Hospital bajo su protección, pero él se habría negado. Garzón lo describe así:

> Algo está pasando. En el dormitorio de 6mt x 3mt que está a la izquierda de la puerta de ingreso a la habitación 302 donde se encuentra el Presidente Rafael Correa, se realiza la reunión con los miembros de la Comandancia General de la Policía Nacional del

Ecuador presidida por el General de Distrito Dr. Freddy Martínez Pico. Después de 15 minutos salen los miembros del Mando Policial y se retiran del piso tres. Oficialmente no se conoce en ese momento lo tratado en esa reunión, aunque los comentarios a viva voz de miembros de tropa de la policía ubicados en el corredor indican que se le había planteado nuevamente al Presidente Rafael Correa que salga del Hospital de la Policía con la protección y acompañamiento de la Policía Nacional hasta el Palacio de Carondelet. Un alto funcionario del Ministerio de Coordinación Política me comenta que en una anterior visita de la cúpula policial que visitó al Presidente de la República, ya le habían planteado algo similar, lo cual fue rechazado por el Presidente de la República que en principio había exigido que él lo haría por la puerta principal y con respeto a su dignidad presidencial y con los ciudadanos movilizados que estaban en la Av. Mariana de Jesús como garantía y seguridad real o sino *prefería salir como cadáver.*

Funcionarios desmienten golpe de Estado

Durante las primeras horas de la mañana e incluso pasado el medio día del 30S, las voces más sonoras de ministros y activistas de Alianza PAIS no pronunciaban aún los términos golpe ni secuestro. Tanto es así que a las 15H15, en el canal gubernamental EcuadorTV, el Secretario de la Administración Vinicio Alvarado, negó la posibilidad de un golpe de Estado, aseveró que se trataba de una demanda puntual de la Policía. En horas de la noche y después del 30S, se unió al coro del supuesto golpe, intento de magnicidio y secuestro del Presidente.

La ministra Doris Solís, incluso a las 17H11, del 30-S, informó a la cadena CNN que <<no se trata de un golpe de Estado, es una indisciplina grave que ha movilizado al país>>, luego de ser llamada al orden, intentó acomodar el guion señalando que <<no comunicó bien>> su mensaje. Igualmente, el ministro de Turismo y ex presentador de televisión, Freddy Ehlers, a las 16H00 dijo que el presidente Correa estaba *comandando la nación,* desde el hospital policial, <<está disponiendo todo lo que se debe hacer>>, comentó, cuando a nivel internacional ya habían dado la alerta de la existencia de un supuesto secuestro, intento de golpe y magnicidio.

La clarinada del golpe provino de Chávez

La primera señal de *golpe* y *secuestro* vino de afuera, y poco a poco fue patentado por un concierto de celebridades socialistas del siglo 21, e incluso otras de cuño neoliberal, a nivel nacional e internacional; una de los principales clarinadas, tal vez la primera y significativa, fue originada en Caracas, por el presidente Hugo Chávez, quien a las 11H12 a través de su cuenta en twitter anunció: <<están tratando de tumbar al Presidente Correa. Alerta los pueblos de la Alianza Bolivariana! Alerta los pueblos de UNASUR! Viva Correa!!>>.

A despecho de cualquier explicación que pretenda justificar desde el poder la presencia del primer mandatario en un ambiente crispado, donde se había roto la cadena de mando, sin líderes visibles con quienes negociar, la llegada de Correa y la forma cómo lo hizo, fue el combustible que atizó el incendio, consumiendo todo: Constitución, Ley, autoridad, respeto, equilibrio, tolerancia, sabiduría, poder; y permitió igualmente que los expertos del maquillaje amasaran con la ceniza de la imprudencia y la arrogancia, un engendro indigerible de golpe de estado, secuestro y magnicidio, al cual ahora todo un pueblo está condenado a reverenciarlo so pena de enrolar la lista de judicializados y perseguidos.

La versión oficial del secuestro se derrite al calor de los sucesos. Veamos los acontecimientos en el Hospital de la Policía. El Presidente Correa le dijo a la Jornada semanas después lo siguiente:

> Ahora sé que cuando a mí me llevaban al hospital, entre los gases y los sublevados que me golpeaban, el director del Hospital de la Policía (César Carrión) mandó poner candados para que no pudiéramos entrar. La seguridad mía tuvo que rastrear el área, penetró por otro lado, quitaron los candados y abrieron. Luego, (Carrión) declaró a CNN que yo no estuve secuestrado, sino que estuve perfectamente atendido". En la cadena sabatina el Presidente no esca-

timó adjetivos contra el Coronel Carrión, disponiendo desde esa tribuna la destitución del oficial y su enjuiciamiento penal: "No solo tiene que salir inmediatamente de Director, sino que tiene que salir de la Policía Nacional por conspirador, por mentiroso y tiene que salir y tiene que si es posible juzgado porque fue parte de esa conspiración donde se trató de matar al Presidente de la república... pero Ministro Jalkh ya se lo dije, este señor inmediatamente afuera del Hospital de Policía, afuera de la Policía Nacional y hable con el Fiscal, porque este señor es parte de la conspiración... soy el Presidente de la República, pedazo de majadero, tú eres mi subalterno ... entiendan esto cavernícolas...

Al leer el informe de Garzón, encontramos una versión distinta:

El Presidente de la República... se mantiene desde las 10H50 en el Hospital de la Policía Nacional en donde es atendido de emergencia por médicos y enfermeras, con síntomas de asfixia intensa, agravamiento del estado de su rodilla recién operada y algunas contusiones, producto de la acción de grupos de policías sin estructura de mando institucional... Desde el interior y al pie de la puerta de vidrio los doctores Gilberto Calle y Fernando Vargas del Hospital de la Policía hacen el control de ingreso y salida de personal médico y también de las comitivas de gobierno o de la policía.

Ahora revisemos algunos hechos: es el Presidente Correa quien abandona el Regimiento Quito y acude al Hospital de la Policía, nadie lo obliga, en el trayecto camina ayudado por su bastón y varios colaboradores de la presidencia. Si el Coronel Carrión, se negó a abrir la puerta del Hospital, escenario del posterior *cautiverio*, ¿Cómo explicarse que el mismo Carrión y los policías *insurrectos* hayan sido parte del secuestro? ¿O fue el propio Presidente quien escogió el escenario de su cautiverio?

De la versión ofrecida por el Coronel Carrión se desprende que la citada puerta da al patio posterior y rara vez se abre, además resulta elemental colegir, que entre las responsabilidades del Director de un Hospital, no está la de llevar las llaves del centro de salud en su bolsillo. Cuando el director se entera que el Presidente se dirigía a esa entrada, Carrión solicita la llave y abre la puerta. Al revisar el video grabado con un teléfono celular, por personal del Hospital, se evidencia que, desde entonces, la puerta permaneció abierta, en la misma aparece todo el tiempo el Coronel Carrión, con una enfermera, varios uniformados y personal civil. Al llegar el Presidente se le dan los primeros auxilios, luego se lo traslada al tercer piso, se le aplica un suero y permanece allí junto a su fisioterapista, personal de seguridad, donde recibe múltiples visitas de ministros, asambleístas, periodistas, teniendo acceso a recursos tecnológicos para comunicarse a nivel nacional e internacional, tuvo plena libertad para firmar el decreto disponiendo el estado de excepción, así como ofrecer declaraciones de prensa y disponer vía telefónica, su posterior rescate.

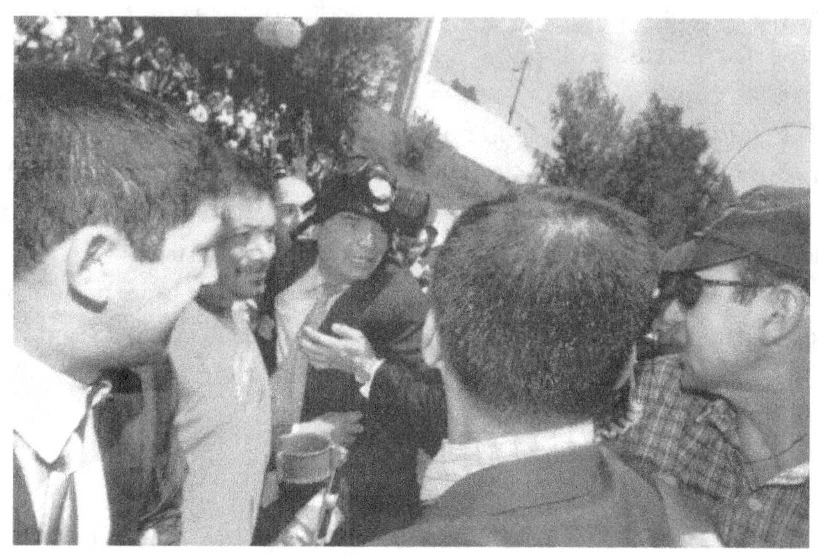

Crnel. Cesar Carrion Moreno
(Director Hospital de Policia)
Gral. Rafael Yepez Cadena
Crnel. Marcelo Rocha Escobar
(Ingresando desde helipuerto, hacia hospital de Policia)
Cerrojo sin candado
Dr. Cap. Marcelo Moya Bolaños
(Cirujano Pediatra)

Dr. Cap. Marcelo Moya Bolaños
(Cirujano Pediatra)

Cerrojo sin candado

Miembro de Seguridad
Presidencial
(Se desconoce el nombre)

Policias
Insubordinados

Cerrojo sin candado

Crnel. Marcelo Rocha Escobar
(Ingresando desde helipuerto, hacia hospital de Policia)

Gral. Rafael Yepez Cadena

Cerrojo sin candado

Crnel. Marcelo Rocha Escobar
(Ingresando desde helipuerto, hacia hospital de Policia)

Cerrojo sin candado

Gral. Rafael Yepez Cadena

Personal Hospital de Policía

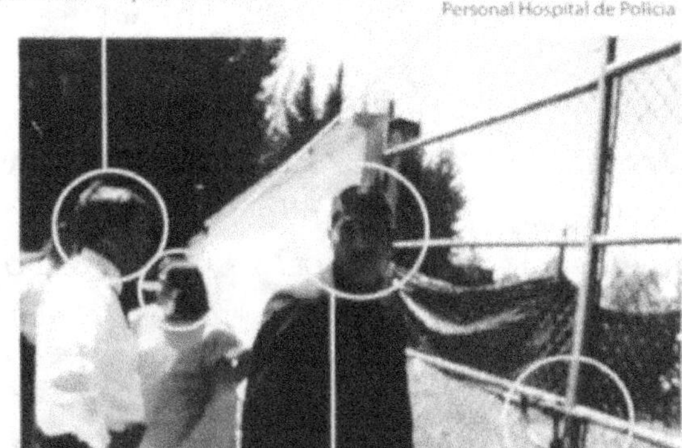

Cerrojo sin candado

Miembro de Seguridad Presidencial (Se desconoce el nombre)

Se silencian las voces militares

Una vez controlado el descontento en el flanco militar, a través de acuerdos con la cúpula, antes del medio día, se empezó a organizar la participación de las Fuerzas Armadas en el conflicto que faltaba resolver: la insubordinación policial y la presencia del Presidente en el Hospital. Según el informe del COMACO:

> A las 12H30, en cumplimiento al Plan Militar de Defensa interna, se activa el COC (Centro de Operaciones Conjuntas) con el Jefe del Comando Conjunto de las Fuerzas Armadas, los Comandantes Generales de las Fuerzas, Terrestre, Naval y Aérea y reciben parte por videoconferencia, de los Comandantes de las Fuerzas es Tarea 1, 2, 3, 4 y 5 quienes informan sobre las novedades que se han producido en las diferentes provincias bajo su jurisdicción y cuál era la situación en referencia a la sublevación de la Policía Nacional. En idéntica forma dan parte que en sus Unidades no existe ninguna novedad. A esta reunión asiste el señor Ministro de Defensa Nacional el mismo que participa de la información emitida por las Fuerzas de Tarea.

Estas acciones se ejecutaron antes de que se haya decretado el estado de excepción.

A las 13H30, según se desprende del informe militar, <<se realiza una apreciación de la situación y en base a las recomendaciones de cada uno de los Comandantes de Fuerza y de los miembros del Estado Mayor Operacional, se toma la decisión de convocar a una rueda de prensa>>. El primer comunicado del alto mando militar es incompleto, solo se expresa el respeto al estado de derecho. Una hora más tarde se trasmite el mensaje completo, en la parte no difundida los militares pedían que la ley de servicio público <<sea revisada o dejada sin efecto>>.

Censura a medios de comunicación

El control a los medios independientes, vino de la mano de la preparación militar. Aunque la orden fue impartida desde las 13H00, a partir de las 14H00, el gobierno obligó, bajo amenaza, a todos los medios de comunicación privados a someterse a una cadena ininterrumpida, matrizada por la radio pública, el canal Ecuador TV y las estaciones incautadas al grupo Isaías. Esta decisión se adoptó igualmente antes de la firma del decreto de excepción, que en ninguno de sus artículos hace relación a la suspensión de derechos, menos aún a la libre información. La disposición salió del puño de Patricio Barriga, un anodino periodista quien devino revolucionario luego de haber pasado, en su época de estudiante en la Universidad Central, como alérgico a todo aquello que oliera a izquierda.

El decreto presidencial estaba dirigido a movilizar a las Fuerzas Armadas, exclusivamente, para controlar la insubordinación policial, dice la parte central del texto:

> en razón de que algunos integrantes de la Policía Nacional han distorsionado severamente o abandonado su misión de policías nacionales y por ende sus deberes consagrados en la Constitución y la Ley lo que podría generar gran conmoción interna en cuanto a la seguridad interna, ciudadana y humana garantizada y tutelada por la Constitución.

¿Por qué no se incluyó en el decreto el control a las unidades militares que en horas de la mañana se sumaron a la protesta, y por qué no se hizo referencia al secuestro e intento de magnicidio del presidente, o al intento de golpe de Estado denunciado por el Gobierno? A esa hora ya se había ensamblado el acuerdo con la cúpula militar.

Empieza a correr el guion del golpe

Una vez fundida la cadena de medios desde las 14H00, con el paraguas del estado de excepción decretado minutos antes, empieza a correr el libreto del golpe de Estado. Inmediatamente, el presidente Correa entrevistado por la Radio Pública, denuncia que se encontraba *secuestrado*, que su vida corría peligro y que lo sucedido no era una protesta por aspiraciones salariales, sino un *intento de golpe de Estado*, esta versión encajaba perfectamente con la difundida a las 11H12 por el presidente Chávez a través de su cuenta de twitter. La nueva versión del primer mandatario se dio, pese a que solo media hora antes, había dicho a la prensa que se aprestaba a salir del Hospital apenas se acabe el suero que se le estaba aplicando. Simultáneamente, ECTV entrevistaba vía telefónica al director del Hospital de la Policía, César Carrión, quien desmintió la versión del economista Correa: <<Aquí el personal de seguridad está cuidando al Presidente, hemos escuchado que está secuestrado, no lo considero así porque debería estar con personas que lo retengan. Eso no está sucediendo porque estamos observándole al señor Presidente que está, inclusive, comunicándose hacia el exterior>>, explicó.

¿Qué había cambiado en esos minutos en la habitación 302, en los exteriores del Hospital y del Regimiento Quito? Nada, a más de varios intentos de la propia cúpula policial para que abandone el Hospital, la intervención de la Cruz Roja en el mismo sentido y el pedido de pacientes y familiares de que abandone la casa de salud, por seguridad de los hospitalizados[19].

Los tiempos, los discursos, las nuevas versiones, coinciden con el operativo de rescate organizado y ejecutado por el mando militar y los grupos de élite policiales. Desde las 14H30, el Comando Conjunto empieza a hablar ya de la supuesta retención y secuestro del Primer Mandatario, en el informe del COMACO se informa que: <<luego de haber conocido que el señor Presidente de la República se encontraba retenido por miembros de la Policía Nacional en el Hospital de esa Institución, se dispone mediante telegrama N° 2010-0286-G-3-g, dirigido al señor GRAB. Comandante de la Fuerza de Tarea No. 4 *CENTRAL* que prepare una Fuerza de Reacción y equipo necesario para trasladar al señor Presidente Constitucional de la República de las instalaciones del Hospital de la Policía Nacional>>.

A las 15H06, con telegrama N° 2010-0287-G-3-g, se hace conocer a las Fuerzas de Tarea que el Sr. Presidente Constitucional de la República mediante Decreto Ejecutivo 488 ha declarado el estado de excepción, para cumplir el cual tendrán que coordinar con autoridades locales civiles de su jurisdicción, a fin de que las Fuerzas Armadas procedan al control del orden interno. (Plan de Control del Orden Público). Como se puede observar, recién a las 15H06 se comunica la existencia del Decreto 488, cuando desde las 12H30 ya se dieron instrucciones militares, como el cumplimiento al Plan Militar de Defensa interna, para lo cual se activó el COC (Centro de Operaciones Conjuntas).

Pese a que el operativo de rescate del primer mandatario estaba en marcha desde el medio día del 30 de septiembre, como se puede advertir del mismo informe del COMACO, sin embargo, nadie advirtió a las autoridades del Hospital, menos aún se dispuso la evacuación de los 72 pacientes, y del personal médico y civil que se encontraba en la casa de salud.

El rol del coronel Luis Castro

El informe de las FFAA, establece que <<a las 15H40, con telegrama Nº. 2010-0288-G-3-g se dispone al Comandante de la Fuerza de Tarea No, 4 "CENTRAL" que proceda a ordenar el traslado de dos (2) escuadrones de tanques transportadores de personal (VCI) y un escuadrón de tanques AMX-13 a la ciudad de Quito para su

posible empleo>>. Igualmente se dispuso <<a la Fuerza de Tarea N° 2 *OCCIDENTAL* proceda a trasladar dos (2) escuadrones de material *URUTÚ* y un (1) escuadrón tanques *CASCABEL* a la ciudad de Guayaquil para su posible empleo en esa jurisdicción>>. Es decir: todo un operativo militar de guerra. Esa versión fue corroborada por el coronel Luis Castro, comandante de la Brigada Patria, en entrevista realizada por diario El Universo:

¿A qué hora comenzó el operativo de rescate? A las 12:30 recibí lo que llamamos una orden preparatoria. Me dijeron prepare la Brigada para rescatar al Presidente de la República. En Latacunga decidimos convocar a 100 hombres del Grupo

Especial de Comandos, a 80 miembros de Grupo Especial de Paracaidistas y a personal del Grupo de Operaciones Ecuador que es especializado en rescate y contraterrorismo. En total actuaron 700 militares. ¿De quién llegó la orden? Yo obedezco órdenes del general Hegel Peñaherrera, comandante de la Fuerza de Tarea 4; entiendo que él recibió instrucciones del Comando Conjunto.

El informe del COMACO habla de 900 militares que participaron en el operativo. A un año de la operación militar, agosto de 2011, el Coronel Castro se transformó en General y ascendió a Jefe de la Casa Presidencial[20].

A las 17H30, la Dirección de Inteligencia del Comando Conjunto, informó con base en la interceptación de comunicaciones, sobre la intención de miembros insurrectos de la Policía, de atentar contra le integridad del Presidente. A esta hora el COMACO da cuenta de que: <<*el Sr. Presidente en base a contacto telefónico, dispone al Sr. Ministro de Defensa Nacional y al Sr. Jefe del Comando Conjunto, que se proceda a rescatarlo. Para el efecto, se coordina, tanto en forma personal como vía telefónica con elementos de la seguridad personal del Sr, Presidente*>>.

GOE y GIR al rescate

Mientras las unidades militares recibían un informe de inteligencia a las 18H30, el Jefe del Grupo de Operaciones Especiales GOE de la propia Policía *sublevada*, recibía la disposición del Ministro del Interior Gustavo Jalkh, para rescatar al Presidente. Según el informe del GOE, ya a las 18H40, se inicia el Operativo de resguardo y protección a la vida y la integridad física del Primer Mandatario del País, por lo que procedimos a trasladarnos a pie desde el GOE hasta el hospital de la Policía Nacional por la parte interior de estas instalaciones, un señor Jefe, seis señores Oficiales y cuarenta y ocho señores Clases y Policías. Una vez designadas cada una de las responsabilidades que tendríamos todos los equipos, sigilosamente, y ayudados por la oscuridad del momento, nos apostamos en una columna y por la parte trasera de nuestra Unidad y a través del acceso que tiene el Regimiento Quito con el Hospital Quito N° 1, ingresamos por Emergencias, y subimos hasta el tercer piso, en donde se encontraba el Presidente Constitucional del Ecuador, para lo cual tomamos posición en el lugar y brindamos seguridad a la integridad del Señor Presidente de la República; asegurando por completo el tercer piso, la ruta principal de evacuación y los accesos por ascensores y por las gradas. Una vez ubicados y asegurado el lugar, tomé contacto con el señor Ministro del Interior, a quien le hice conocer que el GOE ya se encontraba posicionado, dándole a conocer de este particular al Primer Mandatario. *Cabe recalcar que en el lugar nos mantuvimos aproximadamente por un tiempo de ochenta a noventa minutos, esperando la disposición definitiva para la salida.*

Como se puede apreciar, 55 miembros del GOE liderados por el Comandante Cristian Miño Jarrín, ingresaron al Hospital, sin encontrar resistencia; no reportaron la presencia de personal extraño, nada se menciona de secuestradores, ni en la planta baja ni en el tercer piso del Hospital. Un detalle especial: el grupo de élite GOE dispuesto por el Ministro de Gobierno, Gustavo Jalkh, permaneció una hora y media esperando la orden del Presidente para su evacuación, ¿qué se esperaba? Veamos lo que respondió el Presidente al periódico la Jornada, el 24 de octubre de 2010: <<Cuando nos llevan a emergencias no nos dejan salir, tuvimos que refugiarnos en el tercer piso con la poca seguridad que tenía en ese momento y cerramos la puerta. La quisieron tumbar.

Siempre estuvimos acorralados, hasta que llegó una unidad de elite a darnos resguardo>>. ¿Cuál fue esa unidad de élite? fue el Grupo de Operaciones Especiales de la Policía - GOE. En efecto, en la declaración juramentada rendida por el Presidente Correa a la Fiscalía, confirma: <<En horas de la tarde llegó hasta el tercer piso personal del GOE, unidad de élite de la Policía Nacional, los cuales pudieron darnos mayor protección>>. El informe del GOE destaca el ingreso al tercer piso del Hospital Quito N°1, entrevistándose con el Ministro del Interior y el General Freddy Martínez Pico, Comandante General de la Policía, haciéndolos conocer de que el GOE había asegurado el lugar con el **fin de proteger y resguardar la vida y la integridad física del Señor Presidente de la República del Ecuador, misión que se la cumplió a cabalidad de principio al fin.**

Entre tanto en las Fuerzas Armadas, a las 19H30 Se realiza una visita del Comando por parte del Sr. Jefe del Comando Conjunto de las Fuerzas Armadas GRAE. Ernesto González V. acompañado de los Comandantes de las Fuerzas: Terrestre,

Naval y Aérea, GRAD. Patricio Cárdenas, CALM. Aland Molestina M, BRIG. Leonardo Barreiro, y el Sr. GRAB. Jorge Peña C., Director de Operaciones del Comando Conjunto, hacia las unidades asignadas para el rescate del Sr Presidente de la República, de inmediato el Comandante del GT 4.2 expuso la planificación de la operación, la misma que fue aprobada con las siguientes observaciones:

- Que la ejecución del rescate debía ser de inmediato debido a que se tenía información que existía riesgo inminente para la integridad del Sr. Presidente Constitucional de la República por lo que se dispone la ejecución inmediata de la operación.
- Que el ingreso del personal debía realizarse con rapidez para obtener la sorpresa, y aplicando la disuasión y el principio de masa.
- Que el personal debería ir armado con armamento NO LETAL y EMPLEAR EL USO PROGRESIVO DE LA FUER-

ZA, además únicamente parte del personal debía llevar armamento letal en caso de ser necesario su empleo de acuerdo a la situación en el área de rescate.

Todas las versiones coinciden en que desde las primeras horas de la mañana, los policías sublevados utilizaron gases lacrimógenos, quemaron llantas, lanzaron piedras y muchos insultos, pero no hay reportes del uso de armas de fuego, aunque las exhibían, mucho menos armas largas de francotiradores, el sonido de las balas, se registra a partir de las 20H40, hora en que llega el ejército al Hospital. De la información verificada, no hay reportes de que el Ejército y sus fuerzas especiales, entrenados para estos casos, hayan aplicado las recomendaciones de los manuales militares para el rescate de secuestrados: buscar medios de persuasión, solicitar la rendición de los secuestradores; y, antes de ingresar al Hospital, neutralizar a los francotiradores, que según los militares, no se sabe cuántos son, ni quienes son; según afirman miembros de la institución.

La disputa por la liberación del Presidente

De la lectura de los informes del COMACO, GIR y GOE, se desprende que el primer grupo en llegar al Hospital fue el GOE, seguido del GIR, el Ejército llegó al último, a las 20H40; es decir que, mientras el GOE y el GIR, de la Policía 'sublevada', especialmente el primero, tenía controlado el Hospital, a las 18H40, sin disparar un solo tiro, formado el anillo de protección al Presidente, dispuesto casco y máscara de seguridad al economista Correa, y se contaba con el personal suficiente para la evacuación del primer mandatario; recién a las 20H30, se inició el movimiento motorizado del ejército, <<desde el Colegio Militar N.- 1 hacia el área de empleo, este movimiento se lo realizó en estrecha coordinación con elementos de inteligencia del GRUPO DE INTELIGENCIA MILITAR 'PICHINCHA', los que continuamente aclaraban la situación y el dispositivo de elementos sediciosos de la Policía Nacional>>. El informe del GOE, suscrito por Cristian Miño, revela que en el tercer piso del Hospital, a las 18H40

Se realizaron las coordinaciones necesarias con el personal de la Seguridad Inmediata del señor Presidente de la República, con la finalidad de organizar los anillos de seguridad que acompañaríamos al Primer Mandatario del País en su salida; debo agregar, que se tuvieron las coordinaciones con el señor Ministro del Interior, de igual forma se tomó contacto en determinado momento con el señor Presidente de la República y con el señor Comandante Andrade Jefe de la seguridad presidencial.

El Comando Conjunto detalla el arribo de las tropas al Hospital de la Policía:

El personal militar se parapetó en los pequeños muros de piedra de las instalaciones del edificio de medicina legal, *recibió fuego cruzado y por la espalda de parte de personal de la Policía Nacional que se encontraba en dichas instalaciones,*(...)Una vez consolidado el cerco interno y aislado el Hospital de la Policía, el Grupo Especial De Operaciones "ECUADOR" inició el ingreso hacia el Hospital, esta unidad recibió un gran volumen de fuego directo, sufriendo una gran cantidad de bajas, entre ellas el Sr. TCRN de E.M Vicente Guzmán Comandante de la unidad, CAPT. de I. Alex Guerra, Comandante del Primer equipo táctico del GEO con siete voluntarios, por lo que se maniobró de inmediato *para neutralizar al personal armado que se encontraban vestidos de overol negro con los distintivos del GOE y GIR, a quienes se les iba obligando a rendirse*; el personal continuó su avance a través de los corredores empleando armamento no letal, instante en el cual los insurrectos lanzaron las armas al piso y levantaron las manos en señal de rendición gritando «estamos con ustedes», uno de estos elementos, que se identifica como CAPT de Policía, fue obligado a conducir al equipo del GEO hasta donde se encontraba el Sr. Presidente (tercer piso), llegando al sitio donde lo mantenían *'secuestrado'. El Sr. Presidente preguntó si es el Ejército ¿quién había llegado?, y luego de confirmar nuestra presencia, aceptó salir, iniciando así la evacuación.*

¿El GIR y el GOE tenían secuestrado al presidente?

¿Quiénes *manten*ían secuestrado al presidente, a los ministros, al personal de seguridad presidencial, asambleístas y demás ciudadanos presentes en el tercer piso del Hospital? Acaso el informe del COMACO se refiere a que los oficiales del GOE de la Policía, que se encontraban desde las 18H40 junto al Presidente por disposición del Ministro Jalkh, y según declaró Rafael Correa a la Fiscalía, se encontraban resguardando su seguridad, acaso ellos eran parte de los secuestradores? El jefe del operativo militar, Coronel Luis Castro, ante la pregunta de diario El Universo, de si ¿Actuaron en conjunto con el GIR y el GOE en el rescate? Respondió que <<son ellos (GIR y GOE) quienes nos recibieron a bala al interior del hospital, pero al ver la presión de nuestras tropas, algunos entregaron sus armas y otros aseguraron estar con el Presidente. Yo me pregunto: ¿si eso era cierto, por qué no lo sacaron antes?>>

Pero, los informes del GIR y del GOE, sostienen lo contrario, afirman que los militares ingresaron al hospital disparando armas de grueso calibre e incluso agredieron y sometieron a los oficiales que tenían controlado el escenario del supuesto secuestro. El Jefe del GOE, informa que:

> Estando junto al señor Presidente de la República, escuchamos el sonido de varios disparos que aparentemente se estaban realizando en los exteriores del Hospital Quito N° 1, simultáneamente el señor Teniente José Vallejo del GOE, desde su ubicación de seguridad en la planta baja, informa por la radio de que *gente armada estaban ingresando realizando disparos al interior de la mencionada casa de salud así como también bombas de gas lacrimógeno y bombas aturdidoras,* por lo que se vieron en la obligación de replegarse con el fin de salvaguardar la vida de las personas que se encontraban en el sector, ya que su objetivo no fue el de enfrentamiento. Una vez sucedidos estos acontecimientos se inició la salida del Primer mandatario con la respectiva seguridad, encontrándonos en el trayecto con la presencia de gas lacrimógeno, lo cual impidió la evacuación

por la ruta prevista, obligándonos a movilizarnos por una ruta alterna la misma que permitía el acceso a la sala de Neonatología en el mismo piso de la mencionada casa de salud; lugar en el cual se permaneció por un tiempo de ocho minutos aproximadamente, tiempo en el cual se verificó la ruta definitiva para la salida del Primer Mandatario. En este proceso de verificación, nos encontramos con tres señores militares a quienes se les informó que nosotros nos encontrábamos con el señor Presidente de la República y que nos acompañen hasta el lugar antes mencionado; en el mencionado lugar hice conocer del particular al señor Comandante Andrade de que personal militar estaban en contacto con nosotros, a lo que indicó que el señor más antiguo de los militares ingrese a la habitación en la que nos encontrábamos; ya en ese lugar se realizaron las últimas coordinaciones para la salida y *procedí a facilitar el equipo de protección balística (Casco antibalas) al señor Presidente de la República.*

¿Por qué el presidente esperó la llegada del Ejército?

La pregunta del jefe militar del operativo, Luis Castro, no puede pasar desapercibida: ¿por qué el Presidente no dio la orden al GOE y al GIR para salir del Hospital, y esperaron una hora y media, hasta la llegada de las Fuerzas Armadas? En un diálogo con Francisco Herrera de Ecuadorinmediato, en octubre de 2013, el Presidente Correa aseguró que el operativo de rescate estuvo previsto para más tarde pero, que *por decisión del mando militar se adelantó.* <<Queríamos contar con una fuerza abrumadora para disuadir a los insubordinados>>, señaló, pero, con el anticipo del operativo no se pudo contar con ese equipo militar que venía desde Ibarra.

¿Qué hubiese pasado si el Presidente era 'rescatado' por las propias fuerzas de élite de la Policía? ¿Qué pasaba con las Fuerzas Armadas que llegaron a las 20H40 al Hospital, si no intervenían en el rescate? ¿Y los muertos del ejército, y los de la policía, y el civil, varios de ellos víctimas justamente del denominado fuego cruzado? ¿Y el hospital atacado? ¿Y la imagen del Presidente? ¿Y la popularidad del Gobierno?

En la misma entrevista, Correa sostiene que las primeras líneas militares que ingresaron al hospital, fueron desarmadas y que los francotiradores apostados en la casa de salud recibieron a bala a los militares:

> Quién iba a pensar que estos asesinos iban a recibir a bala a los ciudadanos, a los militares, etc. Y tuvieron que responder. Pero, es otra gran mentira ¿quién ordenó disparar a un hospital? Si del hospital estaban los francotiradores matando a todo el mundo, por amor de Dios. Las primeras líneas de las fuerzas armadas van sin armas letales.

Las imágenes de televisión y fotografías presentan una versión distinta, donde aparecen los militares fuertemente armados ingresando al Hospital. Es más, según los informes oficiales de los jefes del GOE y del GIR que lideraron el rescate del presidente, quienes ingresaron al hospital disparando armas de grueso calibre y sometiendo a los oficiales de élite de la Policía que estaban protegiendo al Presidente, fueron las fuerzas especiales del Ejército. ¿Cómo procesan en la Recoleta estas contradicciones? Otro aspecto impreciso es presentar como evidencias del intento de asesinato los impactos de bala en las habitaciones y en los vehículos. Las ventanas y paredes de la habitación 302, en la cual permaneció la mayor parte del tiempo el presidente, no presentan impactos de proyectiles; lo propio en el caso del vehículo Nissan Patrol, en el cual fue evacuado, no reporta un solo orificio de bala; otros autos presentados a la prensa sí tenían impactos de proyectiles.

Muchos retazos no encajan en esta la zurcida historia. En la declaración ante la Fiscalía, el Presidente Correa afirmó que la balacera registrada el momento de su rescate tenía como objetivo acabar con su vida, cuando era evacuado del tercero piso del hospital:

(...) por medio de un operativo de liberación en el cual intervinieron los grupos especiales del Ejército Ecuatoriano, en colaboración con el Grupo de Intervención y Rescate - GIR y el Grupo de Operaciones Especiales GOE, fui rescatado con vida, no sin antes presenciar una impresionante balacera que tenía como objetivo *terminar con mi vida* conforme se desprende de los daños sufridos por los ventanales de las habitaciones que ocupábamos y por los vehículos de la caravana presidencial que recibieron varios impactos de bala."

De acuerdo con esta versión del Presidente, el GIR y el GOE participaron en su rescate, pero según el informe militar y las declaraciones del General Luis Castro, Jefe del operativo de rescate, los grupos de élite de la Policía, mantenían secuestrado al Primer Mandatario.

El informe del Tcnl. Lenin Bolaños Pantoja, del GIR, establece que entre las principales disposiciones a sus dirigidos fue no utilizar armas de fuego ni gases lacrimógenos, justamente, por tratarse de un Hospital:

Durante la explicación del operativo, el Señor Comandante de la unidad da disposiciones categóricas al personal del GIR sobre la misión específica que cumpliría nuestra unidad, acorde al respeto del marco legal establecido, teniendo como factor base y primordial *la no utilización de armas de fuego ni de gases lacrimógenos,* ya que se tiene como escenario un centro hospitalario en donde se encuentran a más del Sr. Presidente, enfermos en recuperación, pacientes en tratamiento, ciudadanos, periodistas y otros.

Al llegar al Hospital, los efectivos del GIR, a las 20H30, se enfrentan con sus propios compañeros del Regimiento Quito, sublevados desde horas de la mañana, hasta ese momento no hay rastro de armas de fuego, el informe presentado por el Jefe del GIR, revela lo siguiente:

En este lugar el grupo de policías insubordinados con sus rostros cubiertos con pañuelos, camisetas y lanzando gas lacrimógeno,

> palos, piedras, llantas, patadas impiden el avance del personal policial del GIR razón por la cual y con el fin de evitar enfrentamientos y bajar las tensiones con los insubordinados, el personal policial del GIR retrocede (...).

El jefe del GIR, reseña así el trascendental momento en el cual dejan de hablar los gases, las piedras, las llantas y le toca el turno a las balas: <<Acto seguido se escucharon varios disparos producidos por personal militar con armas de alto poder que iban también a la evacuación del Sr. Presidente (...)>>. En ese concierto de balas ingresa el Ejército al hospital, <<quienes a su paso sometían a toda persona que estaba en el interior, en esos instantes el Sr. Cptn. David Díaz es desarmado por uno de los efectivos del ejército (...)>> Debe destacarse que el capitán Díaz, del GIR, fue quien resguardó a Rafael Correa <<subido sobre el estribo del vehículo hasta la altura de la avenida América, donde ingresó al vehículo junto con el Señor Presidente, acompañando su traslado hasta el Palacio de Gobierno>>, señala el Jefe del GIR en su informe. Otro oficial del GIR, el teniente Santiago Ordoñez es quien conduce el vehículo NISSAN PATROL, de Irina Cabezas, logrando la evacuación del primer mandatario desde el interior del Hospital.

Una vez embarcado el Presidente en el vehículo de la exasambleísta Cabezas, y luego de disputarse el rescate, en medio de tiros y gases, el GOE, GIR (Policía) y GEO ECUADOR (Ejército), proceden a abandonar el Hospital, momentos en los cuales cae abatido el policía del GIR, Froilán Jiménez, quien custodiaba el auto presidencial. El GIR en su informe describe el ambiente:

En la puerta de salida del mismo se encontraba apostado personal militar junto a la farmacia externa apuntando con armas largas mientras se realizaba la extracción del Sr Presidente, *durante esta acción se pudo escuchar que al costado norte de la salida principal del Hospital (Departamento Médico Legal) se realizaban disparos es entonces que en medio de estos disparos indiscriminados que se producían cae herido el Sr. Policía Jiménez Froilán que en lo posterior se confirmo su fallecimiento.*

La bala que mató a Froilán Jiménez

El protocolo de la autopsia[21] del policía, señala que la causa de la muerte fue una "Hemorragia aguda interna, laceración de pulmón, pericardio, vena cava inferior y fractura vertebral, por penetración, paso y salida de proyectil de arma de fuego.", y que la trayectoria del proyectil fue de abajo hacia arriba: <<*De derecha a izquierda, ligeramente de abajo hacia arriba, de adelante hacia atrás. Por las características del orificio de entrada y sin tomar en cuenta las prendas de vestir y la ausencia de productos de la deflagración de la pólvora, el disparo se ha realizado a larga distancia*>>.

Tanto en la versión de voceros del gobierno y en el propio informe del Comando Conjunto de las Fuerzas Armadas, se habla de la presencia de francotiradores ubicados en las partes altas de los edificios cercanos al Hospital, en particular del edificio de la morgue de la policía ubicado al frente, ¿cómo justifican que el proyectil que mató al policía Froilán Jiménez se haya originado en una de las armas de los francotiradores de la Policía ubicados en las terrazas, si la trayectoria de la bala es de abajo hacia arriba? ¿Encajaría en algún interés, la idea de atentar contra la vida de uno de sus propios hermanos de la institución policial?

El coronel Lenin Bolaños del GIR, el 23 de noviembre de 2010 en Radio Quito, ratificó que la bala que mató a Froilán Jiménez <<*es munición de uso militar*>>. Según el oficial, a través de un análisis balístico se podría verificar que una bala con la punta normal de plomo (cubierta de cobre y la composición interna solamente de plomo) es dotación del GIR, ya que según explicó que una bala compuesta de punta de acero y plomo, como la que fue encontrada en el cuerpo de Jiménez, es de uso del Ejército. <<Para la comparación nosotros ya le hemos entregado una munición al fiscal, con eso ya se pueden sacar conclusiones>>, mencionó. Ante la posibilidad de que miembros policiales sean quienes dispararon en contra de Jiménez y causaron su muerte, Bolaños afirmó que *existe un video que demuestra que militares disparan sus armas al momento en que sale el carro llevando en su interior al presidente Rafael Correa.*

Durante la entrevista, el oficial habló de una secuencia de imágenes proporcionada por un medio de comunicación en el que se ve a un grupo de militares que están cerca de un vehículo marca Toyota, de color rojo, disparando hacia el frente del hospital de la Policía, sitio donde se registró la balacera la noche del 30 de septiembre pasado. A decir del coronel Bolaños, la secuencia de imágenes encaja justo el momento en el que los militares disparan y su compañero Jiménez cae abatido en un sector de la avenida Mariana de Jesús.

Captura de imagen de video transmitido por Ecuavisa. Militares parapetados tras una camioneta roja de un canal de TV, diagonal a la puerta del Hospital, en momentos en que sale el vehículo con el Presidente Rafael Correa.

Instantes en que el vehículo con el Presidente sale del Hospital, resguardado por miembros de la Policía.

Secuencia en la que se registran disparos y el cuerpo de Froilán Jiménez se precipita al otro lado de vía.

El cuerpo de Froilán Jiménez a pocos metros de la camioneta roja.

El Fiscal Chiriboga entra en escena

Recién posesionado como Fiscal, el 30 de octubre del año 2011, en una entrevista concedida a Diario Expreso, Galo Chiriboga afirmó que el tiro que mató a Froilán Jiménez, <<no iba a Froilán, iba al Presidente de la República>>. ¿En qué elementos técnicos, pruebas y peritajes basó esta afirmación la principal autoridad de la fiscalía, y por qué lo hizo pública?

Cuán preocupantes resultan los dos criterios juntos. Si es verídica la afirmación del jefe del GIR, de que la bala que mató a su compañero Jiménez, es de dotación militar; y, si es real la afirmación del Fiscal de que ese proyectil iba dirigido al Presidente, ¿por qué la fiscalía no ha determinado aún, quién disparó el arma con la que supuestamente se pretendió atentar contra la vida del primer mandatario?

El criterio del Fiscal expuesto al referido medio de comunicación, luego de dos años se convirtió en una acusación mucho más precisa. En la comparecencia a la Asamblea Nacional, en junio de 2013, Galo Chiriboga repitió no solo que la bala que mató a Froilán Jiménez estaba dirigida al Presidente, sino que el indicio de esa hipótesis es la autopsia realizada a Jiménez, que determina que el proyectil que impactó en su cuerpo tiene similitud a los de dotación militar. Es decir, tres años después de los hechos, el Fiscal levanta un criterio que coincide con lo expuesto en octubre de 2010 por el exjefe de GIR, Lenin Bolaños, y por los hermanos del policía asesinado. Incluso la hermana de Froilán Jiménez, Sandra Jiménez, anunció que tienen ya identificado al militar que disparó, pero que las Fuerzas Armadas se resisten a entregar la nómina de efectivos que participaron en el operativo, con lo cual se podría descubrir la identidad exacta de quien disparó el arma de la cual salió la bala que *iba dirigida al Presidente*, pero que acabó con la vida de su hermano Froilán. Estos elementos moverían 180 grados el curso de las investigaciones.

La acusación de Chiriboga agitó al mando militar, que inmeditamente respondió a través del General Jorge Peña Cobeña, el mismo oficial que durante la operación de rescate del 30 de septiembre, era jefe de Operaciones del Comando Conjunto de las Fuerzas Armadas y firmó el informe del rescate al Presidente. El militar explicó que <<todo el armamento tanto de la Policía como de las Fuerzas Armadas tiene similitud>>. Aunque hay <<diferentes tipos y diferentes unidades que utilizan todo tipo de armamento, hay armamento tipo militar también en la Policía>>.

El chaleco entregado a Correa

El COMACO en su informe sostiene que fueron policías quienes atacaron al vehículo militar conducido por Darwin Panchi Ortiz, quien murió en la avenida Occidental, junto al monumento a Tiwintza, luego de que el Presidente fue evacuado del Hospital. Causa sorpresa que los médicos del Hospital Militar de Quito, hayan extendido el certificado de defunción de Darwin Panchi, sin haberse realizado la necropsia, para determinar la causa de su muerte. ¿Cuál fue la urgencia de enterrarlo? ¿Por qué no se permitió saber el tipo de proyectil que acabó con la vida del militar?

Lo propio ocurrió con el soldado Jacinto Cortez, su cuerpo fue sepultado sin practicarle la necropsia de ley. Él recibió dos impactos de bala mientras rescataban al presidente, fue llevado por sus compañeros al Hospital Militar, donde se comprobó su fallecimiento. Familiares de Cortez, dijeron a la prensa que esperaban que este caso no quede en la impunidad y que pronto se haga justicia y acusaron <<al presidente Rafael Correa de estas muertes>>, ya que piensan que él pudo evitar esta pérdida. Para ellos, <<el secuestro del Presidente solo fue un acto en busca de popularidad, ya que muchas personas alegan que nunca estuvo secuestrado>>, reportó Diario Extra, que cubrió el sepelio del joven soldado.

Al día siguiente del 30S, varios medios de información, en especial los gubernamentales: Telégrafo, Ciudadano y Andes, empezaron a construir todo tipo de historias fantásticas sobre supuestas acciones heróicas de las victimas. Una de ellas fue la del soldado Jacinto Cortez Jaya, quien según los medios oficiales le habría entregado su chaleco al Presidente Correa. Bajo el titular <<Tengo que ir a rescatar al Presidente; ese es mi deber. Cuiden a mi madre. Adiós>>, el Telégrafo relató la participación de dos militares muertos ese día: Panchi y Cortez. En referencia a Jacinto Cortez, el rotativo señalaba:

> Horas antes de acudir al rescate del Primer Mandatario rindió su último examen en el curso de perfeccionamiento. Según los testimonios de sus compañeros, Cortez habría entregado su chaleco antibalas al Jefe de Estado antes de abandonar el hospital. Eso lo convirtió en presa fácil de los francotiradores y un disparo cegó su vida antes de que pudiera recibir atención médica.

Pero, al parecer, lo más cercano que pudo estar Rafael Correa del soldado Cortez, fue tres años después, el 2013, cuando inauguró un monumento de bronce en su homenaje, en una avenida de Santo Domingo de los Tsáchilas, la cual lleva el nombre del militar. Lo del chaleco fue una invención de los entendidos en maquillajes mediáticos. El propio Presidente Correa se habría encargado de aclarar que el soldado Cortez jamás le dio su chaleco antibalas.

De la profusa investigación de diario El Telégrafo se puede concluir que Cortez falleció por impacto de un proyectil de un francotirador, se entiende de la policía, pues sería muy impreciso hablar de balas perdidas de francotiradores. Lo que el Telégrafo, ni ningún otro medio de comunicación han hecho es investigar por qué permitieron que un soldado vaya a un operativo militar, sin su chaleco antibalas, partiendo de la veracidad de que Cortez no le entregó su chaleco al Presidente Correa.

La bala perdida aparece 3 años después

Como se ha referido antes, los cadáveres de los soldados Panchi y Cortez, fueron enterrados, sin que se practicara las necropsias de ley. Frente a esta grave situación, los familiares exigieron que se exhumen los cuerpos, lo que se realizó el 12 de octubre del año 2010 en el caso de Cortez. En esa ocasión no se encontró ningún proyectil, lo que generó acusaciones de que las balas que lo mataron fueron extraídas, frente a lo cual se dijo que la Fiscalía solicitaría que la casa de salud en la que fue atendido el uniformado (Hospital Militar) remita las evidencias. En la misma situación, estaba el caso del soldado Darwin Panchi, a quien le realizaron la exhumanción el 14 de octubre. Si las balas no son entregadas a la Fiscalía, se deberá iniciar una investigación, porque la desaparición de evidencias es un "delito", dijeron en esa fecha autoridades de la Fiscalía.

Sorpresivamente, tres años después, en diciembre de 2013, se realizó una segunda exhumación del cuero de Jacinto Cortez, esta vez por iniciativa de la Fiscalía. En esa diligencia, misteriosamente se encontró una bala alojada en uno de los brazos. El padre de la víctima, Tomás Cortez, dijo estar sorprendido por la nueva diligencia, ya que han pasado tres años desde el deceso de su hijo y por otra razón más: <<En la primera autopsia, (el departamento de) Criminalística no encontró la bala, mientras que en esta ocasión sí encontró la bala>>.

El hecho fue reportado a la presidencia de la república por un miembro de la Comisión 30S, el cual informó que se logró encontrar la bala que segó la vida del soldado Jacinto Cortez.

Este soldado formaba parte del anillo externo de seguridad, no llevaba armamento letal y es uno de los primeros en ser heridos en la Av. Mariana de Jesús, mientras subía hacia el hospital. Cortez fue enterrado sin autopsia. Se hizo una primera exhumación del cuerpo en octubre de 2010 y no se buscó ni encontró la bala. Tampoco se abrió nunca investigación formal sobre este hecho. La Comisión en coordinación con la Fiscalía abrió indagación previa e intensificó la búsqueda del rastro del proyectil y se determinó -por versiones de los médicos que lo atendieron y del análisis de los exámenes de imagen- que el proyectil se encontraba alojado en el brazo. Las evidencias serían llevadas por el Fiscal hasta Colombia para su análisis, dice la comunicación.

Se disputan el rescate

Las Fuerzas Armadas sostienen que fueron ellos quienes lideraron el operativo de rescate y 'liberaron' al Presidente:

> Al organizar el dispositivo de evacuación, en la vanguardia se encontraba el GEO *ECUADOR*, abriéndose paso ante la posible reacción de los *secuestradores* (...) "EL ÉXITO DE LA OPERACIÓN se alcanzó gracias a la Unidad Institucional de las Fuerzas Armadas ante la Patria en ese momento de crisis, al profesionalismo de las unidades militares que intervinieron, el efectivo liderazgo, en todos los niveles de mando antes, durante y después de la operación, así como la actitud valerosa de lodos los soldados comprometidos en el *RESCATE* del Sr. presidente de la República.

Por el contrario, los informes oficiales del GOE y del GIR establecen que las fuerzas especiales del ejército abrieron fuego contra el Hospital, y se sumaron en los últimos momento al rescate: "fue el personal policial del GOE, grupo élite de la Policía Nacional, quien resguardó la salida del señor presidente de la República del Ecuador desde su habitación (302) en el tercer piso del Hospital de la Policía Nacional, hasta su salida de este centro de salud; y que otras unidades policiales y militares, formaron parte de este operativo en los últimos momentos del mismo.

Tras los peces gordos

No fue sino en junio de 2013, simultáneamente con la creación de la Comisión 30S, a través del enlace sabatino 324, cuando el Presidente anunció que ha identificado a los principales instigadores del supuesto golpe de estado. Entre las figuras destacadas aparece el sargento en servicio pasivo Fabián Arcos Pepinos, quien a esa fecha se encontraba prófugo, radicado en Panamá. Durante el referido enlace, se difundió un video donde se observó a Arcos, moviéndose por varios escenarios, inspeccionando las ambulancias que salían del Hospital de la Policía. Correa lo identificó como el planificador del 30S: <<insulta, amenaza al Presidente y se instala posteriormente en las afueras del hospital>>. <<Es un criminal instigador que tuvo la mayor participación y por aquí está la punta del ovillo que vamos a desenrollar>>, dijo el Jefe de Estado.

El resto de trabajo lo encargó a la Comisión que se acababa de crear, la cual tendría que determinar con quién se contactó Arcos el 30 de septiembre, y los días anteriores. <<Ahí caerán los peces gordos que estuvieron detrás del 30S, porque no se va a dejar en la impunidad los crímenes atroces que se produjeron en contra de Froilán Jiménez, Juan Pablo Bolaños, Darwin Panchi, Edwin Calderón y Jacinto Cortés>>, agregó el mandatario.

Según el Presidente, también se identificarán a quienes no aparecieron físicamente en la revuelta, pero se sabe -dijo- que por teléfono, puede ser desde la Escuela de Inteligencia del Valle de los Chillos, dirigían a los instigadores y planificaban tumbar el Gobierno, pero les falló el intento ante el respaldo al régimen de la ciudadanía y de las Fuerzas Armadas.

Luego de semejante anunció, se inició la búsqueda de Arcos y los otros *peces gordos*, a través de todos los órganos de inteligencia y represión del Estado, incluso se realizó una campaña mediática y en redes sociales, ofreciendo 50 mil dólares a quien facilite información del paradero del mencionado ciudadano, y de otros conspiradores[22].

Luego de varios meses de trabajos de inteligencia, en diciembre de 2013, ya existían pistas seguras y al parecer hasta acuerdos para la entrega del exmilitar Fabián Arcos. Así lo informó Pablo Romero, Secretario Nacional de Inteligencia (SENAIN) a la Presidencia:

> Fruto de las entrevistas y recolección de evidencias en proceso, con el señor mencionado en el asunto (Fabián Arcos Pepinos), hemos construido dos teorías que son complementarias. La primera se basa en que el sujeto nos ha dado nombres y detalles de la reunión celebrada en el Club de Voluntarios del Ejército en que según él se planificó el 30S en conjunto con suboficiales activos y pasivos de las 3 ramas de FFAA y PPNN. Y la segunda que a propósito de la renovación de directivos del *Club de Voluntarios*, una de las listas participantes estaría recorriendo cuarteles utilizando un discurso antigubernamental (similar al previo al 30S). El asunto Jefe es que el sujeto está listo para regresar al país para rendir su versión de manera libre y voluntaria, apegada a la realidad histórica de los hechos, que sirva para el esclarecimiento (...).

Él me ha indicado que puede ayudar a recoger evidencias y por eso está dispuesto a regresar inmediatamente. Solicita protección y seguridad para él y su familia y <<que la autoridad judicial competente disponga en derecho que la prisión preventiva se cumpla en la cárcel 4 de la capital>>.

Semanas después de esta comunicación, en enero de 2014, el tribunal penal que tenía el caso cumplió al pie de la letra los acuerdos previamente establecidos. Luego de su regreso al país, el 'pez gordo del 30S' está detenido en la cárcel 4. ¿Qué sabe Arcos sobre los supuestos autores intelectuales de la asonada blanda, por qué seis meses después de su detención, el gobierno no ha revelado los nombres de los tiburones del golpe de Estado?

Durante el tiempo de funcionamiento de la Comisión 30S, esta mantuvo informado paso a paso al Cuartel General, respecto a los procesos extrajudiciales, judiciales, e incluso de espionaje que se realizaban a los sospechosos y procesados por la revuelta del 30 de septiembre de 2010.

Hasta el 2014, y con la participación directa de la Comisión, la Fiscalía General del Estado ha procesado a más de 500 personas por varios delitos. De ellas, 103 fueron sentenciadas. Hasta el momento son 58 casos los que se han investigado. Existen 26 indagaciones previas abiertas, entre ellas por la muerte de Froilán Jiménez.

En octubre de 2013 en Carondelet hubo preocupación al más alto nivel respecto a la decisión de la Corte Nacional de Justicia que anuló la sentencia contra 5 policías investigados por el cierre del puente de la Unidad Nacional. Los jueces: Jorge Blum, Lucy Blacio y Johnny Ayluardo declararon la nulidad de la resolución de la Corte Provincial del Guayas, por falta de motivación de la sentencia, devolviendo el expediente para que resuelva otro tribunal de la misma Corte. Uno de los asesores presidenciales informó que solo se declaró la nulidad de la sentencia, más no del proceso, y que esa nulidad se debe a que fue "mal dictada la sentencia por el Tribunal en Guayaquil". Más convencido que los propios jueces, el poderoso asesor, anunció que *se volverá a dictar la sentencia en el Tribunal y el proceso sigue intacto.*

El mismo mes se informó que fue declarado culpable el Capitán Marco Zúñiga por el delito de rebelión armada con concierto previo, anunciándose la pena de 4 años de reclusión. Este capitán (ex GAO) fue uno de los que comandó el intento de tomarse la base aérea de Quito el 30 de septiembre. <<La sentencia puede ser motivo de recurso de apelación, sin embargo sienta un nuevo precedente al caso>>, se lee en el comunicado.

Para noviembre del 2013, estaba listo el fallo judicial sobre la participación de los ex policías de la ex Comisión de Tránsito del Guayas CTG. Un informe de los comisionados enviado al Cuartel General, confirma la sentencia condenatoria en contra de dos miembros del cuerpo de vigilancia de la CTG, imponiéndoles la pena de 4 años de reclusión por el delito de terrorismo y sabotaje. Los condenados son César Garzón y José Fuentes. Hay dos procesados más: <<Gerardo Pozo quien estaba prófugo y fue capturado, y Vicente Avilés que continúa prófugo y se está haciendo labores de localización y captura>>, revela el comunicado.

> Lo de la CTG demuestra que se buscó contagiar el conflicto a nivel nacional y a todos los órganos del poder jerárquico. En Guayaquil hay cuatro elementos fundamentales producidos simultáneamente: 1) la paralización de la Policía (que se despliega con protestas en el Cuartel Modelo y con la toma de las vías circundantes en la que interviene Mery Zamora sacando a las calles los chicos del Colegio Aguirre Abad); 2) la interrupción de la circulación en el puente de la Unidad Nacional; 3) los saqueos; y, 4) los incidentes en la CTG. En el proceso (con la evidencia de la que se dispone) los sentenciados en forma tumultuaria insultaron a Jaime Velásquez y a Ricardo Antón diciéndoles "ladrones" y acusándoles de que eran los responsables de la "debacle" de la CTG, incitando a que los "quemen vivos" y con gritos de apoyo a la Policía que, a esa hora, estaba desplegando su acción violenta en Quito. Los procesados eran parte del cuerpo de vigilancia de la CTG, es decir, eran agentes en servicio activo. Los dos sentenciados tenían el grado de Prefectos. Históricamente la CTG fue un reducto socialcristiano, pero no tenemos un dato duro que confirme que estos procesados sean afiliados al PSC, concluye la información.

El caso del mayor Fidel Araujo, ha ocupado una especial atención de la Comisión, apenas el Tribunal Penal Quinto de Pichincha, lo declaró culpable -luego de haber sido sobreseído-, por el presunto delito de incitación a la rebelión, los comisionados reportaron el hecho al Cuartel General, señalando que <<con un trabajo metódico, con Fiscalía y Ministerio de Justicia, logramos incorporar nuevas evidencias encontradas por la Comisión y además se precisaron algunas circunstancias esenciales para el juzgamiento de su conducta. La pena se regulará en la sentencia por escrito, aunque estimamos no será inferior a tres años de reclusión>>, se dijo, días después se confirmó exactamente esa sentencia.

Aunque la sentencia es susceptible de apelación, para los intereses del gobierno, ésta <<sienta -una vez más- precedentes y resultados en la sanción de los hechos del 30S>>, sostiene el comunicado.

Para diciembre de 2013, los acusados por la incursión al canal gubernamental ECUADORTV, incluyendo a Víctor Hugo Erazo, fueron declarados culpables, aplicándoles una pena de 4 años. En relación a este caso, el criterio de la Comisión es que la sentencia es <<un nuevo precedente que marca los tiempos y resultados contra los golpistas>>.

En otra comunicación, de diciembre de 2013, los comisionados ponen al tanto de varios temas investigados y del avance de los procesos encomendados: El primer tema reportado se refiere a la detención del policía que aparece en el vídeo rastrillando el arma detrás de quien grita <<échale bala>>, fue capturado en Cotopaxi y trasladado a Quito. En el comunicado se explica la detención: en principio reconoció extraoficialmente ante el fiscal y otras personas que estaban en la PJ ser él quien aparece en el vídeo rastrillando el arma, pero al tomarle la versión, por recomendación de su abogado, se acogió al derecho del silencio. <<El abogado ha actuado como defensor de varios procesados en los casos de rebelión, ECTV y otros, y sobre quien ya estamos investigando sus vinculaciones>>, agrega.

En el mismo informe, respecto al policía que habría dicho <<échale bala>> se menciona que en consenso con Rommy Vallejo y Santiago Mena de la UGSI, se ha montado un operativo de vigilancia minuciosa, con equipos que están trabajando 24 horas, orientado a su detención por 72 horas al interior del cuartel policial, para que no pueda fugar o esconderse.

Esto como medida administrativa disciplinaria que nos dé el tiempo suficiente para las diligencias judiciales de reconocimiento pericial, vinculación y prisión preventiva posterior. Ya tenemos la orden de detención para investigaciones emitida por el juez, con la aclaración de que esta solo tiene una duración de 24 horas, por lo que no podemos correr el riesgo de detenerle y que caduque, por lo que el arresto disciplinario y la detención judicial permitirán que se haga la pericia de identidad humana para el procesamiento penal.

Se informa demás que para no correr ningún riesgo de contaminaciones o engaños, un experto civil en reconocimiento humano residente en República Dominicana llegará a Quito, y será quien efectuará la pericia. <<Con esto aseguramos la prueba y minimizamos cualquier riesgo sobre su identificación positiva en manos de peritos de la misma Policía. En las últimas horas hemos accedido a nuevas fotografías obtenidas por Santiago y Rommy que reconfirman la identidad>>, se explica.

Tratándose de un asunto que tiene implicaciones procesales, e incluso políticas, una vez identificado este partícipe, se anuncia que se han tomado las precauciones para cubrir tres riesgos:

a) el primero, evitar que fugue o se esconda, con la vigilancia y seguimiento que está desplegado 24 horas por parte de Santiago Mena y el arresto disciplinario al interior del cuartel que se hace efectivo mañana a primera hora; b) el segundo, dar un paso en falso que le permita hacer alegaciones de defensa en el proceso penal sobre la constitucionalidad o legalidad de las acciones, y, c) el tercero, no caer en el mismo error de dejar en manos de peritos policías la prueba fundamental de su identificación, con la participación de un perito civil, independiente, aspecto decidido en consenso con Pepe (Serrano) y Galo (Chiriboga), lo cual nos garantiza una actuación imparcial y segura. Todos estos pasos los hemos dado en coordinación con Pepe, Galo y operativamente con Rommy y Santiago.

Las acciones de la Comisión también se desplegaron a la ciudad de Cuenca, donde el Tribunal Tercero de Garantías

Penales del Azuay, dictó sentencia condenatoria declarando culpables a 21 policías por el delito de sedición. El comunicado remitido al Cuartel General, explica que:

> Los uniformados hicieron protestas públicas, salieron del cuartel policial y se desplazaron al Parque Calderón, en franca insubordinación al mando y a la Constitución, atacaron la Gobernación, acciones desarrolladas con el apoyo de sujetos políticos, especialmente del MPD. La sentencia declaró también a 4 uniformados inocentes. La sentencia puede ser todavía susceptible de recurso de apelación.

Este proceso, que se inició por el delito de sedición, según el reporte, les habría permitido <<obtener valiosa información sobre la participación del Gral. (r) Wilson Alulema y que podrá desembocar en la apertura de una causa por el delito de insubordinación policial en contra de este alto ex oficial>>. Se hace saber también sobre este mismo caso, que la Fiscalía apelará la sentencia para solicitar una pena más rigurosa:

> Como es nuestro criterio también, más allá de que los elementos obtenidos en la audiencia de juicio nos permitirán procesar al general Alulema, a quien los policías señalan como el que los reunió el 30S y les autorizó y consintió que se paralicen y protesten públicamente en dicha ciudad. Es importante recordar que en la "protesta" que hicieron los policías por el centro de la ciudad, utilizando patrulleros, camionetas doble cabina policiales y medios logísticos públicos, estuvieron los miembros de los movimientos estudiantiles del MPD", dice el comunicado.

En febrero de 2014, se puso al tanto de la sentencia condenatoria en contra de 12 miembros del ex GAO, por un delito relacionado a la detención ilegal y tortura de un presunto delincuente, cometido el 30 de septiembre de 2009. Según se lee en el informe, el proceso judicial seguido en contra de los ex GAO, habría sido

<<una de las motivaciones utilizadas para generar desestabilización en la policía en los hechos del 30S de 2010. Se les impuso la pena de 4 años de reclusión. Uno de los condenados en la sentencia es el Sgto. Luis Martínez Viláñez, que tiene un largo y peligroso historial en el extinto GAO>>.

Sobre los ex miembros del GAO, recaen fuertes presiones y acusaciones por parte de la Comisión, respecto a su participación en el 30S. <<El papel que jugaron miembros del ex GAO en el intento de golpe de Estado, fue relevante: lanzaron pasquines, hicieron plantones, se movilizaron y estuvieron en casi todos los escenarios del conflicto, azuzando la insubordinación. Incluso Martínez Viláñez fue acusado de ser quien decía por la radio patrulla "maten al presidente>>, se lee en uno de los comunicados.

Mensajes de la central de comunicaciones

El informe pericial de audio No. 379-2011, elaborado por los peritos, Hernán Vásconez y Freddy Robayo, acreditados ante el Consejo de la Judicatura, sobre varias grabaciones de la central de comunicaciones de la Policía Nacional, permite descubrir en decenas de mensajes cruzados entre distintas unidades policiales de Quito, con el Regimiento Quito, los objetivos que buscaba la movilización policial, así como las 'estrategias' que utilizaban los *sublevados*. En ninguno de los mensajes se puede advertir la existencia de estrategias golpistas, la presencia de agentes políticos extraños, intenciones de secuestrar al primer mandatario, o atentar contra la vida del Presidente. Se puede colegir un completo caos, una protesta sin cabezas, asumida por algunos policías que hacían de portavoces.

Ante la inesperada llegada del Primer Mandatario al Regimiento Quito y su posterior ingreso al Hospital, al calor de los hechos, los 'sublevados' empiezan a organizar una agenda y demandas puntuales. La desesperación es tal que no saben ni siquiera que unidades les respaldan. Se puede advertir además que los grupos de élite GOE y GIR no están acompañando la protesta, incluso no saben en horas de la tarde y noche a quién respaldan, si al

Presidente o al personal policial, personas que se encontraban en las terrazas de los edificios contiguos, a los que algunos dicen ser francotiradores. En los diálogos constantemente se escucha esa pregunta, ¿a quién respalda esa gente?

Entrando la noche, no había un mínimo resquicio de legalidad, ni de cordura, todo había sido rebasado, se esperaba lo peor y los sublevados lo sabían, era la llegada del ejército, y ellos preocupados en recuperar los juguetes para sus hijos, las condecoraciones y otras bonificaciones, supuestamente arrebatadas por el Presidente Correa en la Ley de Servicio Público, lo más audaz y temerario que se nota son las pretensiones de los sublevados de hacerle firmar al Presidente un Decreto derogando lo establecido en la Ley. Del informe pericial, también se destacan algunos diálogos que permitirán ilustrar las causas del conflicto, la lógica de los acontecimientos y el desenlace:

P1 es una voz femenina

Segmento de tiempo Desde 07:45, hasta las 07:46:03

P1... a ver entiendan compañeros estamos simplemente queremos que el señor no quede como héroe... si nosotros le cogemos y le llevamos al Regimiento constituimos un secuestro y cualquier cosa que firma no va a servir este momento en el hospital él vino por su propia voluntad por sus propios medios... Nuestro fuerte de seguridad no es el Regimiento... Nuestro fuerte de seguridad es el anillo que está comprendido de lo que es la Mariana de Jesús , lo que es la Occidental... lo que son los alrededores del Regimiento y del Hospital, ahí nosotros no estamos constituyendo ningún delito, ahí si nosotros podemos actuar.

Segmento de tiempo: desde las 7:39:19, hasta las 07:39:45

P1... a ver central escuche... lucha uno le habla este momento prácticamente nuestro fuerte no es sacarle al Presidente del Hospital por qué... porque ahí se constituye secuestro y cualquier decreto que firme a favor de nosotros no va a ser válido... entienda este momento el señor está ahí por su voluntad... nuestro fuerte son prácticamente las calles que están alrededor... Las calles que están alrededor es nuestro fuerte...

P1 no queremos secuestrados atienda lucha uno, esta al habla... no le vamos a sacar al Presidente todavía del hospital... él está ahí por su propia voluntad, ahí tiene que firmar cualquier cosa porque él llegó por su propia voluntad ahí... si nosotros le sacamos se convierte en secuestro y cualquier documento que él firme no va a ser válido entienda que eso tenemos que hacerlo con la cabeza... ahorita nuestro fuerte no es el regimiento nuestro fuerte es la Mariana de Jesús.

Segmento de tiempo: desde 07:51:34 Hasta 07:54:23

P1... a ver lucha uno a los equipos... entre otras cosas lo que se pretende pedir que se derogue las disposiciones de la Ley del servicio Civil por la que se elimina el derecho a percibir las condecoraciones y bonificaciones de la Fuerza pública... que se mantenga el sistema de bonificaciones por ascensos los mismos que deben ser equitativas entre oficiales... clases y policías... que se mantenga la... el actual sistema de seguridad social... el de.... Cesantía... cuyos pagos no deberán ser en bonos.

P1... a ver compañeros contrólense por favor esto lo único que nos va a llevar a... a cosas peores... hagamos esto algo loable... Consigamos lo que necesitamos, no hagamos daño a las xxxxx a la sociedad y peor aún a los militares.... Ni a los Policías... No sacamos nada por favor... organicémonos...

Los sacrificados de la democracia

La vida de 5 ecuatorianos: 2 policías, 2 militares y 1 civil, fue el legado trágico de un día en el cual la razón, la ley y el decoro se postraron ante un carnaval de balas y bravuconadas, un día más, de tantos que suma la Patria, en el cual el pueblo quedó como un niño sin manta.

Froilán Jiménez G. Cabo segundo del GIR, 29 años. Tercero de nueve hijos de una familia lojana. Deja viuda a Mabel Ubidia, también policía, y un hijo de dos años.

Efrén Calderón Landeta. Cabo segundo de policía, 29 años. Deja una viuda, Alexandra Cadena, y un hijo de un año y medio.

Jacinto Cortez Jaya. Militar, 25 años. Segundo de tres hermanos, deja viuda a Consuelo Lema, estaba embarazada de dos meses, y deja huérfano a un niño de un año.

Darwin Panchi Ortiz. Militar. Recibió un impacto de bala en el cráneo. Fue ingresado en el área de cuidados intensivos, falleció dos días más tarde, por afectación neurofuncional.

Juan Pablo Bolaños. Civil, de 24 años, estudiante de Economía de la Universidad Central. Soltero. Se encontraba al frente del hospital Metropolitano. Recibió dos impactos que lo mataron de contado.

Las vidas de soldados y policías, cuando se las ofrendan en combate, se cuentan como bajas, así se registran en los informes de los cuarteles; para sus familias, sin embargo, son pérdidas eternas, insufribles, irrecuperables como las lágrimas. Nadie puede creer que lo acontecido el 30S habría sido por lavar imprudencias, recomponer imagen y recuperar la popularidad de un proyecto político; aunque lo dijo un familiar de uno de los soldados dados de baja, en medio de plegarias, junto al ataúd; lo cierto es que, luego del 30S, las encuestas se presentaron generosas con el Presidente Correa, a partir de lo cual anunció acelerar a fondo la revolución: "Si tenemos más apoyo que nunca. No podemos claudicar ante balas asesinas. Sería traicionar a los que murieron ese día, a esa ciudadanía heroica que salió desarmada a defender la democracia. Reconciliar con criminales es imposible, eso sería permitir la impunidad. Vamos a continuar. Aún más: radicalizaremos la revolución", dijo en octubre de 2010.

Personal y material empleado en el rescate por Fuerzas Armadas

ORD	UNIDADES	EFECTIVOS		MATERIAL						
		OFC.	VOLT.	BLINDADOS		MECANIZADO			CAMIÓN	JEEPS
				VCI	105MM	URUTU	CASCABEL	YARARAC		
1	9 B.F.E	9	99						4	1
2	11 B.C.B	5	146	9	9				2	8
3	G.C.B 36	4	76			4	4	12		
4	C.E.E	6	68							
5	ID.E	4	70							
6	GEO	7	56							
7	GEK	6	110							
REFUERZOS:										
8	IWIAS i	10	127							
9	BOES-TV DE	4	93							
SUBTOTAL:		55	845	9	9	4	4	12	6	9
Total personal		**900**		**Total blindados 18**		**Total vehículos**		**53**		

Notas

1. Golpe de estado blando: caracterización utilizada por los ideólogos del socialismo del siglo 21, para identificar episodios de supuesta desestabilización política. El término creado en la década de los setenta del siglo anterior, es de la autoría de Gene Sharp, escritor estadounidense. Según Luis Bruschtein, "El golpe blando consiste en travestir a una minoría en mayoría, amplificar sus reclamos, crispar las controversias y enfrentamientos y desgastar a la verdadera mayoría que gobierna, hasta hacerla caer por medio de alguna farsa judicial como fue en Honduras, o parlamentarista, como en Paraguay o forzando una intervención extranjera como se pretende hacer en Venezuela."

2. El informe del Comando Conjunto de las Fuerzas Armadas COMACO, sobre las operaciones militares del 30 de septiembre de 2010, firmado por el General Jorge Peña Cobeña, Jefe de Operaciones del COMACO, fue remitido a la Fiscalía el 15 de noviembre de 201°, por el ministro de Defensa Javier Ponce.

3. Informe solicitado por el exasambleísta César Montúfar, respecto a los hechos ocurridos el 30 de septiembre del 2010, al Grupo de Operaciones Especiales GOE.

4. Informe enviado al inspector general de la Policia Nacional, por el Grupo de Intervención y Rescate GIR.

5. Comunicación enviada al Presidente, en marzo de 2014. Siempre he entendido la legitimidad y justeza de la demanda e incluso he acompañado en alguna de las audiencias públicas, puesto que la acusación que se le imputaba entraña un delito de *lesa humanidad que no prescribe nunca y que se persigue en cualquier parte del mundo.* Además, he dicho en reiteradas ocasiones que el objetivo de esa acusación era precisamente dejar abierta esa puerta para acciones futuras y por ello era absolutamente necesaria la acción judicial y que se llegue hasta sentencia. He defendido siempre la sentencia, incluso en la entrevista, que fue realizada por lo menos 10 días antes, hago una contextualización y le aclaro a la periodista que es increíble que se mencione el caso Jiménez sin mirar cuales fueron las acusaciones de Jiménez y la gravedad de

4. las mismas. Si bien señale que "si pudiese pedirle algo! le pediría la remisión (en ese momento aún no se ejecutoriaba la sentencia) puesto que ha quedado clara la verdad y ha sido Jiménez y otros sentenciados por la justicia y la sociedad" Este pedido lo hice en el marco de una entrevista de varios temas y sobre todo pensando (esto no lo dije precisamente para evitar que se utilice como argumento) en que no se victimicen en el plano nacional y sobre todo internacional, en posibles demandas a nivel internacional y en la UIP y que se pretendan asumir como presos políticos (partía del hecho que iban a cumplir con la sentencia y aprovechar políticamente la misma).

6. Expresiones de Carlos Baca Mancheno, miembro de la Comisión 30S.

7. Leopoldo Trepper: Fundador de la Orquesta Roja, una red de 290 espías de diversas nacionalidades regados en Europa del Este. Trepper advirtió a José Stalin sobre los verdaderos objetivos de Hitler y la fecha exacta de la invasión nazi a la Unión Soviética. Pero, Stalin no lo creyó, porque él confiaba en el pacto de no agresión con Hitler. Efectivamente, en la fecha anunciada por Trepper el ejército hitleriano invadió la URSS dejando un saldo de millones de muertos. A su regreso a Moscú, luego de la derrota de Hitler, Trepper fue sentenciado por el estalinismo a 10 años de prisión en la cárcel de Lubianka.

8. Revista Vistazo: "Nosotros -los servidores- hemos sido afectados por esta Ley del Servicio Público, no podemos permitir más atropellos como cuando perdimos los subsidios por antigüedad", interviene una funcionaria civil. "Le pedimos a Usted que insista en el derecho a las condecoraciones, estamos conscientes de los cambios, pero no podemos afectar nuestros derechos, ni vivir con bonos, luego de dedicar media vida al servicio de esta institución". El Ministro, a juzgar por el tono de su voz, se muestra sorprendido por la forma en que se presentan los reclamos. "Lo único que puedo decir, y no tengo porqué mentirles, es plantear con el Presidente la inmediata aplicación de esas compensaciones, pero les pido voceros para debatir el tema, no puedo hablar masivamente (...). Hemos venido trabajando para superar el tema salarial de capitanes, mayores y suboficiales; en cuanto a las condecoraciones, les insisto, eso no se modificará en términos monetarios en lo absoluto, mientras no existan esas compensaciones de las que ha-

5. bla la Ley". La alocución del ministro Ponce es interrumpida por pifias y silbatinas. Sorpresivamente, un capitán toma la palabra. "Se requiere un trámite largo para crear una compensación, y sabemos que no va a ser aprobada en el cien por ciento. El bono por ascenso es prácticamente un sueldo, si se divide para los siete años en el grado, son 45 dólares mensuales; eso nos afecta a nosotros y a los que vienen detrás...".

9. Recoleta: zona donde se ubica el Ministerio de Defensa Nacional, en la ciudad de Quito.

11. Resumen de correos electrónicos que circularon al interior de los cuarteles: "Al cabo de unos 15-20 minutos estaban reunidos aprox. 300 personas de todas las fuerzas lo que motivo a que la Cúpula Militar, incluido el Sr. Ministro de Defensa, micrófono en mano, traten de aplacar las inquietudes que todos los presentes enunciaban. Lamento grandemente el triste espectáculo presenciado. Pifias al Sr. Ministro, pifias a las palabras de los Generales, pifias a las palabras de mi ALMT. Molestina. La más grande pifia y risas se dieron cuando el Sr. Ministro manifiesta que "yo les ofrezco mi palabra... y Uds., saben que mi palabra vale más que cualquier trato". Aprox. 10 H 25 las autoridades se retiraron del sector acompañados de una "comisión" en

donde se destacaba la participación del personal de tropa de la Marina. El personal retornó a sus actividades en cada dependencia mientras se realizó una reunión urgente de los Sres. Generales y Directores de las diferentes dependencias".

12. Revista Vistazo: "El veto del Ejecutivo eliminó esta excepción. Como consecuencia de este cambio, las ramas de uniformados vieron que se les restaban las bonificaciones y estímulos por años de servicio. Ésta fue la mecha que encendió la bomba de tiempo que se venía activando. El descontento en todas las fuerzas por el tema salarial no es nuevo, lleva incubándose desde hace varios años, cuando empezó la llamada homologación salarial, según Bertha García, analista en temas de Seguridad y Defensa, y catedrática de la Universidad Católica. De acuerdo con la experta, el proceso de homologación iniciado antes de este gobierno en última instancia ahondó las diferencias salariales entre alta oficialidad y tropa: "Estudios independientes que realizamos con nuestros investigadores probaban que la subida en sueldos para la oficialidad representaba más del cien por ciento de incremento; para la tropa en cambio bordeaba el 50 por ciento. Esto es más grave en la Policía. Es posible que a los militares les hayan explicado sus superiores los alcances de las reformas, no así a la Policía, donde la comunicación no es tan fluida". Un documento reservado que elaboró la Comisión Técnica del Comando Conjunto de las Fuerzas Armadas determina que el veto del Presidente sí suprime dos bonificaciones para los militares: por ascenso y por tiempo de servicio y méritos. Por citar dos ejemplos, un general de Ejército que recibiera la condecoración por excelencia profesional con 42 años de servicio debía percibir 21.296 dólares por este concepto. Un suboficial mayor que recibiera la condecoración de Gratitud Institucional debía obtener una bonificación de 10.488 dólares. El análisis técnico de Fuerzas Armadas estableció todos los ingresos que no percibe el personal militar: horas extraordinarias y suplementarias, encargo por puesto vacante, gasto por residencia y bonificación geográfica. El total: 810, 5 millones de dólares en un año. Como propuesta de compensación económica, para seguir lo previsto en el citado artículo 115, estableció una tabla que totaliza 84 millones de dólares como compensaciones, la décima parte del cálculo inicial."

13. Fidel Araujo, militar en servicio pasivo, fue acusado de atentar contra la vida del Presidente Correa, con base en declaraciones de un supuesto testigo "protegido", Xavier Herrería, quien en una primera versión aseguró que Araujo lo había querido contratar para que disparara un arma de fuego en contra de Correa; pero luego se retractó y dijo no conocerlo. Araujo fue sobreseído, ya no milita con Lucio Gutiérrez, personaje a quien también el régimen acusa de organizar el golpe de estado, por haber asistido a una conferencia en EEUU.

14. Diego Vallejo, capitán del Ejército en servicio pasivo, exasesor de José Serrano, en el Ministerio de Justicia, fue liberado en noviembre de 2013, luego de cumplir dos condenas acumuladas de 17 meses de prisión, por presuntos delitos de tenencia ilegal de armas y asociación ilícita. Vallejo reveló evidencias de que los procesos judiciales fueron parte de un complot del gobierno, en particular de José Serrano. Diego Vallejo tiene mucha información que podría comprometer a altos funcionarios del gobierno. Fue él quien denunció que el ministro del Interior, José Serrano, le ordenó investigar las cuentas del ahora exfiscal Washington Pesántez y de perseguir al activista político Fernando Balda, a partir de entonces es víctima de persecución del régimen. En 2014 solicitó asilo a EEUU, donde reside con su familia.

15. Diario La Hora reportó la detención de Francisco Piñeiros en la ciudad de Cayambe. *http://www.lahora.com.ec/ index.php/noticias/ show/1101008962/-1/Capturan_ al_%E2%80%98Mayor%E2%80%99_estafador.html*

16. Revista Vistazo

17. Óscar Bonilla, un personaje desdibujado en la izquierda ecuatoriana, a raíz de su participación el 30S se ganó la simpatía de Rafael Correa. Desde entonces ha ocupado importantes cargos públicos, como subsecretario del Ministerio del Interior; luego fue nombrado integrante de la Comisión Especial que investiga el 30S, junto a Carlos Baca Mancheno, funcionario del ministerio del Interior y Diego Guzmán, Secretario Nacional de Transparencia de la Presidencia de la República. El caso de Bonila suma un aspecto particular, casi toda su familia, incluyendo sus hijos pertenecen a Acción Ecológica, una ONG ambientalista crítica del gobierno de Rafael Correa.

18. ESTADO DE SITUACIÓN, Fernando Garzón: "El ingreso a la habitación 302 donde está el Presidente de la República está controlado desde el interior de la habitación por una persona de civil de mediana estatura probablemente es del equipo de seguridad de la Presidencia. En el ingreso a la habitación se observa una sala pequeña con mínimo mobiliario, sin ventanales y permanentemente iluminada. Hacia los lados y con las luces apagadas están dos ambientes con baño, en uno de los cuales se encuentra el Econ. Rafael Correa Presidente de la República. El está acompañado por Gustavo Jalkh, Ministro del Interior, Patricio Rivera Ministro de Finanzas, Francisco de la Torre Asesor Presidencial, Lcda. Marianita Pico Secretaria del Presidente Rafael Correa y algunos miembros del equipo de seguridad del Presidente. No la veo, pero se comenta que también está Irina Cabezas, Vicepresidenta de la Asamblea Nacional. Entre la sala pequeña y el otro ambiente pensando unos y caminando otros se encuentran Richard Espinoza, Ministro de Relaciones Laborales, Cesar Rodríguez, Asambleísta de Alianza PAIS, Carlos Viteri Gualinga, secretario ejecutivo del Instituto para el Ecodesarrollo de la Región

Amazónica-ECORAE, Juan Sánchez, ex Asesor Presidencial, Oscar Bonilla, Coordinador de Movimientos Sociales y Pueblos del Ministerio Coordinador de la Política, Santiago Díaz, Ex Viceministro de la Secretaria del Agua, miembros del equipo de seguridad del Presidente, entre otros, muy pocos. A través de un pequeño visor de vidrio ubicado en una de las dos hojas de la puerta de ingreso a la habitación 302, donde se encuentra el Presidente de la República, se observa al interior un permanente caminar de los funcionarios de gobierno y miembros de seguridad del Presidente Rafael Correa. Al pie de la puerta y hacia el corredor están emplazados en forma dispersa un número aproximado de quince policías de uniforme y de civil y en disposición de vigilancia. Los diálogos entre ellos en ocasiones están acompañados con fuertes epítetos contra el Presidente de la República a quien acusaban de responsable de lo que estaban viviendo en ese momento. En tal caso no conocí ni observe desde las 19H30 que ingrese al edificio del Hospital de la Policía hasta las 20H35, agresiones físicas o verbales contra funcionarios de Gobierno y de Estado que estábamos en el tercer piso, aunque se tenía presente la agresión física y verbal que había ocurrido contra el Canciller Ricardo Patiño al pie del Hospital de Policía y contra el propio Presidente de la República en la mañana de este 30 de septiembre en el trayecto que recorrió a pie entre el Regimiento Quito, el Helipuerto y el Hospital de Policía. De repente el Presidente de la República vestido de terno y corbata y apoyándose en un bastón ortopédico pasa por la sala pequeña de su habitación hacia el dormitorio de la derecha, caminando con dificultad y con la cara evidente de cansancio.

19. Diario Expreso difundió días después, varias entrevistas a pacientes del Hospital, que compartieron con el Presidente los dolorosos episodios del 30 S, las versiones compartidas desmienten que "el presidente de la República, Rafael correa, haya estado secuestrado dentro del nosocomio, como él ha afirmado repetidamente en los últimos dos días. Esto es lo que dice Aida Zaldumbide, paciente de la habitación 312 del Hospital de la Policía, quien estaba en el mismo pasillo del jefe de Estado a pocos metros de su habitación. Ella asegura que Correa "nunca estuvo secuestrado pues a su alrededor se encontraban varios de sus seguidores y siempre se mantuvo resguardado por ellos". El Presidente tuvo siempre la libertad para andar por el pasillo, y aquí los médicos estuvieron siempre pendientes, sí quería café se le pasaba café, sí quería agua se le daba agua". Añade que varios internos le solicitaron mediante sus escoltas que se retirara ya "que estaba poniendo en peligro la vida de todos", pero no encontraron respuesta.

20. En medio de las amenazas de incursión a territorio Sarayaku, el 1 de mayo de 2014, el asambleísta Cléver Jiménez reveló la existencia de un operativo militar reservado para ingresar al territorio indígena y detener a los tres perseguidos por el gobierno, y que el referido plan estaría a la orden del Ge-

neral Castro, por disposición directa del Presidenta Rafael Correa. La acción no contaba con el conocimiento del Comando Conjunto, según el legislador, quien dijo tener información precisa, según la cual incluso se estaba pintando helicópteros militares para simularlos como de la Policía, por cuanto las Fuerzas Armadas estaban legalmente impedidas de ejecutar una sentencia judicial. La denuncia jamás fue desmentida por Castro.

21. AUTOPSIA MEDICO LEGAL, informe No. 1477 -DMT-2010.

22. Como parte de la campaña en redes sociales se difundió este tuit para buscar a Arcos Pepinos

Un odio bien ganado

Sin distinción ideológica, diferentes gobiernos fueron escrutados por Fernando Villavicencio, y en todos la corrupción está presente.

Pintura: Fernando Villavicencio, 1984.

Apenas cumplió los 18 años, Fernando Villavicencio publicó una de sus primeras investigaciones: "Brigadas de defensa civil", en el periódico "Prensa Obrera", de tendencia trotskista. En la nota explicaba cómo en el Gobierno de León Febres Cordero, se organizaron brigadas de choque con pobladores de barriadas populares, para enfrentar a los opositores. Mientras difundía el periódico junto a otro joven, en el mercado La Merced de la ciudad de Riobamba, un operativo de más de 100 policías los rodeó. Los dos jóvenes fueron apresados y requisados centenares de ejemplares del periódico izquierdista.

Una vez en la Intendencia de Policía, pusieron ante sus ojos decenas de fotos de militantes de Alfaro Vive Carajo (AVC) y Montoneras Patria Libre (MPL), algunos de los que ahora forman parte del gobierno de Rafael Correa. Luego de permanecer un día en las dependencias policiales, fueron encapuchados y trasladados a la Brigada Galápagos, batallón militar de la Provincia de Chimborazo. Ahí permanecieron dos días en medio de torturas sicológicas y físicas, hasta que, sin poder encontrar evidencias de su participación en actividades armadas, y por gestiones en Quito, fueron liberados.

Aunque Fernando Villavicencio desde muy joven militó en la izquierda, jamás comulgó con el foquismo guerrillero, para él "las balas no escriben, borran". Si el problema de la humanidad fuera militar hace rato se hubiese resuelto, sostiene.

Sin distinción ideológica, los diferentes gobiernos desde León Febres Cordero, hasta Rafael Correa, han sido escrutados por Fernando Villavicencio, y en todos, la corrupción ha estado presente. Pero, como él sostiene, es en el régimen autoproclamado "socialista" de la revolución ciudadana, donde la corrupción aparece como una constante. Entre los años 2007 y 2014, en la galería de casos investigados figuran más de 300, la mayoría vinculados al manejo de las áreas estratégicas. Para ilustrar presentamos aquellos que han tenido mayor trascendencia pública, y que, permite comprender las razones para el "odio" del régimen correísta a Fernando Villavicencio.

- **Palo Azul.** En junio del 2007, una Comisión Especial creada por el Ministro Alberto Acosta, emitió un informe exigiendo al presidente Rafael Correa y a las autoridades de control, iniciar la caducidad de los contratos petroleros del bloque 18 y campo **Palo Azul** operados por Petrobras. El informe señala que existió fraude técnico en la calificación de unificado de **Palo Azul,** además de que Petrobras transfirió participaciones a Teikoku de Japón, sin autorización del Estado, incurriendo en la causal de caducidad contractual. Un perjuicio de 2 000 millones de dólares detectó la Fiscalía. Rafael Correa recibió el informe pero luego dispuso suspender la caducidad, por existir acuerdos con el gobierno de Brasil. Fernando Villavicencio inició esa investigación en 1999. Asesoró a la Comisión creada por Alberto Acosta.
- **Emergencia petrolera.** Otra clarinada que le mereció una ácida reacción del régimen, fue las advertencias respecto a la presencia de oficiales de la Fuerza Naval, al mando de la más importante empresa pública del país, Petroecuador. Fernando alertó que la presencia militar estaba orientada a blindar un proceso de contratación directa al margen de la ley, y beneficiar a empresas de la órbita de los BRIC y la ALBA. Villavicencio no se equivocó, los más grandes contratos petroleros, cuyos resultados son visiblemente negativos, fueron entregados a empresas chinas, venezolanas, rusas, brasileras, y algunas subsidiarias de papel, establecidas en paraísos fiscales. De esa forma Correa mataba dos pájaros de un tiro, agiliza su proyecto económico y se protegía con los militares.
- **Importación de GLP con Flopec.** Sin duda, uno de los mayores fracasos del mando naval fue la incursión en el manejo del gas licuado de petróleo GLP. Villavicencio se ganó el odio del Contralmirante Luis Jaramillo y otros mandos militares, por su oposición a la entrega a la empresa naval Flopec, de la construcción de la planta de almacenamiento de GLP en Monteverde y el traspaso de la importación del combustible, de Petroecuador a la Marina. Un año y medio después de los 20

años para los que se firmó el contrato, Flopec no pudo manejar el negocio de importación de GLP y tuvo que devolverlo a Petroecuador. Las denuncias llegaron incluso a aspectos muy particulares, como la contratación del hijo del presidente de Petroecuador, como uno de los operadores del contrato por parte de Flopec.

- **Contratos asesoría.** En ese mismo orden, reveló la firma de uno de los contratos de asesoría legal más caros de la historia, 4.5 millones de dólares, con el jurista Ernesto Velásquez, para defender a Flopec frente a acciones de la multinacional Trafigura. El caso llegó a la Contraloría, la cual emitió informe cuestionando el contrato.
- **Caso Pertamina.** Mientras los ojos de Fernando estaban abiertos, era muy difícil que un contrato grande en el sector petrolero, pase sin ser observado. El desprecio de Galo Chiriboga en su contra, con seguridad se debe, entre otras cosas, a la revelación de la pretendida entrega del más grande campo petrolero estatal, Shushufindi, a otra empresa pirata, Pertamina de Indonesia, cuyo patrocinador en Ecuador era el actual Fiscal. Las intentonas de Pertamina, se fueron al piso cuando Villavicencio puso en grandes titulares y en los principales medios de Ecuador que el régimen "socialista" se aprestaba a privatizar las "joyas de la corona" a una empresa de cuestionados registros técnicos y económicos.
- **Coca Codo Sinclair.** El sector eléctrico también fue escrutado por el periodista. Las fallas estructurales en la construcción, de uno de los proyectos estrellas del gobierno, el hidroeléctrico Coca Codo Sinclair, entregado a la empresa China Sinohydro, fueron expuestas en revista Vanguardia, a través de los informes técnicos de la empresa fiscalizadora que daba cuenta de graves falencias, en particular por la ausencia de estudios de detalle en la construcción, razones suficientes para que la fiscalizadora mexicana pidiera la suspensión del proyecto.
- **Toachi Pilatón.** Otro proyecto entregado a empresas chinas, el Toachi Pilatón seguía el mismo curso del Coca Codo, las fa-

llas técnicas, incumplimientos contractuales y malos tratos al personal, eran el denominador común. Este caso igualmente vio la luz a través de la pluma de Villavicencio.

- **Ivanhoe.** En octubre de 2008 se firma sin licitación "el mejor contrato de la historia", en el bloque 20, campo Pungarayaku, con la canadiense Ivanhoe, propietaria de la tecnología HTL para procesar petróleo extrapesado. Correa reformó el reglamento para adjudicar directamente el contrato argumentando que se trataba de tecnología única. Dos informes de Contraloría de 2013 y 2014 sostienen que el contrato fue ilegal, que la tecnología HTL no es única, y recomiendan la terminación contractual. Seis años después no se generó un solo barril de petróleo, el contrato se terminó. Villavicencio anticipó el fracaso en 2008, Correa lo llamó "payaso".
- **Sísmica BGP.** Los años 2007 y 2008, Petroecuador es obligada a suscribir una serie de contratos de sísmica en el Bloque 15, campo Auca y en el Golfo de Guayaquil, con la empresa china BGP. Esta empresa era la cortina de Quality, compañía vinculada a Fabricio Correa. También se suscribieron varias órdenes de trabajo de remediación ambiental sin licitación, en los campos petroleros de la Amazonía. Villavicencio fue demandado por Fabricio, el proceso fue archivado por abandono.
- **Isla Puná.** En 2008 se firma sin licitación un contrato para la exploración de gas en la Isla Puná con Pdvsa de Venezuela. Se perforó un pozo sin realizar previamente estudios de sísmica. El resultado fue un fracaso. Petroecuador pretendió cubrir las inversiones de Pdvsa, pero una denuncia de Fernando Villavicencio, suspendió esa pretensión. Finalmente la empresa venezolana abandonó el proyecto.
- **Campo Sacha.** El mismo año, igualmente sin licitación, se adjudicó el campo Sacha, uno de los más productivos del país a la empresa Río Napo, controlada por Pdvsa. Se alteró la curva base de producción y se inflaron las tarifas para beneficiar a la empresa venezolana. Fernando Villavicencio denunció el caso, se logró reformar el contrato y evitar un millonario per-

juicio al Estado. Seis años después Pdvsa negocia el traspaso de acciones a Sinopec.

- **Taladros Pdvsa.** Las autoridades de la Armada a cargo de Petroecuador contrataron dos torres de perforación con Pdvsa, el costo referencial ofrecido por el expresidente Hugo Chávez en su visita a Ecuador, fue de 8 mil dólares diarios por cada taladro. En la práctica el Estado tuvo que pagar hasta 42 mil dólares diarios por operación. El costo promedio es de 20 mil dólares diarios. Una de las torres se desplomó en Sacha. Villavicencio lo hizo conocer al país.
- **Cutter Stock Pdvsa.** El año 2008, Petroecuador contrató con Pdvsa la provisión del diluyente Cutter Stock para la elaboración del Fuel Oil 6, luego de mezclarse con el residuo que genera la Refinería de Esmeraldas. Pero Pdvsa no era productor de Cutter Stock, lo adquiría a la intermediaria Trafigura que tampoco era productora del diluyente, ésta lo compraba en el mercado norteamericano. Una vez obtenido el Fuel Oil, Pdvsa lo entregaba a Trafigura para que lo negocie en el mercado centroamericano. Es decir que se generó un doble negocio de intermediación en el cual el Estado fue perjudicado. Villavicencio denunció el caso a los órganos de control y a los medios.
- **Fuel Oil Pdvsa.** Un cargamento de Fuel Oil fue rechazado por Pdvsa argumentando que el producto estaba contaminado, el buque Chimborazo debió permanecer casi un mes en aguas internacionales ante el rechazo de Pdvsa de aceptar el combustible. Petroecuador debió vender a México el Fuel Oil, generándose una pérdida de 14 millones de dólares. La Contraloría emitió un informe señalando ese perjuicio.
- **Campo Armadillo.** El año 2009 se firma el contrato del campo Armadillo con la empresa Ecuavital de propiedad de José Dapelo, a quien Rafael Correa lo llamaba "gánster". El Procurador del Estado, Javier Garaicoa, emitió un informe negativo, sin embargo Rafael Correa, obligó a Petroecuador a adjudicar el campo. Garaicoa debió renunciar, lo propio hizo

el Presidente de Petroecuador, Fernando Zurita. José Serrano, ministro encargado, amenazó por escrito a la Procuraduría para que cambie el informe. Fernando Villavicencio posicionó el tema en los medios.

- **Conecel y Otecel.** El 2008 se renegocian los contratos de telefonía celular con Conecel (Claro) y Otecel (Movistar), adjudicándoles en forma ilegal la frecuencia de 1900 Mz para el Servicio Móvil Avanzado. Los contratos originales solo permitían renegociar la frecuencia de 850 Mz. Rafael Correa dispuso la reversión de la concesión de Conecel, pero horas después cambió de criterio y llegó a un acuerdo con el yerno de Carlos Slim, en el Palacio de Carondelet. Fernando Villavicencio alertó sobre la ilegalidad.
- **Telecsa.** El Presidente del Fondo de Solidaridad, Jorge Glas, anunció sanciones para los responsables de la quiebra de Telecsa (Alegro), en especial a los operadores privados, la empresa Viadvi, vinculada a Enrique Cadena Marín. Ningún juicio ha prosperado. Un proceso por venta de equipos telefónicos a Pacifictel y Telecsa, por parte de la empresa de Cadena Marín, Techonobile, acabó archivado por el Juez. Villavicencio retomó el tema en los medios y ante los organismos de control.
- **Torres de perforación.** El año 2008 la Marina a cargo de Petroecuador contrató dos torres de perforación por 60 millones de dólares, con dos empresas de papel, Oilservices y Procuservices. Esta última tenía como objetivo la provisión de equipos hospitalarios. Las torres nunca llegaron al país, sin importar que Petroecuador adelantó 18 millones de dólares. Los responsables fugaron del Ecuador con el dinero. No hay ningún juicio. Las investigaciones descansan en los organismos de control. Lo denunció Fernando Villavicencio.
- **Canje de Crudo por Derivados.** En 2007 se firmaron convenios y contratos de canje de crudo por derivados con Pdvsa. El objetivo era que Venezuela lleve nuestro petróleo a refinar en sus plantas y a cambio nos entregue combustibles. La realidad fue distinta, Pdvsa sirvió de cortina para que mafias interme-

diarias como Trafigura y Glencore, empresas descalificadas en Ecuador, revendan nuestro crudo a EEUU y nos entreguen combustibles. El país ha perdido entre 2 y 3 dólares por cada barril. La investigación la realizó Fernando Villavicencio.

- **Contrato con Ancap de Uruguay.** El año 2010 se firmó un convenio de canje de crudo con Ancap de Uruguay. El objetivo era que la firma uruguaya lleve nuestro petróleo a refinar en la planta de La Teja, una refinería vieja que procesa crudos livianos. Esa refinería no podía procesar nuestros crudos que son medianos y pesados. El crudo fue revendido en EEUU por Trafigura y los combustibles fueron entregados por la misma intermediaria, a nombre de Ancap. El país perdió entre 2 y 3 dólares por barril. Villavicencio denunció el caso a los organismos de control, finalmente el convenio fue suspendido.
- **Planta de GLP.** En 2007 se firmó el convenio entre Petroecuador y Flopec para la construcción de la planta de gas en tierra, en la zona de Monteverde. El monto total del proyecto fue de 263 millones de dólares, debía entrar en operación en dos años. Luego de 6 años se inauguró la obra con un costo de 570 millones de dólares. Se contrataron los principales componentes con la empresa Shi Asia Monteverde, una empresa sin respaldo técnicos ni económicos. Se inauguró la monumental planta en momentos en que el gobierno anunció el cambio del GLP por electricidad. Villavicencio presentó una denuncia a la Contraloría y a la Fiscalía en 2008.
- **Refinería del Pacífico.** En 2007, Pdvsa y Petroecuador acordaron construir la refinería del Pacífico. Pdvsa por su cuenta y riesgo decidió el sitio (Manabí), y contratar los estudios con la firma coreana SK para procesar 300 mil barriles diarios. Después de haber avanzado en esas decisiones recién se constituyó la empresa mixta. En 2007 el costo de la obra no superaba los 5 mil millones de dólares, ahora se ha incrementado a 13 mil millones. Luego de seis años, se avanzaron los estudios y trabajos de remoción de tierras, construcción de campamentos, etc. con costos de cerca de mil millones de dólares. Sin

embargo hasta la fecha no se ha definido el financiamiento de la obra. El banco chino ICBC y CNPC exigen mayores garantías, y dudan de las reservas de petróleo de Ecuador. Pdvsa abandonaría el proyecto. Lo advirtió Fernando Villavicencio.

- **Perjuicios Perenco.** En julio de 2009, el consorcio Perenco-Burlington abandonó súbitamente la operación de los bloques 7, 21 y campo Coca Payamino. Las compañías extranjeras tenían una deuda con el Estado de 440 millones de dólares por aplicación de la Ley 042. La empresa pública Petroamazonas asumió la operación con sus recursos. La Constitución y la Ley ecuatorianas contemplan graves sanciones para quien paralice áreas estratégicas, y en el caso específico de abandono de áreas, la legislación hidrocarburífera establece la caducidad contractual y la reversión al Estado de los activos de la compañía. Sin embargo, en forma extraordinaria, el gobierno ecuatoriano siguió manteniendo vigente el contrato hasta agosto del año 2010, y entregando a Perenco-Burlington el volumen de petróleo que establecía el contrato de participación, y con esos recursos Petroecuador se pagó a si mismo 327 millones de los 440 millones de dólares adeudados. El consorcio demandó al Ecuador ante el CIADI que falló en contra del país, ordenando el pago de 500 millones de dólares a las transnacionales. Villavicencio denunció el caso a la Contraloría.
- **Remate de petróleo.** El año 2009, Fernando Villavicencio, solicitó directamente al Fiscal Washington Pesántez, suspenda el embarque de dos buques de 360 mil barriles cada uno, del crudo de los bloques abandonados por Perenco, el cual era rematado ilegalmente por Petroecuador. De forma misteriosa dos empresas fantasmas no domiciliadas en el país ganaron el remate, y se beneficiaron de un descuento del 33%. Es decir en minutos, sin zafarse el nudo de la corbata se estaban ganando la suma de 14 millones de dólares. Las autoridades de la Marina jamás pudieron explicar por qué Petroecuador, remataba el crudo de bloques abandonados por Perenco, y mucho más por qué se dejó ganar el remate por dos compañías piratas. Los

embarques fueron suspendidos y el país recuperó 14 millones de dólares, gracias a la denuncia de Fernando Villavicencio.

- **Coimas Petroproducción.** El año 2009, pidió la intervención de la Fiscalía ante la presunción de actos de corrupción en la Filial Petroproducción. Había llegado a manos de Fernando documentos obtenidos de una de las computadoras de uno de los asesores del Vicepresidente Camilo Delgado, en los cuales habían referencias a cobros de porcentajes por varios contratos. La Fiscalía allanó las instalaciones, incautó dos computadoras y anunció que realizaba una indagación previa. Se desconocen los resultados. Las autoridades de Petroproducción fueron removidas.
- **Compra de tubería.** Las disputas entre grupos de poder en Petroecuador fue incesante. El tema de la adquisición de tubería para Petroproducción adquirió matices de escándalo, que llegó hasta los tribunales y a la Contraloría. Las disputas eran entre los intermediarios de tubería china y la compañía Tenaris, perteneciente al grupo Techint. Las autoridades de la Marina se habían adelantado a comprar tubería de origen chino, la cual no cumplía con los estándares de calidad que exigía la industria. Los tubos de perforación debían ser sin costura. Los medios informaron sobre el tema, gracias a información proporcionada por Fernando Villavicencio.
- **Yasuní ITT.** Fernando fue uno de los primeros en revelar el engaño de la Iniciativa Yasuní ITT, lo hizo armado de documentos donde se evidenciaba que el llamado Plan B para el desarrollo de los campos petroleros avanzaba sin pausa. Puso en escena documentos reservados en los cuales se anunciaba la contratación de estudios de sísmica, línea base, de impacto ambiental, la adquisición de la licencia ambiental, y la hipocresía, de haber levantado una campaña internacional, que se convertiría en una ofensiva y torpe, humillación al país y al mundo ambientalista. Seis años después cayó el telón. El gobierno anunciaba el fracaso del proyecto de mantener el crudo

bajo tierra y abría las puertas a los taladros hacia el corazón del paraíso de las especies.

- **Petrobras Bloque 31.** Cuando el Presidente Correa anunció la salida de Petrobras del bloque 31, en el Parque Yasuní, explicó que era por inconvenientes ambientales. Entonces aseguró que la retirada de la transnacional beneficiaba al proyecto de conservación del Parque Yasuní. Además aseguró que el Estado no pagaría a Petrobras un centavo de sus inversiones de exploración que ascendía a 262 millones de dólares. Fernando Villavicencio reveló un Acuerdo Reservado, en el cual el gobierno de Rafael Correa, al tiempo de finiquitar el contrato con Petrobras, se comprometía a utilizar durante 10 años el cupo de 70 mil barriles día que la compañía brasilera tenía en el oleoducto de crudos pesados OCP, con una tarifa de $1.51/BL. Según el documento, el Ecuador cancelaría en ese lapso 242 millones de dólares a Petrobras, una forma encubierta de indemnizar a Petrobras. Petroecuador podía transportar el crudo por su oleoducto SOTE con un costo de $0.40/BL.
- **Construcción edificios CNJ.** Desde su condición de investigador y asesor parlamentario, el año 2012 puso en conocimiento del país, el presunto sobreprecio y la corrupción en la construcción de edificios para la función judicial. Sus descubrimientos apuntaban a que los contratos fueron adjudicados sin licitación a empresas vinculadas entre sí y a funcionarios del Consejo de la Judicatura de Transición CJT. Los contratos se firmaron antes de aprobarse los planos, por montos injustificados. Una acción policial encontró en una oficina clandestina de Quito, a un grupo de estudiantes de arquitectura que elaboraba los planos para diferentes "constructoras", además la fiscalía incautó una mochila llena de dinero en la referida oficina. Una investigación periodística posterior confirmaría los hechos. La cifra contratada para el proyecto de reestructuración de la justicia, ascendía hasta esa fecha a 448 millones de dólares, de los cuales importantes contratos fueron adjudica-

dos a empresas en las que figuran familiares del expresidente del CJT, Paulo Rodríguez.

- **Camilo Samán.** El rol de Camilo Samán, un personaje del círculo íntimo del poder, no escapó a la mirada de Villavicencio. Desde el comienzo del gobierno de la revolución ciudadana, orientó sus investigaciones a descubrir el grado de participación del citado personaje, en particular su accionar en la Corporación Financiera Nacional CFN, a cargo de las empresas incautadas, al manejo de créditos, y de una de las principales instituciones financieras, como el Pacific National Bank de Miami y la sucursal de Panamá. En su libro "Los secretos del feriado" reveló la feria de las empresas incautadas, el aprovechamiento político de los medios de comunicación del grupo Isaías, y los perjuicios en la reventa del ingenio ECUDOS al grupo Gloria, reviviendo los condenados CDRs.
- **Crédito a Duzac.** Uno de los escándalos de corrupción que traspasó fronteras, fue el caso del crédito de 800 mil dólares concedido por el banco estatal COFIEC a un paria argentino, Gastón Duzac, un supuesto empresario que se aprestaba, a convertirse en administrador de una de las empresas incautadas, gracias a su amistad con Pedro Elosegui, amigo personal de Rafael Correa, y de Pedro Delgado, el primo del Mandatario, que manejaba el Banco Central y las empresas incautadas. En este caso, las primeras investigaciones las llevó Fernando desde el despacho del legislador Cléver Jiménez. Él remitió una carta al BID, al Contralor y al Fiscal, advirtiendo de lo ilegal del crédito y del engaño en la supuesta instalación de una plataforma para el manejo de dinero electrónico, proyecto en el cual supuestamente se pensaba invertir esos recursos, que al final acabaron en manos de terceros en Suiza y Estados Unidos.
- **Perjuicios en seguros.** Pese a las restricciones dispuestas por el régimen, una investigación suya publicada en PlanV, fue el detonante para un sacudón en la CFN y en las empresas públicas de seguros (Sucre y Rocafuerte), que le costó el cargo

a uno de los hombres fuertes del gobierno, Camilo Samán. La investigación reveló una pugna interna por el manejo de los contratos de seguros y reaseguros, a través de intermediarios. Un grupo representado por Fernando Mantilla, y la empresa Confidential, y otro sector liderado por Diego Sánchez, asesor del ministro José Serrano.

- **Créditos del BIES.** La acción de vigilancia y fiscalización llegó al flamante banco del IESS, BIES, que, según el régimen apuntaba a convertirse a un nicho de transparencia y enseñanza de ética a la "banca corrupta". Una primera investigación publicada en la revista Vanguardia dio cuenta de la entrega de créditos por más de 700 millones de dólares hasta el año 2012, en forma sospechosa y al margen de los lineamientos del propio banco. Un caso emblemático fue la denuncia de un crédito de 50 millones de dólares a la empresa Petgas, para servicios petroleros a Petroecuador. Se trataba de una empresa creada para el efecto, sin ninguna experiencia ni respaldos técnicos, peor financieros. En un primer momento figuró como inversionista el acaudalado cuencano Juan Eljuri. Al final, el BIES prestó dinero a una empresa de papel, vinculada a amigos del gobierno, y esos recursos eran cubiertos por Petroecuador a través del contrato de servicios con Petgas. Por qué el BIES no le prestó esos recursos directamente a Petroecuador? La estatal petrolera que maneja 10 mil millones de dólares anuales, no requería ese aporte externo, todo fue un andamiaje montado para beneficiar a "empresarios" vinculados.
- **Proyecto Mirador.** Previo a la firma del contrato minero con la firma china Ecuacorriente, para la explotación del proyecto Mirador, Fernando puso de manifiesto que se vulneraba la legislación ambiental al encontrarse en un área de bosque protector y en fuentes de agua. Además de que el contrato era altamente inequitativo pues apenas asegura una participación de hasta el 8%, y que era una expresión nítida del extractivismo extremo, pues la fase de refinación se realizaba en China, es decir el Ecuador servía de facilitador de materia prima. El

2013, la Contraloría emitió un informe final confirmando las denuncias.

- **Kinross - Aurelian.** Lo propio ocurrió con el otro mega proyecto minero adjudicado a la firma canadiense KinrossAurelian. Desde el despacho del legislador Jiménez, se denunció que la compañía Aurelian hizo ya su primer negocio al haber vendido la mayoría de participaciones a Kinross en 960 millones de dólares, luego de haber invertido apenas 40 millones de dólares en la fase de exploración. También se adelantó que Kinross asesoró al régimen en la redacción de varias reformas a la Ley, las que beneficiaban a la transnacional.
- **Renegociación con Repsol.** En la antesala del cambio de los contratos de participación a prestación de servicios en el sector petrolero, Villavicencio alertó al gobierno que la modalidad contractual propuesta por Wilson Pastor, no era conveniente para el país, pues no garantizaba la inversión de riesgo en el sector. Además pidió no renegociar los contratos con Repsol, toda vez que los mismos vencían en enero de 2012, y a partir de esa fecha toda la infraestructura y el 100% de la producción pasaba gratuitamente al Estado. El régimen amplió el plazo con Repsol en 7 años y estableció una tarifa de 36 dólares por barril, una de las más altas del mundo, mientras la empresa pública Petroecuador podía operar esos bloques con un costo de 8 dólares el barril. El perjuicio para el país fue monumental.
- **Indemnización a Petrobras.** Villavicencio reveló el doble estándar del régimen, como un eje transversal. Mientras Correa auspiciaba la caducidad de Occidental cuando era precandidato presidencial, una vez en el poder, cuando debía actuar con igual rigurosidad con otras empresas, en defensa de los intereses nacionales, adoptaba una posición contraria. Eso se demostró en el caso Petrobras, donde decidió indemnizar a la compañía con 217 millones de dólares, pese a existir informes sobre fraude técnico cometido para la calificación de común del campo Palo Azul, y un proceso de caducidad por transferencia ilegal de derechos.

- **Indemnización a EDC.** Otra beneficiaria del doble rasero correísta fue la compañía EDC, subsidiaria de la multinacional norteamericana Noble Energy, contratista del bloque de gas natural No.3 y de generación eléctrica Machala Power. La transnacional recibió una indemnización de 97 millones de dólares, luego de que Wilson Pastor, decidió suspender la caducidad, solicitada por Petroecuador, por graves perjuicios económicos e incumplimientos contractuales de EDC.
- **Petrochina.** Pero, el caso que no le dejó dormir al gobierno, fue la sostenida y documentada investigación realizada desde el 2009, a los convenios de líneas de crédito y provisión de petróleo suscritos con Petrochina y el Banco de Desarrollo de China. Los que servían como plataforma para un montaje perverso de intermediación y reventa de petróleo a EEUU y Panamá, a través de traders privados como Taurus Petroleum, Ursa Shipping y Gunvor, empresas relacionadas a un cuestionado empresario ecuatoriano de la partidocracia, Enrique Cadena Marín, radicado en Miami. Este caso, ilustrado en el libro "Ecuador made in China« y en varios reportajes de los principales medios internacionales, implicaría un perjuicio al país del orden de 1.200 millones de dólares hasta el año 2020.
- **Indemnización a CGC.** Aunque el país saludó el fallo de la Corte Interamericana de Derechos Humanos, que dispuso una indemnización de U$ 1.3 millones al Pueblo de Sarayaku, Villavicencio no calló la actitud del Gobierno de Rafael Correa de indemnizar con U$ 18.5 millones a la responsable de la violación de los derechos humanos del pueblo indígena, como fue la compañía argentina CGC.

Anexos

1.- Informe Militar 30S
2.- Reportes GOE
3.- Informe GIR rescate al Presidente
4.- Informe médico legal Froilán Jiménez
5.- Informe rescate al Presidente GOE

1.- INFORME MILITAR 30S

Calle La Exposición 208
La Recoleta
Telf.: (593) 2 2951-951
www.midena.gob.ec

MINISTERIO DE DEFENSA NACIONAL
DESPACHO MINISTERIAL

Oficio Nro. MDN-2011-1510-OF

Quito, D.M., 19 de septiembre de 2011

Asunto: REMITIENDO INFORMACIÓN

Señor
José Cléver Jiménez Cabrera
Asambleísta Por la Provincia de Zamora Chinchipe - Comisión de Biodiversidad y Recursos Naturales
ASAMBLEA NACIONAL
En su Despacho.

De mi consideración:

En atención a su Oficio N° 267-CJ-AN de 6 de septiembre de 2011, adjunto remito a usted copia del informe presentado por los Fuerzas Armadas respecto de la operación efectuada el 30 de septiembre de 2010, cúmpleme manifestarle:

Las Fuerzas Armadas Ecuatorianas elaboran el PLAN MILITAR DE DEFENSA INTERNA el cual de conformidad con el Art. 7 de la Ley de Seguridad Pública y del Estado debe ser aprobado por el Consejo de Seguridad Pública y del Estado, como parte de la Agenda Nacional de Seguridad. Por lo expuesto y en atención a lo que dispone la Ley Orgánica de Transparencia y Acceso a la Información, en su Art. 17 que textualmente dice: " No procede el derecho a acceder a la información pública, exclusivamente en los siguientes casos: a) Los documentos calificados de manera motivada como reservados por el Consejo de Seguridad Nacional, por razones de defensa nacional, de conformidad con el artículo 81, inciso tercero, de la Constitución Política de la República y que son: 1) Los planes y órdenes de defensa nacional, militar, movilización, de operaciones especiales y de bases e instalaciones militares ante posibles amenazas contra el Estado, 2) Información en el ámbito de la inteligencia, específicamente los planes, operaciones e informes de inteligencia y contra inteligencia militar, siempre que existiera conmoción nacional...", y tomando en consideración lo prescrito en el Art. 226 de la Constitución de la República, para que esta Cartera de Estado remita dicha información se requiere previamente la Resolución del Consejo de Seguridad Nacional.

Por otro lado una vez revisados los archivos del Ministerio de Defensa Nacional no reposa en este Ministerio copia del Oficio N° MICS-D-2010-0010 remitido por el Ministro Coordinador de Seguridad Interna y Externa, Homero Arellano, al Ministro de Defensa Nacional, por lo que lamento no poder atender lo solicitado en el numeral 3 de su requerimiento.

Finalmente, respecto de los requerimientos de información contenidos en los numerales

1/2

Calle La Exposición 208
La Recoleta
Telf.: (593) 2 2951-951
www.midena.gob.ec

MINISTERIO DE DEFENSA NACIONAL

DESPACHO MINISTERIAL

Oficio Nro. MDN-2011-1510-OF

Quito, D.M., 19 de septiembre de 2011

del 4 al 11 dicha información por corresponder a detalles de las operaciones militares, que conforme se desprende del Oficio N° MICS-D-2011-0010 de 20 de enero de 2011 suscrito por el Ministro Coordinador de Seguridad, han sido clasificadas por el Consejo de Seguridad Pública y del Estado, correspondería al requirente seguir los procedimientos necesarios ante ese organismo para obtener la entrega de dicha información.

Atentamente,

Javier Ponce Cevallos
MINISTRO

MINISTERIO DE DEFENSA NACIONAL
MINISTRO

sm/ds

Libertad con honradez

Documento generado por Quipux

001077
Jurídico

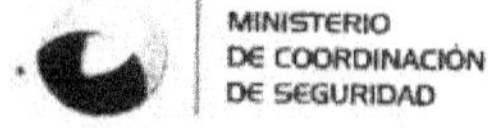

Oficio No. MICS-D-2011-0010

Quito, 20 de enero de 2011

Señor Licenciado
Javier Ponce Cevallos
MINISTERIO DE DEFENSA NACIONAL
Presente.

000190

Asunto: Contestación a oficio MDN-2011-0009-OF

De mi consideración:

Con un atento saludo y atendiendo a su pedido, como Ministro Coordinador de Seguridad, en calidad de Secretario del Consejo de Seguridad Pública y del Estado (COSEPE), de acuerdo al artículo 10, literal jj, de la Ley de Seguridad Pública y del Estado, le informo que, revisada el Acta de la Sesión Ordinaria del COSEPE, realizada el 28 de diciembre de 2010, en la ciudad de Guayaquil, ***CERTIFICA*** *que en el punto Varios, puesto a consideración y aprobación por parte del señor Presidente de la República, Economista Rafael Correa Delgado, los miembros del COSEPE aprobaron, por unanimidad, la clasificación de la reserva correspondiente a la información de los detalles de la operación del 30 de septiembre de 2010.*

Particular que comunico a usted para los fines consiguientes.

Atentamente,

Sr. Valm. Homero Arellano
MINISTRO COORDINADOR
sv

MINISTERIO DE DEFENSA NACIONAL
FIEL COPIA DEL ORIGINAL

MINISTERIO DE DEFENSA NACIONAL
Recibido Por:
28-01-2011 Hora

Dr. Machado
Trámite urgente

Calle La Exposición 208
La Recoleta
Telf.: (593) 2 2951 951
www.midena.gov.ec

MINISTERIO DE DEFENSA NACIONAL
DESPACHO MINISTERIAL

Oficio No. CGJ-2010-014

Quito, 15 de Noviembre del 2010

Señor Doctor.
Juan Carlos Núñez Herrería
FISCAL DE LA UNIDAD DE DELITOS FLAGRANTES

De mis consideraciones.

Adjunto remito a usted para los fines consiguientes, copias simples del "INFORME QUE PRESENTAN LAS FUERZAS ARMADAS SOBRE LA OPERACIÓN "RESCATE" EFECTUADA EL 30 DE SEPTIEMBRE DEL 2010, PARA LA LIBERACIÓN DEL SR. PRESIDENTE DE LA REPÚBLICA DEL ECUADOR, RETENIDO POR MIEMBROS INSURRECTOS DE LA POLICIA NACIONAL EN EL HOSPITAL DE LA POLICIA DE LA CIUDAD DE QUITO"

Atentamente,

Javier Ponce Cevallos
Ministro

MINISTERIO DE DEFENSA NACIONAL
FIEL COPIA DEL ORIGINAL

Calle Exposición 208, La Recoleta, Teléfono 2952-490 – Quito – Ecuador

Calle la Exposición 208
La Recoleta
Teléfono: 2958803
www.comaco.mil.ec.

COMANDO CONJUNTO DE LAS FF.AA.
DIRECCIÓN DE OPERACIONES

INFORME QUE PRESENTAN LAS FUERZAS ARMADAS SOBRE LA OPERACIÓN "RESCATE" EFECTUADA EL 30 DE SEPTIEMBRE DEL 2010, PARA LA LIBERACIÓN DEL SR. PRESIDENTE DE LA REPÚBLICA DEL ECUADOR, RETENIDO POR MIEMBROS INSURRECTOS DE LA POLICÍA NACIONAL EN EL HOSPITAL DE LA POLICIA DE LA CIUDAD DE QUITO.

1.- ANTECEDENTES.

El 3008:00-SEP-010, aproximadamente unos ochocientos (800) miembros de la Policía Nacional iniciaron una paralización de sus actividades, que tuvo como centro de gravedad el Regimiento Quito N°.1, posteriormente se tomaron la sede de la Asamblea Nacional, situación que generó a nivel nacional que las unidades policiales en forma progresiva se fueran sumando a esta medida, hasta que se evidenció una paralización nacional de la Institución Policial.

El 3009:15-SEP-010, aproximadamente cuatrocientos (400) efectivos de la Fuerza Aérea proceden a tomarse las instalaciones de la Primera Zona Aérea de la ciudad de Quito y a cerrar el Aeropuerto Internacional Mariscal Sucre, como medida de protesta ante la aprobación de la Ley de Servicio Público.

De manera paralela en los patios del Complejo Ministerial se reúne personal de voluntarios, aerotécnicos, tripulantes y servidores públicos manifestándose en contra de la Ley de Servicio Público.

Los Señores Comandantes de las Fuerzas, Terrestre, Naval y Aérea dialogan con personal de tropa invocando a la calma.

Posteriormente, el señor Ministro de Defensa Nacional se integra al diálogo que mantenían los Señores Comandantes de Fuerza con el personal de tropa de las tres Fuerzas y luego de organizarse medianamente, se procede a escuchar al personal de señores oficiales, tropa y servidores públicos que exponen su descontento, luego de lo cual varios miembros del personal de tropa de las tres Fuerza salen a la Avenida Maldonado y proceden a impedir el tráfico y a quemar llantas.

El 3009:15-SEP-010 el Sr. Jefe del Comando Conjunto de las Fuerzas Armadas que se encontraba en la ciudad de Cuenca, recibe la información por parte de la Dirección de Inteligencia de la insubordinación de miembros de la Policía Nacional los mimos que lanzaban consignas en contra del Gobierno Nacional pidiendo que deroguen la Ley de Servicio Público.

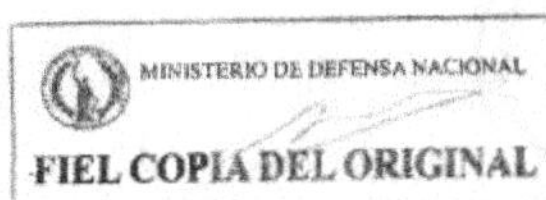

2.- DESARROLLO

El 3010:00-SEP-010 luego de haber recibido la información sobre los acontecimientos sucedidos, el señor Jefe del Comando Conjunto de las Fuerzas Armadas que se encontraba en la ciudad de Cuenca en visita a la III División de Ejército "TARQUI" convoca a los medios de comunicación y, ratifica que las Fuerzas Armadas están subordinadas al Poder Político como consta en la Constitución.

El 3011:00-SEP-010 se dispone a la Fuerza Terrestre el envío de un helicóptero de transporte a la ciudad de Ibarra ya que el Aeropuerto Mariscal Sucre se encontraba cerrado por personal de la Fuerza Aérea.

El 3012:30-SEP-010 en cumplimiento al Plan Militar de Defensa Interna, se activa el COC (Centro de Operaciones Conjuntas) con el Jefe del Comando Conjunto de las Fuerzas Armadas, los Comandantes Generales de las Fuerzas, Terrestre, Naval y Aérea y reciben parte por videoconferencia, de los Comandantes de las Fuerzas de Tarea 1,2,3,4 y 5 quienes informan sobre las novedades que se han producido en las diferentes provincias bajo su jurisdicción y cuál era la situación en referencia a la sublevación de la Policía Nacional. En idéntica forma dan parte que en sus Unidades no existe ninguna novedad. A esta reunión asiste el señor Ministro de Defensa Nacional el mismo que participa de la información emitida por las Fuerzas de Tarea.

El 3013:30-SEP-010 con la información proporcionada se realiza una apreciación de la situación y en base a las recomendaciones de cada uno de los Comandantes de Fuerza y de los miembros del Estado Mayor Operacional, se toma la decisión de convocar a una rueda de prensa en el auditorio del Comando Conjunto de las Fuerzas Armadas.

El 3014:10-SEP-010 con telegrama N° 2010-0285-G-3-g se dispone a las Fuerzas Terrestre, Naval, Aérea, y a las Direcciones del Comando Conjunto de las Fuerzas Armadas la concentración del personal a partir de la presente fecha.

El 3014:30-SEP-010 el señor Jefe del Comando Conjunto de las Fuerzas Armadas ratifica nuevamente la posición de las Fuerzas Armadas ecuatorianas, subordinadas al Poder Político, así como invoca a los elementos de la Policía Nacional a que depongan esa postura que lo único que hace es daño al País. Da a conocer que solicitará al Señor Presidente de la República que se revise la Ley de Servicio Público o que deje sin efecto de tal manera que no afecte los derechos de los miembros de las Fuerzas Armadas.

El 3014:30-SEP-010 luego de haber conocido que el señor Presidente de la República se encontraba retenido por miembros de la Policía Nacional en el Hospital de esa Institución, **se dispone mediante telegrama N° 2010-0286-G-3-g dirigido al señor GRAB. Comandante de la Fuerza de Tarea N° 4 "CENTRAL" que prepare una Fuerza de Reacción y equipo necesario para trasladar al señor Presidente Constitucional de la República de las instalaciones del Hospital de la Policía Nacional.**

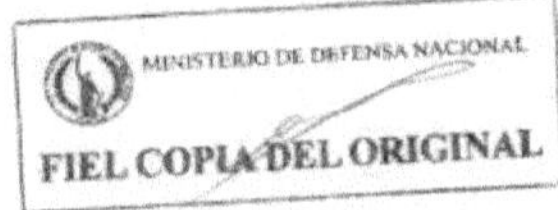

A partir del 3015:00-SEP-010 el Comando Conjunto y Estado Mayor Operacional del Comando Conjunto de las Fuerzas Armadas se mantienen en sesión permanente, en el Centro de Operaciones Conjunto del Comando Conjunto de las Fuerzas, reunión a la que además del señor Ministro de Defensa Javier Ponce se integra el Sr. Secretario de Nacional de Inteligencia.

El 3015:06-SEP-010 con telegrama N° 2010-0287-G-3-g se hace conocer a las Fuerzas de Tarea que el Sr. Presidente Constitucional de la República mediante Decreto Ejecutivo 488 ha declarado el estado de excepción, para cumplir el cual tendrán que coordinar con autoridades locales civiles de su jurisdicción, a fin de que las Fuerzas Armadas procedan al control del orden interno. (Plan de Control del Orden Público).

El 3015:40-SEP-010 con telegrama N° 2010-028-G-3-g se dispone al Comandante de la Fuerza de Tarea No. 4 "CENTRAL" que proceda a ordenar el traslado de dos (2) escuadrones de tanques transportadores de personal (VCI) y un escuadrón tanques AMX-13 a la ciudad de Quito para su posible empleo.

El 3016:10-SEP-010 con telegrama N° 2010-0289-G-3-g se dispone a la Fuerza de Tarea N° 2 "OCCIDENTAL" proceda a trasladar dos (2) escuadrones de material "URUTÚ" y un (1) escuadrón tanques "CASCABEL" a la ciudad de Guayaquil para su posible empleo en esa jurisdicción.

El 3017:30-SEP-010, G-2 (Dirección de Inteligencia del Comando Conjunto) informa en base a interceptación de comunicaciones, sobre la intención de miembros de la Policía insurrectos de atentar contra la integridad del Sr. Presidente.

El Sr. Presidente en base a contacto telefónico, dispone al Sr. Ministro de Defensa Nacional y al Sr. Jefe del Comando Conjunto, que se proceda a rescatarlo. Para el efecto, se coordina, tanto en forma personal como vía telefónica con elementos de la seguridad personal del Sr. Presidente.

El 301830-SEP-010 se presentó en el Puesto de Mando del G.T 4.2 (B.F.E 9 "PATRIA") el Sr. MAYO. de I.M. Fausto Flores, perteneciente al Comando de Inteligencia Militar, quien aclaró los siguientes elementos esenciales de información: efectivo, composición, dispositivo, tipo de armamento, ubicación de francotiradores de la Policía Nacional, vías obstaculizadas, planos de las instalaciones del hospital de la Policía Nacional, número de manifestantes adeptos al gobierno nacional, información muy valiosa para el completamiento de la planificación.

A las 19:30 del 30 de Septiembre se realiza una visita de Comando por parte del Sr. Jefe del Comando Conjunto de las Fuerzas Armadas GRAE. Ernesto González, V. acompañado de los Comandantes de las Fuerzas: Terrestre, Naval y Aérea, GRAD. Patricio Cárdenas, CALM. Aland Molestina M., BRIG. Leonardo Barreiro, y el Sr. GRAB. Jorge Peña C., Director de Operaciones del Comando Conjunto, hacia las unidades asignadas para el rescate del Sr. Presidente de la República, de inmediato el Comandante del G.T 4.2 expuso la planificación de la operación a desarrollarse, la misma que fue aprobada con las siguientes observaciones:

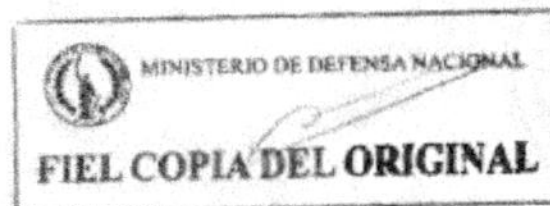

- Que la ejecución del rescate debía ser de inmediato debido a que se tenía información que existía riesgo inminente para la integridad del Sr. Presidente Constitucional de la República por lo que se dispone la ejecución inmediata de la operación.
- Que el ingreso del personal debía realizarse con rapidez para obtener la sorpresa, y aplicando la disuasión y el principio de masa.
- Que el personal debería ir armado con armamento NO LETAL y EMPLEAR EL USO PROGRESIVO DE LA FUERZA, además únicamente parte del personal debía llevar armamento letal en caso de ser necesario su empleo de acuerdo a la situación en el área de rescate.

Esta **"Visita de Comando" y la presencia del Alto Mando durante la operación,** levantó la moral de las tropas por cuanto a pesar de tratarse de tropas de elite del Ejército Ecuatoriano los informes de Inteligencia indicaban la presencia de francotiradores en los edificios contiguos al Hospital de la Policía así como también el empleo de armamento letal por parte de la Policía.

El 302030-SEP-010 se inicia la operación de rescate del señor Presidente de la República, la misma que termina a las 302230-SEP-010, hora en que se recibe la información que se había rescatado al señor Presidente de la República.

DESARROLLO DEL RESCATE AL SR. PRESIDENTE CONSTITUCIONAL DE LA REPUBLICA POR PARTE DEL G.T 4.2 (BRIGADA DE FF.EE "PATRIA")

El 3020:30-SEP-010 se inició el movimiento motorizado desde el Colegio Militar N.- 1 hacia el área de empleo, este movimiento se lo realizo en estrecha coordinación con elementos de inteligencia del GRUPO DE INTELIGENCIA MILITAR "PICHINCHA", los que continuamente aclaraban la situación y el dispositivo de elementos sediciosos de la Policía Nacional

Al llegar el convoy a las inmediaciones del Colegio San Gabriel se observó la presencia de una gran cantidad de personas civiles afectos y en apoyo al Sr. Presidente, se continuó con el movimiento tratando de llegar lo más cerca posible al hospital. Durante este trayecto no se encontró ningún impedimento por parte de la Policía, pero al llegar a la altura del semáforo que se encuentra ubicado en la intersección de la Mariana de Jesús y el Hospital Metropolitano el movimiento fue obligado a detenerse por el nutrido volumen de fuego de armas de diferente calibre y gran cantidad de gas lacrimógeno, que era disparado en forma indiscriminada por elementos de la policía que se encontraban en el lugar, así como de francotiradores ubicados en las terrazas de los edificios aledaños al hospital, morgue, criminalística y el Regimiento Quito de la Policía Nacional, motivo por el cual las unidades desembarcaron violentamente en busca de protección y abrigo del fuego de las armas, llegando aproximadamente a 30 metros frente a la puerta principal del hospital de la Policía adoptando el dispositivo planificado materializándose el: **cerco externo**, **cerco interno**, y la **unidad de intervención** GEO "ECUADOR"

Una vez que el personal militar adoptó el dispositivo de empleo para permitir la intervención de la unidad de rescate, el personal militar se parapetó en los pequeños muros de piedra de las instalaciones del edificio de medicina legal, recibió fuego cruzado y por la espalda de parte de personal de la Policía

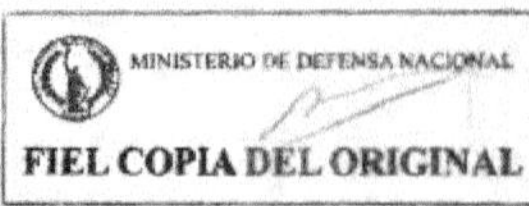

Nacional que se encontraba en dichas instalaciones, por lo que se decidió cruzar la vía para ubicarse en la entrada principal y en la entrada de emergencia, asegurando las mismas y formando el primer cerco; la U.T 4.2.4 bloqueó y fijó a las fuerzas policiales que venían desde la Avenida Occidental, quienes capturaron a 07 Voluntarios (militares) y los trasladaron a la Unidad de Vigilancia Norte.

El GRUPO ESPECIAL DE COMANDOS N.- 9, elementos de la PRIMERA DIVISION DE EJERCITO y de la UNIDAD DE TAREA 4.2.4, fijaron y bloquearon a las fuerzas policiales que se encontraban atrincheradas en la parte externa del hospital, cubriendo el sector y permitiendo la aproximación de los vehículos con el personal del G.E.O.

Simultáneamente elementos de la BRIGADA DE INFANTERÍA N.- 13, BATALLÓN DE INGENIEROS N.- 69, ESCUELA DE SERVICIOS Y ESPECIALISTAS DEL EJÉRCITO y BATALLÓN DE COMUNICACIONES N.- 1, fuerzas que conformaban el cerco externo bloquearon cualquier tipo de refuerzo que podrían recibir elementos policiales, así como también apoyaban la salida de la población civil, facilitando las acciones del cerco interno.

Una vez consolidado el cerco interno y aislado el Hospital de la Policía, el GRUPO ESPECIAL DE OPERACIONES "ECUADOR" inicio el ingreso hacia el Hospital, esta unidad recibió un gran volumen de fuego directo, sufriendo una gran cantidad de bajas, entre ellas el Sr. TCRN. de E.M. Vicente Guzmán Comandante de la unidad, CAPT. de I. Alex Guerra, Comandante del Primer equipo táctico del GEO con siete voluntarios, por lo que se maniobró de inmediato para neutralizar al personal armado que se encontraban vestidos de overol negro con los distintivos del GOE y GIR, a quienes se les iba obligando a rendirse ; el personal continuó su avance a través de los corredores empleando armamento no letal, instante en el cual los insurrectos lanzaron las armas al piso y levantaron las manos en señal de rendición gritando "estamos con ustedes", uno de estos elementos, que se identifica como CAPT. de Policía, fue obligado a conducir al equipo del GEO hasta donde se encontraba el Sr. Presidente (tercer piso), llegando al sitio donde lo mantenían secuestrado. El Sr. Presidente preguntó si es el Ejército ¿quién había llegado?, y luego de confirmar nuestra presencia, aceptó salir, iniciando así la evacuación.

Al organizar el dispositivo de evacuación, en la vanguardia se encontraba el GEO "ECUADOR", abriéndose paso ante la posible reacción de los secuestradores, elementos del GOE cubrieron al Presidente; se decidió salir por las escaleras de emergencia ubicadas en la parte posterior del edificio por motivos de seguridad, ya que la parte frontal tenía grandes ventanales que hacían del Sr. Presidente un perfecto blanco de oportunidad para los francotiradores de la Policía Nacional que se encontraban en las terrazas opuestas.

En el instante de llegar a la salida de emergencia que conduce al parqueadero, personal del GOE piden salir primero, manifestando presuntamente su comandante indicando a viva voz que existía gran personal de la policía ubicados en el sector de la Avenida Occidental y que estaban esperando la salida del personal militar para emboscarlos.

Al momento de iniciar el traslado del señor Presidente hacia el vehículo se produjeron varios disparos, lo cual motivo el repliegue y confusión en el personal de seguridad presidencial que se encontraban rodeando al Primer mandatario,

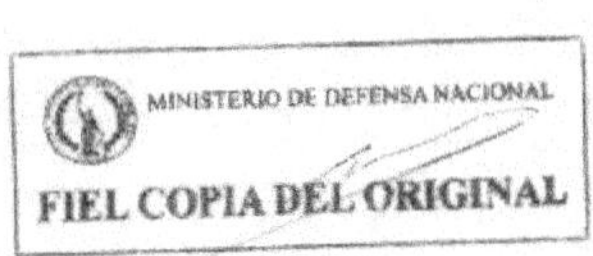

inmediatamente se produce un apagón de las luces exteriores del sector del parqueadero de emergencia y se procedió a embarcar al Sr. Presidente de la República en un vehículo Nissan Patrol plomo, el cual no era blindado y que pertenecía a la Vicepresidenta de la Asamblea Nacional, Irina Cabezas, para lo cual el TNTE. de A. Bonifaz Juan, Comandante del equipo de asalto Alfa-2 del GEO se embarca con el propósito de garantizar la protección y seguridad a la integridad física del Presidente, durante el inicio del movimiento hacia el Palacio Presidencial , el vehículo salió en forma lenta y detuvo su marcha en la puerta principal, presuntamente por existir algún obstáculo en el sector donde fue derribada la puerta, pudiéndose generar un riesgo tanto para el primer mandatario como para los miembros de la cápsula de seguridad que se encontraba alrededor del vehículo, debido a que en ese instante se convirtieron en un blanco de oportunidad perfecto para el fuego de los francotiradores que se encontraban en las terrazas de los edificios circundantes así como del personal policial que se encontraba disparando desde la Av. Occidental; posterior a esto el conductor del vehículo en el cual se evacuó al Sr. Presidente de la República, arranca bruscamente y se intensifica la balacera, produciéndose un cruce de fuego con personal de la Policía que se encontraba en instalaciones del edificio de medicina legal.

El G.T.4.2 CUMPLIÓ LA MISIÓN EXITOSAMENTE AL RESCATAR AL SR. PRESIDENTE CONSTITUCIONAL DEL ECUADOR CON VIDA, OBJETIVO DE LA MISIÓN ASIGNADA.

Una vez realizada la evacuación del señor Presidente, se ordenó la salida progresiva del personal militar, empleando los cercos de seguridad, acción que se ejecutó bajo el fuego cruzado realizado por parte del personal de la Policía Nacional, quienes al observar la salida de las unidades militares intensificaron el volumen de fuego y ubicaron tiradores en las intersecciones de las vías que conducen hacia el Colegio San Gabriel, **llegando inclusive a formar grupos de persecución** en vehículos tipo camioneta y motocicletas, todos estos medios dirigidos hacia el personal militar que se encontraba a la altura del edificio del frente del Hospital de la Policía Nacional, quienes al no poder evacuar por la vía principal, improvisaron de inmediato una vía de evacuación alterna a campo través por la quebrada que da a la avenida Rumipamba, alcanzando la zona de reunión dos horas después de haber culminado el movimiento de las unidades.

Finalmente la Policía con el ánimo de interrumpir la retirada y fraccionar a las unidades del cerco interno **sacaron un vehículo antimotines**, el mismo que lanzó indiscriminadamente **gran cantidad de gas lacrimógeno e irrumpió en varias direcciones con la clara intención de atropellar y embestir al personal militar** en forma directa, logrando fraccionar los diferentes elementos constituidos para la operación, quienes replegaron en forma descentralizada hasta alcanzar la zona de reunión establecida.

Producto del rescate existieron heridos del GEO "ECUADOR", los cuales fueron evacuados en un vehículo tipo camioneta doble cabina, marca Chevrolet, la misma que por los impactos de los proyectiles recibidos, se daño a la altura del redondel del monumento a Tiwintza, procediendo a realizar el transbordo de los heridos a otro vehículo tipo ambulancia para conducirlos a la Clínica Santa María. Posteriormente personal del GIM "PICHINCHA" trata de rescatar al vehículo y sus ocupantes que se encontraban en la Av. Mariana de Jesús siendo detenidos

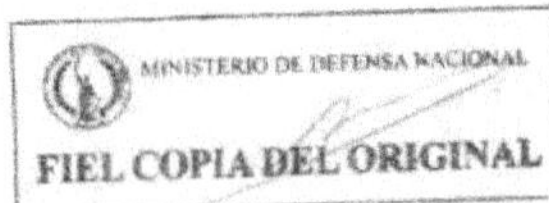

en su intento por el fuego de los francotiradores; posteriormente el vehículo abandonado, **fue incendiado por personal de la Policía Nacional**.

Terminado el rescate y la salida de las unidades que intervinieron en el área de crisis, se alcanzó el área de reunión en inmediaciones de la Avenida América y Mariana de Jesús, procediendo a verificar el parte respectivo y disponiendo el traslado a las instalaciones del COLEGIO MILITAR N.- 1, para determinar las novedades sucedidas arribando al COMIL aproximadamente a las 23H00 procediendo a dar el parte correspondiente de cumplimiento de la misión en forma exitosa.

Es necesario también destacar que se suscitaron **acciones paralelas** mientras se ejecutaba el rescate del Sr. Presidente, **producto de las cuales varios miembros militares fueron agredidos, heridos por armas de fuego, vejados y maltratados, retirados su armamento, munición y equipo**, dichas acciones se detallan a continuación.

A la altura de la calle Mañosca, la Policía detiene el vehículo que estaba evacuando al hospital al Sr. Tcrn. Vicente Guzmán, Comandante del GEO "ECUADOR", quien fue sacado forzosamente del vehículo que le estaba evacuando y fue colocado en otro vehículo junto a 7 Voluntarios pertenecientes a la U.T.4.2.4., son desarmados y trasladados a la Unidad de Vigilancia Norte en donde fueron vilmente golpeados, ante lo cual el Coronel de Policía de apellido Jijón, procedió a calmar los ánimos del personal policial y no permitió que el maltrato continúe, al notar que el Sr Tcrn. Guzmán se encontraba herido, es embarcado en un vehículo particular que pasaba por el sector y es trasladado hasta la clínica Sta. María en Cotocollao, el resto de voluntarios es liberado más tarde en un sector cercano a ese recinto policial con el saldo de dos voluntarios lesionados con claras muestras de haber sido golpeados.

Así mismo, el CBOP. Ortega, perteneciente al G.E.K 9 fue herido de bala durante la acción y estaba siendo evacuado en una ambulancia de la Clínica Villa Flora en compañía del CBOP. Ibarra Javier, quien le proporcionaba los primeros auxilios, estos fueron detenidos a la altura del Mercado Central, por parte de miembros de la Policía Nacional, que abriendo la puerta de la Ambulancia y en forma criminal disparan a quemarropa sobre la humanidad de ambos voluntarios, con la clara intención de asesinarlos, adicionalmente son disparados en forma cobarde el conductor civil de la ambulancia de la Clínica Villa Flora y su asistente, con la intención también de asesinarlos, produciéndoles graves heridas, conociendo que uno de ellos hasta la presente fecha se encuentra debatiéndose entre la vida y la muerte.

En otro caso, el Escuadrón de Reconocimiento Técnico (E.R.T/ C.O.I.M) al mando del Sr. MAYO de I.M. Fausto Flores para dar cumplimiento a los requerimientos de inteligencia que se necesitaba para la operación se ubicó a la altura de la Av. Mariana de Jesús y Av. Occidental (Monumento a Tiwintza) siendo aproximadamente el 302120-SEP-010 fueron sorprendidos por un grupo de policías que identifico al vehículo de inteligencia, los mismos que alertaron a otro grupo insurrecto de policías dirigiéndose hacia el vehículo HYUNDAI H1 HSV con la intención de atacarlo, abriendo fuego a quemarropa contra el vehículo y sus ocupantes los mismos que trataban de abandonar el lugar recibiendo varios impactos de proyectil, ocasionando la herida mortal al SLDO. Panchi Ortiz Darwin (+), conductor del vehículo, lo que ocasiona que el vehículo

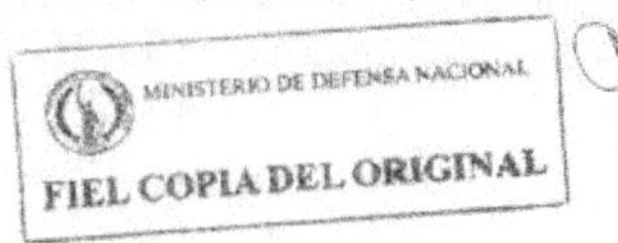

se impacte contra otro vehículo estacionado, producto del impacto y de los disparos de elementos de la Policía también resultan heridos el Mayo. de I.M. Flores Fausto, CBOP: Gia Luis, CBOP. Montes Víctor, cabe indicar que además fueron retenidos y agredidos físicamente el Sr. SUBT. de I.M. Deleg Carlos y MAYO. de E. Parra Humberto en el momento que pretendían ayudar y socorrer a los heridos, luego de lo cual fueron conducidos a las instalaciones del G.O.E. en donde les dan 5 minutos para que logren escapar.

Luego de finalizada la operación el 3023:00-SEP-010, el señor Jefe del Comando Conjunto de las Fuerzas Armadas realiza una rueda de prensa dando a conocer las actividades ejecutadas para la liberación del señor Presidente de la República.

Personal y Material empleado

ORD	UNIDADES	EFECTIVOS		MATERIAL						
		OFC.	VOLT.	BLINDADOS*		MECANIZADO*			CAMION	JEEPS
				VCI	105MM	URUTU	CASCABEL	YARARACA		
1	9 B.F.E	9	99						4	1
2	11 B.C.B	5	146	9	9				2	8
3	G.C.B 36	4	76			4	4	12		
4	C.E.E	6	68							
5	I D.E	4	70							
6	GEO	7	56							
7	GEK	6	110							
REFUERZOS:										
8	IWIAS	10	127							
9	BOES-IV DE	4	93							
SUBTOTAL:		55	845	9	9	4	4	12	6	9
TOTAL PERSONAL:			900	TOT. BLIN.	18	TOTAL VEHICULOS:				53

* Los vehiculos blindados y mecanizados no fueron empleados en el RESCATE al Sr. Presidente de la República debido a que se estimaba su llegada para las 23:00 desde su campamento en la ciudad de Riobamba e Ibarra respectivamente.

Novedades con el personal:

Muertos: 02 SLDO. (+) CORTEZ JAYA
SLDO. (+) PANCHI DARWIN

Heridos: 42

ANEXO "A" "**NÓMINA DE LAS BAJAS DEL PERSONAL DE FF.AA DURANTE LA EJECUCIÓN DE LA OPERACIÓN DE RESCATE AL SR. PRESIDENTE DE LA REPÚBLICA**"

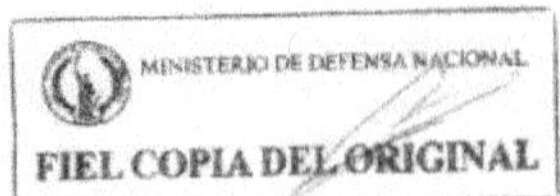

Material capturado a elementos de la Policía Nacional:

ANEXO "B" **"NÓMINA DEL ARMAMENTO Y MATERIAL CAPTURADO A ELEMENTOS DE LA POLICÍA NACIONAL DURANTE LA EJECUCIÓN DEL RESCATE AL SR. PRESIDENTE DE LA REPÚBLICA"**

Material, armamento y vehículos perdidos de las FF.AA:

ORD.	MATERIAL	CANTIDAD	OBSERV.
1	ALIMENTADORAS FUSIL HK Y M 16	33	
2	ALIMENTADORAS DE PISTOLA	11	
3	ALIMENTADORAS DE SUBAMETRALLADORAS	4	
4	CASCOS	11	
5	FUSILES	9	5.56mm
6	SUBAMETRALALDORA MP 5	1	9 mm
7	LANZA GRANADAS	3	
8	MASCARAS	11	
9	PISTOLERA DE PIERNA	1	
10	MOTOROLAS	7	(6 perdidas y 1 destruida)
11	PISTOLAS	3	9mm
12	TOLETES	3	
13	ESCUDOS	1	
14	CHALECOS ANTIBALAS	4	
15	SOBRE CHALECO	1	
16	PLACAS	8	
17	GUANTES DE PILOTO	2	Pares
18	ACCESORIO CAMARA DE FOTOS	1	
19	GAFAS DE ASALTO	1	
20	PASAMONTAÑAS	1	(verdugillo)
21	VEHICULO LIV.	1	Incendiado
22	VEHICULO LIV.	9	por disparos

3.- CONCLUSIONES.

a. Ante la crisis ocasionada por elementos de la Policía Nacional en las instalaciones del REGIMIENTO QUITO No. 1 en donde se retuvo ilegalmente y contraviniendo a toda norma y procedimiento legal establecido al Sr. Presidente de la República por parte de miembros de esa institución, y una vez decretado el estado de excepción en todo el territorio nacional, el Comando Conjunto de las FF.AA dispuso a sus unidades:

1) Concentración de todas las unidades militares de FF.AA

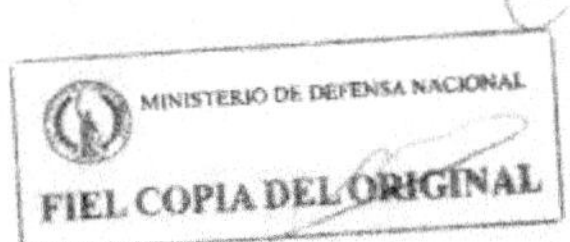

crisis, al profesionalismo de las unidades militares que intervinieron, el efectivo liderazgo, en todos los niveles de mando antes, durante y después de la operación, así como la actitud valerosa de todos los soldados comprometidos en el "RESCATE" del Sr. Presidente de la República.

h. El empleo de las unidades de FF.AA en la presente crisis únicamente se lo realizó para preservar el orden legalmente constituido y ante la grave crisis por la que atravesó el país y evitar el enfrentamiento de elementos de la Policía con la población civil, velando siempre por el bienestar de toda la nación y amparados en el estado de excepción decretado por el Presidente de la República.

i. La paralización de actividades de la Policía Nacional, desembocó en primera instancia en la retención del Presidente de la República al interior del Hospital de la Policía Nacional y posteriormente a un enfrentamiento, dando como resultado, dos (2) muertos y cuarenta y dos (42) heridos del personal militar, la pérdida de armamento, y equipo y vehículos de las FF.AA destruidos.

Quito, a 18 de Octubre de 2010

ES FIEL COPIA DEL ORIGINAL QUE REPOSA EN LOS ARCHIVOS DE LA DIRECCIÓN DE OPERACIONES DEL COMANDO CONJUNTO DE LAS FFAA.
QUITO, 25 DE OCTUBRE DE 2010.

LO CERTIFICO

JORGE A. PEÑA COBEÑA
GENERAL DE BRIGADA
DIRECTOR DE OPERACIONES DEL COMACO

2.- REPORTES GOE

POLICÍA NACIONAL DEL ECUADOR			
COMANDO:	PICHINCHA No. 1	FECHA:	SÁBADO-02-10-2010
UNIDAD:	GRUPO DE OPERACIONES ESPECIALES	CÓDIGO:	S/N-WFSCH-GOE-1
PATRULLA:	PERSONAL	VEHÍCULO:	

PARTE INFORMATIVO DIRIGIDO AL SEÑOR COMANDANTE DEL GRUPO DE OPERACIONES ESPECIALES

CAUSA:	Informando lesiones en mi humanidad, sustracción de tres alimentadoras de pistola Glock y de máscara anti gas.		
UNIDAD D.M.Q:	UVQ	ZONA:	GOE-1
PERSONA QUE DISPONE EL TRABAJO:		HORA DE SALIDA:	19H30
Myr. Cristian Miño Jefe del G.O.E.		HORA DE INGRESO:	

PERSONAL QUE INTERVIENE EN EL OPERATIVO		
MYR. CRISTIAN MIÑO	GRUPO ALFA	GRUPO BRAVO

DESCRIPCIÓN DE LO ACONTECIDO:

Pongo en su conocimiento Mi Mayor que dando cumplimiento a la disposición verbal de su persona, nos trasladamos en su gran mayoría el personal del Grupo de Operaciones Especiales (G.O.E.) hasta el Hospital de la Policía Nacional Quito No.1 con la misión de brindar seguridad y evacuar al señor Presidente de la República Ec. Rafael Correa, el mismo que se encontraba siendo atendido en la mencionada casa de salud; en esos instantes llegaron al lugar personas armadas con vestimenta de color verde tipo militar e ingresaron a las instalaciones disparando contra los miembros policiales allí presentes; por lo que procedí a defender a mis compañeros tratando de retirarles de la línea de fuego evitando consecuencias mayores contra la humanidad del resto de compañeros; es así que en ese momento, llegó a mi humanidad 5 (cinco) perdigones, los mismos que afectaron mi brazo izquierdo y dos piernas; posterior continuando con la evacuación de los compañeros recibí dos impactos de proyectil en la pierna izquierda, luego de lo acontecido aproximadamente 6 (seis) miembros de las fuerzas armadas intentaron sustraerme el arma de dotación, por lo que al poner resistencia me pegaron e insultaron y me sustrajeron 3 (tres) alimentadoras de mi pistola de dotación marca Glock, las mismas que contenían 19 (diez y nueve) cartuchos de dotación cada una debido a que no había realizado ningún disparo; así como también me sustrajeron mi máscara anti gas; posteriormente fui trasladado en una ambulancia de la Cruz Roja hasta el Hospital Andrade Marín lugar donde me brindaron los primeros auxilios; para luego en horas de la mañana del día 01 de octubre del 2010 me trasladaron hasta el Hospital de la Policía Quito No. 1; lugar en el que hasta la presente fecha me encuentro hospitalizado en condición estable de salud.

Particular que pongo en su conocimiento Mi Mayor para los fines consiguientes.

ANEXO: 6 (seis) fotografías del estado actual en el que me encuentro.

Atentamente,
DIOS, PATRIA Y LIBERTAD.

02 OCT 2010

NOMBRES Y APELLIDOS:	WILSON FABIAN SOLANO CHILUISA				
GRADO:	CABO PRIMERO DE POLICÍA	C.I.:	1714908819	TEL:	087803801

[Confidencial]

	POLICÍA NACIONAL DEL ECUADOR				
	COMANDO:	PICHINCHA No. 1		**FECHA:**	JUEVES 30 DE SEPTIEMBRE DEL 2rafaga 010
	UNIDAD:	GRUPO DE OPERACIONES ESPECIALES		**CÓDIGO:**	0020-PI-VAAI-GOE-1
	PATRULLA:	------------ **PERSONAL**	----------	**VEHÍCULO:**	------------------
	PARTE ELEVADO AL SEÑOR COMANDANTE DEL GRUPO DE OPERACIONES ESPECIALES				

CAUSA:	Informando sobre despojo violento de armamento policial en dotación durante el operativo de la evacuación al Sr. Presidente de la República.	**ESCENA:**	Mixta (abierta y cerrada)
DIRECCIÓN:	Hospital de la Policía Nacional Quito Nro.1 (Av. Mariana de Jesús y Av. Mariscal Sucre)	**SECTOR:**	Centro Norte

PERSONA QUE DISPONE EL TRABAJO:	**HORA DE INICIO**	20:H30
Sr. Comandante del Grupo de Operaciones Especiales	**HORA DE FINALIZACIÓN :**	23:H30

PERSONAL QUE INTERVIENE EN EL TRABAJO		
Sr. Comandante del GOE	Grupo "Alfa"	Grupo "Bravo"

DESCRIPCIÓN DE LO ACONTECIDO:

Pongo en su conocimiento Mi Mayor, que dando fiel cumplimiento a su disposición conjuntamente con todo el personal del GOE, designado para el operativo de evacuación del Sr. Presidente de la República, armados y equipados, desde las instalaciones del Grupo de Operaciones Especiales, nos trasladamos por la parte posterior del Regimiento Quito (Helipuerto) hasta llegar al tercer piso del Hospital de la Policía Nacional, lugar donde nos ubicamos en las posiciones planificadas y previstas, esperando la disposición del jefe del Operativo para la extracción del Sr. Presidente, permaneciendo en dicho lugar durante una hora y media aproximadamente, mientras se ultimaba detalles y se calmaba los ánimos en los exteriores.

Una vez que iniciamos la extracción del Primer Mandatario, desde los altos de la citada casa de salud policial, escuchamos disparos en las afueras, razón por la cual se dispuso un equipo de avanzada a fin de verificar y asegurar el área de evacuación, es así que al encontrarme conjuntamente con los Srs. Sbos. Martínez Luis, Cbos. Portero Manolo Cbos. Samaniego William, entre la puerta principal (malla) y la puerta automática de ingreso al hospital, junto al muro en donde nos percatamos del ingreso de forma intempestiva de dos vehículos tipo jeep, de los cuales se bajaron miembros vestidos de uniforme verde, posiblemente de las Fuerzas Armadas quienes dispararon en ráfaga y en forma indiscriminada sin medir consecuencias en contra de nosotros, lo que nos obligo a mi persona y al Sr. Cbos Samaniego William a reducir silueta y buscar una cobertura en el muro del jardín próximo del acceso al hospital, lugar en el que permanecíamos hasta que fuimos localizados por un grupo numeroso de militares quienes nos manifestaron "Bodys levántese ya está tomado el control" y al darse cuenta que somos miembros policiales y no militares, procedieron a propinarme golpes en la cabeza con el fusil y a patearme en las costillas y manifestar que "son chapas quitales los fusiles" procediendo a arrebatarme de mi arma primaria fusil M-16 A-1 calibre 223 de serie 2005476 (arma larga) y arma secundaria (arma corta) pistola GLOCK 17 de serie MWM 723 calibre 9 mm. con sus respectivos cargadores y munición (20 y 15 respectivamente), seguidamente me levantaron y me llevaron sin que me pudiera orientar debido al gas y los golpes recibidos lo que produjo que perdiera el conocimiento momentáneamente, y al recobrar el mismo me encontré al interior del hospital en donde compañeros del GOE me pusieron a buen recaudo para posterior trasladarnos a nuestra Unidad, en donde inmediatamente di a conocer la novedad al Sr. Comandante del GOE; cabe destacar que no presento secuelas de los golpes propinados por los militares debido a que me encontraba con chaleco balístico, el chaleco táctico y el casco de protección balística.

3.- INFORME GIR RESCATE AL PRESIDENTE

R. DEL E.

GRUPO DE INTERVENCION Y RESCATE "MAYOR GALO MIÑO JARRIN"

PRIMER DISTRITO PLAZA DE QUITO

INFORME ELEVADO AL SEÑOR INSPECTOR GENERAL DE LA POLICIA NACIONAL

FECHA: 02 de diciembre de 2010

ASUNTO: Informe sobre preguntas realizadas por el señor Asambleísta de la República César Montufar.

I.- ANTECEDENTES.

- Memorando No. 2010-9341-IGPN, del 30 de noviembre del 2010, suscrito por el señor Gral. de Distrito Nelson Arguello, Inspector General de la Policía Nacional, el cual dispone se remita las contestaciones de las preguntas de los ítems 5,6 y 7, realizadas por el señor Asambleísta de la República, César Montufar.
- Memorando No. 940-CP-DMQ, del 30 de noviembre del 2010, suscrito por el señor Crnl. Byron Chávez, Comandante de Policía del Distrito Metropolitano de Quito, el cual dispone se realice un Informe sobre las respuestas a las preguntas planteadas por el señor Asambleísta de la República, César Montufar.
- Memorando No. 948-CP-DMQ, del 1 de diciembre del 2010, suscrito por el señor Crnl. Edmundo Moncayo Juaneda, Comandante de Policía del Distrito Metropolitano de Quito, el cual dispone que con alcance al memorando No. 940-CP-DMQ, se remita la información solicitada hasta las 15:00 horas del día 2 de diciembre del 2010.

II. TRABAJOS REALIZADOS

1.- En referencia a la pregunta 5, que textualmente dice: Sírvase certificar que el rol que el GOE y el GIR tuvieron mientras el señor Presidente de la república se encontraba en el interior del Hospital Quito No. 1, de la Policía Nacional; de ser necesario precise la hora y lugar de cumplimiento de acciones o actividades cumplidas en torno al evento ocurrido en el hospital citado.

De acuerdo al informe elaborado por el señor Tcnl. Lenin Bolaños Pantoja, Comandante del GIR, en el mismo consta la cronología de actividades realizadas por esta unidad el 30 de septiembre del 2010:

07h30.

El personal del Grupo de Intervención y Rescate conjuntamente con el personal del curso de capacitación en la pistola Glock paso lista normalmente en las instalaciones de esta unidad, con la finalidad de desarrollar de forma normal las actividades programadas.

08h30.

Los medios de comunicación a nivel nacional, daban a conocer al país sobre una protesta policial que se iniciaba en las instalaciones del Regimiento Quito N° 1 donde un grupo de policías elevaban sus protestas tras la aprobación parcial de la Ley Orgánica de Servicio Público.

09h30.

El señor Comandante del Grupo de Intervención y Rescate, dispone que todo el personal de esta unidad pase lista para recibir disposiciones, respecto a los acontecimientos que en esos momentos se estaban desarrollando en el Regimiento Quito N° 1 y en todo el país.

Se toma contacto con los señores Coroneles de Policía José Rivadeneira,

Comandante de la Unidad de Vigilancia Centro Occidente y Julio Cueva, Comandante del Distrito Metropolitano de Quito, para obtener más información veraz sobre los acontecimientos en

consideración ya que ellos se encontraban en el área de la crisis y manifestándoles que la unidad esta lista para operar en cualquier momento, previa disposición superior y siempre para tratar de remediar la crisis que se producía, por lo que dispusieron que estemos preparados, a la vez hice un llamado al señor
Mayor de Policía Juan Soria Trelles, Oficial P4 del DMQ, al cual los manifestantes le solicitaban para que proporcione material CM y las llaves de los blindados, acción que no se realizó ya que a través de una llamada telefónica le dispuse que se quede en el interior del rastrillo y que no habrá, más aún dispuse que se encierre con su personal manteniendo la seguridad del caso.
Las disposiciones respecto a la función que el Grupo de Intervención y Rescate cumpliría durante las jornadas de la protesta policial, fueron que como unidad táctica, permaneciéramos al interior de nuestras instalaciones en espera de recibir disposiciones superiores respecto a nuestra participación en estos acontecimientos. Más adelante, el Comandante del GIR, conocía sobre las conversaciones que se estaban realizando en el entorno del área de los incidentes por parte del escalón superior y de varios ciudadanos vinculados con la política y del asesor del Sr. Presidente de la Republica continuando las negociaciones entre los actores de la protesta y el nivel político en procura de buscar una solución a la crisis originada por el grupo de policías levantados. Es necesario indicar, que todo el personal policial de esta Unidad en los diferentes grados se sujetaron y acataron las disposiciones expresas emitidas por el Sr. Comandante del GIR, sin que exista en ninguno momento ni en ningún miembro de esta unidad la más mínima intención de apoyar la medida que algunos policías a nivel nacional habían resuelto, y que se desarrollaba en esos momentos, por el contrario el ánimo de nuestro personal policial era mantener la disciplina y mantenerse atentos a las disposiciones que el Comandante del GIR emita con la finalidad de poder actuar en función de la misión específica encargada a esta Unidad Policial, estas disposiciones eran ratificadas en todo momento por los Sres. Mayor de Policía Manuel Samaniego Guerrero y Víctor Herrera Leiva.

Cabe señalar que en este tipo eventos adversos la negociación es la primera herramienta para solucionar este tipo de conflictos y la última la intervención táctica policial, es por eso que el GIR se mantuvo atento al desarrollo de este tipo acciones y en espera a la resolución del mando institucional y/o político.

09h25.

Se realiza una coordinación con los señores Mayor de Policía Rodrigo Braganza y Capitán de Policía Wilson Granja, Comandantes del GIR Manta y GIR Guayas respectivamente, preguntándoles de la situación que se está viviendo en las unidades bajo su responsabilidad, señalándome que el

personal se encuentra trabajando y disciplinadamente listos y dispuestos para actuar ante el llamado del mando policial para tranquilizar la situación, además indicándoles que la ***POLITICA DE LA UNIDAD DEL GIR ECUADOR ES ESTAR PENDIENTE DE LOS ACONTECIMIENTOS Y OPERAR DE ACUERDO A LA NORMATIVA EN ESTOS ACONTECIMIENTOS.***

10h25.

Se realiza una llamada al señor Mayor de Policía Juan Soria, Oficial P4 para conocer de la situación del rastrillo del DMQ, indicándome que está tranquilo y que le han dispuesto por parte de los Comandantes del Distrito Metropolitano de Quito y de la Unidad de Vigilancia Centro Occidente que tenga mucho cuidado con las llaves del rastrillo y que no entregue absolutamente a nadie las llaves.

12h37.

Operaciones básicas de inteligencia, daban a conocer que un grupo de Policías insubordinados se iban a trasladar hasta la cárcel 4, para liberar a los Policías que se encuentran en este centro carcelario con la intención de que apoyen a la medida de hecho que se estaba desarrollando en el Regimiento Quito N° 1. Para el efecto se designó entonces al Sr. Myr. Herrera Víctor y Sr. Cap. Luna Emerson para que verifiquen la veracidad de esta información, los mismos que después de unos minutos tomaron contacto con el Sr. Oficial de guardia, ya que el señor Director de este centro carcelario se encontraba de comisión en Sto. Domingo de los Tsachilas.

Dando cumplimiento a las disposiciones del Sr. Comandante de la Unidad y luego de permanecer por el lapso de dos horas aproximadamente retornaron al GIR para mantenerse en espera de las decisiones tomadas por el mando institucional y/o político, no sin antes recomendar al administrador del centro comercial El Condado que solamente se habiliten dos ingresos a los locales, en vista de que se podían producir saqueos por los acontecimientos que se desarrollaban.

13h00

Dos equipos de reacción fueron designados para que se dirijan a las instalaciones del Club de Oficiales de la Policía Nacional, ubicadas en la Av. La Prensa, con la finalidad de permanecer en un lugar más cercano al sitio del incidente y reaccionar oportunamente si era necesario. Estos
equipos estuvieron conformados por 2 Señores Jefes, 2 Señores Oficiales subalternos y 4 Señores Clases, al mando del señor Tcnl. Lenin Bolaños Comandante de esta unidad.

18h15.

El señor Comandante del GIR, recibe un llamada telefónica del señor General Euclides Mantilla Herrera, Inspector General de la Policía Nacional, en ella se dispone para que el GIR avance hasta el Hospital de la Policía y brinde seguridad en la evacuación del Presidente de la República que en esos instantes se encontraba en este centro asistencial. Acto seguido se dispuso al señor Myr. Herrera Víctor que se movilice con todo el personal del GIR hasta las instalaciones de Club de Oficiales para planificar y asignar funciones al personal policial que participaría en este operativo policial de extracción del Primer Mandatario desde el edificio del Hospital de la Policía Nacional.

19h30.

Se inicia el operativo policial con la planificación y asignación de funciones a los equipos tácticos y a cada uno del personal involucrado en el mismo, es así que se conforman entonces dos equipos tácticos, el equipo ALFA, conformado por 7 Sres. Oficiales y 30 de personal que sería el encargado de ingresar hasta el interior del hospital donde se encontraba el Señor Presidente para luego realizar la extracción y el quipo BETA conformado por 3 señores jefes, 8 oficiales, y 58 de personal, quienes ejecutarían el primer acercamiento como distracción brindando de esta forma el tiempo necesario, para que el equipo Alfa ejecute el ingreso hasta el interior de las instalaciones del hospital y proceda a la extracción del Primer Mandatario. Durante la explicación del operativo, el Señor Comandante de la unidad da disposiciones categóricas al personal del GIR sobre la misión específica que cumpliría nuestra unidad, acorde al respeto del marco legal establecido, teniendo como factor base y primordial ***la no utilización de armas de fuego ni de gases lacrimógenos,*** ya que se tiene como escenario un centro hospitalario en donde se encuentran a más del Sr. Presidente, enfermos en recuperación, pacientes en tratamiento, ciudadanos, periodistas y otros.

20h15

Luego de realizar la planificación y asignación de funciones el personal del

GIR empieza la movilización desde el PRO (Club de Oficiales) hacia el teatro de operaciones para proceder a la extracción del Señor Presidente

Constitucional de la República previa la orden impartida por el Señor General Euclides Mantilla Herrera.

20h30.

Se inicia el operativo de rescate al Sr. Presidente, los equipos tácticos (ALFA - BETA) al mando del Sr Tcnl. Lenin Bolaños Pantoja Comandante del GIR, en primera instancia toma contacto con los policías insubordinados ubicados en los exteriores del Hospital Quito N° 1 sobre la Av. Mariana de Jesús, en este lugar el grupo de policías insubordinados con sus rostros cubiertos con pañuelos, camisetas y lanzando gas lacrimógeno, palos, piedras, llantas, patadas impiden el avance del personal policial del GIR razón por la cual y con el fin de evitar enfrentamientos y bajar las tenciones con los insubordinados, el personal policial del GIR retrocede con control luego de soportar por algunos minutos la resistencia de los manifestantes, acto seguido se escucharon varios disparos producidos por personal militar con armas de alto poder que iban también a la evacuación del Sr. Presidente, acciones que fueron aprovechadas por personal policial del GIR (equipo táctico ALFA) para que por las mallas del hospital de la parte superior de la Av. Mariana de Jesús ingresen hasta el interior del mismo y proceder a la fase de evacuación del Sr. Presidente tal y como estaba diseñado en la planificación realizada.

20h42

Actuación del Equipo ALFA al mando del Sr. Cptn. David Díaz quien en su parte policial narra lo acontecido en la fase de extracción del Sr. Presidente desde el Hospital Quito No 1

Toma contacto y coordina el trabajo con miembros del GOE, quienes se encontraban en el interior del hospital acto seguido hace su ingreso el personal militar del GEO quienes a su paso sometían a toda persona que estaba en el interior del hospital, en esos instantes el Sr. Cptn. David Díaz es desarmado por uno de los efectivos del ejército, minutos más tarde coordinan acciones para trasladarse hasta la habitación donde se encontraba el señor Presidente. En el lugar se pudo establecer cursos de acción conjunta entre personal del GOE y GEO del ejercito para resguardar al Presidente hasta el área de emergencia donde tres equipos del GIR se encontraban resguardando con escudos balísticos el vehículo destinado a la evacuación. Una vez en la salida del área de emergencia no se había logrado ubicar al conductor del vehículo del Sr Presidente, razón por la cual el Sr. Teniente Santiago Ordoñez de GIR quien presta sus servicios en la
seguridad Presidencial se pone al volante de un vehículo NISSAN PATROL color plata logrando la evacuación desde el interior del Hospital **(Salida de Emergencia)** por la Av. Mariana de Jesús para posterior tomar la Av. América y dirigirse hacia el Palacio de Carondelet.

En el área de emergencia los equipos del GIR cubrieron al Sr. Presidente con escudos balísticos en su salida en dirección al vehículo, mientras se escuchaban disparos de diferentes sitios, una vez el Presidente subido en el vehículo se conformo un anillo de seguridad que lo acompaño hasta los exteriores del hospital, en la puerta de salida del mismo se encontraba apostado personal militar junto a la farmacia externa apuntando con armas largas mientras se realizaba la extracción del Sr Presidente, durante esta acción se pudo escuchar que al costado norte de la salida principal del Hospital (Departamento Médico Legal) se realizaban disparos es entonces que en medio de estos disparos indiscriminados que se producían cae herido el Sr. Policía Jiménez Froilán que en lo posterior se confirmo su fallecimiento.

En los exteriores del hospital se habían encontrado dos equipos de civil de la escolta presidencial que guiaron la salida del vehículo en donde se encontraba el Presidente, es necesario mencionar que desde la extracción desde el hospital de la Policía El Sr. Cptn. David Díaz resguardo al Sr. Presidente subido sobre el estribo del vehículo hasta la altura de la avenida América, donde ingresó al vehículo junto con el Señor Presidente acompañando su traslado hasta el Palacio de Gobierno.

Cabe indicar que en el interior del vehículo se había encontrado también un asesor presidencial, dos efectivos de la seguridad presidencial del ejército y dos efectivos de la seguridad presidencial perteneciente a la policía.

21h30.

A pocos metros de la salida del Hospital, sobre la Avenida Mariana de Jesús en medio de una balacera, cae abatido el Señor Cbos. Froilán Jiménez mientras escoltaba al vehículo del presidente, recibe entonces ayuda inmediata de sus compañeros de equipo quienes lo trasladaron hasta la sala de emergencias del Hospital Quito Nº 1 donde se comprueba su deceso.

22h00

El Equipo ALFA sale a pie del Hospital Quito Nº 1 después del operativo y luego retirado en transporte al GIR.

23h30

El personal forma en la prevención de la unidad, donde se verifican las novedades ocurridas durante el desarrollo del operativo de Rescate al Sr. Presidente de la República Rafael Correa.

23h35

Se dispone con la ayuda del Sr. Cptn. Emerson Luna realizar una llamada telefónica al Sr. Gral del Ejercito, Luis Ernesto González

Villarroel, Jefe del Comando Conjunto de las Fuerzas Armadas a quien le manifesté que soy el Tcnl. Lenin Bolaños Pantoja, Comandante del GIR, solicitando muy respetuosamente que Fuerzas Militares no ingresen a los cuarteles policiales en razón de que por medios de comunicación esta generando esa información a lo que me respondió que efectivamente eso no va a realizarse y que va a dar una rueda de prensa para conocimiento de la comunidad.

23h45

Se dispone que nuestro personal se traslade hasta el domicilio de la Sra. Esposa de nuestro compañero PN. FROILAN JIMENEZ el cual falleció en esta crisis. Acto seguido manifestamos personalmente nuestro sentimiento de pesar a la esposa y sus familiares para inmediatamente disponer al Dr. Víctor Coyago Grijalva, Psicólogo Clínico de esta unidad para que le asista en esta situación

00h00

Hace su ingreso a esta unidad el Sr. Mayor Rafael Añazco Moncayo, Coordinador de la Policía Nacional en la Subsecretaria de Gestión de Riesgos, para realizar la entrega de un fusil HK 5.56 x 45 CON UN IMPRESO E-94-S-27180 en la parte posterior de la mira en un pedazo de masking adherido se encuentra la leyenda "Capt Reina 180" ARMA QUE HABIA SIDO ENCONTRADA cerca de farmacia externa del hospital, acompañada de una caja que se encuentra signado con "20CTGS" AL 5.56mm x45 (tw7" lot. No 21-95 las cuales fueron ingresadas al rastrillo de esta unidad por parte del Sr. Sgos. Jorge Cevallos y posteriormente retirada por el Sr. Oficial antes indicada para ser entregada al Departamento de Criminalística a través de una cadena de custodia. (Ver Anexo N°1 VIDEO)

2.- Sírvase informar si la acción militar que se ordenó el 30 de septiembre en el Hospital Quito No. 1, de la Policía Nacional, fue coordinada entre el GIR, GOE y las FF.AA; en caso afirmativo por favor sírvase enviar una copia certificada del o los documentos que lo prueben.

En respuesta a la pregunta seis; conforme a la versión emitida por el señor Cap. David Díaz, el día viernes 19 de noviembre del 2010, en la Fiscalía Especial de Investigaciones de Delitos Financieros y Contra la Administración Pública, ante el Dr. Luis Enríquez Villacres, manifiesta textualmente:

" Haciendo un corte en las mallas metálicas, lo que nos facilito el acceso al hospital, por el área de emergencia, en donde hicimos un primer ingreso, encontrándonos en el interior del mismo con personal del GOE, mientras nos poníamos de acuerdo con este personal para realizar un trabajo conjunto, ingresa personal Militar, disparando balas de goma, granadas de aturdimiento y gas lacrimógeno, razón por la cual tuvimos que reagruparnos nuevamente en el área de emergencia, mientras nos agrupamos regrese al interior del hospital a verificar que todo el personal de mi equipo haya salido, es en esos instantes que personal Militar, detiene mi avance, intenta someterme en el suelo y sustrae mi arma en dotación, a lo cual me identifico como oficial al mando del equipo del GIR, dando mi apellido y mi grado, además pidiendo que el oficial Militar a cargo, tome contacto con mi persona, a lo cual se acerca un Militar uniformado, quien me supo manifestar era el jefe de ese equipo, **a partir de ese instante se coordinó todas las acciones entre personal militar y policial con el mencionado oficial, acciones tendientes a la evacuación segura del señor Presidente,** para lo cual ofrecí mi colaboración en guiar a ese equipo, hasta la habitación mismo en donde se encontraba, en el lugar tomamos contacto con un oficial del GOE, al mismo que le indique, cuál era el plan de evacuación más seguro, pidiéndole tanto al oficial del GOE como al del GEO, que trasladen al señor Presidente, por el hospital hasta el área de emergencia, donde se encontraba un vehículo, listo para la evacuación el mismo que sería resguardado por personal de la Policía Nacional, con la certeza de que al momento de la salida, los compañeros Policías que todavía estuvieren en las afueras del hospital, no iban a realizar disparos a sus propios compañeros, tal como estuvo coordinado, se realizó la evacuación hasta llegar a un vehículo, marca NISSAN PHATROL en donde se encontraba el Tnte. Gonzalo Guzmán quien tenía la disposición expresa de asegurar la movilidad del vehículo ,para lo cual dispongo que el equipo que se encuentra en emergencia de el encuentro al presidente que comenzaba la evacuación desde el tercer piso y se trasladen hasta el vehículo destinado para el efecto el mismo que en nuestra llegada al área de emergencia ya se encontraba estacionado según tengo conocimiento, estaba designado a algún Asambleísta o funcionario del Gobierno, cuyo conductor entrego la llaves al oficial encargado del resguardo vehicular, el mismo que a su vez, dispuso al Teniente Santiago Ordoñez, del GIR, que sea él el conductor designado para esa evacuación"

3.- ***El jefe del Grupo de Intervención y Rescate, Coronel Lenin Bolaños afirmó hace poco a un medio de información, que en la autopsia practicada al cuerpo del policía que murió durante el rescate al presidente de la república, Rafael Correa el día 30 de septiembre de este año, se extrajo una bala de uso exclusivamente militar. Con este antecedente por favor sírvase informar las razones por las que el personal de las Fuerzas Armadas que ejecutaron la acción militar en el Hospital Quito No. 1 de la Policía Nacional, tuvieron que intercambiar disparos con miembros de una unidad policial que en ese momento, también tenía como objetivo proteger al primer mandatario.***

En referencia a la pregunta 7, el Comandante del Grupo de Intervención y

Rescate, Tcnl. de Policía de E.M. Lenin Bolaños Pantoja, en estricto respeto al derecho internacional estipulado en el tercer Convenio de Ginebra el mismo que textualmente dice:

"En ninguna circunstancia, podrán ser objeto de ataques los hospitales civiles organizados para prestar asistencia a los heridos, a los enfermos, a los inválidos y a las parturientas; deberán ser siempre respetados y protegidos por las partes en conflicto". Además, según los artículos 14 y 16, se "debe proteger contra los efectos de la guerra a los heridos y a los enfermos, a los inválidos, a los ancianos, a los niños menores de 15 años, a las mujeres embarazadas y a las madres de niños de menos de siete años y deben ser objeto de protección y de respeto particulares, estén donde estén.

En los hospitales se encuentran también personal médico, administrativo, de limpieza, etc. Los convenios también se pronuncian

por el personal de los hospitales, pues señala: "Será respetado y protegido el personal regular y únicamente asignado al funcionamiento o a la administración de los hospitales civiles".
Los Convenios de Ginebra son tratados universales y, por ende, deben ser cumplidos; si los violan los infractores, estos serán sometidos a procesos penales, según lo precisa el artículo 6 del Protocolo adicional a los Convenios de Ginebra. (CRC)
En consideración a lo anteriormente señalado y como consta en el informe realizado con fecha 5 de octubre del 2010, en la disposición dada a las 19:30, el señor comandante de la unidad manifiesta:
19h30.
Se inicia el operativo policial con la planificación y asignación de funciones a los equipos tácticos y a cada uno del personal involucrado en el mismo, es así que se conforman entonces dos equipos tácticos, el equipo ALFA, conformado por 7 Sres. Oficiales y 30 de personal que sería el encargado de ingresar hasta el interior del hospital donde se encontraba el Señor Presidente para luego realizar la extracción y el quipo BETA conformado por 3 señores jefes, 8 oficiales, y 58 de personal, quienes ejecutarían el primer acercamiento como distracción brindando de esta forma el tiempo necesario, para que el equipo Alfa ejecute el ingreso hasta el interior de las instalaciones del hospital y proceda a la extracción del Primer Mandatario. Durante la explicación del operativo, el Señor Comandante de la unidad da disposiciones categóricas al personal del GIR sobre la misión específica que cumpliría nuestra unidad, acorde al respeto del marco legal establecido, teniendo como factor base y primordial ***la no utilización de armas de fuego ni de gases lacrimógenos,*** ya que se tiene como escenario un centro hospitalario en donde se encuentran a más del Sr. Presidente, enfermos en recuperación, pacientes en tratamiento, ciudadanos, periodistas y otros. (Ver anexo N°2 COPIA DEL INFORME)

III.- CONCLUSIONES.

Que el personal del Grupo de Intervención y Rescate de Quito, Guayas y Manta durante las protestas efectuadas el día jueves 30 de septiembre del 2010 por personal policial en el Regimiento Quito N°1 se mantuvieron en la Unidad acatando las disposiciones dadas por el señor Tcnl. Lenin Bolaños Pantoja Comandante del GIR, de no intervenir en dichos actos de protesta por el contrario mantenerse disponibles con su equipo para actuar cuando el mando así lo disponga a fin de remediar la crisis desarrollada en las inmediaciones del Regimiento Quito y Hospital de la Policía.

Que durante la confusión en el interior del Hospital personal del GIR fue sometido por parte del personal del GEO y del personal militar del cerco externo utilizando para el efecto gas lacrimógeno, bombas de aturdimiento y golpes de pie e inclusive despojándolos de su armamento y equipo de dotación que portaba el personal policial, pero la pronta reacción del Sr. Cptn. Díaz David que se encontraba al mando del equipo logra recuperar la calma para luego coordinar el trabajo de extracción del Sr. Presidente.

Que debido a la emergencia que vivía el país desde el rastrillo del GIR fue retirado equipo y armamento para cumplir con las funciones encargadas a esta unidad material que nunca fue utilizados en virtud de que las disposiciones emanadas por parte del Comandante de la Unidad durante la planificación, y asignación de funciones era la ***no utilización de armamento, y gases,*** los mismos que una vez finalizado el operativo Policial de rescate del Señor Presidente fueron nuevamente reingresados al rastrillo de esta Unidad.

LENIN BOLAÑOS PANTOJA TCNL DE POLICIA DE E.M.
COMANDANTE DEL GRUPO DE INTERVENCION
Y RESCATE "MAYR. GALO E. MIÑO JARRIN"

4.- INFORME MÉDICO LEGAL FROILÁN JIMÉNEZ

DIRECCION NACIONAL DE LA POLICIA JUDICIAL E INVESTIGACIONES
DEPARTAMENTO MÉDICO LEGAL DE PICHINCHA

Oficio No. 1610 DML-SDTC-2011
San Francisco de Quito, 07 de Septiembre de 2011

Señor:
José Clever Jiménez Cabrera
ASAMBLEITSTA POR LA PROVINICA DE ZAMORA CHINCHIPE
COMISION DE DERECHOS COLECTIVOS, COMUNITARIOS Y LA INTERCULTURALIDAD
Ciudad.

De Mis Consideraciones:

Por medio del presente, muy respetuosamente en atención a Oficio No. 272-CN-AN de fecha 06 de Septiembre del 2011. Remito copias certificadas del protocolos de autopsia practicados en la personas quien en vida se llamaron: **JIMENEZ GRANDA VITERI FROILAN Y CALDERON LANDETA EDWIN EFREN** Fallecidos el 30 de Septiembre del 2011.

De usted muy Atentamente
DIOS. PATRIA Y LIBERTAD

Dr. Enrique Santillán Calle
Tcnel de Policia de Sanidad
JEFE DEL DPTO. MEDICO LEGAL DE LA POLICIA JUDICIAL

SECRETARIA

DISTRIBUCION
Original: Destino
Copia: Archivo DML

FECHA: 13-09-11 15H26

"EN TU APOYO ESTA NUESTRA FUERZA"

Dirección: Mariana de Jesús OE8-126 y Occidental Email: medlegal_quito@yahoo.com
Teléfonos: 2978800 Ext. 3201 Jefatura, 3202 Información, 3203 Secretaria Fax: 2260826 – Ext 101

FISCALÍA GENERAL DEL ESTADO
DIRECCIÓN NACIONAL DE POLÍTICA CRIMINAL
SISTEMA NACIONAL DE MEDICINA LEGAL Y CIENCIAS FORENSES

AUTOPSIA MEDICO LEGAL

Informe No. 1477 -DML-2010

Fecha de la autopsia	Hora de la autopsia:	Lugar:
Día: 01 Mes: OCTUBRE Año: 2010	11:30 Hrs	DEPARTAMENTO MEDICO LEGAL DE PICHINCHA - QUITO

Realizada por:	Ayudante:
DR. LUIS FIGUEROA SIMBAÑA MEDICO LEGISTA	DR. ROBINSON TOAPANTA JEREZ
Disector:	**Autoridad:**
SR. OLGER CASTRO	**DR. MIGUEL RODRIGUEZ FISCAL DE PICHINCHA UNIDAD DE DELITOS FLAGRANTES**
Nombre del Occiso: **JIMENEZ GRANDA VITERI FROILAN**	

Cédula de identidad:	Estado civil:	Profesión u ocupación:
1103847875	SOLTERO	POLICIA DE SERVICIO ACTIVO CBOS

Circunstancias de la muerte: (Historia Médico Legal breve)
Familiares refieren herida por disparo de arma de fuego.

Fecha probable del fallecimiento. (Referencia de familiares o amigos):	Hora: 22:00 Hrs aprox.
Día: 30 Mes: 09 Año: 2010	

EXAMEN EXTERNO: (Descripción de las ropas, de las lesiones, signos de enfermedades, evidencias de atención médica e intervenciones quirúrgicas, señales particulares, tatuajes, cicatrices).

Descripción de las ropas y pertenencias:
Cadáver desnudo, envuelto en una sabana de color blanca hospitalaria.

Cadáver de género:	Patrón racial:	Aparenta una edad de:
Masculino	Mestizo	28 años
Biotipo constitucional:	**Con una talla de:**	**Temperatura: (rectal, hepática):**
Atlético	180 centimetros.	°C
Rigidez:	**Ubicación de las livideces:**	**Modificables:**
Si	Dorsales.	si
Piel de color:	**Cicatrices:**	**Tatuajes:**
Trigueña	En Mesogastrio lado derecho, una cicatriz de trazo horizontal de seis centimetros de extensión.	No.
Cabeza:	**Cabello (color, tamaño, forma):**	**Cara:**
Normocefalica. En region fronto temporal derecha una equimosis de siete centimetros por cinco centimetros.	Negro , corto , lacio tipo corte policial	Palida; en region frontal lado derecho una equimosis de seis centimetros por un centimetro sobre la que se asienta una excoriación de un centimetro y medio.
Pabellones auriculares:	**Conductos auditivos externos:**	**Ojos (párpados, iris, diámetro pupilar):**

CERTIFICO.- Que la presente compulsa es igual a la copia de la original que reposa en nuestro archivo. LO CERTIFICO.

1

FISCALÍA GENERAL DEL ESTADO
DIRECCIÓN NACIONAL DE POLÍTICA CRIMINAL
SISTEMA NACIONAL DE MEDICINA LEGAL Y CIENCIAS FORENSES

AUTOPSIA MEDICO LEGAL

Informe No. 1477 -DML-2010

Pálidos	Pálidos	Negros, pupilas dilatadas cinco milímetros.
Fondo de ojo:	**Signos de SOMMER y STENON LOUIS**	**Nariz:**
No	Positivos	Piramidal
Fosas nasales:	**Boca:**	**Labios:**
Permeables	Palida	Pálidos , Deshidratados.
Dientes:	**Cuello:**	**Tórax:**
Ausencia de pieza dental numero 25, resto en regular estado .	Corto, cilindrico	Simétrico; en hemitórax anterior derecho a nivel de region pectoral y a un centimetro por debajo y a la izquierda de areola derecha una herida contusa de cinco milimetros de diámetro de bordes invertidos, correspondiente a orificio de entrada de proyectil de arma de fuego; localizada a ciento treinta y tres y medio centimetros por encima del talón derecho y a once centimetros a la derecha de la linea media anterior; en tercio medio linea media axilar de hemitórax lateral derecho una herida quirúrgica de bordes nítidos no suturada de trazo oblicuo de cuatro centimetros de extensión realizados para toracostomia; en region dorsal lado izquierdo de la columna vertebral, una herida contusa de bordes evertidos, irregulares de uno y medio centimetros por un centimetro , localizado a ciento treinta y cinco y medio centimetros por encima del talón izquierdo y a siete centimetros de la linea media posterior que corresponde a orificio de salida de proyectil de arma de fuego
Abdomen:	**Pelvis:**	**Región lumbar:**

2

FISCALÍA GENERAL DEL ESTADO
DIRECCIÓN NACIONAL DE POLÍTICA CRIMINAL
SISTEMA NACIONAL DE MEDICINA LEGAL Y CIENCIAS FORENSES

AUTOPSIA MEDICO LEGAL

Informe No. 1477 –DML-2010

Plano	Normal	Normal
Extremidades superiores:	**Extremidades inferiores:**	**Genitales externos:**
Simétricas, en pliegue de codo izquierdo cara anterior signos de veno puntura. En codo derecho cara interna una excoriación de dos centimetros por un centimetro.	Simétricas	Desarrollados de acuerdo a edad y sexo.
Región ano perineal:		
De caracteristicas anatómicas normales		

EXAMEN INTERNO (Descripción topográfica de lesiones en órganos internos, de vasos sanguíneos, patologías intracavitarias, intervenciones quirúrgicas)

CABEZA

La cabeza es abierta mediante incisión coronal: SI ☒ NO ☐	
Explique:	Desde la apófisis mastoides derecha a la izquierda.
El cuero cabeiludo:	En region frontal en su lado derecho con infiltrado hemorrágico.
El cráneo: (espesor, simetría, conformación)	Integridad ósea conservada , cinco milimetros de diámetro
Duramadre (características macroscópicas)	Palida
Leptomeninges:	Palida
Hemisferios cerebrales:	Palida
Circunvoluciones:	Palida
Sustancia gris:	Pálida
Sustancia blanca:	Pálida
Núcleos grises de la sustancia blanca:	normal
Los ventrículos:	Permeables.
El cerebelo:	Pálido
Protuberancia:	Pálido
Bulbo raquideo:	Pálido
Médula espinal:	
Polígono de Willis y vasos cerebrales:	Indemne
Pares craneales:	Indemne
El cuello y la cavidad toraco abdominal son abiertas mediante la incisión: Y: ☐ T: ☐ U: ☐ mentopúbica: ☒ Otras: ☐ Especifique:	

CERTIFICO.- Que la presente copia es igual a la copia de la original que reposa en nuestro archivo. **LO CERTIFICO**

3

FISCALÍA GENERAL DEL ESTADO
DIRECCIÓN NACIONAL DE POLÍTICA CRIMINAL
SISTEMA NACIONAL DE MEDICINA LEGAL Y CIENCIAS FORENSES

AUTOPSIA MEDICO LEGAL

Informe No. 1477 -DML-2010

CUELLO:	
Tejido celular subcutáneo:	Un centímetro
Músculos cervicales:	Pálidos
Vasos sanguíneos cervicales:	Indemnes.
Orofaringe:	Permeable , palida
Lengua:	Deshidratada , palida
Amígdalas:	Hipertróficas
Hioides:	Integro
Ganglios cervicales: (forma, tamaño, consistencia):	normal
Tiroides:	Indemne
Tráquea:	Permeable
Cartílagos faríngeos:	Integridad cartilaginosa conservada.
Esófago:	Permeable
Columna cervical:	Indemne.

TORAX:	
Tejido celular subcutáneo torácico (espesor):	Dos centímetros
Músculos torácicos:	A nivel del musculo correspondiente al cuarto espacio intercostal anterior derecho una laceración de dos centimetros por un centimetro y medio con Infiltrado hemorrágico. A nivel del musculo correspondiente al sexto espacio intercostal derecho línea axilar una herida quirúrgica de dos centímetros de extensión
Caja torácica:	
Cavidad torácica:	Hemotórax derecho de unos 1.750 ml aproximadamente.
Timo:	
Pleuras:	Pálidas
Los pulmones (superficie externa, palpación, al corte):	A nivel de lóbulo medio de pulmón derecho una laceración transfictiva de un centimetro y medio de diámetro, rodeada de una zona hemorrágica de tres centimetros y medio de diámetro , en lóbulo inferior de pulmón derecho una laceración transfictiva de ocho por tres centímetros; laceración de pericardio en una área de cuatro por dos centimetros.
Las ramificaciones bronquiales:	normales
Las ramificaciones vasculares:	normales

FISCALÍA GENERAL DEL ESTADO
DIRECCIÓN NACIONAL DE POLÍTICA CRIMINAL
SISTEMA NACIONAL DE MEDICINA LEGAL Y CIENCIAS FORENSES

AUTOPSIA MEDICO LEGAL

Informe No. 1477 -DML-2010

Ganglios linfáticos del tórax: (forma, tamaño, consistencia):	
Pericardio:	Pálido
Cavidad pericárdica:	Hemopericardio de unos 200 ml aproximadamente
Corazón (forma, tamaño, consistencia):	Piramidal, pálido
Epicardio y arterias coronarias:	Infiltrado con grasa, permeable.
Miocardio:	Pálido
Endocardio:	Pálido
Cavidades cardiacas:	Exangüe
Válvulas cardiacas:	Competentes.
Cuerdas tendíneas:	Blancas nacaradas.
Troncos vasculares:	A nivel de vena cava inferior terminal en su pared lateral derecha, una laceración de cuatro y medio por dos centímetros.
Vasos sanguíneos torácicos:	Indemnes.
Diafragma:	Lacerado
Columna dorsal:	Fractura del cuerpo de la VII vertebra dorsal en una área de cuatro por tres y medio centímetros y fractura de la apófisis transversa derecha, y dicho proyectil cambia de dirección y se dirige hacia arriba a través de un túnel fistuloso por tejidos blandos de ocho centímetros de extensión para emerger por el orificio de salida ya descrito en el examen externo.

ABDOMEN Y PELVIS:	
Tejido celular subcutáneo abdominal(espesor).	Dos centímetros
Músculos abdominales:	Indemnes.
Epiplón:	Indemne
El peritoneo:	Brillante liso
Líquidos (cantidad y características):	Libre

Hígado (forma, consistencia, cápsula, parénquima):	Pálido
Vesícula biliar:	Litiásica.
Vías biliares:	Permeables.

Bazo (cápsula, consistencia, corte):	Pálido
Páncreas:	Autolítico

CERTIFICO.- Que la presente compulsa es igual a la copia de la original que reposa en nuestro archivo. LO CERTIFICO 5

FISCALÍA GENERAL DEL ESTADO
DIRECCIÓN NACIONAL DE POLÍTICA CRIMINAL
SISTEMA NACIONAL DE MEDICINA LEGAL Y CIENCIAS FORENSES

AUTOPSIA MEDICO LEGAL

Informe No. 1477 -DML-2010

Estómago:	Al corte con contenido liquido
Intestino delgado (contenido, coloración de la mucosa):	Meteorizado
Apéndice:	Ausente
Intestino grueso (contenido y coloración de la mucosa):	Meteorizado
Mesenterio y vasos mesentéricos:	Indemnes.
Vasos abdominales:	Indemnes.
Retroperitoneo:	Libre
Glándulas suprarrenales:	Autolisis.
Los riñones (cápsula, cortical, medular; cálices y pelvis):	Pálidos
Columna lumbosacra:	Indemne
Uréteres:	Permeables.
Vejiga:	Vacía
Uretra:	Permeable.
Útero:	----------------
Ovarios:	----------------
Trompas de Falopio:	----------------
Testículos:	Dos en escroto

Otras incisiones (describa las razones):	

V MISCELANEOS			
Placenta:			
Cordón umbilical:			
Docimasias:			
Membranas fetales:			
Exámenes de imagen:			
Exámenes solicitados:	TOXICOLOGICOS HISTOPATOLOGICOS X CRIMINALISTICOS ALCOHOLEMIA OTROS	(☐) (☐) ☐) (☒) (☐)	Especifique: Especifique: Especifique: Especifique: Especifique:

FISCALÍA GENERAL DEL ESTADO
DIRECCIÓN NACIONAL DE POLÍTICA CRIMINAL
SISTEMA NACIONAL DE MEDICINA LEGAL Y CIENCIAS FORENSES

AUTOPSIA MEDICO LEGAL

Informe No. 1477 -DML-2010

CAUSA DE MUERTE:	HEMORRAGIA AGUDA INTERNA, LACERACION DE PULMON, PERICARDIO, VENA CAVA INFERIOR Y FRACTURA VERTEBRAL, POR PENETRACION, PASO Y SALIDA DE PROYECTIL DE ARMA DE FUEGO.
MANERA DE MUERTE (desde el punto de vista Médico Legal):	VIOLENTA
DIAGNÓSTICOS CLINICOS:	Ha recibido los primeros auxilios en Hospital de la Policía Nacional Quito.
RESUMEN:	
NÚMEROS DE HERIDAS:	TRES
LOCALIZACION Y TIPO DE HERIDAS:	una en region pectoral derecha, la segunda en region dorsal izquierda y la tercera quirurgica en hemitórax lateral derecho.
TRAYECTORIA:	De derecha a izquierda Ligeramente de abajo hacia arriba De delante hacia atrás
DISTANCIA:	Por las caracteristicas del orificio de entrada y sin tomar en cuenta las prendas de vestir y la ausencia de productos de la deflagración de la pólvora el disparo se ha realizado a Larga distancia

DR. LUIS FIGUEROA SIMBAÑA
EL PERITO MEDICO LEGISTA
Código Profesional No 8669
Acreditación de la Fiscalía General No 230

SECRETARIA

CERTIFICO.- Que la presente compulsa es igual a la copia de la original que reposa en nuestro archivo. LO CERTIFICO

SECRETARIA

7

FISCALÍA GENERAL DEL ESTADO
DIRECCIÓN NACIONAL DE POLÍTICA CRIMINAL
SISTEMA NACIONAL DE MEDICINA LEGAL Y CIENCIAS FORENSES

AUTOPSIA MEDICO LEGAL

Informe No.1480–DML-2010

Fecha de la autopsia	Hora de la autopsia:	Lugar:
Día: 01 Mes: 10 Año: 2010	17:00 Hrs	DEPARTAMENTO MEDICO LEGAL DE PICHINCHA – QUITO

Realizada por	Ayudante:
DR. FREDDY HERRERA ALMAGRO MEDICO LEGISTA	MD. HILDA CONDO
Disector:	**Autoridad:**
SR. LUIS QUISHPE	DR. PABLO SANTOS BASANTES FISCAL DE TURNO UNIDAD DE DELITOS FLAGRANTES
Nombre del Occiso: CALDERON LANDETA EDWIN EFREN	

Cédula de identidad:	Estado civil:	Profesión u ocupación:
100273397-8	SOLTERO	POLICIA

Circunstancias de la muerte: (Historia Médico Legal breve)
Familiares refieren que el hoy occiso recibió un disparo por arma de fuego. Posteriormente fue llevado al Hospital Eugenio Espejo donde fallece.

Fecha probable del fallecimiento. (Referencia de familiares o amigos):	Hora: 22:30
Día: 30 Mes: 09 Año: 2010	

EXAMEN EXTERNO: (Descripción de las ropas, de las lesiones, signos de enfermedades, evidencias de atención médica e intervenciones quirúrgicas, señales particulares, tatuajes, cicatrices).

Descripción de las ropas y pertenencias:
Cadáver desnudo.

Cadáver de género:	Patrón racial:	Aparenta una edad de:
Masculino	Mestizo	29 años
Biotipo constitucional:	**Con una talla de:**	**Temperatura: (rectal, hepática):**
Normosómico	170 centímetros	°C -
Rigidez:	**Ubicación de las livideces:**	**Modificables:**
Si	Dorsales	No
Piel de color:	**Cicatrices:**	**Tatuajes:**
Trigueña, pálida	no	En tercio superior cara externa de brazo izquierdo un tatuaje decorativo con la figura de una mujer, en cara posterior de cuello un tatuaje de con la figura de unas hojas.
Cabeza:	**Cabello (color, tamaño, forma):**	**Cara:**
normocefálica	Negro, corto, lacio	Pálida
Pabellones auriculares:	**Conductos auditivos externos:**	**Ojos (párpados, iris, diámetro pupilar):**
Pálidos, de forma e implantación normal	Permeables	Cafés obscuros, pupilas de cinco milímetros de diametro

CERTIFICO.- Que la presente compulsa es igual a la copia de la original que reposa en nuestro archivo. **LO CERTIFICO**

SECRETARIO

FISCALÍA GENERAL DEL ESTADO
DIRECCIÓN NACIONAL DE POLÍTICA CRIMINAL
SISTEMA NACIONAL DE MEDICINA LEGAL Y CIENCIAS FORENSES

AUTOPSIA MEDICO LEGAL

Informe No.1480–DML-2010

Fondo de ojo:	Signos de SOMMER y STENON LOUIS	Nariz:
	Positivo	recta
Fosas nasales:	**Boca:**	**Labios:**
permeables	deshidratadas	Deshidratados, pálidos
Dientes:	**Cuello:**	**Tórax:**
Completos en buen estado de conservación e higiene	Cilíndrico, largo	En región infraclavicular izquierda línea paraesternal a cinco centímetros de la horquilla esternal y a ciento cuarenta y un centímetros por encima de los talones una herida contusa de diez por cuatro milímetros con anillo de contusión de un milímetro de diametro, que corresponde a orificio de entrada de proyectil de arma de fuego, en tórax lateral izquierdo tercio medio una herida quirúrgica suturada de dos y medio centímetros de extensión.
Abdomen:	**Pelvis:**	**Región lumbar:**
Plano, en fosa iliaca izquierda una excoriación lineal apergaminada de tres centímetros de extensión.	Simétrica, en región inguinal derecha signos de punción.	indemne
Extremidades superiores:	**Extremidades inferiores:**	**Genitales externos:**
Simétricas.	Simétrica, en rodilla izquierda una excoriación de medio por un centímetro	Desarrollados de acuerdo a edad y sexo.
Región ano perineal:		
De características anatómicas normales		

EXAMEN INTERNO (Descripción topográfica de lesiones en órganos internos, de vasos sanguíneos, patologías intracavitarias, intervenciones quirúrgicas)

CABEZA

La cabeza es abierta mediante incisión coronal: SI ☒ NO ☐

Explique: Incisión bimasteoidea

El cuero cabelludo:	Pálido.
El cráneo: (espesor, simetría, conformación)	Integro
Duramadre (características macroscópicas)	Lisas brillantes
Leptomeninges:	indemnes
Hemisferios cerebrales:	Simétricos, pálidos
Circunvoluciones:	conservados
Sustancia gris:	
Sustancia blanca:	------
Núcleos grises de la sustancia blanca:	--------
Los ventrículos:	permeables

2

FISCALÍA GENERAL DEL ESTADO
DIRECCIÓN NACIONAL DE POLÍTICA CRIMINAL
SISTEMA NACIONAL DE MEDICINA LEGAL Y CIENCIAS FORENSES

AUTOPSIA MEDICO LEGAL

Informe No.1480--DML-2010

El cerebelo:	pálido
Protuberancia:	pálido
Bulbo raquídeo:	pálido
Médula espinal:	-------
Polígono de Willis y vasos cerebrales:	indemne
Pares craneales:	------

El cuello y la cavidad toraco abdominal son abiertas mediante la incisión: Y: ☐ T: U: ☐ mentopúbica: ☒ Otras: ☐
Especifique:

CUELLO:	
Tejido celular subcutáneo:	Medio centímetro de espesor
Músculos cervicales:	indemne
Vasos sanguíneos cervicales:	indemne
Orofaringe:	indemne
Lengua:	deshidratada
Amígdalas:	Normotróficas
Hioides:	íntegro
Ganglios cervicales: (forma, tamaño, consistencia):	---------
Tiroides:	integro
Tráquea:	permeables
Cartílagos faríngeos:	indemnes
Esófago:	permeable
Columna cervical:	indemne

TORAX:	
Tejido celular subcutáneo toráxico (espesor):	De medio centímetro
Músculos toráxicos:	Segundo musculo intercostal izquierdo con infiltrado hemorrágico, en el musculo subscapular derecho en la proximidad del borde interno de la escapula se localiza y extrae un proyectil de arma de fuego.
Caja torácica:	Segundo espacio intercostal izquierdo línea media clavicular una laceración de trece milímetros de diametro, séptimo arco costal posterior fracturado.
Cavidad torácica:	Hemotórax de 1400 centímetros cúbicos aproximadamente
Timo:	-----
Pleuras:	-----

3

FISCALÍA GENERAL DEL ESTADO
DIRECCIÓN NACIONAL DE POLÍTICA CRIMINAL
SISTEMA NACIONAL DE MEDICINA LEGAL Y CIENCIAS FORENSES

AUTOPSIA MEDICO LEGAL

Informe No.1480-DML-2010

Los pulmones (superficie externa, palpación, al corte):	Hilio pulmonar izquierdo lacerado.
Las ramificaciones bronquiales:	laceradas
Las ramificaciones vasculares:	--------
Ganglios linfáticos del tórax: (forma, tamaño, consistencia):	
Pericardio:	Infiltrado con grasa
Cavidad pericárdica:	Con liquido pericárdico en cantidad normal
Corazón (forma, tamaño, consistencia):	De forma y tamaño normal, pálido
Epicardio y arterias coronarias:	Pálido
Miocardio:	Palido
Endocardio:	Palido
Cavidades cardiacas:	Con sangre
Válvulas cardiacas:	competentes
Cuerdas tendineas:	Blancas, nacaradas
Troncos vasculares:	indemnes
Vasos sanguineos torácicos:	Arteria Aorta ascendente lacerada en el 80% del diametro y a nivel de su cara anterior.
Diafragma:	indemne
Columna dorsal:	Integra

ABDOMEN Y PELVIS:	
Tejido celular subcutáneo abdominal(espesor):	Tres centimetros de espesor
Músculos abdominales:	indemne
Epiplón:	indemne
El peritoneo:	indemne
Líquidos (cantidad y características):	no

Hígado (forma, consistencia, cápsula, parénquima):	De forma y tamaño normal
Vesícula biliar:	alitiasica
Vías biliares:	Permeables

Bazo (cápsula, consistencia, corte):	pálido
Páncreas:	autolisis

CERTIFICO.- Que la presente compulsa es igual a la copia de la original que reposa en nuestro archivo. **LO CERTIFICO** 4

FISCALÍA GENERAL DEL ESTADO
DIRECCIÓN NACIONAL DE POLÍTICA CRIMINAL
SISTEMA NACIONAL DE MEDICINA LEGAL Y CIENCIAS FORENSES

AUTOPSIA MEDICO LEGAL

Informe No.1480-DML-2010

Estómago:	Al corte con mucosa gástrica pálida y con contenido hemático.
Intestino delgado (contenido, coloración de la mucosa):	Meteorizado
Apéndice:	Cecal
Intestino grueso (contenido y coloración de la mucosa):	Meteorizado
Mesenterio y vasos mesentéricos:	Indemnes
Vasos abdominales:	indemnes
Retroperitoneo:	Libre de fluidos
Glándulas suprarrenales:	En autolisis
Los riñones (cápsula, cortical, medular; cálices y pelvis):	pálidos
Columna lumbosacra:	indemne
Uréteres:	Permeables
Vejiga:	vacía
Uretra:	Permeable
Útero:	
Ovarios:	
Trompas de Falopio:	
Testículos:	Dos en escroto

Otras incisiones (describa las razones):	

V MISCELANEOS

Placenta:			
Cordón umbilical:			
Docimasias:			
Membranas fetales:			
Exámenes de imagen:			
Exámenes solicitados:	TOXICOLOGICOS	( )	Especifique:
	HISTOPATOLOGICOS	( )	Especifique:
	CRIMINALISTICOS	(X)	Especifique: una bala
	ALCOHOLEMIA	(X)	Especifique:
	OTROS	( )	Especifique:
CAUSA DE MUERTE:	HEMORRAGIA AGUDA INTERNA POR LACERACION DE AORTA ASCENDENTE POR PENETRACION Y PASO DE PROYECTIL DE ARMA DE FUEGO.		

CERTIFICO.- Que la presente compulsa es igual a la copia de la original que reposa en nuestro archivo. **LO CERTIFICO**

SECRETARIA

5

FISCALÍA GENERAL DEL ESTADO
DIRECCIÓN NACIONAL DE POLÍTICA CRIMINAL
SISTEMA NACIONAL DE MEDICINA LEGAL Y CIENCIAS FORENSES

AUTOPSIA MEDICO LEGAL

Informe No.1480-DML-2010

MANERA DE MUERTE **(desde el punto de vista Médico Legal)**:	**VIOLENTA**
TIEMPO APROXIMADO DE MUERTE:	12 – 24 horas.
DIAGNÓSTICOS CLINICOS:	
RESUMEN:	

NUMEROS DE HERIDAS:	UNA
LOCALIZACION Y TIPO DE HERIDAS:	En región infraclavicular izquierda

TRAYECTORIA:	De adelante hacia atrás, de arriba hacia abajo y de izquierda a derecha
DISTANCIA:	Por las características del orificio de entrada y sin tomar en cuenta las prendas de vestir el disparo ha sido realizado de larga distancia.

FOTOGRAFIAS	
Fotografía No 1	Fotografía No 2

DR. FREDDY HERRERA ALMAGRO

EL PERITO MEDICO LEGISTA
Código Profesional No 8662
Acreditación de la Fiscalía General No 312

SECRETaRía

5.- INFORME RESCATE AL PRESIDENTE GOE

POLICÍA NACIONAL DEL ECUADOR

GRUPO DE OPERACIONES ESPECIALES

DE :	Sr. Mayor de Policía Cristian Miño Jarrin COMANDANTE DEL GRUPO DE OPERACIONES ESPECIALES
PARA:	Sr. General de Distrito Dr. Nelson Aníbal Arguello Rodríguez INSPECTOR GENERAL DE LA POLICÍA NACIONAL
ASUNTO:	Operativo de protección y resguardo de la vida y la integridad física del Señor Presidente de la República del Ecuador, así como su evacuación del hospital de la Policía Nacional
LUGAR:	Ciudad de San Francisco de Quito

I. ANTECEDENTES

- Constitución Política de la República del Ecuador.
- Ley Orgánica de la Policía Nacional.
- Declaración Universal de los Derechos Humanos.
- Disposición verbal del Dr. Gustavo Jâlkh, Ministro del Interior

II. TRABAJOS REALIZADOS

El Grupo de Operaciones Especiales, Unidad élite de la Policía Nacional del Ecuador, brazo operativo, técnico y táctico de los demás Servicios policiales a nivel nacional; de reacción alígera e inmediata; entrenada para operar en situaciones adversas y contrarias; especialistas en operaciones de rescate y evacuación; seguridad y protección a personas importantes; salto libre táctico operacional policial; buceo táctico y de búsqueda y rescate; andinismo y rescate en alta, media y baja montaña; y operaciones urbanas de alto riesgo.

Está conformada por el Talento Humano mejor escogido de nuestra Institución; debidamente entrenado y capacitado en un exigente curso que perfecciona y desarrolla habilidades y destrezas propias de nuestra implacable labor de servicio y protección, dirigida solamente a mantener la seguridad de cada unos de los ecuatorianos.

Es característica propia, nuestra intrínseca labor policial; gracias a esto, contamos con la confianza de la ciudadanía así como también de los diferentes representantes gubernamentales, tales como el señor Ministro del Interior y el Alto Mando Institucional; y es así que el jueves 30 de septiembre del 2010, se llevó a cabo la protección y evacuación del Sr. Presidente Constitucional de la República en un operativo netamente policial, que, cronológicamente se desarrolló de esta manera:

Jueves 30 de septiembre del 2010.

- El Grupo de Operaciones Especiales de la Policía Nacional, como todos los días pasa lista normal a las 07:30 de la mañana, con un total de 67 Funcionarios Policiales presentes, entre señores Oficiales, Clases y Policías operativos y Clases y Policías con funciones administrativas y de apoyo, sin ninguna novedad.
- Una vez que el señor Jefe de Control del Cuartel, organiza los servicios de la Unidad, el señor teniente Francisco Guzmán recibió una llamada telefónica, en la cual se le hacía conocer que el personal policial del Regimiento Quito No. 1 se encontraba ubicado en el ingreso principal al mencionado cuartel policial, sin permitir el ingreso y/o salida de personas y vehículos; novedad que se me hizo conocer, por lo que se dispuso que todo el personal del GOE permanezcan concentrados en nuestra Unidad Elite y pendientes de las noticias que se vayan generando referentes a este acontecimiento.
- Aproximadamente a las 08H00 arribó al Cuartel del GOE, el Señor Comandante General de la Policía Nacional con el fin de monito-

rear los acontecimientos que se estaban desarrollando en el Regimiento Quito No. 1, para lo cual se trasladó con su respectiva seguridad al lugar antes indicado.

- 08:H30 se procedió a organizar al personal policial de nuestra Unidad, para poder nombrar los servicios de seguridad de las instalaciones más vulnerables de nuestro cuartel.
- Una vez organizados los equipos de reacción, llega al Grupo de Operaciones Especiales el señor Presidente de la República Eco. Rafael Correa Delgado, con toda la caravana presidencial, lugar en el cual se percató que no existía ninguna novedad y se da cuenta que en el interior del mismo existía normalidad en el comportamiento de los señores Oficiales, Clases y Policías del GOE, por lo que inmediatamente sale y se traslada hasta las inmediaciones del Regimiento Quito No.1.
- Luego se dispone que un equipo de observación se ubique en la parte alta de la Torre de Rapel, para que informe lo que suscitándose al alrededor de las instalaciones del Grupo de Operaciones Especiales, mientras tanto se organiza equipos tácticos con la finalidad de seguir con la seguridad de las instalaciones del GOE.
- Posteriormente ingresa a las Instalaciones del GOE el Sr. Ministro del Interior Gustavo Jâlkh, con su respectiva seguridad, con el fin de tomar contacto con el Mando Policial, que minutos antes había ingresado a nuestra Unidad.
- 11:H30 se hicieron presentes en la puerta principal del GOE, personal policial a pie y motocicletas indicando que nos sumemos a la medida que habían tomado, por lo que salí a tomar contacto con ellos y les indiqué que lo que estaban realizando no les va a conducir a ninguna solución, indicándoles que el camino adoptado es completamente incorrecto, debiendo indicar que el personal policial al que me dirigía no se les podía identificar ya que no portaban las insignias correspondientes y estaban cubiertos los rostros.
- A continuación el Sr. Gral. Inspector Euclides Mantilla Herrera se hizo presente en nuestra Unidad con cuatro miembros policiales, quienes iban exponer sus pedidos ante el Sr. Ministro del Interior

que aún se encontraba en el GOE; los mismos que expusieron sus peticiones para posterior retirarse de nuestras Instalaciones.

- Posterior a los exteriores del GOE se aproximaba una marcha de simpatizantes del Sr. Presidente de la República, brindándole su apoyo correspondiente, portando banderas de Alianza País, los mismos que presentaron una actitud agresiva debido a que tenían una información errónea de que el señor Presidente de la República se encontraba al interior del cuartel del GOE; ante situación se trató de explicarles de que el Primer Mandatario del País no se encontraba en el cuartel del GOE, obteniendo como respuesta una agresión colectiva, lanzando objetos contundentes a nuestro personal policial que se encontraba custodiando las instalaciones del GOE; todo esto motivó a dispersar a los manifestantes, con la utilización racional y progresiva de material antidisturbios. Posterior a esto y gracias a la intervención del señor Edwin Jarrin, Viceministro del Interior, quien se encontraba en las instalaciones del GOE, se logró transmitir la información correcta hacia los manifestantes, de que el señor Presidente de la República no se encontraba en el cuartel del GOE, por lo que procedieron a retirarse del lugar y trasladarse por otra vía hacia la parte exterior del Hospital de la Policía Nacional.
- Aproximadamente a las 18H20 recibí una llamada telefónica del señor Mayor de Policía Patricio Sarabia, edecán del señor Gustavo Jalkh, Ministro del Interior, el mismo que me trasmitió la disposición del señor Ministro antes mencionado para planificar el ingreso del personal del GOE al lugar donde se encontraba el señor Presidente de la República (tercer piso del HQ. No.1) todo esto con el fin de resguardar la vida y la integridad física del primer mandatario del país; así como también facilitar la evacuación del mismo, por lo que procedimos a organizarnos y planificar el ingreso al Hospital de la Policía Nacional, dando las disposiciones completamente especificas de resguardo a la vida y la integridad física del señor Presidente de la República del Ecuador así como también la prohibición de enfrentamientos con los miembros policiales y/o militares.
- 18H30 aproximadamente recibí la llamada telefónica del señor mayor de Policía Santiago Mena Vallejo, el mismo que solicitó que el

GOE avance hasta el Hospital de la Policía, con el fin de proteger al Primer Mandatario del País; respondiéndole que ya nos encontrábamos coordinando, planificando e impartiendo las respectivas disposiciones al personal policial del GOE que participaría en esta delicada operación.

- A las 18H40 aproximadamente, luego de haber recibido las disposiciones pertinentes, inicia el Operativo de resguardo y protección a la vida y la integridad física del Primer Mandatario del País, por lo que procedimos a trasladarnos a pie desde el GOE hasta el hospital de la Policía Nacional por la parte interior de estas instalaciones, un señor Jefe, seis señores Oficiales y cuarenta y ocho señores Clases y Policías. Una vez designadas cada una de las responsabilidades que tendríamos todos los equipos, sigilosamente, y ayudados por la oscuridad del momento, nos apostamos en una columna y por la parte trasera de nuestra Unidad y a través del acceso que tiene el Regimiento Quito con el Hospital Quito N° 1, ingresamos por Emergencias, y subimos hasta el tercer piso, en donde se encontraba el Presidente Constitucional del Ecuador, para lo cual tomamos posición en el lugar y brindamos seguridad a la integridad del Señor Presidente de la República; asegurando por completo el tercer piso, la ruta principal de evacuación y los accesos por ascensores y por las gradas. Una vez ubicados y asegurado el lugar, tomé contacto con el señor Ministro del Interior, a quien le hice conocer que el GOE ya se encontraba posicionado, dándole a conocer de este particular al Primer Mandatario. Cabe recalcar que en el lugar nos mantuvimos aproximadamente por un tiempo de ochenta a noventa minutos, esperando la disposición definitiva para la salida.
- En este piso se realizaron las coordinaciones necesarias con el personal de la Seguridad Inmediata del señor Presidente de la República, con la finalidad de organizar los anillos de seguridad que acompañaríamos al Primer Mandatario del País en su salida; debo agregar, que se tuvieron las coordinaciones con el señor Ministro del Interior, de igual forma se tomó contacto en determinado momento con el señor Presidente de la República y con el señor Comandante Andrade Jefe de la seguridad presidencial.

- Unos minutos más tarde, estando junto al señor Presidente de la República, escuchamos el sonido de varios disparos que aparentemente se estaban realizando en los exteriores del Hospital Quito N° 1, simultáneamente el señor Teniente José Vallejo del GOE, desde su ubicación de seguridad en la planta baja, informa por la radio de que gente armada estaban ingresando realizando disparos al interior de la mencionada casa de salud así como también bombas de gas lacrimógeno y bombas aturdidoras, por lo que se vieron en la obligación de replegarse con el fin de salvaguardar la vida de las personas que se encontraban en el sector, ya que su objetivo no fue el de enfrentamiento. Uno vez sucedidos estos acontecimientos se inició la salida del Primer mandatario con la respectiva seguridad, encontrándonos en el trayecto con la presencia de gas lacrimógeno, lo cual impidió la evacuación por la ruta prevista, obligándonos a movilizarnos por una ruta alterna la misma que permitía el acceso a la sala de Neonatología en mismo piso de la mencionada casa de salud; lugar en el cual se permaneció por un tiempo de ocho minutos aproximadamente, tiempo en el cual se verificó la ruta definitiva para la salida del Primer Mandatario. En este proceso de verificación, nos encontramos con tres señores militares a quienes se les informó que nosotros nos encontrábamos con el señor Presidente de la República y que nos acompañen hasta el lugar antes mencionado; en el mencionado lugar hice conocer del particular al señor Comandante Andrade de que personal militar estaban en contacto con nosotros, a lo que indicó que el señor más antiguo de los militares ingrese a la habitación en la que nos encontrábamos; ya en lugar se realizaron las últimas coordinaciones para la salida y procedí a facilitar el equipo de protección balística (**Casco antibalas**) al señor Presidente de la República.
- Posterior a ello tomamos la ruta más segura para la evacuación donde se trasladó todo el anillo de seguridad por las gradas del sector de EMERGENCIA donde en el lugar se unió personal del GIR procediendo a conformar la cápsula de seguridad alrededor del vehículo VIP llevándolo hasta la salida del Hospital Quito N.-01, donde en la puerta de dicho hospital personal militar procedió

apuntarnos con sus armas indicándoles que no disparen ya que en el vehículo se encontraba el Sr. presidente posterior a ello, ocho metros más adelante se presenció disparos de diferente calibre, con diferentes direcciones, de esta manera procedimos a reducir silueta y buscando cobertura en ese momento partió el vehículo VIP con dirección al Oriente (Av. América).

- Posterior a esto una vez que paró momentáneamente el fuego, dispuse que el retorno inmediato a un lugar más seguro, para lo cual nos movilizamos hasta el pasillo que nos conduce a emergencia, en ese momento escuchamos que un compañero policía había caído por lo que estaban solicitando una camilla, la misma que la trasladamos desde emergencia hasta casi el ingreso al hospital, luego de colocarle en la camilla al compañero, lo movilizamos urgentemente hasta emergencia del hospital, lugar en el cual las enfermeras realizaron los esfuerzos correspondientes, sin obtener un buen resultado, conociendo en ese momento que un señor policía del GIR murió.
- Una vez terminado este operativo, retornamos al cuartel del GOE con el fin de verificar novedades y mantenernos en un lugar más seguro, debido a que los disparos continuaban hasta ese momento, ya en el cuartel del GOE pudimos verificar que el señor Cbos. Wilson Solano y el señor Policía Mario Acosta se encontraban heridos, el primero de los nombrados en el hospital Carlos Andrade Marín y el segundo de los nombrados en el hospital Eugenio Espejo.
- Posteriormente, y verificando que no existía peligro con los compañeros policías ingresados a estos centros médicos, se organizó a nuestro personal, de tal forma, que se reforzó la guardia de todo nuestro cuartel, con el fin de evitar novedades que pudieran producirse a lo largo de la noche.
- Luego de las verificaciones de las novedades, se me hizo conocer que dos funcionarios de esta Unidad fueron despojados de sus armas en dotación (una pistola GLOCK 17 No. MWM723 y un fusil Colt M16 A1 No. 2005476, así como alimentadoras y munición calibre 9x19 mm).

III. CONCLUSIONES

- Una vez terminado el presente informe, se concluye:
- Que ante el mandato constitucional en su sección tercera dice "Fuerzas Armadas y Policía Nacional", en su Art. 158 manifiesta textualmente ***"La protección interna y el mantenimiento del orden público son funciones privativas del Estado y responsabilidad de la Policía Nacional".***
- Que por lo antes indicado se concluye que el GOE. Unidad Élite de la Policía Nacional ante las posibles amenazas internas o externas, que pudieran atentar contra la seguridad de las personas y del Estado, estamos completamente comprometidos y convencidos que nuestro rol es altamente competente y estamos en las condiciones operativas, técnicas y tácticas, capaces de desplegar dispositivos de seguridad en todo el territorio nacional y a la vez desarrollar y emprender operativos de respuesta inmediata ante el cometimiento de hechos delictivos con altos niveles de eficiencia; aportando a la institución Policial con procesos de valor que eleven su prestigio. Por lo citado de ser necesaria alguna intervención temporal en esta ciudad o en resto del territorio nacional, sea este en ambientes urbanos o rurales, puede ser solventada en base a una planificación específica y orientada a desarrollar operativos focalizados previos al análisis de inteligencia y coordinación de los señores Comandantes de las diferentes plazas, Jefes de Unidades y/o autoridades gubernamentales.
- Que por lo antes indicado se concluye que el personal policial del GOE siempre ha permanecido, permanece y permanecerá respetuoso de la Constitución de la República y todo el marco legal vigente, con un concepto muy claro de obedientes y NO deliberantes.
- Que por lo antes detallado se determina que el GOE, en pro de recuperar la estabilidad y seguridad pública, perdida desde horas de la mañana, el día 30 de septiembre, organizó el operativo de protección y evacuación del Presidente Constitucional de la República del

Ecuador, ***arriesgando nuestras vidas*** sin pensarlo dos veces; todo esto previo a la disposición del Señor Gustavo Jalkh, Ministro del Interior.

- Que por lo mencionado se concluye que el GOE ingresó al tercer piso del Hospital Quito N°1, entrevistándose con el Sr. Ministro del Interior y El Sr. General Inspector Freddy Martínez Pico, hasta entonces Comandante General de la Policía Nacional, haciéndolos conocer de que el GOE había asegurado el lugar con el ***fin de proteger y resguardar la vida y la integridad física del Señor Presidente de la República del Ecuador, misión que se la cumplió a cabalidad de principio al fin.***
- Que por lo antes indicado se concluye que el personal del GOE, tuvo su misión específica, siendo esta la protección y el resguardo de la vida y la integridad física del señor Presidente de la República del Ecuador; para lo cual organicé varios equipos con la finalidad de asegurar por completo el tercer piso, la ruta principal de evacuación y los accesos por ascensores y por las gradas.
- QUE POR LO ANTES DETALLADO SE CONCLUYE QUE FUE EL PERSONAL POLICIAL DEL GOE, GRUPO ÉLITE DE LA POLICÍA NACIONAL, QUIEN RESGUARDÓ LA SALIDA DEL SEÑOR PRESIDENTE DE LA REPÚBLICA DEL ECUADOR DESDE SU HABITACIÓN (302) EN EL TERCER PISO DEL HOSPITAL DE LA POLICÍA NACIONAL, HASTA SU SALIDA DE ESTE CENTRO DE SALUD; Y QUE OTRAS UNIDADES POLICIALES Y MILITARES, FORMARON PARTE DE ESTE OPERATIVO EN LOS ÚLTIMOS MOMENTOS DEL MISMO.
- QUE POR LO ANTES INDICADO SE CONCLUYE QUE FUE EL SEÑOR MAYOR DE POLICÍA CRISTIAN MIÑO JARRIN QUIEN FACILITÓ SU CASCO ANTIBALAS, PARA QUE SEA UTILIZADO POR EL SEÑOR PRESIDENTE CONSTITUCIONAL DE LA REPÚBLICA DEL ECUADOR, EN EL MOMENTO MISMO DE LA EVACUACIÓN, TODO ESTO CON EL FIN DE CUMPLIR CON LA MISIÓN DE PROTECCIÓN Y REGUARDO A LA VIDA E INTEGRIDAD FÍSICA DEL PRIMER MANDATARIO DEL PAÍS, ASÍ

COMO SU EVACUACIÓN SEGURA DEL HOSPITAL DE LA POLICÍA NACIONAL.

- Que por lo antes indicado se determina que como resultado de la evacuación del Señor Presidente de la República, dos Funcionarios del Grupo de Operaciones Especiales "GOE", resultaron heridos por armas de fuego, calibre .223 REM, 9x19mm y mostacillas, los mismos que se encuentran estables y en proceso de recuperación.
- Que por lo antes indicado se concluye que dos Funcionarios de Policía de esta Unidad fueron despojados de su armamento en dotación (una pistola GLOCK 17 No. MWM723 y un fusil Colt M16 A1 No. 2005476, así como alimentadoras y munición calibre 9x19 mm)
- Que por lo antes indicado se concluye que el Eco. Rafael Correa Delgado, Presidente Constitucional de la República del Ecuador fue evacuado del hospital de la Policía Nacional y puesto a buen recaudo en un vehículo Nissan Patrol, el mismo que lo trasladó hasta la Presidencia de la República.
- QUE POR TODO LO ANTES DETALLADO SE CONCLUYE QUE EL PERSONAL DEL GRUPO DE OPERACIONES ESPECIALES "GOE" AL MANDO DEL SEÑOR MAYOR DE POLICÍA CRISTIAN MIÑO JARRIN, EL DIA 30 DE SEPTIEMBRE DEL 2010, DEMOSTRAMOS RESPETO, PROFESIONALISMO, LEALTAD, HONOR Y MUCHO VALOR EN LA OPERACIÓN DE PROTECCIÓN Y RESGUARDO DE LA VIDA E INTEGRIDAD FÍSICA DEL SEÑOR PRESIDENTE DE LA REPÚBLICA DEL ECUADOR, ASÍ COMO SU EVACUACIÓN, ARRIESGANDO NUESTRAS PROPIAS VIDAS EN CUMPLIMIENTO DE LA MISIÓN.

RECOMENDACIONES

- El Grupo de Operaciones Especiales es una Unidad Élite de la Policía Nacional donde el pasado 30 de Septiembre del año en curso demostró su Profesionalismo y Valor ante las diversas acciones en beneficio del orden público, bienestar social y sobre todo la vida y seguridad del Sr. Presidente Constitucional de la República, Rafael

Correa Delgado, teniendo como resultado 02 efectivos de esta unidad heridos evitando series desmanes con dicha autoridad, por lo antes expuesto se recomienda:

- QUE DE ACUERDO CON EL REGLAMENTO DE CONDECORACIONES DE LA POLICÍA NACIONAL LA CUAL MENCIONA EN SU ART.01.- ***LA***
- ***POLICÍA NACIONAL PODRÁ CONCEDER LAS CONDECORACIONES QUE ESTABLECE EL PRESENTE REGLAMENTO AL PERSONAL POLICIAL QUE SE HAGA ACREEDOR EN RECONOCIMIENTO EN***
- ***ELEVADAS VIRTUDES POLICIALES Y SERVICIOS DISTINGUIDOS***
- ***PRESTADOS A LA SOCIEDAD ECUATORIANA Y/O A LA POLICÍA NACIONAL...***
- CON ESTE ANTECEDENTE DE LA MANERA MÁS DISCIPLINADA Y RESPETUOSA SE SOLICITA; SE CONCEDA LA CONDECORACIÓN ***"AL VALOR" A CADA UNO DE LOS MIEMBROS DEL GOE QUE PARTICIPAMOS*** EN EL OPERATIVO DE PROTECCIÓN Y RESGUARDO DE LA VIDA E INTEGRIDAD FÍSICA DEL SEÑOR PRESIDENTE DE LA REPÚBLICA DEL ECUADOR ASI COMO SU EVACUACIÓN; CONFORME LO ESTIPULA EL REGLAMENTO DE CONDECORACIONES DE
- LAPOLICÍA NACIONAL EN SU ARTICULO No. 13, EL CUAL TEXTUALMENTE INDICA LO SIGUIENTE: ***"SE CONCEDERÁ A LOS MIEMBROS DE LA INSTITUCIÓN POLICIAL EN SERVICIO ACTIVO O***
- ***POST-MORTEM QUE HUBIEREN REALIZADO ACTOS DE EXCEPCIONAL VALOR EN EL DESEMPEÑO DE SUS FUNCIONES ESPECIFICAS PARA PRECAUTELAR EL ORDEN PUBLICO Y EL BIENESTAR SOCIAL (se concluye que el personal del Grupo de Operaciones Especiales "GOE" al mando del señor Mayor de Policía Cristian Miño Jarrin, el día 30 de septiembre del 2010, demostramos RESPETO, PROFESIONALISMO, LEALTAD, HONOR***

y mucho VALOR en la operación de protección y resguardo de la vida e integridad de la vida del señor Presidente de la República del Ecuador, así como su evacuación segura)

ANEXOS

- **Anexo 1:** Fotografías
- **Anexo 2:** Parte Policiales
- **Anexo 3:** Listado del personal policial del GOE que participó en el operativo de protección y resguardo a la vida e integridad física del señor Presidente Constitucional de la República del Ecuador, así como su evacuación.

Informe que pongo en su conocimiento para los fines pertinentes.

Cristian Miño Jarrin
MAYOR DE POLICÍA
COMANDANTE DEL GRUPO DE OPERACIONES ESPECIALES

www.ingramcontent.com/pod-product-compliance
Lightning Source LLC
Chambersburg PA
CBHW060332290526
45793CB00003B/601
9781505441093